新时代林业和草原
知识读本

国家林业和草原局人才开发交流中心组织编写

中国林业出版社
·北京·

图书在版编目(CIP)数据

新时代林业和草原知识读本／国家林业和草原局人才开发交流中心组织编写. —北京：中国林业出版社，2020.4
ISBN 978-7-5219-0340-9

Ⅰ.①新… Ⅱ.①国… Ⅲ.①林业经济－经济发展－中国 ②草原建设－畜牧业经济－经济发展－中国 Ⅳ.①F326.23 ②F326.33

中国版本图书馆 CIP 数据核字(2019)第 248287 号

中国林业出版社·教育分社

策划编辑：高红岩　　　　责任编辑：曹鑫茹　高红岩
电　话：(010)83143560　　传　真：(010)83143516

出版发行　中国林业出版社(100009　北京市西城区德内大街刘海胡同 7 号)
　　　　　E-mail：jiaocaipublic@163.com　电话：(010)83143500
　　　　　http：//www.forestry.gov.cn/lycb.html
经　　销　新华书店
印　　刷　北京中科印刷有限公司
版　　次　2020 年 4 月第 1 版
印　　次　2020 年 4 月第 1 次印刷
开　　本　710mm×1000mm　1/16
印　　张　20.25
字　　数　360 千字
定　　价　55.00 元

未经许可，不得以任何方式复制或抄袭本书之部分或全部内容。
版权所有　侵权必究

《新时代林业和草原知识读本》编写人员名单

主　　　编：樊　华　陈幸良
副 主 编：吴友苗　王　枫
编　　　者：（按姓氏笔画排列）

于治军　王　宏　王　枫　王尚慧　王贵禧
王梦君　文世峰　方怀龙　卢　琦　田　野
史作民　宁攸凉　边明明　闫　峻　闫　颜
许传德　孙　友　孙振元　孙鸿雁　李　云
李玉印　李　伟　李迪强　李　娟　吴友苗
吴红军　吴秀平　吴学瑞　邱立新　何乐观
沈伟航　张永生　张旭东　张怀清　张炜银
张曼胤　张　翔　陈　锋　陈永富　陈幸良
范俊峰　林昆仑　林　群　林　晓　赵　荣
赵佳音　耿　耿　贾晓红　贾黎明　郭子良
唐芳林　黄安民　崔向慧　崔丽娟　董瀛谦
舒立福　曾祥谓　雷相东　缪东玲　樊　华
魏　华

前　言

在新一轮党和国家机构改革中，党中央着眼于党和国家事业全局，新组建了国家林业和草原局，并加挂国家公园管理局牌子。组建国家林业和草原局，其根本目的就是要加大生态系统的保护力度，统筹监督管理森林、草原、湿地、荒漠等生态系统和陆生野生动植物资源的保护利用，组织生态保护和修复，开展造林绿化工作，管理国家公园、自然保护区、风景名胜区、自然遗产、地质公园等各类自然保护地，保障国家生态安全和社会对木材等产品的供给，发展繁荣的社会主义文化。林草事业处于生态文明建设的基础和先导地位，是新时代中国特色社会主义事业的重要组成部分。

为了适应新时代林草系统干部培训需求，2018年12月，国家林业和草原局人才开发交流中心启动了《新时代林业和草原知识读本》的编写工作。全书的编写坚持了知识性、实用性、前瞻性和创新性的原则，注重以习近平生态文明思想为指引，科学定位新时代林业和草原的功能和使命；注重贯彻新发展理念解决新时代森林、草原、湿地和荒漠等自然生态系统的保护修复和自然资源的保护利用；注重梳理以国家公园为主体的自然保护地体系建设及国有林场改革、集体林权制度改革、国有林区改革和草原改革等林草重点改革任务的历程、现状和改革方向；注重全面介绍林草重点工作和领域进展；注重系统介绍我国林草科技和人才、国际合作以及法律法规状况。

本书由国家林业和草原局人才开发交流中心提出设想并会同主编提出整体构架、章节设置；主编樊华、陈幸良组织研究撰写团队、确定职能分工并主持全书各章节的研讨、协调和修改；副主编吴友苗、王枫协调编写进度、汇总和完善初稿、进行全书的统稿和校对。编者共61人，负责全书十二章的撰稿、校对。

本书在编写的过程中，借鉴和参考了国内外林业和草原研究方面的大量文献资料，中国林业出版社的相关编辑对本书的出版提出了认真而细致的修改意见和建议，在此一并表示诚挚的谢意。

由于编者水平有限，文中难免有疏漏和不当之处，敬请指正。

编　者

2020年2月

目 录

前 言

第一章 新时代林业和草原事业的地位 ………………………………… 1
    第一节 林业和草原的功能 …………………………………………… 1
    第二节 我国林业和草原发展历程 ………………………………… 10
    第三节 林业和草原的使命 ………………………………………… 19

第二章 生态系统保护与修复 …………………………………………… 24
    第一节 森林生态系统 ……………………………………………… 24
    第二节 草原生态系统 ……………………………………………… 29
    第三节 湿地生态系统 ……………………………………………… 36
    第四节 荒漠生态系统 ……………………………………………… 41

第三章 资源管理 ………………………………………………………… 47
    第一节 森林资源 …………………………………………………… 47
    第二节 草地资源 …………………………………………………… 57
    第三节 湿地资源 …………………………………………………… 68
    第四节 荒漠资源 …………………………………………………… 82
    第五节 野生动植物资源 …………………………………………… 92

第四章 国土绿化与重大生态工程 ……………………………………… 102
    第一节 国土绿化 …………………………………………………… 102
    第二节 重大生态修复工程 ………………………………………… 108

第五章 林业产业 ………………………………………………………… 117
    第一节 林业产业发展概况 ………………………………………… 117
    第二节 人工林资源培育 …………………………………………… 122

第三节　木材加工产业 …… 126
第四节　经济林与林下经济 …… 137
第五节　森林旅游 …… 142
第六节　林业新兴产业 …… 147
第七节　林产品贸易 …… 152

第六章　自然保护地管理
第一节　自然保护地管理概述 …… 158
第二节　国家公园 …… 165
第三节　自然保护区 …… 171
第四节　自然公园 …… 175

第七章　森林与草原防火
第一节　森林和草原火灾概况 …… 178
第二节　森林与草原火灾发生机制 …… 181
第三节　森林和草原火灾预警与防控 …… 187
第四节　森林与草原火灾扑救 …… 198

第八章　林业和草原有害生物防治
第一节　林业和草原主要有害生物 …… 204
第二节　林业和草原有害生物预防与监测体系 …… 209
第三节　林业和草原有害生物综合防治 …… 216

第九章　林业和草原改革
第一节　国有林区改革 …… 225
第二节　国有林场改革 …… 230
第三节　集体林权制度改革 …… 235
第四节　草原改革 …… 244

第十章　政策和法规
第一节　林业和草原政策 …… 251
第二节　林业和草原法律法规 …… 259

第十一章　科技和人才
第一节　林业科学研究与技术推广 …… 269

第二节	林业技术标准与知识产权保护	278
第三节	林业教育与人才队伍建设	283
第四节	草原科技和人才	291

第十二章 国际交流与合作 …… 294
　第一节　国际合作历史沿革 …… 294
　第二节　"一带一路"林业和草原国际合作 …… 297
　第三节　林业和草原管理国际合作的形势和任务 …… 304

参考文献 …… 311

第一章　新时代林业和草原事业的地位

第一节　林业和草原的功能

中国特色社会主义进入新时代，赋予林业和草原事业新的定位和新的使命。新时代林业和草原事业要统筹监督管理森林、草原、湿地、荒漠等生态系统和陆生野生动植物资源的保护利用，保障国家生态安全，发挥其在生态文明建设中的基础和先导地位。根据新的定位，新时代林业和草原事业不仅要提供生态产品、维护国家生态安全，而且要提供各种林产品和生态系统服务，满足人们对美好生活的新需求。因此，切实加强森林、草原、湿地、荒漠生态系统保护修复和陆生野生动植物保护，积极推进以国家公园为主体的自然保护地体系建设，大力发展绿色富民产业，着力构建系统完备、科学规范、运行有效的林草制度体系，为全面建成小康社会、建设生态文明和美丽中国做出新的更大贡献，这是新时代林业和草原事业肩负的重大历史使命。

一、林业和草原的生态功能

森林，是人类社会可持续发展不可缺少的自然资源，也是自然界最丰富、最稳定和最完善的碳贮库、基因库、资源库、蓄水库和能源库。森林作为巨大的陆地生态系统，在调节生物圈、大气圈、水圈、土壤圈动态平衡中具有重要作用。草原生态系统，是以各种草本植物为主体的生物群落及其环境构成的功能统一体。草原资源是世界上绿色植物资源中覆盖面积最大、数量最多、更新速率最快的一种再生性自然资源。我国的草原，是大地的绿被，如同地球的"皮肤"，覆盖着地球上许多不能生长森林和农作物的广大环境严酷地区。湿地生态系统，是指地表过湿或者常年积水、生长着湿地植物的区域生态系统，具有保持水源、净化水质、蓄洪防旱、调节气候、保护生物多样性等重要功能。湿地被誉为"地球之肾"，是维护水安全、生态安全和促进可持续发展的重要基础。荒漠生态系统，是由旱生半乔木、半灌木、小半灌木和灌木等植被为主的生物与其环境构成的生态系统。具有防风固沙、土壤保育、固碳释氧、生物多样性保育等功能，对维护国土生态安全具有重要作用。森林、草原、湿地、荒漠的生态功能主要体现在以下方面。

（一）涵养水源和保持水土

森林具有复杂的垂直结构、浓密的林冠层、林下枯枝落叶层，能够有效地截留降水，缓解雨水对地表的直接冲刷。森林具有庞大的根系，能起到改善土壤结构和固土的作用，并凭借其庞大的林冠、深厚的枯枝落叶层和发达的根系，起到良好的蓄水和净化水质的作用。森林改变了降水的分配形式，其林冠层、林下灌草层、枯枝落叶层、林地土壤层等通过拦截、吸收、蓄积降水，涵养了大量水源。根据我国现有森林生态定位监测结果，我国热带、亚热带、温带和寒温带4种气候带54种森林综合涵蓄降水能力的值在40.93~165.84mm。森林地上和地下部分防止土壤侵蚀功能，主要有以下几个方面：林冠可以拦截相当数量的降水量，减弱暴雨强度和延长其降落时间；可以保护土壤免受破坏性雨滴的机械破坏作用；可以提高土壤的入渗力，抑制地表径流的形成；可以调节融雪水，使吹雪的程度降到最低；可以减弱土壤冻结深度，延缓融雪，增加地下水贮量；根系和树干可以对土壤起到机械固持作用；林分的生物小循环对土壤的理化性质、抗水蚀、风蚀能力起到改良作用。森林枯落物有很强的持水能力，一般吸持的水量可达其自身干重的2~4倍。

草原生态系统涵养水源的功能主要为截流降水、抑制蒸发、涵蓄土壤水分、改变小气候、增加降水、缓和地表径流、补充地下水和调节河川流量功能。研究发现，草地与裸地相比，能够使土壤含水率增加5.9%~36.8%。水土保持的焦点是控制径流。实验表明，直径小于1mm的根系具有强大的固结土壤、防止侵蚀的能力。草本植物根系发达，而且主要是直径小于1mm的须根根系。草本植物大量的地表茎叶覆盖，可以减少降水对地表的冲刷。据测定，在相同的气候条件下，草地土壤含水量较裸地高出90%以上。草原生态系统涵养了我国的大江大河。黄河、长江、澜沧江、怒江、雅鲁藏布江、辽河、黑龙江都发源于草原地区。黄河水量的80%，长江水量的30%，东北河流50%以上的水量直接源自草原。我国90%以上冰川分布在草原地区。青藏高寒草原区是亚洲主要河流的发源地，是世界上海拔最高、数量最多的高原内陆湖群，总面积达37 549km^2，约占全国湖泊总面积的46%。

湿地生态系统是巨大的蓄水库，可以在暴雨和河流涨水期储存过量的降水，并均匀地放出径流，减弱危害下游的洪水，汛期洪水到来时，众多的湿地以其自身的庞大容积、深厚疏松的底层土壤(沉积物)蓄存洪水，起到分洪削峰，调节水位，缓解堤坝压力的重要作用。大面积的湿地，通过蒸腾作用能够产生大量水蒸气，不仅可以提高周围地区空气湿度，减少土壤水分丧失，还可诱发降雨，增加地表和地下水资源。从湿地到蓄水层的水可以成为地下水系统，可以为周围地区的工农业生产提供水源。湿地还能防止盐水入侵。通过沼泽、河流、小溪等湿地向外流出的淡水，限制海水的回灌，有助于防止潮水流入河流。

荒漠生态系统是光、热、水、土、气变化最大的特殊地区。荒漠地区为极端大陆性气候，年降水量大都在250mm以下，降水变率很大，蒸发量大于降水量许多倍。但荒漠地区并不都是一片荒凉，各片荒漠区中都有受地形和特殊地质作用，而对大气降水重新分配的局部区域，使水分集中于地表，形成泉、湖、河流。人类引用河水在荒漠上灌溉农田，种植农作物、果树、防护林及城镇绿化地等，就形成了人工绿洲。荒漠系统具有截留降水、涵养水分的作用。天然绿洲的水源来自荒漠周围海拔数千米以上的高山(如我国的天山、昆仑山、祁连山等)，山体中上部水汽聚集，形成较多降雨，滋养了山地森林、山地草原和草甸等植被，其土壤成为调蓄河流水量的巨大"水库"，山顶部降雪形成冰川，山体成为荒漠河流的水源涵养地。冰川融水和降水汇成河流入荒漠平原后，受其滋润的干旱土地上发育出荒漠河岸林和草甸。

(二)固碳释氧和防风治沙

森林是陆地生态系统最大的碳储库。森林是二氧化碳的主要消耗者，它主要以二氧化碳作原料进行光合作用，固定和储藏碳，同时释放出氧气。研究表明，森林每生产10t干物质，可吸收16t二氧化碳，释放12t氧气；森林每增加$1m^3$的蓄积量，大约可吸收固定350kg的二氧化碳。每公顷森林每年净光合吸收碳为：热带林为4.5~16t，温带林为2.7~11.25t，寒带林为1.8~9t。据测算，陆地生态系统碳储量为600亿~8300亿t，其中90%的碳自然存储于森林之中。森林既能固定二氧化碳，但森林破坏后又会向大气中释放二氧化碳。据一些研究成果表明，1850—1980年化石燃料燃烧向大气中释放的碳为1500亿~1900亿t，而森林采伐或破坏造成的碳释放量也达900亿~1200亿t。

草原生态系统的碳储量主要包括植被碳储量和土壤有机碳储量。植被碳储量包括地上和河堤下生物量碳储量。据初步估计，全球碳储量，森林占39%~40%，草地占33%~34%，农田占20%~22%，其他占4%~7%。草原是我国最大的陆地生态系统，具有丰富的碳储量。我国草原生态系统的碳储量约占全球碳储量的7.7%。方精云院士等研究认为，我国草原生态系统植被碳储量约为1.0PgC，约占世界草地植被碳储量的2.1%~3.7%。

森林的防风固沙作用主要体现在组成森林的乔木和灌木，包括林下草本植物，可以通过枯枝落叶和根系固着土壤颗粒，或者把被固定的沙土经过生物改良，成为具有一定肥力的土壤，改善沙地土壤状况，减少风蚀，阻止流沙扩散。同时，也通过冠层的作用减少流沙的迁移。草原的防风固沙作用表现在，草原植被可以增加下垫面的粗糙程度，降低近地表风速，当植被盖度为30%~50%时近地面风速可降低50%，地面输沙量仅相当于流沙地段的1%。据测定，盖度60%的草原每年断面上通过的沙量平均只有裸露沙地的4.5%。流动沙丘以植被固沙最为有效。随着流动沙丘植物的生长，植被盖度逐渐增大，沙丘地形逐渐变缓、沙面变紧，地表形成新的结皮，成土沙丘逐渐由流动向半固定、固定状态转变，最终形成固定沙地。

湿地是比较活跃的生态系统类型，它与陆地、大气圈、水圈作用的绝大部分生物地球化学通量有关。湿地中有机质的不完全分解导致湿地中碳和营养物质的积累，湿地植物从大气中获取大量的CO_2，又通过分解和呼吸作用以CO_2和CH_4的形式排放到大气中。湿地是全球最大的碳库，在全球碳循环中起着重要作用。储存在泥炭中的碳总量为120~260PgC，占地球陆地碳总储量15%（Franzen，1992）。湿地碳储量取决于湿地类型、面积、植被、土壤厚度、地下水位、营养物质、pH值等因素。湿地，特别是泥炭地中储存着大量的碳，因此说湿地是碳"汇"。我国泥炭地面积10 440.68km^2，其中，泥炭沼泽面积占70.72%，为7383.65km^2；储存着15.03亿t有机碳。泥炭沼泽湿地所积累的碳对抑制大气中CO_2上升和全球变暖具有重要意义。据穆尔（Tim. R. Moore）等估算，全球沼泽湿地以每年1mm堆积速率计算，一年中将有3.7亿t碳在沼泽地中积累。以我国泥炭沼泽湿地中泥炭的积累速率为0.32mm/a，一年中可为我国堆积约58.47万t泥炭，折合20万t有机碳的储量。泥炭沼泽湿地是陆地生态系统中碳积累速率最快的生态系统之一。

我国的荒漠地区占国土面积1/5以上，大部分属于温带典型荒漠。其中，新疆塔里木盆地最大，盆地中央的塔克拉玛干沙漠是世界第二大沙漠，向北向东依次为准噶尔盆地、吐哈盆地、阿拉善平原、河西走廊，直至腾格里沙漠、乌兰布和沙漠及其周围地区。冬春季节大规模冷空气活动频繁，是扬沙天气和沙尘暴的主要源区。我国的温带典型荒漠植物以超旱生半灌木、灌木最普遍，如霸王、泡泡刺、裸果木、沙冬青、麻黄、沙拐枣、各种蒿类等，还有盐柴类灌木如藜科的猪毛菜、假木贼、碱蓬、合头草、小蓬、盐穗木及怪柳科的红砂等，加上旱生小乔木梭梭、白梭梭，在典型荒漠生境形成稀疏或极稀疏的单一优势种的群落。多种耐旱耐寒的荒漠植被，对固碳释氧、防风固沙发挥着重要作用。

（三）维护生物多样性

森林是自然界物种生存与发展的庇护所，调节着自然界的生物平衡，有效地保护生物多样性。森林之中除了各种乔木、灌木、草本植物外，还有苔藓、地衣、蕨类、鸟类、兽类、昆虫和微生物等。目前，地球上大约500万种以上的生物中，有一半以上在森林中栖息繁衍。中国森林具有生物多样性丰富、生物特有性高、生物区系起源古老、经济物种的种质资源异常丰富、生态系统复杂多样、空间格局多种多样等特点。生物多样性丰富度占世界第八位，有高等植物约30 000种，是世界上裸子植物最多的国家，有10科34属250种。被子植物约有328科3123属30 000多种，分别占世界科、属、种数的75%、30%和10%。脊椎动物共有6347种，占世界总种数的13.87%。有鸟类1244种，占世界总种数的13.1%。特有属、种繁多。如有活化石之称的大熊猫、白鳍豚、水杉、银杏、银杉和攀枝花苏铁等。我国是野生和栽培果树的主要起源和分布中心，果树种类居世界第一位。有药用植物11 000多种，原产中国的重要观赏花卉超过30属2238种。

草原生态系统孕育着极其丰富的生态系统多样性和物种多样性。我国草原生态系统是欧亚大陆草原的重要组成部分。各类草原和草地纵跨5个气候带，按照地域植被特征，分为草甸类、草原类、荒漠类、灌草丛类和沼泽类。从而形成了丰富多彩的各类草原生态系统。中国草原以温带草原为主，是最重要的动植物资源库，从温带草原、高寒草原到荒漠草原，我国分布有地带性的针茅属植物物种23种6个变种及其特有的伴生种。经20世纪90年代初的全国草地资源调查，我国草原饲用植物6700多种，其中种子植物4000种、草原野生珍稀濒危物种83种、特有饲用植物493种。

我国草原拥有大量世界著名优质牧草的野生种和伴生种。据调查，我国天然草原有禾本科牧草 210 个属 1148 种，分别占我国和本科植物属、种总数的 96.8% 和 88.6%。

我国湿地分布于高原平川、丘陵、海涂多种地域，跨越寒、温、热多种气候带，生境类型多样，生物资源十分丰富。据初步调查统计，全国内陆湿地已知的高等植物有 1548 种、高等动物有 1500 种；海岸湿地生物物种约有 8200 种，其中，植物 5000 种、动物 3200 种。在湿地物种中，淡水鱼类有 770 多种，鸟类 300 余种。特别是鸟类在我国和世界都占有重要地位。据资料反映，湿地鸟的种类约占全国的 1/3，其中，有不少珍稀种。世界 166 种雁鸭中，我国有 50 种，占 30%；世界 15 种鹤类，我国有 9 种，占 60%，在鄱阳湖越冬的白鹤，占世界总数的 95%。亚洲 57 种濒危鸟类中，我国湿地就有 31 种，占 54%。

我国荒漠地区的气候特点是强烈大陆性，降水十分稀少，气温变化极端，日照强烈，冬春多大风沙暴。按基质可分为沙质荒漠（沙漠）、砾质荒漠（戈壁）、壤质荒漠（黄土堆积）、黏土荒漠（盐漠）和岩石荒漠（石质孤山），不同基质，生物多样性有很大差别。与其他陆地生态系统相比，荒漠的物种相对贫乏。分布于我国西北广阔荒漠中的种子植物总数仅 600 余种。准噶尔盆地（平原部分）是其中植物最为丰富的，但在 20 万 km^2 的面积上也才 500 种左右，塔里木盆地（50 万 km^2）不到 200 种，新疆东部的嘎顺戈壁，区系组成更为贫乏，在近 2 万 km^2 的面积内总共只采到 34 种植物。尽管植物物种丰富度不高，但却含有大量古老残遗种类。分布于这里的植物很多是第三纪，甚至是白垩纪的残遗种类——古地中海干热植物的后裔。古地中海成分在组成荒漠群落的植物中占了绝对优势。区系的古老性，加上生态条件的极端严酷性决定了中国荒漠植物的独特性，这里发育了一大批本地特有属和特有种。著名的特有属有四合木属（*Tetraena*）、绵刺属（*Potaninia*）、革苞菊属（*Tugarinowia*）、百花蒿属（*Stilpnolepis*）和连蕊芥属（*Synstemon*）5 个。它们不是单种属就是寡种属，其形态特殊，分布区狭小，系统分类地位也多难以确定。在种的方面，本地特有种就更多。我国西北荒漠植被的建群种和优势种中，本地特有种及主要分布种占了很大比重——总数可能在 100 种以上。从生态系统层次看，我国西北荒漠生态系统的类型仍然相当多样，初步统计，沙质荒漠有 8 个生态系统，砾质—砂砾质荒漠（戈壁）13 个。此外，在荒漠河岸及其他隐域生境还有 9 个生态系统。

(四)净化空气和防治污染

森林具有净化空气、治理工业污染、降低噪声、保障人类健康的作用。据研究,1hm² 森林每年能吸收二氧化硫逾 700kg,可明显减轻工业酸雨的危害;城市行道林带的滞尘率高达 70%~90%;噪声经过 30m 宽的林带,可降低 6~8dB。森林对二氧化硫的吸收能力为:针叶林、柏类、杉类为 215.6kg/hm²,阔叶树为 88.65kg/hm²。另外,月季、杜鹃、木槿、紫薇、山茶花、米兰等都是吸收二氧化硫较强的绿化植物。女贞、泡桐、刺槐、人丁青物等都有极强的吸氟能力,构树、合欢、紫荆等具有较强的抗氯、吸氯能力。森林对声波有散射、吸收功能。草地的减噪功能主要在其茎叶。据生态学专家测试,日本近年调查表明,草坪植物的直立茎和叶,能在一定程度上吸收和减弱 125~8000Hz 的噪声。因此,在街道、庭院和机关、工厂、学校等处铺设草坪,在公园外侧、道路和工厂区建立缓冲绿带,都有明显减弱或消除噪声的作用。即使柔软、疏松的草地地面,也可使噪声衰减 5~10dB。

湿地是生态环境的优化器。具有涵养水源、净化水质、治理水体污染的作用。湿地像一个天然的过滤器,当含有毒物和杂质(农药、生活污水和工业排放物)的流水经过湿地时,流速减慢,有利于毒物和杂质的沉淀和排除。一些湿地植物能有效地吸收水中的有毒物质,通过水生植物的作用,以及化学、生物过程,吸收、固定、转化土壤和水中营养物质含量,降解有毒和污染物质,净化水体。起到排毒、解毒的功能,湿地还能够调节大气成分,净化空气,调节周边气候。

二、林业和草原的经济功能

林业跨国民经济第一、二、三产业,既提供木材、锯材、非木质林产品等基础原材料,也提供森林生态服务等新兴产业。木材是公认的四大原材料之一,具有绿色、可再生的特点。中华人民共和国成立 70 年来,全国累计生产木材逾 40 亿 m³、锯材 6 亿 m³。我国经济林资源十分丰富,现有木本粮食林面积约 266.7 万 hm²,产量 17 亿 kg。其中,主要的有板栗、柿子、枣等,全国现有栽培面积约 73.33 万 hm²,常年产量约 12 亿 kg。据统计,全国野生油脂植物约有 400 种,初步查明含油 40% 以上的有 300 种,能够食用的 50 种,如油茶、光皮树等;叶蛋白植物资源十分丰富,豆科植物有 1252 种,禾本科植物 1200 种,主要有刺槐、栎类等;木本油料植物 400 种,其中,产食用油的树种主要有南方的油茶、薄壳核桃、香榧、山核桃、椰子等及北方的山杏、榛子、文冠果、扁桃、花椒等。油茶是我国最重要的木本油料树种，油茶种子含油率25.22%~33.50%，种仁含油率37.96%~52.52%。茶油不饱和脂肪酸占94%，且耐贮藏，色清味香，历来是我国南方山区的主要食用油。我国油茶林面积400万hm^2，年产油茶籽216.35万t。通过发展经济林，替代粮油以及腾出耕地扩大种粮面积，其潜力很大。林业还可提供大量的绿色产品、天然产品和自然产品，对满足人民绿色消费需求起到重大作用，如药材、松香、饮料、香料、染料等。许多新的药品，如止痛药、抗生素、强心剂等，不断自森林植物中发现。森林中大量的物种具有的各种性状基因都是宝贵的遗传工程材料。目前，人类已知的或被人类利用的森林物种还极少，大量的生物资源还有待认识和开发。利用我国极为丰富的山地、林地资源，发展木本粮油、果品、食用菌类、山野菜等林下经济，森林旅游、森林康养等，具有广阔的前景。林业产业链条长，涵盖内容广，就业容量大。仅1.67亿hm^2集体林业用地，按每户经营3.33hm^2计算，就可使5000万农户、2.5亿农民得到最适应、最直接、最可靠的就业机会，实现安居乐业。这对于缓解就业难题，维护社会稳定，意义十分重大。

草原是牧区经济社会发展的基础，是牧区人民赖以生存和发展的最基本生产资料。我国草原生活着5000万人口，包括1500万少数民族，是各族牧民生活的家园。草原畜牧业是草原地区的传统产业和优势产业。2017年，天然草原鲜草产量10.65亿t，畜产品生产能力2.58亿羊单位。全国268个牧业县农业人口只有全国农业人口的2.5%，其生产的牛肉、羊肉、奶类产量分别占到全国23%、35%、23%。草原是重要的生态屏障区、大多位于边疆地区，也是贫困人口的集中分布区，我国1.1亿少数民族人口中70%以上集中生活在草原区。我国草地植物共计8000多种，分属260余科，具有重要开发价值的不下于2000多种。这些功能性草本植物，可在饲用、食用、工用、境用、药用以及种质资源用等方面，不断形成新的产业，为草原经济增添新的内容。我国草原以其所处的位置、所独有的气候、植被、生态系统特征以及社会人文背景，具备发展草原生态旅游的优越条件。随着人们生活水平的提高和消费观念的转变，具有自然风光特点的休闲旅游将成为热点，草原生态旅游业将成为牧区增长最快的产业。

我国广阔众多的湿地蕴育着丰富的淡水、动植物、矿产及能源等资源，可以为社会生产提供水产、禽蛋、莲藕等多种食品，以及工业原材料、矿产品等。湿地水能可以发展水电、水运，增加电力和交能运输能力。许多湿地自然环境独特，风光秀丽，也不乏人文景观，是人们旅游、度假、疗养的理想佳地，发展旅游业大有可为。此外，湿地还是进行科学研究、教学实习、科普宣传的重要场所。

荒漠生态系统是具有重要经济价值的系统，功能独特。荒漠地区的动植物，在极端的自然条件(干旱缺水，冬严寒夏酷暑，昼夜温差大，日照强，风蚀沙埋，土壤粗砺，多盐碱、石膏等)和长期进化过程中，成功地发展了许多适应机制(包括生态的、生理的、形态结构的、行为的、遗传的等)。其中，许多野生植物是防治荒漠化生物措施的重要植物种的来源，许多动物又是我们家畜的祖先，荒漠动植物物种的保护不仅对科学研究有重大意义，对医疗保健也必不可少。荒漠动植物中，包含许多有经济价值的种类。例如，许多荒漠草本和小半灌木是含营养物质丰富的牧草，不少种类具有药用价值。据调查，仅中国的沙漠(包括部分荒漠区以外的沙地)就有药用植物356种，其中，常用的103种。荒漠生态系统也是可以大力发展旅游、文化产业的特色区域。

三、林业和草原的文化功能

森林是人类文明的摇篮，孕育了灿烂悠久、丰富多样的生态文化，森林与人类的关系历史集中反映了人类热爱自然、与自然和谐相处的历史。森林、湿地、荒漠等生态系统，与海洋、草原、农田、城市、乡村等联系在一起，积淀了底蕴深厚的生态文化土壤；人与森林相依相伴，积淀了内涵丰富的价值观念、哲学、审美情趣、思维方式等，可挖掘出丰富的精神产品；各类自然保护区、森林公园、湿地公园，野生动物园等可以为繁荣生态文化、弘扬生态文明充当载体和基础阵地作用。

森林具有人类最普遍的审美意义和强大的生命力，不仅陶冶人们的性情，激发人们对生活的热爱、对未来的向往，而且可以培养人们爱祖国、爱社会、爱人类、爱自然的高尚情操。森林有可直观感知的美学价值，而且对人性、人格培养具有深厚的人文价值。从森林的文学功能来看，森林(树木、花草)美的形态(自然美、艺术美、社会美、生态美)，美的范畴(优美、崇高、雄壮、秀、奇、灵、色、香等)，对于人的各种情感体验，都是文艺作品创作取之不尽、用之不竭的源泉。

中国北方草原是亚欧大陆草原的组成部分，这里自旧石器时代以来就有人类活动遗迹。草原文化包括生态文化、民族文化、游牧文化等多种形态，是中华文化的重要组成部分。草原生态文化是敬畏自然、顺应自然、保护草原、尊重生命的文化，主要体现在草原民族保护草原、保护猎场的意识，不向草原过度索取的生产方式，以草原、森林为家的民风等。游牧民族生活方式具有逐水草而居的游动性特征，轮场游牧是游牧生产的一种具体形式。这些生产生活方式体现了对自然生态的依赖和适应性，成为人与自然和谐相处的文化。

世界上许多河流湿地都为孕育古代文明提供了可靠的栖息地，成为人类古老文明的摇篮。黄河与长江创造了华夏文明。随着对湿地认知不断加深，人们开始从精神上享受湿地，发现湿地充满了诗情画意，开始欣赏湿地的美，从湿地获得知识的启迪，人类在与湿地的相互作用过程中积累了丰富的物质和精神财富，推动着文明的脚步。1300多年前的唐朝大诗人白居易就有"舟行明月下，夜泊清淮北"的描写，尽显运河两岸峰峦之浑厚，草木之华滋，江水之辽远，疏朗简秀。湿地生态文化的挖掘、认识和发展，无疑有助于促进湿地的自然保护；而湿地自然保护的进步，反过来更有助于文化遗产的传承和新的不断地发展，这个互动的过程，将促进自然、生态、社会、文化的共同持续和进步。深度挖掘湿地文化的意义，提高湿地文化的软实力，可以促进人类更深入地理解人与自然和谐相处的智慧，满足人类回归自然、向往自然的心理诉求，有利于提升国民的生态文明理念，促进生态文明建设。

我国西北荒漠地区的草原丝路是最早的丝绸之路。以丝绸、茶叶、马匹、皮毛为主的贸易，促进东西方文化交流、民族融合。丝绸之路自西汉开辟2000多年来，通过这一交通网络将欧亚乃至世界紧密联系起来，既是中国走向世界和主动对外开放的窗口，也是中央王朝经营西北和促进民族融合的纽带。丝绸之路是人类共有的文化宝藏，成为沟通世界和商贸往来的桥梁，中外文化交流与文明交汇的大动脉，促进了世界历史发展和人类文明进步。挖掘荒漠地带的历史文化、特色资源，大力开发文化旅游并与农牧业、康养、工业、体育、金融等产业深度融合具有广阔的前景。

第二节 我国林业和草原发展历程

一、林业发展历程

中华人民共和国成立以后，我国林业进入传统林业的发展阶段。刚刚独立的中国一穷二白，百业待兴，面对帝国主义的封锁，国内大干快上社会主义建设所急需的木材主要依靠自己生产。这一历史时期赋予林业的主要使命就是多生产木材以支援国家建设,因而,当时保护和培育森林资源的力度是有限的。对森林资源长时期的过量采伐为后来林业的发展埋下了隐患。

1978 年至今,我国林业进入了全面恢复振兴时期。1978 年 12 月召开的党的十一届三中全会是一个伟大的历史转折,从此党和政府加强了对林业的领导,针对林业建设的拨乱反正和恢复发展做出一系列重大决策。纵观 1978 年以来我国的林业发展,大致可以分成三个阶段。

(一)由木材生产向可持续林业过渡阶段(1978—1997 年)

这个时期,人们已开始认识到森林是维护生态平衡的重要支柱,认识到森林的多种效应,特别是在维护国土安全、保持水土、富国裕民方面的作用。从单纯强调林业的经济效益到重视林业的综合效益,逐步引入可持续发展的理念,是林业工作者战略思想的巨大飞跃。

十一届三中全会以来,党中央和国务院做出了一系列重要的指示和决定,要求在保护和发展森林的基础上,逐步扩大森林资源的利用,增加木材产量和各种林产品产量,实现青山常在和永续利用,从而使林业走上健康发展的轨道。1980 年 3 月,中共中央、国务院发布《关于大力开展植树造林的指示》和《关于保护森林发展林业若干问题的决定》,明确规定保护森林、发展林业的方针政策,提出林业调整和林业发展的战略任务。之后我国提出了林业发展的总任务和奋斗目标。林业的总任务是切实保护好、经营好现有森林;大力造林育林,扩大森林资源;合理利用森林资源,充分发挥森林的多种功能、多种效益,以逐步满足国家建设和人民生活各方面的需要。奋斗目标是要经过全国各族人民的长期奋斗,把我国森林覆盖率提高到 30%。到 20 世纪末,把森林覆盖率提高 20%。这个总任务和奋斗目标就是 20 世纪 80 年代我国林业发展的新战略,它标志着我国林业建设工作的重点逐步从以木材生产为中心,转移到以营林为基础,以造林、护林、绿化祖国为中心任务的轨道上来。

1992 年,联合国环境与发展会议以后,可持续发展理论引入林业。1995 年,《中国 21 世纪议程·林业行动计划》提出了中国林业发展的总体战略目标和对策,即既要满足当代人的需求,又不对后代人的需求构成危害,并不断地满足国民经济发展和人民生活水平提高对其物质产品和生态服务功能日益增长的需要,真正实现林业生态效益、经济效益和社会效益相统一。同时,我国提出了新的林业发展战略,即"以实施分类经营改革为重点,全面实施《林业经济体制改革总体纲要》,建立新的林业经营管理体制和发展模式。林业发展"九五"计划和 2010 年远景目标是:到 2000 年,为建立比较完备的林业生态体系和比较发达的林业产业体系奠定基础;到 2010 年,初步建立上述两大体系。实现这个目标的关键是实现中央提出的两个根本性转变。

(二)以生态建设为主阶段(1998—2011 年)

1998 年洪涝灾害后,针对长期以来我国天然林资源过度消耗而引起的生态环境恶化的现实,党中央、国务院将"封山植树、退耕还林"作为灾后重建、整治江湖的重要措施,做出了实施天然林资源保护工程的重大决策。在 1999 年退耕还林试点成功的基础上,2002 年我国全面启动了退耕还林工程。为了进一步加快林业发展,我国政府启动了天然林保护、退耕还林等六大林业重点工程,颁发了《中共中央国务院关于加快林业发展的决定》,召开了全国林业工作会议。中国林业进入由木材生产为主向生态建设为主的历史性重大转变,确定了以生态建设为主的林业发展战略。这一时期,我国政府先后确立了林业的"四个地位",提出了林业的"双增目标"。

2001 年,我国开展了林业宏观战略研究。2003 年,《中共中央国务院关于加快林业发展的决定》指出,"必须把林业建设放在更加突出的位置。在全面建设小康社会、加快推进社会主义现代化的进程中,必须高度重视和加强林业工作,努力使我国林业有一个大的发展。在贯彻可持续发展战略中,要赋予林业以重要地位;在生态建设中,要赋予林业以首要地位;在西部大开发中,要赋予林业以基础地位。2004 年《政府工作报告》明确提出,我国要实施以生态建设为主的林业发展战略。2005 年,国家林业局做出了我国生态建设由"治理小于破坏"进入"治理与破坏相持"阶段的判断,并根据这一阶段的特点,调整了林业生产力和生产关系布局,做出实施"东扩、西治、南用、北休"区域发展的新战略,分区施策,分类指导。2007 年 10 月,党的十七大首次提出建设"生态文明"的概念,把建设生态文明作为一项战略任务和全面建设小康社会的目标明确下来,提出到 2020 年,要使我国成为生态环境良好的国家。2009 年 6 月,中央林业工作会议指出,在应对气候变化中,林业具有特殊地位,发展林业是应对气候变化的战略选择。这是我国政府根据林业的特点、国际气候谈判的形势,以及我国生态文明建设的战略目标做出的科学判断,明确了新时期我国林业的新地位、新使命。同年 9 月,在联合国召开的气候变化峰会上,中国政府向国际社会承诺：到 2020 年，我国森林面积比 2005 年增加 4000 万 hm^2，森林蓄积量增加 13 亿 m^3。林业"双增"目标将成为今后我国林业生态建设的首要目标，标志着中国林业将进入一个关键的发展期。

(三) 新时代林业(2012 年至今)

党的十八大以来，习近平总书记高度重视生态文明建设和林业改革发展，提出了一系列重要战略思想，为林业改革发展提供了根本遵循。在以习近平同志为核心的党中央的坚强领导和习近平新时代中国特色社会主义思想的科学指导下，我国林业的地位作用全面提升、顶层设计全面优化、各项改革全面推进、资源保护全面加强，林业改革发展取得了全方位、开创性成就，发生了深层次、根本性变化。

林业改革力度前所未有。围绕林业发展的重大问题和关键领域着力推进改革，全面创新林业体制、机制。集体林权制度改革不断深化，成为继土地家庭承包后我国农村经营制度的又一重大变革，实现了"山定权、树定根、人定心"。国有林区改革已完成全面停伐任务，正在加快政、企、事和森林资源管办"四分开"，推动林区转型发展。目前，已有95%以上的林场定性为公益性事业单位，今年将基本完成国有林场改革任务。三江源、东北虎豹、大熊猫、祁连山等 10 个国家公园试点稳步推进，正在整合优化各类自然保护地管理，加快建立以国家公园为主体的自然保护地体系。建立健全了生态资源产权、生态补偿、财税金融扶持等一系列政策，基本形成较为完善的强林惠林政策体系。

森林资源快速增加。深入实施三北防护林体系建设、退耕还林等重点工程，广泛开展全民义务植树，扎实推进部门绿化和社会造林，全国人工林面积快速增长，稳居世界首位。三北工程实施 40 年来，累计造林保存面积 3010 万 hm^2，工程区森林覆盖率由 1977 年的 5.05% 增加到 13.57%。天然林保护工程实施 20 年，2016 年全面停止了天然林商业性采伐，1.3 亿 hm^2 天然林得到有效保护。退耕还林工程自 1999 年启动以来，累计造林 0.3 亿 hm^2，工程区森林覆盖率平均提高 3.6 个百分点。根据第九次全国森林资源清查结果，全国森林面积 2.20 亿 hm^2，森林覆盖率 22.96%，活立木蓄积 190.07 亿 m^3，森林蓄积 175.60 亿 m^3，总森林植被生物量 188.02 亿 t，总碳储量 91.86 亿 t。天然林面积 14 041.52 万 hm^2，天然林蓄积量 141.08 亿 m^3；人工林面积 8003.10 万 hm^2，人工林蓄积 34.52 亿 m^3。在全球森林资源持续减少的背景下，我国森林面积和蓄积量持续"双增长"，成为近 20 年来全球森林资源增长最多的国家。

国土生态状况明显改善。先后实施京津风沙源和石漠化治理、湿地恢复等重大生态修复工程，治理区植被盖度稳步提高，荒漠化、石漠化得到有效遏制。2004年以来，全国荒漠化和沙化土地面积连续三个监测期"双缩减"，土地沙化面积由20世纪90年代末年均扩展3436km^{2}转变为2018年的年均缩减1980km^2，实现由"沙进人退"到"绿进沙退"的历史性转变。全国湿地总面积0.54亿hm^2，自然湿地保护率提高到49.03%。建立自然保护区、森林公园、湿地公园、风景名胜区、地质公园、海洋特别区(海洋公园)等各类自然保护地1.1万多处，占全国陆地面积的18%，有效保护了全国90%的陆地生态系统类型、85%的野生动物种群、65%的高等植物群落、50.3%的天然湿地。实施野生动植物拯救保护工程，近200种极度濒危野生动物物种得到抢救性保护，近百种极小种群野生植物、全国60%的极小种群野生植物主要分布区得到有效保护，珍稀濒危物种野外种群数量稳中有升。

生态惠民利民成效显著。大力推进"身边增绿"，开展国家森林城市、绿化模范城市、生态文化乡村、生态文明教育基地等创建活动。截至2018年，共授予国家森林城市165个、全国绿化模范城市113个。加强森林小镇(村庄)、森林(湿地、沙漠、地质、海洋)公园建设，为城乡居民提供了良好生活环境，加快发展林业产业。2017年全国林业产业总产值达7.1万亿元，40年来提升近400倍。我国成为林产品生产、贸易和消费大国，带动了社会就业和农民致富，山区农民纯收入的20%来自林业，重点地区超过50%。开展生态补偿等扶贫，聘请生态护林员约50万人，带动100多万贫困人口精准脱贫。加强乡村绿化美化，推动乡村振兴战略实施。实施棚户区(危旧房)改造，林区林场基础设施和生产生活条件得到极大改善。大力弘扬生态文化，开展全民生态教育，使生态文明理念深入人心。

对外交流合作不断扩大。积极履行《联合国防治荒漠化公约》《关于特别是作为水禽栖息地的国际重要湿地公约》《濒危野生动植物种国际贸易公约》，推动国际竹藤组织和亚太森林网络组织参与全球生态事务。截至2018年，我国与63个国家签署121个林业合作协议，与17个国家开展大熊猫合作研究。推动实施"一带一路"倡议，建立中东欧国家林业合作协调机制、大中亚地区林业合作机制，开展中美、中欧、中非等林业对口磋商，拓展了我国多双边合作路径。开展应对气候变化、打击野生动植物非法贸易和木材非法采伐等活动，进行林业对外援助，增强了我国在全球生态治理中的话语权。林业对外开放的有效实践，拓展了我国经济对外发展空间，为全球生态治理提供了中国方案，赢得了国际社会的广泛赞誉。

林业法治建设成效明显。颁布了《中华人民共和国森林法》（以下简称《森林法》）、《中华人民共和国草原法》（以下简称《草原法》）、《中华人民共和国防沙治沙法》（以下简称《防沙治沙法》）、《中华人民共和国野生动物保护法》（以下简称《野生动物保护法》）等法律法规，林业法制体系逐步完善。林业行政执法更加规范，行政复议和行政应诉能力明显提高，社会公众法律意识进一步增强。建立了自然资源和生态保护的公众参与、党政同责、责任终身追究、离任审计等制度。制定了林业生态红线保护制度，实行森林草原防火行政领导负责制和防沙治沙目标责任考核，出台生态文明建设目标评价考核办法，各级党委政府保护发展林草事业的主体责任不断强化。

林业学科专业体系日趋完善、形成了以生物学、生态学为基础，以林学、林业工程、风景园林学为骨干，涵盖理学、工学、农学、管理学等门类，研究生教育、本科教育、高等（专科）职业教育、中等职业教育等层次的学科专业体系，拥有了由两院院士、长江学者、国家杰出青年基金获得者、"新世纪百千万工程"人选、国家级教学团队等不同层次人才构成的学术梯队。学科专业平台建设得到极大加强，人才培养规模和质量稳步提升，有力地支撑了林业和草原事业的发展。

二、草原保护事业发展

中华人民共和国成立以后，为了尽快摆脱草原地区贫困落后的面貌，我国政府采取了一系列恢复和保护草原的政策，促进了草原的发展。但由于当时的认识局限，对草原资源过度开发，破坏了草原植被，使草原失去了生态平衡。改革开放以来，我国草原保护事业的发展大致可以分为三个阶段：第一阶段，1978—1999年：生态与产业并重阶段；第二阶段，2000—2011年：以生态保护为主阶段；第三阶段，2012年至今：新时代的草原保护。

（一）生态与产业并重的阶段（1978—1999年）

十一届三中全会后，随着农区以家庭承包经营为核心的农村经营体制改革的不断深入，我国广大草原地区结合草原实际，逐步推行以"草畜双承包"为内容的家庭承包经营责任制。这一时期最重要的事件是《草原法》的颁布实施和以"草畜双承包"为内容的家庭承包经营责任制的推行。这一时期草业彻底摆脱游牧经济的封闭式生产方式，初步形成生产、加工、经营一体化发展格局，产业化进程加剧，市场化特征突出，草业门类体系不断扩大完善，技术创新需求日益加强。

（二）以生态保护为主的阶段（2000—2011年）

经过50多年的发展，这一时期的草业从经营草地畜牧业向生态、生产并重，以生态优先的现代新型草业转变。其标志：一是《草原法》的修改通过，为实施草原禁牧休牧提供强有力的法律支撑；二是国务院印发了《关于加强草原保护与建设的若干意见》（国发〔2002〕19号），这是1949年以来我国第一个专门针对草原工作出台的政策性文件；三是"退牧还草""草原生态保护奖励补助制度""振兴奶业苜蓿发展行动"等一批重大工程和奖补项目显示草业新的定位。

这个时期的草业所表现出来的特点是草原特色产业涌现，产业投入加大，草业生产规模和集约化程度提高，草产品走向市场流通，草业管理和经营标准日趋完善，生态服务功能作用认识逐日深化。世纪之交，我国的草地建设开始逐渐打破传统草地畜牧业格局模式，进行深层次的产业结构调整，把牧区、农区、农牧交错区、城郊区草地牧业组建成一体化的新型草地畜牧业系统，实现产业化生产。不同类型草地畜牧业系统也采取了不同的经济体制运行模式，收到了很好的效果。

（三）新时代的草原保护（2012年至今）

这一时期，我国草原生态环境保护投入力度不断加大，草原生态系统保护与修复成效显著，草原涵养水源、保持土壤、防风固沙等生态功能得到恢复和增强，局部地区生态环境明显改善，草原生态环境持续恶化势头得到初步遏制。2015年的中央一号文件提出了发展生态草牧业的新理念，进一步加大了对耕地、水、草原、水域和滩涂等的保护。2016年的中央一号文件也提出将实施新一轮的草原生态保护补助奖励政策，适当提高补奖标准，并且扩大退耕还林还草规模和退牧还草工程实施范围。2018年，按照《深化党和国家机构改革方案》要求，原农业部草原监理中心转隶到国家林业和草原局，成立了草原管理司，从此草原保护工作翻开了新的一页。

这一时期我国草原保护事业得到了全面的发展，取得令人瞩目的成就。

（1）**推进依法治草**。《草原法》是我国实施草原管理的根本性法律，此外还有《最高人民法院关于审理破坏草原资源刑事案件应用法律若干问题的解释》《草原防火条例》，以及《甘草和麻黄草采集管理办法》《草畜平衡管理办法》《草种管理办法》《草原征占用审核审批管理办法》等法律规章。

2013—2017年，全国共立案查处违反禁牧休牧和草畜平衡规定、非法征占用草原以及乱开滥垦草原等破坏草原案件8.2万起，其中向司法机关移送涉嫌犯罪案件2400余起。全国草原执法管理体系不断发展，基层草原生态管护员队伍已发展到20万人以上。

(2) 强化合理利用。大力推进草原承包，积极落实禁牧休牧轮牧制度。目前，全国承包草原达到2.87亿hm^2，划定基本草原2.33亿hm^2，落实禁牧休牧1.59亿hm^2，分别占草原总面积的73%、59%、40%。草原利用更趋合理，2017年全国重点天然草原的家畜平均超载率为11.3%，较2010年降低18.7%；全国草原鼠害、虫害及火灾受害面积较2010年分别减少36%、39%、69%。

(3) 加强生态建设。大力实施退牧还草、京津风沙源治理、草原防火防灾、草原监测预警、石漠化治理、草种基地建设等草原重点工程。"十二五"以来，我国草原生态建设工程项目中央投资累计超过400亿元。退牧还草工程是我国草原生态建设的主体工程，该工程从2003年开始实施，到2018年中央已累计投入资金295.7亿元，工程的实施累计增产鲜草8.3亿t，约为5个内蒙古草原的年产草量。

(4) 实施生态奖补。2011年以来，我国在内蒙古、西藏、新疆等13个主要草原牧区省(自治区)，组织实施草原生态保护补助奖励政策，对牧民开展草原禁牧、实施草畜平衡措施给予一定的奖励补贴。目前的补贴标准是禁牧草原每年每公顷112.5元、草畜平衡草原每年每公顷37.5元。8年来，国家累计投入草原生态补奖资金1326余亿元。草原生态奖补政策的实施，调动了广大草原地区农牧民自觉保护草原、维护草原生态安全的积极性，也显著增加了收入，实现了减畜不减收目标。

(5) 草原生态明显改善。2018年全国天然草原鲜草总产量11亿t；全国天然草原鲜草总产量连续8年超过10亿t，实现稳中有增。2018年草原综合植被盖度达55.7%，较2011年提高4.7%。内蒙古草原生态已恢复到接近20世纪80年代水平。

三、新时代林业发展和草原保护目标

(一) 新时代林业发展目标

党的十九大发出了开启全面建设社会主义现代化国家新征程的动员令。林业现代化是国家现代化的重要内容，是林业发展的努力方向，也是林业建设的根本任务。进入新时代，我们要以习近平新时代中国特色社主义思想为指导，以建设美丽中国为总目标，以满足人民美好生活需要为总任务，坚持稳中求进工作总基调，认真践行新发展理念和绿水青山就是金山银山理念，按照推动高质量发展的要求，全面提升林业现代化建设水平。要紧盯发展目标，强化责任担当，举全行业之力，集各方面之智，勠力同心，再接再厉，共同推进新时代林业现代化建设，力争实现三个阶段的预期目标：

到2020年，林业现代化水平明显提升，生态环境总体改善，生态安全屏障基本形成。森林覆盖率达到23.04%，森林蓄积量达到165亿 m^3，每公顷森林蓄积量达到95m^3，乡村绿化覆盖率达到30%，湿地面积不低于0.53亿 hm^2，新增沙化土地治理面积1000万 hm^2。

到2035年，初步实现林业现代化，生态状况根本好转，美丽中国目标基本实现。森林覆盖率达到26%，森林蓄积量达到210亿 m^3，每公顷森林蓄积量达到105m^3，乡村绿化覆盖率达到38%，湿地面积达到0.55亿 hm^2，75%以上的可治理沙化土地得到治理。

到21世纪中叶，全面实现林业现代化，迈入林业发达国家行列，生态文明全面提升，实现人与自然和谐共生。森林覆盖率达到世界平均水平，森林蓄积量达到265亿 m^3，每公顷森林蓄积量达到120m^3，乡村绿化覆盖率达到43%，湿地生态系统质量全面提升，可治理沙化土地得到全部治理。

（二）新时代草原保护目标

新时代草原工作要以习近平新时代中国特色社会主义思想为指导，深入学习贯彻习近平生态文明思想，认真践行新发展理念，坚持生态优先、综合治理、科学利用，创新发展思路，完善政策措施，增强支撑保障能力，切实加强草原保护修复，着力改善草原生态状况，促进草原地区生态、经济、社会协调发展，为建设生态文明和美丽中国做出重要贡献。力争到2025年，全国草原退化趋势总体得到遏制，草原综合植被盖度提高到57%以上，草原生态持续改善，草原质量稳步提升；到2035年，退化草原基本得到治理，草原综合植被盖度稳定在60%以上，草原生态功能和生产功能显著提升。

全面加强草原保护管理要始终做到"五个坚持"。一是坚持生态优先，把发挥草原生态功能放在更加突出的位置，将生态保护修复作为草原工作的核心任务，推动建立草原保护修复长效机制。二是坚持综合治理，践行山水林田湖草系统治理理念，尊重自然、因地制宜，以自然修复为主、自然修复与人工治理相结合，推动形成健康稳定的草原生态系统。三是坚持科学利用，正确处理保护与利用的关系，坚持在保护中发展、在发展中保护，严格落实草畜平衡和禁牧休牧制度，促进草原资源永续利用。四是坚持牧民主体，落实草原生态补奖政策，保护牧民合法权益，让保护草原的牧民有实实在在收益，不断提升牧民的获得感和幸福感。五是坚持多方联动，加强与发展改革、财政、金融、农业农村等部门的协调沟通，注重增强政策的协同性和有效性，做到同向发力、同频共振、形成合力。

第三节 林业和草原的使命

党的十八大以来，习近平总书记对林业和草原工作高度重视，赋予林业和草原事业在建设生态文明和推动绿色发展中新的地位、新的使命、新的任务。党的十九大对决胜全面建成小康社会、建设社会主义现代化国家进行了全面部署，为加快林业和草原改革发展带来了重大机遇，也提出了更高的新要求。新时代林业和草原的使命，是以习近平新时代中国特色社会主义思想为指引，以建设美丽中国为总目标，以满足人民美好生活需要为总任务，以实施乡村振兴战略为重要平台，全面保护修复自然生态系统，加快发展绿色富民产业，全面提升新时代林业和草原现代化建设水平，为广大人民群众提供更多更优质的生态产品，为全球生态安全做出更大贡献。

一、维护生态安全

习近平总书记提出，坚持总体国家安全观，走出一条中国特色国家安全道路。总体国家安全观，是集政治安全、国土安全、军事安全、经济安全、文化安全、社会安全、科技安全、信息安全、生态安全、资源安全、核安全等于一体的国家安全体系。每一个领域的安全都与其他领域密不可分，又各有侧重。其中，生态安全的提出是对人类社会发展与生态环境之间日益激化的矛盾的积极应对，也是生态文明建设进程中国家安全的新追求。林业和草原承担着建设和保护森林生态系统、管理和恢复湿地生态系统、改善和治理荒漠生态系统、维护和发展生物多样性等方面的重要职能，在维护生态安全中发挥着不可替代的作用。

推进新时代林业和草原现代化建设，必须把生态保护修复放在首要位置，始终坚持保护优先、自然恢复为主，优化生态安全屏障体系，提升森林、草原、湿地、荒漠生态系统的质量、功能和稳定性。要统筹山水林田湖草系统治理，实施重要生态系统保护和修复重大工程，开展大规模国土绿化行动，推进森林城市建设，扩大退耕还林，加强防护林体系建设、湿地保护恢复和荒漠化治理。全面实施森林质量精准提升工程，加快培育国家储备林，保护好天然林资源。完善林业和草原法律法规，划定生态保护红线，实行最严格的生态保护制度。加强林业自然保护区建设，实施珍稀濒危野生动植物拯救性保护行动，加快构建生态廊道和生物多样性网络，保护好重点野生动植物物种和典型生态系统。加强森林防火和林业有害生物防治，强化森林资源管理和林业执法监管，严厉打击破坏自然生态的行为，确保生态资源安全。

二、助力乡村振兴

党的十九大报告指出，农业、农村、农民问题是关系国计民生的根本性问题，必须始终把解决好"三农"问题作为全党工作的重中之重，实施乡村振兴战略。实施乡村振兴战略是以习近平同志为核心的党中央对"三农"工作做出的新的战略部署，是建设现代化经济体系的重要基础，是建设美丽中国的关键举措，也是健全现代社会治理格局的固本之策，对于有效解决"三农"问题、全面建成小康社会、实现农业农村现代化、建设生态文明等具有重大意义。林业和草原具有生态、经济和社会等多种效益，是生态产品的主要提供者，是重要的基础产业和绿色富民产业，在改善生态状况、促进就业增收、助力乡村振兴等方面发挥着越来越重要的作用。

实施乡村振兴战略，既为林业和草原改革发展带来重大机遇，更要林业和草原发挥独特优势和重要作用。要推动实施乡村振兴战略，全面加强乡村原生植被、自然景观、古树名木、小微湿地和野生动植物保护，大力弘扬乡村生态文化。实施乡村绿化美化工程，抓好四旁植树、村屯绿化、庭院美化等身边增绿行动，着力打造生态乡村。建设一批特色经济林、花卉苗木基地，确定一批森林小镇、森林人家和生态文化村，加快发展生态旅游、森林康养等绿色产业，促进产业兴旺和生活富裕。推动实施脱贫攻坚战略，抓好林业精准扶贫和定点扶贫工作，提高森林生态效益补偿标准，继续在深度贫困地区吸纳有劳动能力的贫困农民就地转成护林员，让更多的贫困农民通过参与林业建设和保护实现稳定就业和精准脱贫。推动实施区域协同发展战略，支持老少边穷地区加快发展林业、实现转型发展。坚持生态先行、率先突破、共抓大保护。

三、推动全面建成小康社会

"小康社会"是由邓小平在20世纪70年代末80年代初在规划中国经济社会发展蓝图时提出的战略构想。随着中国特色社会主义建设事业的深入，其内涵和意义不断地得到丰富和发展。2020年全面建成的小康社会，其核心在"全面"，"短板"是贫困人口。小康社会的全面建成不仅仅体现在我国的经济建设、政治建设、文化建设、社会建设，还需要生态文明建设的强力推进。生态文明建设是其他文明建设的基础，在我国政治经济文化社会建设等各个方面都贯穿于小康社会建设的全过程和各方面，将进一步优化人与人、人与自然、人与社会的和谐关系。习近平总书记一再强调："最艰巨最繁重的任务在农村、特别是在贫困地区。"让贫困人口和贫困地区同全国一道全面建成小康社会是我们党的庄严承诺，消除贫困是全面建成小康社会的基础，深度贫困是当前脱贫攻坚短板中的短板。

林业建设事关经济社会可持续发展，发展林业是全面建成小康社会的重要内容。我国林业在很大程度上是农民的林业，农民是林业建设的主力军，而农民的林业也是落后地区的林业，同时又是生态环境脆弱地区的林业。在这样的特殊背景下建成小康社会，既存在着发展阶段所特有的矛盾与冲突，也面临着生态环境建设与经济发展之间的冲突。尤其是在广大农村，林业面临着既要推动区域经济迅速发展，又要在发展中防止生态环境遭到进一步的破坏。当前，良好生态环境已成为人民群众最强烈的需求，绿色林产品已成为消费市场最青睐的产品。推进新时代林业现代化建设，必须顺应人民对美好生活的向往，始终坚持发展为了人民、发展依靠人民、发展成果由人民共享。要探索形成生态共建共治共享的良好机制，调动广大人民群众的创造性和积极性，既吸引群众积极参与林业建设，开展身边增绿行动，又确保群众公平分享发展成果，让人民群众更好地亲近自然、体验自然和享受自然。在保护修复好绿水青山的同时，要大力发展绿色富民产业，创造更多的生态资本和绿色财富，生产更多的生态产品和优质林产品。

四、建设生态文明和美丽中国

党的十八大将生态文明纳入中国特色社会主义事业"五位一体"的总体布局，将"美丽中国"作为生态文明建设的宏伟目标，推动形成人与自然和谐发展的现代化建设新格局，标志着我们党对社会发展规律和生态文明建设重要性的认识达到了新的高度。党的十九大站在中国发展新的历史方位上，将"美丽中国"确定为新时代社会主义现代化建设的重要目标，成为社会主义现代化建设的战略任务之一，指明了大力推进生态文明建设的伟大意义，对加快生态文明体制改革、建设美丽中国进行了全面部署。习近平关于生态文明建设的战略思想，丰富发展了马克思主义自然观和发展观，成为习近平新时代中国特色社会主义思想的重要组成部分，为建设美丽中国、全面建成小康社会、实现人与自然和谐发展提供了思想指引、理论指导和行动指南。

绿色是美丽中国的底色，森林和草原是绿色的重要载体。林业和草原是生态文明建设的主力军，承担着保护森林、草原、湿地、荒漠四大生态系统和维护生物多样性的重要职责，是生态文明建设的关键领域，是美丽中国构建的核心元素。必须坚持以习近平生态文明思想为根本遵循，更好统领新时代林业和草原工作，全面加强森林、草原、湿地、荒漠和野生动植物保护，实现自然生态系统整体保护。要带头尊重自然、敬畏自然，按照自然规律办事，坚持宜林则林、宜乔则乔、宜灌则灌、宜草则草，坚持宜造则造、宜封则封、宜飞则飞，科学造林绿化、科学修复生态、科学保护森林，加快建立以森林植被为主体、林草结合的国土生态安全体系，推动形成人与自然和谐共生、美丽中国目标达成的社会主义现代化强国。

五、推动构建人类命运共同体

党的十八大以来，以习近平同志为核心的党中央深刻洞察人类命运前途和时代发展趋势，敏锐把握中国与世界关系的历史性变化，提出了构建"人类命运共同体"的重要倡议，并通过"一带一路"倡议、区域命运共同体、创新平台等实践平台不断走深走实。2017年1月，习近平主席在联合国日内瓦总部发表题为《共同构建人类命运共同体》的主旨演讲，阐述了中国为何要推动构建人类命运共同体、要构建一个什么样的人类命运共同体，以及怎样构建人类命运共同体这三大基本问题，全面明确了"人类命运共同体"理念的动因、愿景与实施路径，显著提升了这一理念的影响力和感召力。"人类命运共同体"理念回应全球治理危机，对推动世界发展、维护全球安全，应对气候变化、打击恐怖主义等提供了解决全球重大议题的关键钥匙。

习近平总书记指出，建设美丽家园是人类的共同梦想。面对生态环境挑战，人类是一荣俱荣、一损俱损的命运共同体，没有哪个国家能独善其身。唯有携手合作，我们才能有效应对气候变化、海洋污染、生物保护等全球性环境问题，实现联合国 2030 年可持续发展目标。当前，全球约 60% 的生态系统已经处于退化或者不可持续的状态，天然林面积依然以每年 660 万 hm^2 的速度锐减，沙漠化土地达 3600 万 km^2，100 多个国家严重缺水；人类造成的物种灭绝速度比化石记录的灭绝速度快了 1000 倍；自 1750 年以来，大气中的二氧化碳浓度已上升了 32%。人为干扰使地球生态系统出现了不可逆转的非线性崩溃的风险，加之目前存在不同程度的治理体系破碎化问题，使人类社会生态治理的投入和效率被严重削弱。面对当前全球生态系统面临的威胁和挑战，新时代林草事业的使命光荣，责任艰巨。要树立生态命运共同体的发展理念。大力倡导尊重自然、顺应自然、保护自然的生态文明理念，摒弃征服自然、改造自然的传统思维，从全球和战略的高度，共同谋划、同舟共济，稳步推进全球生态系统治理进程。要健全全球生态系统治理体系，推进治理能力现代化。努力把生态系统治理纳入工作的优先议程，创新全球和国家层面的生态系统治理体制和机制，完善国际生态系统治理规则，认真履行相关国际公约，开展互利共赢的务实合作，推进生态系统治理能力转型升级。要搭建互动平台，促进国际合作。着力搭建全球生态系统治理互动平台，开展科学技术交流、政策对话和项目实施等领域的国际合作，不断提高公众保护意识，增强历史责任感和使命感，保护、修复和改善人类赖以生存的自然生态系统。

（陈幸良、王枫、林昆仑、孙振元）

第二章　生态系统保护与修复

第一节　森林生态系统

森林不只是树木的集合体,而且是陆地上最复杂的生态系统。森林生态系统除了包括各种乔灌木树种、草本植物外,还有蕨类、苔藓、地衣、鸟类、兽类、昆虫和微生物,是一个复杂的生物世界。在各种生态系统中,森林生态系统对人类的影响最直接、最重大,也最关键。离开了森林的庇护,人类的生存与发展就会失去依托。

一、森林生态系统的现状和问题

我国地域辽阔,自然条件多样,适宜各种林木生长。我国拥有各类针叶林、针阔混交林、落叶阔叶林、常绿落叶阔叶混交林、常绿阔叶林、热带雨林、雨林以及它们的各种次生类型。还有栽培历史悠久并且广泛种植的人工用材林和经济林,如杉木林、毛竹林、油茶林、油桐林、杜仲林等。此外,还有华南滩涂的红树林、内陆河岸的胡杨林、荒漠沙丘上的梭梭林和高山杜鹃灌丛等各种具有重要防护功能的乔木和灌木林类型。中国还拥有世界上完整的温带和亚热带山地垂直带谱,世界分布最北的热带雨林类型,种类最丰富的云杉属和冷杉属森林,世界上罕有的高生产力(每公顷2000m^3多)云杉林等。

据联合国粮农组织公布的《2015年全球森林资源评估报告》显示,从1990—2015年全球森林面积净减少1.29亿hm^2,而中国的森林面积由1.33亿hm^2增加到2.08亿hm^2,净增加0.75亿hm^2,成为全球森林面积增长最多的国家,并评价"中国在通过天然更新和人工造林增加永久性森林面积方面,为全球树立了榜样"。最新发布的第九次全国森林资源清查成果——《中国森林资源报告(2014—2018)》表明,我国森林覆盖率为22.96%,比第八次全国森林资源清查的森林覆盖率21.63%提高了1.33

个百分点。全国现有森林面积 2.2 亿 hm^2，森林蓄积量 175.6 亿 m^3，实现了 30 年来连续保持面积、蓄积量的"双增长"。我国成为全球森林资源增长最多、最快的国家，生态状况得到了明显改善，森林资源保护和发展步入了良性发展的轨道。

（一）森林资源总量相对不足，结构不合理，分布不均

我国森林面积和蓄积量的绝对数虽然可观，但是，我们在看到成绩的同时，还要看到不足。我国依然是一个缺林少绿的国家，森林覆盖率低于全球 30.7% 的平均水平，特别是人均森林面积不足世界人均的 1/3，人均森林蓄积量仅为世界人均的 1/6。森林资源林龄结构不合理，可采资源不足。成过熟林可采资源面积、蓄积量仅占森林面积和森林蓄积量的 19% 和 40%；森林资源林种树种结构不合理，生态效益低；人工纯林、单层林占主体。森林资源主要分布在东北、中东部和中部地区，而西北和西部地区森林资源匮乏。东北和西南地区天然林资源丰富，东南部丘陵山地森林资源也较多，是主要人工林分布地区。辽阔的西北、内蒙古西部及人口稠密、经济发达的华北、中原和长江、黄河下游地区森林资源稀少。

（二）森林生态系统稳定性差，低质化、低效化问题依然突出

森林资源质量不高、功能不强，是我国林业最突出的问题，严重制约着林业多种功能的充分发挥。我国每公顷森林蓄积量为 $89m^3$，仅相当于林业发达国家单位面积森林蓄积的 1/4～1/3。森林生产力不高，每公顷森林年均生长量为 $4.23m^3$，只有林业发达国家的 1/2 左右；森林生产力提升缓慢，平均每公顷蓄积从 20 世纪 50 年代的 $71.03m^3$ 提升到 $89.79m^3$，不到林业发达国家的 1/3。全部森林中，质量好的森林仅占 19%，中幼龄林比例高达 65%，混交林比例只有 39%，与良好健康的森林要求混交林比例 60% 以上差距较大，天然林中有 51% 是纯林，人工林中有 85% 是纯林。每公顷森林年生态服务价值仅相当于德国、日本的 40%。森林退化严重，天然林中有 94% 为过伐林、次生林和退化林。

（三）森林灾害形势严峻

受全球气候变化、极端环境条件、外来物种入侵、森林结构单纯等多重因素影响，世界范围内人工林正经受着有害生物和火灾的严重危害和威胁。"十二五"期间，全国年均发生森林火灾 9586 起，受害森林面积 15.12 万 hm^2，人员伤亡 140 人，森林资源损失和人员伤亡惨重。松材线虫病等重大林业生物灾害"南害北移"态势加重，在年均气温仅为 7.9℃ 区域发现了松材线虫，突破了学术界和管理部门原有的对松材线虫适生区的判别范围。全国松材线虫病疫区从2009年的192个疫区扩展到2019年的588个疫区，凸显了疫情发生的复杂性和防控的艰巨性。

二、森林生态系统保护修复思路

经过长期努力，我国森林由恢复增长、规模扩张阶段进入到量质并重、提升质量效益阶段。森林资源总量相对不足、质量不高、分布不均的状况仍然存在，森林生态系统功能脆弱的状况尚未得到根本改变，生态产品短缺依然是制约中国可持续发展的突出问题。这就不得不要求我们加大森林资源保护和生态修复力度。

（一）人工林经营发展战略与对策

面对我国人工林发展过程中存在的问题和新时代社会对森林期望与需求的变化，通过科学合理的规划与经营，发展优质、高效、稳定、可持续的多功能人工林已成为一种主流趋势。现阶段我国人工林经营体系仍呈现多元化的发展模式，在遵循我国现有的森林分类经营体系的基本构架下，向发展兼顾经济、生态和社会效益的多目标森林经营战略转变。我国人工林经营将更加关注在不同时间和空间尺度上有效权衡和协同好人工林生态系统的多种服务功能，并以提升人工林的质量与效益为重点。

1. 人工林面积扩增转变为人工林质量提升

我国人工林大多为针叶纯林，结构简单、抗逆性差、生态服务功能低，人工林经营管理尚未实现集约化、信息化、机械化和智能化，导致人工林经营的质量和效益还落后于国际上的林业发达国家。这些林业发达的国家，人工林经营的理论和技术相对比较成熟和完善，已经步入人工林高效集约经营和多功能利用的可持续发展道路。鉴于人工林经营中存在的诸多问题以及可利用土地空间的限制，我国人工林未来发展不可能再延续一味追求以扩大人工林面积来实现人工林资源的增长，必将从以扩大造林面积为主转变为以提高现有人工林生产力和质量为重点。未来造林、营林更加注重林地单产的提高和森林质量的提升。人工林经营中应该倡导培育大径级优质材，提升基于材质的木材经济价值和效益，力求森林经营得到良好的经济收益回报，这也是世界上发达国家在森林经营方案设计和经营实施效果评价方面所考虑的最重要指标。由盲目粗放经营转变为定向集约高效经营，制定人工林长期可持续多目标经营方案，通过量化和分析林分结构、立地条件，不断调整人工林结构、景观配置，实施健康经营、生物多样性保护、病虫害与森林火险防控，在不断提高人工林木材产量的同时，更加重视提高人工林林分质量和生态系统的服务功能。

2. 单一木材生产经营转向面向生态系统服务的多目标经营

通过科学规划和经营调控等手段，处理好生态系统服务与经济社会发展和生态系统之间的联系，实现经济的、社会的和环境的多元惠益，满足人类所期望的多目标、多价值、多用途、多产品和多服务的需要。由于经营目标和影响因素的复杂性，不同社会利益群体的需求变化的时空差异，要妥善处理好人工林经营的主导目标与多目标之间的相互关系。有时以一种主导效益作为主要目的并兼顾其他效益，有时需要为了提高一种功能而牺牲另一种功能。因此，在森林适应性管理中更重要的是结合生态和社会的需求，权衡和协同人工林多重生态系统服务（如碳固持、水源涵养、生物多样性维持、养分循环等）和多种效益。通过近自然的经营方式，将现存的大面积单层同龄人工针叶纯林转化成以乡土阔叶树种为主的复层异龄多树种混交林，改善人工林树种组成和群落结构，充分利用自然力和天然更新机制，加速人工林的近自然演替进程，增强森林生态系统的稳定性和抵御气候变化胁迫的韧性，同时有助于提升地力、生产力和碳储量。

（二）全面落实《天然林保护修复制度方案》

2019 年 7 月发布的《天然林保护修复制度方案》对天然林保护工作做出了顶层设计，提出了三个阶段性目标任务：到 2020 年，实现"把所有天然林都保护起来"的目标，基本建立天然林保护修复各项制度；到 2035 年，天然林面积保有量稳定在 2 亿 hm^2 左右，质量实现根本好转，为基本实现美丽中国目标提供有力支撑；到 21 世纪中叶，全面建成以天然林为主体的健康稳定、布局合理、功能完备的森林生态系统。

天然林保护修复必须坚持四项基本原则，即坚持全面保护，突出重点，把所有天然林都保护起来，同时确定天然林保护重点区域，实行天然林保护与公益林管理并轨；坚持尊重自然，科学修复，统筹山水林田湖草治理，全面提升生态服务功能；坚持生态为民，保障民生，保障林权权利人和经营主体的合法权利，确保广大林区职工和林农与全国人民同步进入全面小康社会；坚持政府主导，社会参与，形成全社会共抓天然林保护的新格局。

天然林保护修复要实施四项重大举措。

（1）完善天然林管护制度。在对全国所有天然林实行保护的基础上确定天然林保护重点区域，实行分区施策；建立天然林保护行政首长负责制和目标责任考核制；逐级分解落实天然林保护修复责任与任务；加强天然林管护站点建设、管护网络建设、灾害预警体系建设、护林员队伍建设和共管机制建设。

（2）建立天然林用途管制制度。全面停止天然林商业性采伐；对纳入保护重点区域的天然林，除维护生态系统健康的必要措施外，禁止其他生产经营活动；严管天然林地占用，严格控制天然林地转为其他用途；对保护重点区域的天然林地，除国防建设、国家重大工程项目建设特殊需要外，禁止占用。

（3）健全天然林修复制度。根据天然林演替和发育阶段，科学实施修复措施，遏制天然林分退化，提高天然林质量；强化天然中幼林抚育，促进形成地带性顶级群落；加强生态廊道建设；鼓励在废弃矿山、荒山、荒地上逐步恢复天然植被；加强天然林修复科技支撑，加快完善天然林保护修复效益监测评估制度。

（4）落实天然林保护修复监管制度。将天然林保护修复成效列入领导干部自然资源资产离任审计事项，作为地方党委和政府及领导干部综合评价的重要参考；对破坏天然林、损害社会公共利益的行为，可以依法提起民事公益诉讼；建立天然林资源损害责任终身追究制。

（三）强化科技支撑

2018年，我国木材消费量已达6亿m^3，木材对外依存度超过50%。2016年起我国全面停止天然林商业性采伐，每年进口大径级珍贵阔叶材3500万m^3以上。随着社会经济的持续发展对木材资源需求不断增长，以及世界主要木材生产国对木材出口的限制，缺口继续加大。我国林木良种年均产量220万kg左右，良种穗条15亿条(根)左右，全国主要造林树种良种使用率61%，但与发达国家90%以上的林木良种使用率相比依然偏低。迫切需要突破林木全基因组定向选择、人工林长期生产力提升等关键技术，为人工林资源高效培育提供科技支撑。

我国林业重点生态工程自启动实施以来，采用先易后难的建设顺序，随着工程的不断深入，工程建设困难程度不断增加，现有科技成果储备难以满足工程需求，亟待解决山水林田湖草系统综合治理等重大理论问题，突破特殊困难立地生态高效修复与产业协同发展、防护林结构精准调控与功能提升、森林重大灾害绿色防控等关键技术，集成创新林业生态建设工程提质增效科技体系，为国土生态安全保障体系构建提供强有力的支撑。

第二节 草原生态系统

草原生态系统是主要的陆地生态系统类型之一,世界永久草原面积为33.2亿hm^2,约占陆地面积的25%,仅次于森林生态系统。在生物圈固定能量的比例中,草原生态系统约为11.6%,居陆地生态系统的第二位。草原是比较脆弱的生态系统,但却养育了全球近1/3的人口,人们的食物结构中有11.5%来自草原。同时,草原又具有保护陆地生态环境多样性、减少沙尘危害、减少水患、调节气候等多种生态功能。

一、草原生态系统面临的现状与问题

(一)现状

草原生态系统指以各种草本植物为主体的生物群落(包括植物、动物、微生物)及其非生物环境构成的,进行物质循环与能量交换的基本机能单位。我国的草原生态系统是欧亚大陆温带草原生态系统的重要组成部分,主体是东北—内蒙古的温带草原。根据自然条件和生态学区系的差异,我国的草原生态系统分为疏林草原、草甸草原、干草原、荒漠草原、高山或高原草原等类型。草原生态系统所处地区的气候大陆性较强、降水量较少,年降水量一般都在250~450mm,而且在不同的季节或年份,降水量变化幅度较大,蒸发量往往都超过降水量。另外,这些地区的晴朗天气多,太阳辐射总量较多。这种气候条件,使草原生态系统各组分的构成上表现出了一些与之适应的特点。

我国现有各类天然草原近3.93亿hm^2,占世界草原面积的12%,占我国国土面积的41%,在我国农田、森林和草原等绿色植被生态系统中占到63%,是我国面积最大的陆地生态系统,因而草原是我国陆地生态系统的重要主体和生态文明建设的主战场之一,也是广大牧民群众基本的生产生活资料和脱贫致富奔小康的重要依托。我国草原有84.4%分布在西部,西北部的草原作为重要的绿色生态屏障,一直发挥着阻止沙漠前移的重要作用,默默地守卫着我国东南半壁的农、林、水产各业。在东部农区,通过草田轮作、草畜结合、三元种植布局等措施实现了农林牧业的可持续发展。我国草原在调节气候,保持水土,保护生物多样性等方面的生态服务功能更为重要。

草原是介于荒漠与夏绿阔叶林带之间的地区,草原上的植物属于夏绿

旱生性草本群落类型。草原气候的特点在于比夏绿阔叶林带干旱，但比荒漠要湿润。如果气候持续比原来更加干旱时草原便向荒漠过渡，这就是荒漠化的过程。北方地区干旱少雨，季风强烈，地下暴露的粉沙便四处吹扬，形成地表沙层，聚起沙丘。于是原先的草地、耕地变成了现在的沙漠。大量资料表明，我国北方的大面积草地，经历了20世纪六七十年代的垦殖及80年代后的垦殖和超载过牧，退化、沙化面积由过去的30%左右上升到70%以上。目前，我国90%的可利用天然草原存在不同程度的退化现象。草原过牧的趋势没有根本改变，乱采滥挖等破坏草原的情况时有发生。变劣的生态环境使许多地区失去了生存条件，牧民的贫困化程度加重，很多牧民沦为了生态难民。草原开垦不仅仅破坏了草地植被，也破坏了整个草原生态环境这个大系统，破坏了当地的小气候。所以说，草原沙漠化既是自然现象，又是社会现象，是人类活动作用于自然的结果。

加强草原生态环境保护，事关生态文明建设大局，事关民族团结、边疆稳定和牧区经济社会持续健康发展。党中央、国务院对草原生态环境保护高度重视。习近平总书记强调，保护生态环境就是保护生产力，改善生态环境就是发展生产力；山水林田湖草是一个生命共同体。2014年1月和2016年8月，习近平总书记分别在内蒙古和青海调研时，对加强草原保护建设做出了重要指示。李克强总理对加强草原保护建设提出了明确要求，强调要加强调查研究，采取有力措施，妥善解决当前的突出问题，推进生态文明建设。各有关地区和部门认真贯彻落实党中央、国务院决策部署，积极推进草原生态环境保护制度体系建设，落实草原生态环境保护重大政策措施，加大依法治草力度，促进草牧业转型升级，提升草原防灾减灾救灾能力等草原生态环境保护各项工作，取得了积极成效。

总的来看，党的十八大以来，我国草原生态环境保护投入力度不断加大，草原生态系统保护与修复成效显著，草原涵养水源、保持土壤、防风固沙等生态功能得到恢复和增强，局部地区生态环境明显改善，草原生态环境持续恶化势头得到初步遏制。监测结果显示，2018年全国天然草原鲜草总产量11亿t；全国天然草原鲜草总产量连续8年超过10亿t，实现稳中有增。2018年草原综合植被盖度达55.7%，较2011年提高4.7%。内蒙古草原综合植被盖度达44%，草原生态已恢复到接近20世纪80年代中期水平。新疆草原综合植被盖度达41.48%，创有监测记录（2011年）以来的历史最高值。

(二)存在的问题

改革开放以来,特别是进入21世纪以来,国家在草原保护建设工作中下大力气进行资金投入,努力实施草地生态恢复建设工程,取得了很大的成绩,收效也是显著的。然而实际情况并不容乐观,大的生态环境依旧,草原退化、沙化、盐碱化、资源生物多样性下降、水资源减少,以及严重的鼠害虫害等一系列生态问题,在全国绝大多数草原均程度不同地存在着。

据调查,20世纪70年代中期全国草原退化面积占15%,80年代中期达30%。目前,北方和青藏高原草原90%已经或正在退化。对我国生态和水资源安全有重要意义的三江源区的草原中度以上的退化面积占可利用面积50%~60%,南方草地退化面积约为1400万hm^2。

全国沙漠化潜在发生面积占国土面积的27.3%,目前已有风蚀沙化土地面积的160.7万km^2,占国土面积16.4%。我国草原盐渍化面积已达930万hm^2以上,大面积发生于东北地区西部松嫩草原、内蒙古西部、新疆、甘肃、青海干旱荒漠区绿洲边缘草地及干旱大水漫灌的改良草原。

人类在草原上开展的经济活动造成了草原动植物资源的破坏,尤其是近几十年来,随着人为干扰程度的增强,加剧了生物资源的破坏速度,引起大批生物资源的丧失。对草原野生动物的乱捕滥杀更为严重,不少种类的栖息地日益缩小,许多物种濒临灭绝。

内陆河由于上游截留水源,使中下游断流、湖泊干涸,地下水位大幅下降,下游绿洲及其周围的草原植被枯死、消失。新疆一些地方多年来因上游超量用水,用水不当,造成下游的草原和荒漠植被萎缩,沦为沙漠。荒漠区绿洲边缘草原,如内蒙古黄河河套地区,草原漫灌,致使草原发生次生盐渍化。

我国北方和西部牧区草原鼠害严重。近年来,我国草原鼠害危害面积年均在2666.7万hm^2以上,虫害危害面积在1333.3万hm^2左右。草原火灾时有发生,2016年全国草原火灾56起,累计受害草原面积3.69万hm^2。内蒙古东部连年干旱,666.7万hm^2打草场丧失了打储草功能。我国每年均有草原虫害发生,发生虫害的草原,损失牧草达50%~90%。鼠虫害严重使草原植被覆盖度小于5%时,原有草原即失去利用价值。

草原具有生态生产双重功能,人草畜都是草原生态系统的组成部分。受自然、地理、历史和人为活动等因素影响,草原生态保护欠账较多,人草畜矛盾依旧存在,统筹草原环境保护与牧区经济社会发展难度大,仍面临一些困难和问题。主要体现在以下四个方面。

一是草原生态系统整体仍较脆弱。草原地区自然条件总体比较严酷，降水少、蒸发量大、积温低，青藏高原部分地区黑土滩问题严重，部分典型草原仍存在退化的风险，草原鼠虫害、火灾、旱灾等灾害频发。总的来看，虽然近年来草原生态系统建设取得明显成效，但整体仍较脆弱，处在不进则退的爬坡过坎阶段，草原生态安全仍是国家生态安全的薄弱环节。

二是草原违法案件多发常发。一些地方在草原上乱开滥垦、违法违规开矿、随意挤占草原修建厂房和旅游点现象突出。据统计，2016年全国各类草原违法案件破坏草原面积0.92万hm^2。其中，非法征占用草原问题突出，发案数量达到160起，破坏草原面积0.3万hm^2。特别是一些大型采矿项目，征占用草原面积大，对草原生态系统破坏严重。

三是牧区生产经营技术水平较低。草原牧区大多属于欠发达地区，基础设施建设投入不足，养殖技术水平不高，产业化水平不高，集约化标准化养殖比重低，牲畜生产效率低，养殖效益差，难以实现生产经营向专业化和商品化发展，还没有摆脱"人口增长—牲畜扩增—草原退化—效益低下—增收难"的困境。

四是草原监督管理能力亟待加强。机构队伍方面，目前草原管理机构设置和人员配置较为薄弱，机构小、人员少，与草原重要的生态地位和作用不相匹配，难以适应当前繁重的草原监督管理工作需要。管理能力方面，目前尚未建立草原调查统计制度，实际工作中仍沿用20世纪80年代末第一次全国草地资源调查数据，在落实草原承包、实施草原补奖政策等方面已经不能满足开展精准化管理的实际需要。

二、我国草原生态系统保护和修复对策

按照党的十九大关于"要加快生态文明体制改革，建设美丽中国"的部署要求，贯彻落实创新、协调、绿色、开放、共享的新发展理念，牢固树立社会主义生态文明观，坚持山水林田湖草是一个生命共同体，坚持节约优先、保护优先和自然恢复为主的方针，坚持面上治理与重点突破相结合、自然修复与工程措施相结合，深入推行草原生态环境保护制度措施，实施草原生态系统保护和修复重大工程，治理退化沙化草原，转变草原畜牧业生产经营方式，推动形成人、草、畜和谐发展的新格局。根据我国的具体情况，草原生态系统的保护和修复对策特别应着重于以下几方面：

(一)科学规划，坚持政策的长期稳定

进入21世纪以来，国家把生态环境保护治理摆上重要的日程，制定（修订）了《草原法》《森林法》《防沙治沙法》《水土保持法》《国务院关于加强草原保护与建设的若干意见》《全国生态环境建设规划》等一系列相关法律法规文件，作为今后长期发展必须遵循的规范，坚决贯彻执行，同时，加大了生态治理经费投入。地方省、市、县各级政府根据当地实际，出台了相关政策，制定了具体规划，并努力加以实施，收效明显。问题在于，在超载的人口、人们习惯、恶劣的生态环境面前，生态环境的治理绝不可能一蹴而就，它是一个长期的、伴随着人类发展的永久工程，必须长期坚持。

在国家科学的国土利用规划治理的前提下，地方制定出具体切实可行的规划和政策措施长期坚持实施，保证规划在实际工作中的统领作用，保持政策的长期稳定性，将草地生态建设作为考核各级党委政府政绩的重要指标加以落实。

通过不断地教育引导，草地建设利用科学知识的普及应用和法律法规的保证，通过加大投入和有效的奖惩措施等真正使草地生态的保护建设利用变为全民的自觉行动和共同努力的目标。采取切实有效措施避免边治理、边破坏，破坏速度大于治理速度，局部治理，整体破坏；阶段治理，长期破坏局面的存在。

(二)适度载畜，建立科学合理的草原建设利用制度

我国草原生态系统遭受破坏的主要原因之一就是长期以来缺乏科学的、有效的管理措施。迄今为止，我国大部分草原还是处于"牧草自生自灭"和"靠天养畜"的落后状态。加强草原生态基础理论如载畜能力、牧业生产最佳方式以及科学管理技术的研究，是草原生态系统保护对策中应首先引起重视的问题。包括改革某些落后的经营方针，实行适度放牧、以草定畜、推行季节牧业以减轻草场压力，给牧草提供休养生息的时机以及其他可使草原植被得以恢复和发展的各种措施，实行科学化管理方式。

根据各地实际情况制定切实可行的人口转移安置、退耕还草、适度载畜、休牧轮牧季节性放牧、科学养畜、舍饲养畜等行之有效的综合配套措施，缓解草原压力。合理利用草原资源，提高牲畜出栏率，获得较可观的经济效益，降低越冬种群数量，缓解草畜矛盾；逐步建立和完善草地放牧制度，实行禁牧休牧制度、基本草地保护制度和草畜平衡制度等。通过退耕还草、适度载畜、禁牧轮牧、季节性利用，严禁滥牧、滥垦、滥伐、滥采等保护措施，逐步恢复退化草地的综合功能和生产能力。正确认识和处理好发展经济与保护生态的关系，坚决杜绝以牺牲生态环境为代价的破坏性的经济发展。首先要保护好沙区现有植被，走可持续发展的道路。

（三）运用生物措施，遵守客观规律

我国沙区地域辽阔，气候等自然条件差异极大，必须因地施策，因地制宜，宜乔则乔，宜灌则灌，宜草则草，乔、灌、草相结合，生物措施与机械沙障工程措施相结合，实行综合治理。在年降水 300~400mm 的半干旱及部分干旱地区，可以依靠自然降水，营造以灌木为主的林草植被，因为灌木具有庞大的根系，比草更耐旱。如古尔班通古特沙漠年均降水量仅有 100mm 多，仍分布着大面积的以梭梭为主的灌木林。毛乌素沙地、科尔沁沙地的主体部分年降水量都在 400mm 以下，杨柴、柠条、沙柳、沙棘、黄柳等灌木树种都长得很好，甚至像樟子松这样的乔木树种也长势不错。

据报道，赤峰市和榆林市经过长期不懈地坚持以灌木为主的林草植被建设，取得了"人进沙退"的巨大成绩，使其成为我国治沙领域的两大成功典型。浑善达克沙地，年降水量逾 300mm，采用以柠条为主的灌草治理流沙和沙地也很成功。宁夏盐池县在 20 世纪 80 年代营造的成片柠条生长茁壮，固沙效果明显。

运用生物灭鼠、治虫技术，实施生物治草，防止草原环境污染，维护生态平衡，恢复草地生物链。遵循客观规律，才能收到事半功倍之效果。

（四）发展现代化草业，形成牧业生产新体系

当前，世界农业发展的规律是畜牧业（特别是食草动物）的比重日益增加，发达国家大都完成了由以农业向以牧业为主或农牧并重的转变，牧业的产值占到农业总产值的 50% 以上。我国的草地占国土总面积的 40% 左右，是现有农田的 3 倍。而且我国南方的荒山草坡地有几千万公顷，畜牧业发展潜力很大。

草是农、林、牧三者之间的纽带，应该充分利用这些自然和资源条件，发展草业和畜牧业，形成新的农业生产结构体系。这也是弥补这些地区耕地少和减轻农田压力的有效措施。牧区开展现代化草业生产，是一项包括种植、畜牧、养殖业在内的综合性事业，也是知识密集型的产业。如在牧草的生产过程中，涉及优良草种的选育、引种、防止自然敌害等科研问题。在畜牧环节，涉及到放牧方式、肥育饲养、畜草平衡等。畜产品的加工利用要运用现代生物学技术，综合加工，取得有价值的产品，如培养食用真菌、废物饲料化，产沼气等。

加强牧区养殖基础设施建设，因地制宜发展人工种草和节水灌溉饲草料地，繁育推广牛羊良种，强化基础母畜饲养扩繁，防控重大动物疫病，发展适度规模的标准化集约化养殖。培育现代草原畜牧业新型生产经营主体，提升产、加、销一体化程度，促进养殖、加工、流通等环节利益合理分配，实现产业发展和牧民增收双赢。继续转变生产经营方式，促进草原畜牧业可持续发展。同时，继续支持发展草原生态旅游等绿色产业，设置草原管护公益性岗位，探索建立草原地区牧民参与矿藏开发的利益共享机制，不断拓宽牧民的转产就业渠道，减轻对传统草原畜牧业的过度依赖。所以牧区发展现代化草业，将会形成符合生态规律的牧业生产新体系，保护和促进草原生态系统的恢复和发展。

（五）加大经费投入，走全民共建的道路

走国家投入与全民共建道路，如对牧区严格限制载畜后对牧民的适当粮食补贴；草地牧草补播、人工种草种子、种苗的储备，无偿供给。加大对封沙治理、人工降雨等的投入；对个人封沙造林已见成效的国家实行验收回购等，以保证全民对草地的治理建设。抓一些关系全局的恢复生态工程，努力实施，力求实效。对一些已经收到明显实效的重大项目，应在总结成功经验的基础上继续实施，确保取得预期效果。切实处理好防沙与治沙的关系，预防为主，积极防治，通过生物和工程措施加大防沙治沙力度，防止沙漠的进一步扩张，保卫人类的生存空间。

同时，国家草原管理部门需要进一步建立和完善有关法律、法规和政策，以保证以上草原生态系统保护和修复措施的顺利实施。主要任务有三个：

一是落实好草原生态环境保护和建设各项改革任务。按照党中央、国务院关于推进生态文明体制改革的要求，紧紧围绕"源头保护、过程控制、损害赔偿、责任追究"，推进草原生态环境保护制度建设，建立健全草原资产产权、监测评价、生态保护红线、生态补偿、生态损害赔偿与责任追究等制度。稳定和完善草原承包经营制度，规范承包经营权流转。开展全国草原生态状况调查评估，摸清草原生态系统服务功能和生态系统质量变化等情况。强化草原禁牧休牧和草畜平衡管理，落实资源管控措施，确保2020年全国草原综合植被盖度达到56%的目标如期完成。

二是强化草原法制建设。配合修订《草原法》，研究完善草原生态文明关键制度、草原征占用审核审批管理、草原执法监督和法律责任等方面的规定，解决现有草原违法案件处罚依据不充分、处罚偏轻等问题。加强土地利用总体规划实施管理，严格落实土地用途管制制度，禁止可能威胁草原生态系统稳定的各类土地利用活动，严禁改变生态用地用途。

三是稳定和完善草原补奖政策，在保护草原的同时，提高牧民政策性收入。继续实施好退牧还草等草原生态保护建设重大工程项目，加大草原修复力度。扩大退耕还林还草，完善落实补助政策。指导各地根据草原植被恢复情况，合理调整草原禁牧、草畜平衡的范围和面积，确保禁牧封育成效，有序实现草原休养生息。进一步加强草原自然保护区建设与监管。

草原生态的保持恢复建设、持续利用是一个复杂而宏大的系统工程，过程漫长，涉及面广，非局部和阶段性行为就能解决问题，特别是在目前人口压力巨大的情况下，在草地生态已遭到严重破坏的情况下，必须在国家高度重视的前提下，坚持政策的长期稳定；在注重眼前发展的同时，更要注重长远发展；在科学发展观指导下科学的规划，动员全社会力量，全民行动，长期坚持，变成政府和全民的神圣职责和自觉行动。

第三节　湿地生态系统

湿地一般是指天然或人工、长久或暂时的沼泽地、湿原、泥炭地或水域地带，带有或静止或流动、或为淡水、半咸水或咸水水体者，包括低潮时水深不超过 6m 的水域。湿地生态系统是位于陆生生态系统和水生生态系统之间的过渡生态系统，兼顾了陆生和水生生态环境特征。特殊的位置和特有的生态环境也造就了其独特的生态系统服务功能，使其成为自然界最富生物多样性的生态系统之一，同时也为人类提供了适宜的生存环境。目前，我国的湿地可以划分为湖泊湿地、沼泽湿地、河流湿地、近海与海岸湿地等自然湿地，以及人工湿地五大类。而且根据湿地分类的国家标准，湿地还可以进一步细分为 42 类，其中，常见的水库、农田池塘、稻田、河口水域和红树林等景观类型也都属于湿地。

一、湿地生态系统特征

（一）湿地生态系统结构

湿地生态系统的主要特点是拥有间歇或永久的浅水层，其水位经常高于或接近地表，土壤含水量饱和或过饱和，如沼泽地、泥炭地、滩涂等。湿地生态系统不但具有贮水功能，还可以调节河川径流，有利于保持流域水量平衡。而湿地生态系统的有机环境主要由挺水、浮水、沉水、漂浮等湿地植物，适应湿生环境的两栖类、鸟类和底栖类等动物，以及厌氧和好氧微生物组成。湿地作为过渡性的生态系统，拥有其特有的水文过程、土壤结构、植物群落结构和动物种类组成等，使其拥有了极其丰富的生物多样性资源。

湿地生态系统在水文过程、土壤类型和生物组成等方面与其他生态系统有显著差异。具体如下：

第一，湿地水文一般指湿地的入流与出流以及与其他生境因素的相互作用等。湿地生态系统地表常具永久性或季节性积水、土壤过湿，水文过程制约着湿地环境的生物、物理和化学特征，是湿地生态系统形成的决定性因素，控制着湿地的形成与演化，同时也决定着湿地的结构、过程和功能。

第二，湿地生态系统的土壤既是物质转化和交换的媒介，又是植物和微生物生存的载体和各类化学物质的储存库。常年淹水或间歇性的淹水条件下形成的土壤，使其明显不同于毗邻的非湿地区域，土层严重潜育化或有泥炭的形成和积累（姜明等，2006）。

第三，湿地生态系统拥有适应永久性或季节性淹水条件的特有植被、动物和微生物。湿地生态系统中的生产者、消费者和分解者兼具了水生和陆生生物的特征。其中，湿生植物、挺水植物、浮叶植物、漂浮植物、沉水植物和浮游植物共同构成了湿地生态系统的生产者，将无机物转化为有机物，是其他生物类群的食物和能源的提供者。湿地生态系统的消费者主要包括了适应湿生环境的鸟类、哺乳类、两栖类、爬行类和昆虫，以及以鱼类、底栖动物为代表的水生动物，如丹顶鹤、扬子鳄、豆娘、胭脂鱼等。数量庞大、功能繁多的厌氧性和好氧性微生物构成了湿地生态系统独特的分解者，形成了其独特的物质循环和能量流动过程。

(二)湿地生态系统服务和功能

湿地生态系统特殊的水文和物质循环过程决定了其多样而独特的生态系统服务和功能。湿地生态系统被誉为"地球之肾""物种贮存库""气候调节器"，其在全球的物质循环、能量流动和生物多样性维持方面发挥着不可替代的作用。在人们生产生活方面，湿地生态系统可以为我们直接提供莲藕、鱼、虾等产品，也可以提供饮用水，同时其通过地下水补给、污染物净化和固碳释氧等为人类提供了赖以生存的自然环境等。而这些都要以湿地生态系统极高的生产力、丰富的生物多样性为基础。湿地为野生动物提供了丰富的食物来源和营巢、避敌的良好条件，尤其是为水禽提供了必须的栖息、迁徙、越冬和繁殖场所，全球超过40%以上的物种依赖于湿地生存。

湿地生态系统服务主要包括供给服务、调节服务、支持服务和文化服务四大类，主要体现在食物生产、水资源供给、原材料生产、航运、电力供给、防洪蓄水、水质净化、补充地下水、气候调节、固碳释氧、消浪护岸、休闲旅游、科研教育、生物多样性维持和净初级生产力等方面。湿地生态系统已经成为国家生态安全体系的重要组成部分，也是实现经济与社会可持续发展的重要基础。

二、我国湿地生态系统面临的问题和胁迫

湿地生态系统是很多野生动植物的家园，为其提供了重要的栖息生境；同时湿地生态系统是人类历史长河中的生命摇篮和璀璨文明的重要载体，众多城市依水而建。许多地区的湿地生态系统不断受到社会经济发展的干扰，面临着保护与发展的双重压力。面对全球性的气候变化危机和人类活动干扰，工业化、城市化进程中的湿地生态系统显得异常脆弱。在我国经济社会快速发展的背景下，湿地生态系统直接或间接出现了区域湿地面积降低、生物多样性下降、生态环境恶化和湿地功能衰退等很多问题。而这些问题主要是由城市化、基础设施建设、盲目围垦、水污染、过度捕捞和采集、泥沙淤积、水利工程建设、外来物种入侵等对湿地生态系统的胁迫所造成的。在全球变化和人类活动的影响下，我国湿地生态系统面临的水资源不足、生态质量降低、生物多样性衰退、生态系统服务功能降低等问题，直接影响到人类可持续发展。我国湿地生态系统面临的问题和胁迫可以概括为以下三个方面。

1. 湿地水资源紧缺和不合理利用，湿地生态系统不断萎缩

湿地的形成离不开水。目前，生态缺水已成为制约我国湿地保护和经济社会发展的突出问题。特别是我国北方存在降水量小于蒸发量的问题，而且经济社会发展也需要大量的水资源。随着水资源不断枯竭，湿地生态系统水源补给不足已经成为我国湿地保护管理的严重问题。而水资源的不合理利用主要表现为在湿地上游建设水利工程，截留水源，以及注重工农业生产和生活用水，而不关注生态环境用水。水资源的不合理利用将严重威胁着湿地的存在，并有不断加重的趋势。第二次全国湿地资源调查显示，全国湿地总面积5360.26万hm^2，同口径比较近十年来我国湿地面积减少了339.63万hm^2。其中，自然湿地面积减少了337.62万hm^2，减少率

为 9.33%。

2. 湿地污染风险仍然存在，生态质量降低趋势仍未完全缓解

生活污水排放、生活垃圾的丢弃以及农田的施肥等污染使我国很多地区的湿地污染物含量严重超标。部分地区湿地的水质仍然存在恶化趋势，水体富营养化严重，夏季水华现象时有发生。而且部分城区和大部分乡村尚未实现雨污分流，生活污水、污染物通过地下渗漏或随雨水涌入河湖，造成进一步污染，湿地生态质量不断降低。据2017年黄河水资源公报显示，黄河流域年平均符合Ⅰ～Ⅲ类水质标准的河长14 510.8 km，占评价总河长的65.0%；符合Ⅳ类水质标准的河长占评价总河长的5.4%，符合Ⅴ类水质标准的河长占评价总河长的7.1%，劣于Ⅴ类水质标准的河长5022.9 km，占评价总河长的22.5%。

3. 部分湿地及其生物资源仍存在过度利用、生物多样性降低等问题

由于生物资源过度利用、围垦等原因，不仅使湿地鱼类资源受到很大的破坏，而且严重影响着这些湿地的生态平衡，湿地生物多样性不断衰退。湿地生物资源的过度利用还导致湿地生物群落结构的改变以及生态系统服务功能降低，致使一些物种甚至趋于濒危。仅从湿地鸟类资源变化情况看，第二次全国湿地资源调查记录到的鸟类种类呈现减少趋势，超过一半的鸟类种群数量明显减少。城市建设、过度围垦时造成部分区域的湿地生态系统服务降低。

三、湿地保护和修复的手段和措施

（一）湿地生态系统保护

湿地生态系统保护已经成为我国重要的生态保护政策，其涉及自然资源、林草、水利和生态环境等多个部门。截至2019年，我国已经基本形成了湿地自然保护区、湿地公园、水产种质资源保护区、海洋特别保护区等为主的湿地生态系统保护体系。其中，已建立各级各类湿地自然保护区600余处、湿地公园1000余处、水产种质资源保护区500余处、国家级海洋特别保护区67处。同时，水利部在我国全面推行实施了河长制和湖长制等管理措施，落实绿色发展理念，有力促进了河流和湖泊湿地的水资源保护、水域岸线管理、水污染防治、水环境治理等工作。生态环境部提出了生态保护红线的保护管理制度，通过实施生态空间用途管制，落实主体功能区制度，加强生态系统的保护，其中，许多湿地已经被纳入生态保护红线进行管理。

2016年12月12日,国务院办公厅全文公布的《湿地保护修复制度方案》进一步强调了湿地生态系统的保护,提出了将全国所有湿地纳入保护范围。目前,我国正在逐步完善湿地等级分类的保护管理体系。其中,根据生态区位、生态系统功能和生物多样性,将全国湿地划分为国家重要湿地(含国际重要湿地)、地方重要湿地和一般湿地,列入不同级别湿地名录,针对性的采取保护管理措施。而对国家和地方重要湿地,主要通过设立国家公园、湿地自然保护区、湿地公园、水产种质资源保护区、海洋特别保护区、自然保护小区方式加强湿地生态系统保护。

在现有保护管理体系上,国家已经提出了将落实湿地面积总量管控的湿地保护措施。未来要求用地单位要按照"先补后占、占补平衡"的原则,负责恢复或重建与所占湿地面积和质量相当的湿地,确保湿地面积不减少。同时,要将湿地面积、湿地保护率、湿地生态状况等保护成效指标纳入本地区生态文明建设目标评价考核等制度体系,建立健全湿地保护奖励机制和终身追责机制。进一步加强对取水、污染物排放、野生动植物资源利用、挖砂、取土、开矿、引进外来物种和涉外科学考察等活动的管理,严肃惩处破坏湿地行为。

(二)湿地生态系统修复

湿地生态系统修复主要是通过生态工程、减少人类活动等人工干预措施,对湿地生态系统进行恢复或重建,修复其生态系统结构,提升生态服务功能。湿地生态系统修复应首先明确湿地修复的目标,查明导致湿地退化的干扰和威胁因子等。在生态优先和可持续发展的基础上,人为创造有利于湿地生态系统修复的条件,引导和促进退化湿地生态系统修复。湿地生态系统修复措施主要划分为三个方面:政策措施、物理措施和生物措施。其中,政策措施主要是通过退耕还湿、退渔还湿和生态补水等政策性引导,减少人类活动、保障生态需水等,推动湿地生态系统的自我修复。而物理措施主要通过地形改造、水系连通、沉积物抽取、岸带护坡和生境岛营建等措施,改变湿地生态系统基底,加快物质循环等,从而加快湿地生态系统修复。生物措施则是通过土壤种子库引入、湿地植被恢复、生态浮岛建设、先锋物种引入和食物链构建等湿地生物群落重建手段,再现干扰前的湿地生态系统,加快湿地的自我修复。

为了减少湿地水体污染和湿地生态系统退化,目前,我国积极稳步地实施了生态补水、退耕还湿、水体污染治理、水系连通、疏浚河湖、人工湿地建设和小流域治理等各项手段和措施,推进湿地生态系统恢复,治理湿地生态环境。同时，在严格控制工矿企业"三废"排放，加强污水净化处理，减轻农药和化肥对湿地生态系统的危害等方面开展了许多工作。为了摸清"家底"，在全国开展两次湿地资源调查，初步掌握了我国湿地的生态状况和面临的主要威胁。通过对湖泊、河流、沼泽、红树林等湿地生态系统的长期定位观测研究，为开展湿地修复工作积累了大量的基础资料。此外，以湿地自然保护区、湿地公园和海洋特别保护区等自然保护地建设为机遇，重点开展了跨流域生态补水、河道疏浚、河流和湖泊湿地生态修复、水生态修复，以及人工湿地建设等湿地生态系统修复工程。未来我国将进一步推进湿地生态补水、退耕还湿、退渔还湿、退化湿地恢复和重建、小流域综合治理、水生态修复、人工处理湿地建设和湿地野生动植物恢复等手段和措施，加强湿地污染源治理，逐步实现湿地生态系统结构和功能的修复。

第四节　荒漠生态系统

一、荒漠生态系统面临的现状和问题

荒漠生态系统是整个生物圈中分布较广的一个系统，也是陆地生态系统中一个重要的子系统。荒漠生态系统作为我国西北地区最主要的生态系统类型，在防风固沙、水文调控、固碳释氧、气候调节、生物地球化学循环和生态旅游等方面发挥着重要的生态功能，同时，由于荒漠生态系统蕴藏着大量珍稀、濒危、特有、孑遗物种和珍贵的野生动植物基因资源，其对生物多样性和地球化学循环的贡献，特别是动植物区系的独特性在遗传多样性方面的重要意义对于人类的未来具有无可估量的作用。荒漠生态系统特殊的结构和功能，不仅为生活在干旱区的人们提供着赖以生存和发展的物质基础，也为维持社会稳定、经济发展和区域乃至全球生态安全提供了重要保障。

然而，荒漠生态系统植被十分稀疏，生物量和生物多样性很低，个体数量少，整个生态系统极为脆弱。荒漠地区极度不平衡的水热因素，导致水分收入极少而消耗强度极大，夏季热量过剩而冬季严寒。在荒漠中的生物构成中，动植物以及微生物的种类比较单一，而且贫乏，生物组成结构的营养级较少，食物链相对简单。在严酷的自然生境条件下，生态系统要通过小的密度和生物量来维持平衡状态。平衡状态一旦打破，会引起快速

的退化，植被迅速消亡，形成高强度的风蚀或流沙，成为不毛之地，但若恢复到自然状态却是相当困难而缓慢，往往是不可逆转。由于人为和自然因素的综合作用，破坏了荒漠地区脆弱的自然生态系统平衡，出现了以风沙活动为主要标志，并逐步形成风蚀、风积地貌结构景观的土地退化过程，称为荒漠化。荒漠化作为全球广泛关注的重大生态环境问题之一，各个国家都在积极研究荒漠化防治的对策和措施，并形成了不同的模式，积累了许多成功经验。以色列以节水和提高水资源利用效益为核心，积极发展高科技、高效益的技术密集型现代化高效农业。美国通过对干旱区土地、光热、风能资源的高效开发利用以及对草场的合理轮牧与改良，实现了干旱区生态保护和资源利用的高效性，并且特别重视对天然植被的保护和封育以及破坏后的土地复垦与管理。澳大利亚对干旱区土地退化采取了以保护为主的一整套土地管理技术措施，将大面积生态脆弱的荒漠化土地划作保留地，禁止过度开发。

我国荒漠生态系统主要分布区，东起贺兰山一线，南至阿尔金山—昆仑山一线，大致涵盖我国西北内陆四大盆地、八大沙漠，总面积约165万km^2，约占国土总面积的17.2%，其中，沙漠和戈壁面积为109.5万km^2。这些区域降水稀少、气候干燥、风大沙多、植被稀疏，是我国生态环境最为严酷、脆弱的地区之一，也是沙尘暴的主要发生地和尘源区。这些区域更是我国贫困人口最为集中的地区之一，1亿人口中一半以上生活在贫困线以下。因此，该地区成为我国西部大开发的关键地区和西部生态建设的重点区域。长期以来，由于对荒漠生态系统服务及其在维持干旱地区社会经济发展和减贫方面的重要性缺乏认识，使荒漠生态系统一直处于过度开发利用的状态，导致生态系统严重退化、生态系统服务及功能大大降低。荒漠生态系统已经开始由结构性破坏向功能性紊乱的方向发展，由此引起的水资源短缺、风蚀沙化、生物多样性丧失等生态问题不断加剧，对我国干旱区的社会稳定和生态安全造成了严重威胁。具体表现为：

（1）荒漠化破坏生态环境，威胁人类生存，甚至使许多人沦为"生态难民"。由于荒漠化不断扩展，沙尘暴越来越频繁，不仅对生产建设造成极大破坏，而且给人民的生命财产带来重大损失。

（2）破坏土地资源，使可利用土地减少、质量下降，造成农牧业生产减产甚至绝收。

（3）荒漠化破坏交通、水利等生产基础设施，制约经济发展。

（4）荒漠化加剧了农牧民的贫困程度，影响社会安定和民族团结。荒漠化使人类的生存环境恶化，耕地、草场、林地等可利用土地资源质量下降、生产力丧失；破坏生产和生活设施，严重时迫使人们背井离乡。

(5) 荒漠化使生物质量变劣，物种丰度降低，对生物多样性构成严重威胁。

(6) 荒漠化灾害肆虐，影响我国的国际形象和地位。

我国作为《联合国防治荒漠化公约》的缔约国，高度重视荒漠化防治工作，积极履行公约义务，先后编制了《全国防沙治沙规划》，出台了土地封禁保护制度和《中华人民共和国防沙治沙法》，启动了京津风沙源治理工程、三北防护林工程、退耕还林工程、土地封禁保护区和国家沙漠公园试点建设，成功举办世界防治荒漠化与干旱日全球纪念活动暨"一带一路"高级别对话等。我国荒漠化防治重点围绕牧业、农业和交通等重大生态安全问题，开展沙漠形成演化、土地沙化过程、生态水文过程、土壤风蚀沙化过程等基础研究，围绕防沙治沙植物种选择与快速繁育、飞播与封育促进沙区植被恢复技术、铁路与公路防沙技术等治理技术，基于荒漠地区定位监测，从土地生产潜力退化基本原理出发，建立荒漠化预警系统，为三北防护林工程、京津风沙源治理工程和国家基础设施建设等提供了重要科技支撑。依托这些基础研究和技术，通过一系列强有力的举措，我国在荒漠化防治领域，尊重自然、顺应自然、保护自然的生态文明理念逐步增强，约束和激励并举的制度体系逐步建立，政府企业公众共治的行动体系逐步形成，我国荒漠化防治步伐不断加快，并取得明显成效。自 2000 年以来，全国荒漠化和沙化土地面积连续三个监测期保持"双减少"，实现了由"沙进人退"到"人进沙退"的历史性转变，为推进生态文明和美丽中国建设做出了积极贡献，也为国际社会治理生态环境树立了标杆，贡献了"中国智慧"和"中国经验"。特别是党的十八大做出的"大力推进生态文明建设"的重大战略决策，为进一步加强区域生态环境的建设起到了重要的作用。

尽管成效斐然，但荒漠地区的生态保护和恢复依然任重道远。一方面，我国荒漠、荒漠化土地种类较多，经过保护和治理，荒漠化明显逆转，荒漠化强度显著下降，但仍有超过 37 万 km^2 的沙漠化土地亟待治理，加之人口压力大，经济落后，贫困与发展相互交织，成为沙漠化防治的重点地区。另一方面，目前治理沙化土地主要通过围栏封育、退耕还林还草、植树造林等生物措施增加植被盖度，或通过工程和化学措施固定沙质地表，减少风沙活动等方式，在沙漠化及其防治的理论和实践研究中缺乏生态系统各要素有机结合的考虑，不能从生态系统整体尺度进行综合考量，限制了荒漠化防治的可持续性；而生态系统生境的严酷性决定了较低的抗干扰能力即生态系统的脆弱性，资源承载力在荒漠化防治中的体现不够充分；已有的防沙治沙技术多关注生态效益而忽视经济效益和社会效益，在一定程度上影响了当地居民生产生活条件和区域可持续发展，导致一些防沙治沙措施出现不可持续性，需要在充分评估防沙治沙措施生态效益、经济效益和社会效益的基础上，探索兼顾生态—经济—社会综合效益的防沙治沙技术，使防沙治沙技术和措施的实施达到生态—社会—经济相互协调发展。特别是一些重大生态工程如京津风沙源治理、三北防护林工程的实施，使工程区沙化土地得到一定程度的治理与修复，对保护和改善区域生态环境发挥了巨大作用。但目前工程区生态环境仍然十分脆弱，人工固沙植被大面积退化，局部地区生态继续恶化的趋势没有从根本上扭转；生态恢复主要是人工恢复为主，其特点是恢复速度快，可在短期内显现一定成效，但构建的人工植物群落结构较为单一，稳定性较差，生态系统的发展和维持不具可持续性，因此，导致的生态问题较多。在科学研究方面，土地沙化形成机制还没有从根本上阐明，沙化土地形成机制和演变趋势的理论基础还需要进一步完善；目前虽然研发了大量治沙技术，但是尚未形成系统、实用的沙化土地治理与产业化技术体系。

二、荒漠生态系统的保护与修复措施

荒漠化作为荒漠生态系统退化的典型特征，是全球广泛关注的重大生态环境问题之一，生态恢复与保护一直是各国环境领域关注的重点，各个国家都在积极研究荒漠化防治的对策和措施，并形成了不同的模式，积累了许多成功经验。由于不同国家所面临的生态问题不同，生态保护与恢复技术关注的重点有较大差异。发达国家由于其工业经济发展历史比较悠久，人口压力相对较小，在生态治理方面采取以保护为先、自然恢复为主的原则，尽量减少人为干扰；在理论研究上，从生态系统的整体性出发，开展长期定位研究，着重生态系统演变规律、生态系统稳定性维持等机理和理论的探讨，遵从自然规律，为生态恢复和保护提供理论依据。国际上，以色列、美国、澳大利亚等国在荒漠化防治方面具有代表性。以色列以节水和提高水资源利用效益为核心，积极发展高科技、高效益的技术密集型现代化高效农业。美国通过对干旱区土地、光热、风能资源的高效开发利用以及对草场的合理轮牧与改良，实现了干旱区生态保护和资源利用的高效性，并且特别重视对天然植被的保护和封育以及破坏后的土地复垦与管理。澳大利亚对干旱区土地退化采取了以保护为主的一整套土地管理技术措施，将大面积生态脆弱的荒漠化土地划作保留地，禁止过度开发。

荒漠地区生态环境退化，严重影响着我国北方近一半土地的生态面貌和生态安全，严重制约着区域经济社会可持续发展，成为推进生态文明建设、构筑国家生态安全屏障、建成全面小康社会的重点和难点，为推动绿色发展、建设生态文明和美丽中国，实现荒漠化地区人口、资源与环境协调发展，结合我国防沙治沙具体情况，荒漠生态系统功能的保护与修复措施需从以下几个方面进行：

1. 保护优先，保护和维持生态系统功能

沙区自然条件严酷，生态状况脆弱，生态资源属于稀缺资源，弥足珍贵。需加大荒漠生态保护红线，进行土地封禁保护区和国家沙漠公园建设，加大荒漠地区封禁保护力度，保护荒漠天然植被，促进自然植被休养生息，维护荒漠生态系统结构和功能的稳定性、完整性和原真性。对沙区毁林开垦、毁林采矿、毁林建设，破坏沙区植被和生态的实行"零容忍"，切实保护好沙区的每一寸绿色。

2. 科学防治，修复和恢复生态系统功能

加强沙化土地形成机制和演变趋势的理论基础研究，集成现有大量治沙技术，遵循自然规律，加强生态系统管理，建立荒漠生态系统功能恢复和持续改善的技术支持模式，形成系统、实用的沙化土地治理与产业化技术体系。坚持宜林则林、宜灌则灌、宜草则草、宜荒则荒的生态保护与修复理念，实现干旱区生态脆弱的荒漠生态系统功能的修复和恢复重建。正确处理各生态功能发挥的需求，转变发展方式，区分轻重缓急，突出治理重点；三北防护林、退耕还林、京津风沙源等生态工程，通过定向改造修复轻度和中度退化生态系统、恢复重建重度退化生态系统的功能，构筑区域性生态防线，由点到面带动沙区生态状况整体好转；对于公路、铁路和军事基地等的特殊保护，应采取生物措施和工程措施相结合，构建良性循环的生态系统结构，发挥正常的生态系统的防风固沙功能。

3. 坚持治荒惠民，合理开发资源

土地荒漠化，既是生态问题，也是民生问题。在有效治理和严格保护的基础上，充分发挥荒漠地区的光、热、土地和地貌等资源优势，因地制宜地发展荒漠地区特色种养业、精深加工业和沙漠旅游业，合理开发利用荒漠地区资源，培育荒漠地区特色产业，增加群众收入。

4. 坚持改革创新,制度保障

防沙治沙是一项社会公益事业,是全社会的共同责任。在落实和稳定现有渠道投资的基础上,积极推动建立荒漠生态效益补偿制度和防沙治沙奖励补助等政策,用好用足有关强农惠农富农政策,充分发挥政府资金政策的导向作用。同时,着力创新体制机制,积极探索建立沙化土地资产产权制度,深化金融创新,大力推广运用政府和社会资本合作模式,最大限度地调动社会力量参与防沙。

5. 坚持合作共赢,贡献中国智慧

牢固树立共商、共建、共享的合作理念,深入参与全球荒漠化治理实践,彰显负责任大国形象。充分利用国际、国内"两种资金,两个技术",坚持"引进来、走出去",引进国外资金、技术和先进管理经验,进一步提升我国荒漠化防治的科技水平;围绕"一带一路",实施防沙治沙"走出去"战略,认真履行国际公约,加强联合研究,积极开展对外技术交流、技术培训和技术示范,分享我国的成功经验和先进技术与模式,推动全球荒漠化防治事业共同发展,为建设绿色世界贡献中国智慧和力量。

(陈幸良、许传德、张炜银、孙振元、史作民、崔丽娟、张曼胤、郭子良、贾晓红、卢琦)

第三章 资源管理

第一节 森林资源

一、基本概念

(一)森林

森林是指乔木林和竹林。具体讲森林指以乔木(竹林)为主、达到一定郁闭度(0.2及以上)和连续分布面积($0.067hm^2$以上)的植物(生物)群落。

(二)林地

国内外对林地有不同的定义,主要有3种:

第一种是覆盖森林的土地;

第二种是用于发展森林的土地;

第三种是覆盖森林和发展森林的土地。

我国对林地的定义指郁闭度0.2以上的乔木林地和竹林地、灌木林(丛)地、疏林地、采伐迹地、火烧迹地、未成林造林地、苗圃地和县级以上人民政府规划的宜林地。我国森林资源连续清查技术规定中对林地进行了细分,具体见表3-1。

(三)林木

林木的定义也有多种,归纳起来,主要有3种:

第一种定义,林木为林地上生长的树木(包括竹子);

第二种定义,林木为生长在森林中的树木(包括竹子);

第三种定义,林木为树木和竹子(《中华人民共和国森林法实施条例》)。

实际上,林木应包括土地上生长的所有树木(含竹子),只有这样,在生产中对各种林地、林木进行资产评估时才能覆盖所有对象。

(四)森林资源

森林资源指森林、林木、林地以及依托森林、林木、林地生存的野生

表 3-1　地类划分表

一级	二级	三级	代码
林地	乔木林地	乔木林地	111
	灌木林地	特殊灌木林地	131
		一般灌木林地	132
	竹林地	竹林地	113
	疏林地	疏林地	120
	未成林造林地	未成林造林地	141
	苗圃地	苗圃地	150
	迹地	采伐迹地	161
		火烧迹地	162
		其他迹地	163
	宜林地	造林失败地	171
		规划造林地	172
		其他宜林地	173
非林地	耕地	耕地	210
	牧草地	牧草地	220
	水域	水域	230
	未利用地	未利用地	240
	建设用地	工矿建设用地	251
		城乡居民建设用地	252
		交通建设用地	253
		其他用地	254

动物、植物和微生物。

(五)森林覆盖率

森林覆盖率指森林面积占区域总面积的比例。计算公式如下：

$$森林覆盖率\% = \frac{有林地面积}{土地总面积} \times 100\% + \frac{国家特别规定灌木林面积}{土地总面积} \times 100\%$$

有林地：连续面积大于 0.067hm^2、郁闭度 0.20 以上，附着有森林植被的林地，包括乔木林、红树林和竹林。

（六）林木绿化率

林木绿化率指绿化面积占区域总面积的比例。

$$林木绿化率\% = \frac{有林地面积}{土地总面积} \times 100\% + \frac{灌木林面积}{土地总面积} \times 100\% + \frac{四旁树占地面积}{土地总面积} \times 100\%$$

注：四旁树占地面积按 1650 株/hm² 计。下同。

二、森林资源变迁

（一）世界森林资源变化

1. 世界森林面积变化

根据研究证明：3 亿年前，地球上广泛分布着森林，直到 1000 多年前地球森林覆盖率为 70% 以上，1990，2000，2005，2010，2015 年的世界森林覆盖率分别为 31.6%，30.4%，30.2%，31.0% 和 30.7%。1990 年，全球森林面积约 41.28 亿 hm²，占全球土地面积的 31.6%，而到 2015 年则变为 30.6%，约 39.99 亿 hm²。

2. 世界森林蓄积变化

1990—2010 年，立木蓄积总量略有下降，大约 0.5%。除俄罗斯外，全球每公顷蓄积量在增加。各地区森林蓄积量变化见表 3-2。

表 3-2 世界各地区森林蓄积量变化

区域/分区域	立木蓄积(万 m³)			立木蓄积(m³/hm²)			
	1990 年	2000 年	2010 年	1990 年	2000 年	2005 年	2010 年
东部和南部非洲	1 530 000	1 409 100	1 369 700	50.3	50.7	50.9	51.2
北部非洲	141 500	135 100	134 600	16.6	17.1	17.2	17.1
西部和中部非洲	6 631 900	6 406 700	6 190 800	184.3	186.5	187.7	188.7
非洲合计	8 303 500	7 990 400	7 695 100	110.8	112.8	113.5	114.1
东亚	1 598 700	1 857 700	2 133 700	76.4	81.9	83.6	83.8
南亚和东南亚	3 240 000	3 086 500	2 903 100	99.8	102.5	100.7	98.6
西亚和中亚	294 900	310 100	331 600	71.1	73.5	74.7	76.2
亚洲合计	5 133 600	5 254 300	5 368 500	89.1	92.2	91.7	90.8

(续)

区域/分区域	立木蓄积(万 m³)			立木蓄积(m³/hm²)			
	1990 年	2000 年	2010 年	1990 年	2000 年	2005 年	2010 年
欧洲(除俄罗斯联邦)	2 381 000	2 748 700	3 052 900	131.9	145.5	151.7	155.8
欧洲合计	10 384 900	10 775 700	11 205 200	105.0	107.9	109.5	111.5
加勒比	44 500	52 900	58 400	75.5	82.3	84.3	84.2
中美洲	378 200	325 300	289 100	147.1	148.0	148.1	148.2
北美洲	7 491 300	7 692 500	8 294 100	110.7	113.6	117.9	122.2
北美洲和中美洲合计	7 914 100	8 070 800	8 641 600	111.7	114.4	118.5	122.5
大洋洲合计	2 129 300	2 141 500	2 088 500	107.1	108.0	108.1	109.1
南美洲合计	19 145 100	18 414 100	17 721 500	202.3	203.6	205.9	205.0

注：根据 FAO《2010 年全球森林资源评估报告》分析整理。

3. 世界各国森林资源比较

由于世界各国的自然地理环境条件、社会经济和文化发展水平、人类文明程度等不同，对森林资源的保护、发展和利用水平也参差不齐，世界部分主要国家之间的森林资源指标比较，见表3-3。

(二)中国森林资源变迁

1. 原始农业之前时期

森林的发展有三个阶段，森林起源至今已有6亿年历史。

表3-3　世界部分国家森林资源主要指标比较

国家	森林面积		森林蓄积		人均森林面积		人均森林蓄积		森林覆盖率	
	万 hm²	序号	亿 m³	序号	hm²	序号	m³	序号	%	序号
全球	403 306	—	5272.03	—	0.60	—	78.10	—	31	—
中国	20 769	5	151.37	6	0.15	148	10.98	125	21.63	139
俄罗斯	80 909	1	515.23	2	5.72	11	576.57	12	49	55
巴西	51 952	2	1262.21	1	2.71	25	657.50	11	62	30
加拿大	31 013	3	329.83	5	9.32	6	991.70	6	34	98
美国	30 402	4	470.88	3	0.98	50	151.08	39	33	104
刚果(民)	15 414	6	354.73	4	2.40	28	552.05	13	68	21

(续)

国家	森林面积		森林蓄积		人均森林面积		人均森林蓄积		森林覆盖率	
	万 hm²	序号	亿 m³	序号	hm²	序号	m³	序号	%	序号
澳大利亚	14 930	7	—	—	7.08	7	—	—	19	144
印度尼西亚	9443	8	113.43	7	0.42	93	49.89	68	52	46
苏丹	6995	9	9.72	47	1.69	35	23.51	91	29	119
印度	6843	10	54.89	11	0.06	180	4.65	139	23	132
瑞典	2820	23	33.58	20	3.06	23	364.80	22	69	18
日本	2498	24	—	—	0.20	128	—	—	69	19
芬兰	2216	27	21.89	31	4.18	17	412.71	17	73	13
加蓬	2200	28	48.95	12	15.19	4	3380.52	3	85	7
法国	1595	35	25.84	28	0.26	112	41.65	74	29	120
越南	1580	40	8.70	51	0.16	143	9.99	129	44	67
德国	1108	47	34.92	18	0.13	152	42.45	72	32	111
挪威	1007	52	9.87	46	2.11	30	207.05	29	33	107
新西兰	827	61	35.86	17	1.95	32	847.75	9	31	113
韩国	622	68	6.05	64	0.13	153	12.56	119	63	29
朝鲜	567	69	3.60	80	0.24	117	15.11	114	47	59

注：根据联合国粮农组织 2015 年全球森林资源评估结果整理。

古生代森林——以蕨类植物为主阶段（6 亿—2 亿年前）。逐渐形成不同的植被区系，以蕨类植物为主，出现裸子植物及乔木分布。

中生代森林——以裸子植物为主阶段（2 亿—6500 万年前）。不断完善和扩大各种植被区系，以裸子植物为主，出现被子植物及乔木，如苏铁、银杏、松柏类开始大发展。

新生代森林——以被子植物为主阶段（6500 万—1 万年前）。新生代时期，到处都是森林，从南到北、从东到西、从沿海到青藏高原不同海拔等，各种森林类型、结构、分布十分完善，距今 1 万年时期的森林分布是今天森林资源配置的基础早在太古和旧石器时期，森林是人类摘取野果和狩猎的场所，没有森林破坏活动。

新石器时期，人类开始破坏森林，前后经历了数千年。主要是刀耕火种方式，不是采伐形式。

2. 原始农业产生到史前时期

真正大规模破坏森林是到距今七八千年前的原始农业时期开始。从此人类开始砍伐森林，建筑房屋等。森林从自然增加变为人为减少。

这个时期全国森林覆盖率在60%左右，但分布不均，其中，湿润的东南地区80%~90%，半干旱半湿润的中部地区40%~50%。青藏高原地区10%~20%

3. 汉朝到中华人民共和国成立时期

中国的森林，在原始社会（公元前2000年），全国森林覆盖率高达64%，到清代开始时（1644年）全国森林覆盖率下降到21%左右，而到1949年全国森林覆盖率已下降到8.6%。

4. 中华人民共和国成立至今

1949年以来，国家十分重视森林资源的保护、利用、恢复和发展，从1976—1998年，国家实施了史无前例的十大林业工程。森林覆盖率从8.6%上升到21.63%。虽然在森林资源经营管理过程中，出现过采伐不合理的年代，但总体是沿着森林资源面积和蓄积双增长的方向发展。中国森林面积、蓄积变化详见表3-4。

表3-4 不同历史时期我国森林资源情况

历史时期	时间	森林覆盖率(%)	活立木蓄积(亿 m^3)
古生代	6亿—2亿年	零星分布，以蕨类为主	—
中生代	2亿—6500万年	大面积分布，以裸子植物为主	—
新生代	6500万—1万年	森林自然分布最完善时期	
原始农业	1万—7000年	60	
汉朝	7000—2000年	50	
唐宋朝	2000—1000年	40	
明清朝	1000—300年	21	
中华人民共和国成立前	300—1949年	8.6	—
中华人民共和国	1949—1962年	11.81	
	1962—1976年	12.7	100
	1976—1981年	12.0	103
	1981—1988年	12.98	106
	1989—1993年	13.92	118

(续)

历史时期	时间	森林覆盖率(%)	活立木蓄积(亿 m³)
	1993—1998 年	16.55	125
	1998—2003 年	18.21	136
	2003—2008 年	20.31	149
	2009—2013 年	21.63	164
	2013—2018 年	22.96	190

三、森林资源现状与问题

(一)森林资源现状

我国幅员辽阔，地形复杂多样，高纬差的南北疆域跨度以及西高东低的地势走向造就了丰富多样的气候类型和自然地理环境，从而孕育了生物种类繁多、植被类型多样的森林资源，为人类提供了丰厚的物质资源。根据第九次全国森林资源清查结果，全国森林面积22 044.62万 hm²(不含中国台湾、香港、澳门)，森林覆盖率22.96%，活立木蓄积190.07亿 m³，森林蓄积175.60亿 m³，总森林植被生物量188.02亿 t，总碳储量91.86亿 t。

天然林面积14 041.52万 hm²，天然林蓄积141.08亿 m³；人工林面积8003.10万 hm²，人工林蓄积34.52亿 m³。

乔木林地面积17 988.85万 hm²，竹林地面积641.16万 hm²，灌木林地面积7384.96万 hm²，疏林地面积342.18万 hm²，未成林造林地面积699.14万 hm²，苗圃地面积71.98万 hm²，迹地面积242.49万 hm²，宜林地面积4997.79万 hm²。

乔木林中，幼龄林面积5877.54万 hm²，蓄积21.39亿 m³；中龄林面积5625.92万 hm²，蓄积48.21亿 m³；近熟林面积2861.33万 hm²，蓄积35.14亿 m³；成熟林面积2467.66万 hm²，蓄积40.11亿 m³；过熟林面积1156.40万 hm²，蓄积25.72亿 m³。

森林中，防护林面积10 081.92万 hm²，蓄积88.18亿 m³；用材林面积7242.35万 hm²，54.15亿 m³；经济林面积2094.24万 hm²，蓄积1.49亿 m³；薪炭林面积123.14万 hm²，蓄积0.56亿 m³；特用林面积2280.40万 hm²，蓄积26.18亿 m³。乔木林每公顷蓄积94.83 m³，天然林每公顷蓄积 111.36m³，人工林每公顷蓄积 59.30m³；乔木林平均郁闭度 0.58，综合质量指数 0.62；乔木林每公顷生物量 86.22t，竹林每公顷生物量 65.81t，灌木林每公顷生物量 12.3t。

(二)森林资源问题

自中华人民共和国成立以来，我国林业发展取得了长足进步，森林面积蓄积呈现双增长态势。但是，我国依然是一个缺绿少林的国家，森林资源总量相对不足、质量不高、分布不尽合理，森林生态系统功能脆弱的状况未得到根本改变。我国森林覆盖率低于全球 30.7% 的平均水平；人均森林面积 0.16hm²，不足世界人均森林面积 0.55hm² 的 1/3；人均森林蓄积 12.5m³，仅为世界人均森林蓄积 75.65m³ 的 1/6；每公顷森林蓄积为世界平均水平 130.7m³ 的 73%；陕西、甘肃、青海、宁夏、新疆 5 省(自治区)面积占全国陆地面积的 32%，森林覆盖率仅为 8.73%。

四、森林资源监测

(一)森林资源调查与监测的关系

很多人把森林资源与监测的关系搞不清楚，甚至有人直接把调查与监测组成一个词"调查监测"，这是不正确的。

1. 森林资源调查

森林资源调查，可以简单描述为以林地、林木以及森林范围内生长的动、植物资源及其环境条件为对象的林业调查，简称森林调查。具体而言，森林资源调查是根据林业和生态建设、生产经营管理、科学研究等的需要，采用相应的技术方法和标准，按照确定的时空尺度，在特定范围内对森林资源分布、数量、质量以及相关的自然和社会经济条件等数据进行采集、统计、分析和评价工作的全过程。

2. 森林资源监测

森林资源监测是对一定空间和一定时间的森林资源状态进行跟踪观测(重复调查)，掌握其变化情况。构成森林资源监测体系必须具备森林资源监测的空间完整性、时间统一性、调查连续性、方案兼容性、标准统一性、成果可靠性和工作系统性。

3. 二者的关系

调查是一种活动过程，监测由两个及以上活动过程组成。调查是监测的基础，准确调查各种森林因子，是监测结果可靠的保障。

(二)森林资源监测体系

1. 森林资源连续清查

森林资源连续清查(简称一类清查)是国家森林资源监测的主体,以省(自治区、直辖市)为单位进行,每5年为一个调查周期,采用抽样技术系统布设地面固定样地和遥感判读样地,通过定期实测固定样地和判读遥感样地的方法,在统一时间内,按统一的要求查清各省(自治区、直辖市)和全国森林资源现状,掌握其消长变化规律。清查成果是反映和评价全国及各省(自治区、直辖市)林业和生态建设的重要依据。全国的森林资源连续清查由国家林业和草原局统一部署,森林资源管理司负责组织协调,各省(自治区、直辖市)林业主管部门负责组织本地区森林资源连续清查工作,国家林业和草原局六个区域森林资源监测中心和省(自治区、直辖市)各级林业调查规划(勘察设计)院(森林资源监测中心、队)承担具体的森林资源连续清查任务。

森林资源连续清查的主要内容包括:反映森林资源基本状况的地理空间因子,如地理坐标、地形地貌、海拔等;土地和林木权属,土地利用类型与面积,立地条件,植被覆盖度等;森林类型、林种、树种、林龄、胸径、树高、蓄积量、郁闭度、森林更新等林分因子;森林生长量、枯损量、采伐量等动态变化因子。

2. 森林资源规划设计调查

森林资源规划设计调查(简称二类调查)是地方森林资源监测的基础,是以县(国有林业局、林场、自然保护区、森林公园等)为单位,以满足森林经营管理、编制森林经营方案、总体设计、林业区划与规划设计等需要,按山头地块进行的一种森林资源调查方式。二类调查是经营性调查,通常每10年进行一次,一般由各省(自治区、直辖市)负责组织实施,由具有林业调查规划设计资格证书的单位承担,经费主要由地方财政负担或自筹。

二类调查的主要内容包括森林经营单位的境界线、各类林地面积、各类森林、林木蓄积、与森林资源有关的自然地理环境和生态环境因素、森林经营条件、主要经营措施与经营成效,以及通过专项调查获取的森林生长量和消耗量、森林土壤、森林更新、病虫害等。

3. 三类调查(作业设计调查)

三类调查是林业基层单位为满足伐区设计、抚育采伐设计等的需要而进行的调查。对林木的蓄积量和材种出材量要作出准确的测定和计算。在调查过程中，对采伐木要挂号。根据调查对象面积的大小和林分的同质程度，可采用全林实测或标准地调查方法。调查结果要提出物质—货币估算表。

4. 专业调查

林业专业调查是森林经营调查的组成部分和重要基础。包括森林生长量调查、消耗量与出材量调查、立地类型调查、森林土壤调查、森林更新调查、森林病虫害调查、森林火灾调查、林副产品调查等。

五、森林资源管理

(一)森林资源管理概念

森林资源管理是对森林资源保护、培育、更新、利用等任务所进行的调查、组织、规划、控制、调节、检查及监督等方面做出的具有决策性和有组织的活动。

(二)森林资源管理的对象、手段和内容

森林资源是林业生产的物质基础。森林资源状况是衡量林业工作成效最重要的标志。森林在发展过程中因受人为经营活动和自然因素影响，森林资源始终处于消长动态变化之中，因此，必需加强对森林资源的管理与监督，建立科学有效的管理体系。

1. 森林资源管理的对象

森林资源管理的对象主要是林地、林木、野生动植物以及森林环境。

2. 森林资源管理手段

森林资源管理的手段主要是建立健全合理的管理机构体制，优化管理人员素质和管理水平，完善配套政策法规和现代化管理信息系统。

3. 森林资源管理内容

森林资源管理的内容主要包括：①森林资源调查、规划、设计管理，森林资源档案、资源统计管理，森林经营方案制定与审定管理，经营利用作业设计管理，森林资源建设、队伍建设及技术等的管理。②林地林权管理，森林采伐限额管理，采伐消耗管理，伐区管理，木材流通管理，造林更新检查验收管理，造林成效评估、成林验收及野生动植物管理等。③调查规划设计成果监督实施，森林资源目标责任制考核实施，资源审计管理，资源监督机构及监督工作管理，资源税费收缴及违法处罚管理等。

第二节 草地资源

我国是一个草原大国,是世界上草原资源最丰富的国家之一。草原总面积将近4亿hm^2,占国土面积的41%,是耕地面积的2.91倍、森林面积的1.89倍,是耕地与森林面积之和的1.15倍。有天然草原3.928亿hm^2,约占全球草原面积12%,世界第一。

我国80%的草原分布在北方,20%分布在南方。北方以传统的天然草原为主,南方则主要是草山、草坡。西藏、内蒙古、新疆、四川、青海、甘肃六省(自治区)是我国最重要的草原省份,草原面积2.93亿hm^2,占全国草原面积74.6%。西藏、内蒙古、新疆草原面积位列前三。我国有草原面积比重较大的牧业县108个、半牧业县160个,这268个县共有草原面积2.34亿hm^2,占全国草原面积的59.57%。草原早已不仅仅只是用于放牧,而是有着独特的生态、经济、社会功能,是不可替代的重要战略资源。

一、基本概念

在我国,草原与草地的含义相同。草原是由草本植物和灌木为主的植被覆盖的土地。依据《草原法》的规定,草原包括天然草地和人工草地。天然草原是指一种土地类型,它是草本和木本饲用植物与其所着生的土地构成的具有多种功能的自然综合体,具体包括草地、草山和草坡。人工草地是指选择适宜的草种,通过人工措施而建植或改良的草地,具体包括改良草地和退耕还草地。而今天我们所说的草原,范畴已比较广泛,不仅仅是指传统意义上的北方放牧草地,而是几乎涵盖所有长草的土地。

草原资源是草原自然资源和经济资源的总称,包括草原类型、草原植物、草原动物、草原环境以及草原水资源等基本内容,是重要的动植物基因库,蕴藏着一定的生产力和生态功能,具有数量、质量和分布地域属性。草原资源的构成主要有:

(一)草原类型资源

草原类型是指在一定的时间和空间范围内,具有相同自然和经济特征的草地单元。它是对草原不同生境的植被群落以及这些群落不同组合的高度抽象和概况。草原类型包括众多自然环境要素,诸如土壤、气候、地形地貌以及社会经济要素的影响。因此,草原类型的丰富度综合体现了草原资源在时空格局和遗传物种上的多样性。

我国草原分布地域广阔,自然条件和人为社会因素复杂多样,形成了复杂众多的草地类型。依据水热大气候带特征、植被特征和经济利用特性,我国天然草原可划分为18个类、53个组、824个草原型。18个大类分别为高寒草甸类、温性荒漠类、高寒草原类、温性草原类、低地草甸类、温性荒漠草原类、热性灌草丛类、山地草甸类、温性草甸草原类、热性草丛类、暖性灌草丛类、温性草原化荒漠类、高寒荒漠草原类、高寒荒漠类、高寒草甸草原类、暖性草丛类、沼泽类和干热稀树灌草丛类。18类草原中,高寒草甸类面积最大,为6372万hm^2,占我国草原面积的16.2%,主要分布在青藏高原地区及新疆。温性荒漠类4506万hm^2、高寒草原类4162万hm^2、温性草原类4110万hm^2,分别占全国草原的11.47%、10.59%和10.46%,居二、三、四位,主要分布在我国北方和西部地区。面积较小的5类草原分别是高寒草甸草原类、高寒荒漠类、暖性草丛类、干热稀树灌草丛类和沼泽类草原,面积均不超过全国草原面积的2%。其余各类草原面积分别占全国草原面积的2%~7%。

(二)草原植物资源

草原植物是草原资源的主体,它以独立的科、属、种以及种下的各种生态型构成了丰富多彩的植物物种多样性和遗传多样性,是草原遗传基因库的核心。对草业发展更具意义的是草原植物中的具有经济价值的饲用植物。草原饲用植物是指草原上供给家畜饲料的草本和木本植物(包括半灌木、灌木、小乔木和乔木的枝叶等)的总称。草原饲用植物的种类和属性决定着草原植被的性质、用途和经济价值。

我国草原跨越多种水平和垂直气候带,自然条件复杂,孕育了异常丰富草的植物资源,是人类重要的天然物种基因储存库,在人类的生存和发展中,草原植物资源发挥了关键性的作用。据全国草地资源调查资料统计,我国共有草原饲用植物6704种(包括亚种、变种和变型),分属5个植物门,246科,1545个属。其中,属于我国草原特有的饲用植物有490多种。草原植物中,可作为药用、工业用、食用的常见经济植物有数百种,如甘草、麻黄草、冬虫夏草、苁蓉、黄芪、防风、柴胡、知母、黄芩等。

(三)草原动物资源

草原动物资源是草原资源的基本构成之一,是由人工养殖的各类草原家畜和野生的兽类、鸟类、爬行类以及两栖类动物组成。由于长期驯养、进化和适应的结果,草原动物已与草原植物和草原环境共同组成了草原生态系统,并在草原生态系统中发挥特有的作用。草原动物资源是一种蕴藏有生产价值、可以为人类经营利用的可更新自然资源，是具有数量、质量、分布和利用概念的物种群体，其属性、特征是决定草原性质、用途和经济价值的重要因素。

由于我国草原所处的地理气候条件和植被类型各具特点，家畜种类、数量和畜群结构也存在较大差异。据不完全统计，我国北方草原地区人工放牧驯养和管理的主要草食家畜遗传资源（含地方品种、培育品种和引入品种）共有253个。天然草原上繁衍的野生动物达2000多种，包括鸟类1200多种、兽类400多种、爬行类和两栖类500多种。其中，有14种国家一级保护动物，如藏羚羊、野牦牛、马鹿、雪鸡、雪豹等。天然草原有放牧和饲喂家畜品种250多种，主要有绵羊、山羊、黄牛、牦牛、马、骆驼等，其中，很多品种如滩羊、辽宁绒山羊、蒙古牛、天祝白牦牛、蒙古马、阿拉善双峰驼等是我国特有的家畜品种资源。

（四）草原环境资源

草原环境包括草原土壤、气候、土地、地形和地貌等，是草原植物和动物、微生物发生、发育和发展的基础。千差万别的环境条件，导致了草原植被的多样化。同时，大面积的草原植被有在不同程度上影响着环境条件。因此，草原环境和草原植被是密切相关的整体，草原环境资源可以看作是草原整体资源的一部分。

（五）草原水资源

草原水资源是决定区域性草原形成、发展的重要条件，应属于草原环境资源的重要组成部分，但是由于草原水资源对草原植被类型和草原生活习性的形成具有决定作用，在研究草原资源中，单独列出，予以关注。草原水资源是草原一切生物赖以生存和发展的基本条件。草原水资源具有社会属性，是自然界赋予草原和人类的共同财富，需要合理分配、使用、保护和利用。因此，草原水资源作为草原资源的重要组成部分，需要充分认识和理解，使草原水资源的价值得到充分体现。

二、草原资源变迁

我国是世界上草原资源最丰富的国家之一，草原总面积仅次于澳大利亚，居世界第二位。草原是中国面积最大的绿色生态屏障，是牧民赖以生存的基本生产资料，也是我国少数民族的主要聚居区。加强草原保护与建设，对维护国家生态安全，促进牧区经济发展，提高广大牧民生活水平，保持边疆安定和社会稳定，实现全面建设小康社会的宏伟目标，具有十分重要的意义。

由于长期的过度开垦和过度放牧等原因,我国草原的沙化、退化现象较为严重。草原生态环境的持续恶化,造成沙尘暴、水土流失等危害日益加剧,不仅制约着草原畜牧业的发展,影响农牧民收入的增加,而且直接威胁到国家生态安全,甚至影响到整个国民经济的可持续发展。整体上主要表现在以下4个方面:

(1) 草原数量逐年减少。我国草原面积正在逐渐减少。例如,20 世纪 80 年代以前,内蒙古草原总面积达 0.88 亿 hm^2,占内蒙古国土面积的 74.38%。而据 2001 年遥感调查资料,内蒙古现有草原面积为 0.75 亿 hm^2,并且近年来面积仍在减少。草原面积逐年减少的主要原因:①草原被开垦为农田,20 世纪 80 年代以前经历了 3 次大开垦,80 年代再一次开垦;②由于草原退化,植被覆盖度降低到 5% 以下,失去利用价值;③适宜造林的草原变成了林地;④小城镇、工矿及交通建设、旅游开发等项目占用了草原。

(2) 草原质量不断下降。近年来,由于自然和人为因素的共同作用,草原退化呈快速蔓延趋势。例如,据资料显示,内蒙古草原自 20 世纪 60 年代中后期开始退化加速,到 80 年代退化面积达 2504 万 hm^2,占可利用草原面积的 39.37%,到 90 年代末,草原退化面积达草原总面积的 73%。草原退化,造成草原质量下降,主要表现在草群中优良牧草的种类和数量大幅度减少,有毒、有害及不可食的植物种类和数量增多,草群平均高度和覆盖度下降,草原的单位面积产草量大幅度降低。

(3) 草原生态环境变劣,土地荒漠化和沙漠化使地表失去了绿色植被的覆盖,导致地下水位下降,大气降水减少。例如,20 世纪初内蒙古荒漠化土地面积达 6224 万 hm^2,占全区土地总面积的 52.6%;沙化土地面积为 4159 万 hm^2,占全区土地总面积的 35.1%。与 50 年代相比,内蒙古通辽市降水减少 102 mm、锡林浩特市减少 84 mm、巴彦浩特镇减少 59 mm,而年平均气温分别上升 1.0、1.4 和 0.9 ℃。由于降水减少、气候干燥造成河水断流,湖泊缩减或干涸。与 80 年代相比河流水量减少 1/3。

(4) 草原生态功能降低草原退化、植被覆盖度下降,稀疏的植被减少了其对二氧化碳的吸收能力,增强了大气的温室效应,使草原调节气候、防风固沙、保持水土、净化空气的功能明显减退。受草原生态环境变劣的影响,草原地区有些动、植物物种正在消失或减少。如草原上优良牧草中的羊草、黄花苜蓿、山鸒豆等数量锐减;药用价值较高的内蒙古黄芪、草麻黄也在明显减少。绿色植物的减少，必然导致动物种类的衰败和减少，野马已在草原上消失，野岩羊、青羊、野骆驼等野生动物的数量也在锐减。

"十二五"以来，国家加大了草原执法力度，坚决查处和严厉打击违法征占用草原、开垦草原等破坏草原植被的行为，全面加强草原监督管理。认真落实生态文明各项制度，按照"源头严防、过程严管、后果严惩"的思路，加强草原资源监管，推进执法督察，落实草原生态环境损害赔偿制度和责任追究制度，建立草原保护公众参与制度，强化制度的约束作用。在草原资源的保护和利用方面取得了显著成效。①通过人力推进草原承包，积极落实禁牧休牧轮牧制度，使草原利用趋于合理，2017年全国重点天然草原的家畜平均超载率为11.3%，较2010年降低18.7%；全国草原鼠害、虫害及火灾受害面积较2010年分别减少36%、39%、69%。②通过大力实施退牧还草、京津风沙源治理、草原防火防灾、草原监测预警、石漠化治理、草种基地建设等草原重点工程，改善了生态环境，提高了鲜草产量。例如，退牧还草工程从2003年开始实施，到2018年累计增产鲜草8.3亿t，约为5个内蒙古草原的年产草量。③组织实施对牧民开展草原禁牧、草畜平衡措施的奖励补贴政策，调动了广大草原地区农牧民自觉保护草原、维护草原生态安全的积极性，也显著增加了收入，实现了减畜不减收目标。

三、草原资源现状与问题

党的十八大以来，我国草原生态环境保护投入力度不断加大，草原生态系统保护与修复成效显著，草原涵养水源、保持土壤、防风固沙等生态功能得到恢复和增强，局部地区生态环境明显改善，草原生态环境持续恶化势头得到初步遏制。监测结果显示，2018年全国天然草原鲜草总产量11亿t；全国天然草原鲜草总产量连续8年超过10亿t，实现稳中有增。2018年草原综合植被盖度达55.7%，较2011年提高4.7%。内蒙古草原综合植被盖度达44%，草原生态已恢复到接近20世纪80年代中期水平。新疆草原综合植被盖度达41.48%，创有监测记录（2011年）以来的历史最高值。

尽管我国草原保护工作取得了一定的成绩，但与新时代生态文明建设的要求还有很大的差距，也存在很多的矛盾和问题。草原生态保护与牧区经济发展的矛盾十分突出，推进草畜平衡、实现草原合理利用的关键措施与牧民增收的矛盾还有待破解。草原违法征占用、家畜超载过牧等现象还非常普遍。一些地方征占用草原过度开发、无序开发，草原被不断"蚕食",面积萎缩。草原退化、沙化、石漠化等问题依然存在。草原监督管理薄弱、支撑发展体系不健全等状况仍制约着草原的保护与发展。

国家林业和草原局的成立给草原管理提供了良好的契机。林业经过几十年的发展,在政策法规建设、技术进步、队伍建设、管理手段等方面取得了巨大的成就,有很多成功的经验,非常值得在草原管理中学习借鉴。在草原管理方面必须借船出海,充分利用林业管理和发展方面的优势资源、成功经验,积极推进林草全方位的深度融合,实现林业和草原的全面发展,共同谱写我国生态文明建设的新篇章。

四、草原资源监测

草地资源监测(grassland resources monitoring)是及时对草地牧草以及草地上生长的动植物及其环境条件进行连续的现状调查和评估,并与以往某时间段的草地资源进行对比分析,发现其中的变化。开展草地资源监测,真实准确掌握草地基础数据,不仅是指导草地合理利用的基础,也是政府宏观科学决策的重要依据,其本质目的是利用监测分析结果提出有针对性的草原保护方案。

(一)草原监测工作体系

为改变草原监测工作力量薄弱、组织分散、标准不一、数据混乱、结论不权威、实践指导性不强等状况,原农业部2003年成立了草原监理中心。监理中心设立保护监测处,由它专门组织、协调和指导全国草原监测工作,并根据各级交的草原监测报告进行汇总,发布全国草原监测报告。"十二五"期间,全国草原监测工作发展迅速,监测流程逐步规范统一,监测工作能力不断提升,形成了一系列草原监测成果,为草原保护、建设和科学发展提供了有利支撑。2005年,全面启动草原监测工作以来取得了显著成绩。

全国草原监测工作已基本形成了由原农业部草原监理中心牵头组织,有关科研、教学和推广单位为技术支撑,地方各级草原监理监测机构为纽带、统一部署、统一技术、分工明确、密切配合、运转有序、科学规范的全国草原资源与生态监测运行体制。在组织方式、任务部署、技术培训、数据审核、结果会商、信息发布、成果应用等方面,已建立了一套相对成熟的工作机制。原农业部草原监理中心每年制定《全国草原监测工作安排》,明确目标、任务、进度、技术措施,并召开全国草原监测工作会议进行部署。各地按照要求,逐级制定工作方案,分解落实监测任务。监测过程中通过严格操作规程、加强技术指导、强化数据审核等措施，确保监测质量。在汇总分析各地监测数据的基础上，结合遥感等先进现代信息手段，并广泛征求相关专家、管理人员以及基层群众意见，最终形成科学、全面的草原监测报告。

通过统一组织开展全国草原监测工作，各级草原监测机构的工作职能得到强化，监测力量不断增强，草原监测队伍不断壮大。目前，已有云南、贵州、吉林、黑龙江、河北、江西、安徽、山东、广西、山西、内蒙古、湖北、湖南、辽宁、河南、重庆、四川、西藏、陕西、宁夏、甘肃、青海、新疆23个主要草原省（自治区、直辖市）的草原监测机构承担了地面监测工作，覆盖了所有牧区及全国85%的草原面积，重点监测的县（旗）由每年不足300个增加到997个。大部分牧区市县参照全国草原监测工作的技术要求，自主开展草原监测工作。全国县级以上草原监测机构由300个增加到997个，各级草原监测工作人员由不足2000人增加到5000多人。在监测的高峰期，实际参与人数过万人。通过监测业务工作的开展和每年定期举办监测技术培训，草原监测人员的业务能力和水平不断提高。十多年来，原农业部草原监理中心共培训各级草原监测技术骨干1200多人次，各省区培训监测技术骨干达2万余人次。相关支撑单位的能力也得到明显加强。全国畜牧总站、中国农科院区划所、内蒙古草原勘察设计院等一批单位在草原监测的技术力量、装备水平、科研成果等方面有了跨越式发展，成为了全国草原监测工作重要的技术依靠力量。

通过不断完善监测技术标准，推进固定监测点建设，使草原监测工作规范化、科学化发展的基础日益强化。原农业部先后制定发布了《全国草原资源和生态监测技术规程》《草原生产力等级评定规程》《草原沙化监测标准》《草原退化监测标准》，编制了《全国草原监测技术操作手册》。组织开发了"草原监测信息报送管理系统"，实现了监测数据的实时报送、流程审核、动态显示、自动汇总、数据共享等功能，草原固定监测点建设取得重大突破。目前，全国已建成162个国家级草原固定监测点，部分省区还自筹资金建设了数百个省级草原固定监测点。

自2005年发布首份全国草原监测报告以来，农业部已连续多年发布全国草原监测报告，彻底改变了长期以来草原底数说不清、情况道不明的状况。全国草原监测报告已成为草原工作领域最具权威和影响力的综合报告，成为了反映草原年度发展整体状况的国家白皮书。在全国监测工作的带动下，有17个省（自治区）相继发布草原年度监测报告，一些地市、县

(旗)也发布了监测报告。为增强监测的时效性、针对性，更好地指导生态保护与生产发展，近几年草原动态监测不断加强，农业部及各地组织开展草原返青监测、生长期监测、枯黄期监测，以及极端性灾害天气条件下、局部地区的草原监测。通过连续地科学监测，对全国的草原资源及生态状况、植被生长状况、草原生产力、草原利用状况、工程建设成效、灾害情况、执法监督等情况以及变化趋势等，有了准确地把握和规律性认识，这对指导草原保护建设，开展科学决策，起到了十分重要的作用。

经过各级草原部门的努力与探索，草原监测工作稳定开展，虽然取得一些成就，但是我国草原监测工作总体上仍处于起步阶段，还存在着体系不健全、队伍整体素质不高、经费不足、固定监测点较少、装备设施缺乏、技术支撑还比较薄弱、监测结果应用不广泛等突出问题。

(二)草原监测工作中的主要技术与方法

目前，草原监测工作采用的技术主要是"3S"技术，即遥感技术、全球定位系统和地理信息系统。

(1)遥感技术。由于草原的面积较大，基于地面设备或人工监测方式监测整个草原所需的时间相对较长。遥感技术的应用可以有效解决该问题，其通过飞行器的应用获得相关图像信息，结合信息处理获取草原的实际情况。

(2)GPS技术。GPS技术是草原监测目的实现的重要前提。当草原监测工作的监测对象确定出来之后，该技术可以将对待监测对象进行精确定位。

(3)地理信息系统技术。该技术是指通过对草原各个地理位置信息的收集实现监测目的。这种技术的应用优势在于其为面积较大的应用对象获得准确的地理信息结果。例如，在实际的草原监测工作中，地理信息系统的应用可以实现对草原中不同牧草分布面积、规律的有效测定。

但是由于地面监测方法受时间、地域局限性，不能充分结合草原类型及草原面积、草原自然灾害等实际问题进行具体应用。目前，地面监测与遥感技术相结合的方法在准确性和精度方面还存在吻合性不强的问题，且不同的支撑单位均有自己不同的分析模型，所得出的结论往往不尽一致。因此，研究建立一套统一、科学、权威的地面与遥感技术相结合的信息系统和数据分析模型，在总结实践经验的基础上，完善草原监测相关标准、规程，增强科学性、适用性和可操作性十分必要。

五、草原资源管理

党的十八大以来，以习近平同志为核心的党中央，将生态文明建设纳入中国特色社会主义"五位一体"总体布局和"四个全面"战略布局，高度重视草原保护建设，全面推动草原事业发展，取得了令人瞩目的成就。

（一）管理制度规范

我国草原管理方面的法律法规体系初步形成。《草原法》是我国实施草原管理的根本性法律，此外，还有《最高人民法院关于审理破坏草原资源刑事案件应用法律若干问题的解释》《草原防火条例》两项法规，以及《甘草和麻黄草采集管理办法》《草畜平衡管理办法》《草种管理办法》《草原征占用审核审批管理办法》等部门规章，13 部地方性法规和 11 部地方政府规章。

（二）管理组织体系

草原监督管理是草原执法体系的重要部分，承担着草原执法监督、保护监测、防火防灾、项目建设指导和监督检查等职能。在法律上，草原行政管理部门享有监督管理权，负责草原法律、法规执行情况的监督检查，并对违反草原法律、法规行为进行查处等。

草原行政主管部门是指草原保护、利用、建设等活动的行政管理机关。即在中央行政机关和地方行政机关中具体承担管理草原保护、建设、利用的职能部门。《草原法》第 8 条规定："国务院草原行政主管部门主管全国草原监督管理工作。县级以上地方人民政府草原行政主管部门主管本行政区域内草原监督管理工作。"

草原监督管理机构是依照《草原法》和《行政处罚法》的规定，草原行政主管部门设立的执法机构，在行政主管部门的领导之下，从事监督检查草原法律、法规的执行情况，对违反草原法律、法规的行为进行查处的具体执法工作。草原监督管理机构具有行政执法的主体资格，并以自身的名义承担由执法行为引起的法律后果。

草原执法，存在草原行政主管部门、草原监督管理机构两种执法主体，也规定了草原行政执法是草原行政主管部门和草原监督管理机构的共同职责。在没有设立监督管理机构的地方，草原行政主管部门本身就履行监督管理的执法职能，或者依法委托符合条件的组织，负责草原执法工作。它们之间的关系是领导与被领导、宏观与微观、整体与局部的关系。

国有草原资源的管理体系由以下三个方面组织：

1. 管理体制

国家对草地资源实行所有权与使用权适当分离的管理体制。管理内容主要包括：①草原的所有权和使用权受国家法律保护。国有草原可以由全民所有制单位使用，也可以由集体和个人承包从事畜牧业生产；②实行草原所有权和使用权登记制度。由各级人民政府负责登记造册，核发证书，确认所有权和使用权；③人民政府的农牧业主管部门负责草原资源的管理工作。其主要任务是：草原资源普查、建立档案、制定开发利用和保护规划、处理草原权属纠纷、监督草原法规的执行和打击破坏草原资源的犯罪行为。

2. 开发管理

草原资源的开发管理，是指对各种有效利用和培育草原资源活动的管理。其意义在于提高草原资源的经济效益和社会效益。管理内容主要包括：①确定放牧强度，防止草原沙化或者退化；建立畜牧业基地，提高草场单位面积畜产品产量；②发展人工草场，建立牧草繁育生产基地，丰富草场资源；③合理开发利用草原灌木、药材、野生动植物和自然景观资源，提高草场利用综合效益，发展草原旅游事业。

3. 保护管理

国有草原资源保护管理，是指为防止和避免草原资源遭受污染和破坏的管理。管理内容主要包括：①禁止开垦草原。禁止在草原上造田，防止水土流失和草原沙化；②未经政府批准，不得在草原上挖采野生植物和药材等；③建立草原防火制度和防治鼠虫害制度。

（三）管理信息系统

草原信息化是"3S"、互联网、物联网、大数据等现代信息技术在草原工作中的不断应用，是与草原实际工作深入融合的过程，涉及草原生产、经营、管理、服务各个环节。已开展的草原环境监测、资源普查、防灾减灾、牧草种植、饲草料经营、畜产品生产流通和信息服务等工作，有力推进了草原事业持续健康发展。草原工作中，草业是以草原生态环境为基础的草产品业，草原畜牧业是以草原牧草为主要饲料发展牲畜的产业。与之对应，草原信息化主要包括草原生态信息化、草业信息化和草原畜牧业信息化，三者是草原信息化的有机组成部分。

在实际工作中，由农牧、气象、环保、科技等部门组织引导，在教学科研院所、电信运营商、IT企业、社会组织等多方面促成下，大家共同致力于推进草原信息化。如各地农牧部门与气象部门合作开展草原防火管理等工作；甘肃省科技厅、甘肃农业大学、中国科学院地理科学与资源研究所、甘肃省农业信息中心合作开展甘肃省格网化草地信息资源管理系统构建及示范应用项目；内蒙古自治区农牧部门、中国移动与内蒙古润和信息技术有限公司联手运营"农信通"业务。

在草原生态保护方面，青海建立了三江源地区草地生态监测体系和生态系统综合评估数据共享平台，可深入分析生态环境变化；甘肃、内蒙古、青海三省（自治区）利用草原生态保护补助奖励信息管理系统，落实草畜平衡和牧户补奖政策。在草业发展保障方面，农业部搭建了全国草原防火综合管理系统、草原虫鼠害预警监测系统，实现了相关数据采集录入的标准化和统计汇总的自动化；甘肃近3年草原共发生70余起火情、火灾，全是气象卫星发现，并得到迅速有效处置。在草原畜牧业发展方面，内蒙古自治区建设了草原承包经营管理系统，成为全区18个旗县的相关工作平台，研发的国产挤奶电子计量及奶源信息管理系统，已在伊利集团生产中使用；各地12316服务热线，综合网络、语音、短信、广播、视频等手段，向农牧民发布各种信息，接受咨询，解决实际问题。

草原信息化的社会需求呼唤社会服务，信息化的社会服务能力不断提升，从而推动了草原信息化的发展。如各地农牧、科技、气象等事业单位开展系统间、单位间合作，整合各自数据和服务资源，提供草原数据增值服务；中国农科院草原所、内蒙古农业大学、兰州大学、甘肃农业大学等科研院所均承担了政府部门委托的信息化项目、课题，开展了基础研究和系统开发工作，提供了有价值的分析报告；内蒙古草原勘察规划院帮助西藏自治区开展草原资源普查，为青海三江源地区生态恢复提供辅助决策。一些社会组织、企业正在积极进入草原信息化领域，拓展业务和市场。但信息资源开发利用不够的情况普遍存在，主要表现在一是本底数据不清，如一些单位大量历史数据尚未进行电子化管理，不少系统数据无法及时更新，农业和林业部门数据难以统一。二是数据资源开发利用程度较低，特别是在草原管理、科研数据转化方面存在不足。三是数据分散，共享程度低。如一些地方草原管理部门、事业单位、科研机构、电信运营商的数据库及业务系统，基本是自建自用，大量信息不能共享。今后应该对历史数据进行电子化管理，保持畅通的采集渠道，建立稳定的运维机制，保证数据资源及时更新；建立信息资源共建共享平台；开展全国性草原资源普查与统计，加强全国性草原基础数据资源建设；综合、梳理、分析和挖掘草原各方面数据，为草原生产、经营、管理、服务提供决策支持。

另外，过去的草原工作强调草原生产功能多、重视草原生态功能少，强调草原开发利用多、重视草原保护建设少，以致草原超载过牧和严重退化沙化，损害了草原畜牧业的根基，制约了农牧民收入提高和牧区经济可持续发展。党的十八大报告提出大力推进生态文明建设，强调"把生态文明建设放在突出地位……努力建设美丽中国，实现中华民族永续发展"。保护草原生态、建设美丽牧区，已成为全社会的迫切要求和美好愿景。今后草原工作应坚持保护草原生态与保障畜产品供给并重，实现草畜平衡发展。草原信息化将大有用武之地，如基于大数据技术对采集上来的数据进行智能处理、分析，再综合牲畜存栏量和市场需求量，从中找出规律性的东西，能客观评价草原生态状况，估算出合理的草原载畜能力和畜产品供给量，这些信息为决策管理服务，有利于统筹实现保护草原生态与保证畜产品供给双重目标。

第三节　湿地资源

一、基本概念

（一）湿地

湿地是指位于陆生生态系统和水生生态系统之间的过渡性地带。湿地基本分五大类：近海及海岸湿地、河流湿地、湖泊湿地、沼泽湿地和人工湿地。湿地是地球生态环境的重要组成部分，与森林、海洋一起并称为全球三大生态系统。

不同国家不同环保组织给湿地的定义都不相同，大体分为两大类狭义和广义。广义定义则把地球上除海洋（水深6m以上）外的所有水体都当作湿地。1971年，在伊朗小镇拉姆萨尔签订的《国际湿地公约》也为广义的定义，对湿地的概念做出了进一步的明确："湿地是指不问其为天然或人工、长久或暂时的沼泽地、泥炭地或水域地带，带有静止或流动的淡水、半咸水或咸水水体，包括低潮时水深不超过6m的水域。"狭义定义一般是认为湿地是陆地与水域之间的过渡地带。那么所有潮湿的土地都是湿地吗？显然不是。湿地在水位条件和植被覆盖方面具有其独特的特征，其中，最为普通的是它的地下水面会长期或周期性的维持在与地表相同或相近的位置。所以在这里我们就能说明：为什么暴雨过后路上形成的小水洼虽然也是"潮湿的土地"，但是这类小水洼不能长期或周期性的维持其相对稳定的高度，所以这些水洼并不是湿地。

经过将近50年的发展,《国际湿地公约》从一个保护水禽为主的公约发展成为了一个保护湿地生态系统及其功能、维持湿地文化、实现社会可持续发展的公约。湿地概念的发展历程基本上就是人类认识湿地的历程。

(二)湿地类型

湿地类型复杂多样。湿地生态系统是湿地植物、栖息于湿地的动物、微生物及其环境组成的统一整体。通常,湿地类型的划分会考虑湿地的成因、地貌类型、水文特征、植被类型等综合因素。我国2009年发布的《中华人民共和国国家标准:湿地分类(GB/T 24708—2009)》与《国际湿地公约》中湿地类型的划分基本一致。将湿地按不同类型分为三级,第一级将全国湿地生态系统划分为自然湿地和人工湿地,自然湿地向下依次分为第二级(4类)、第三级共30类,具体见表3-5。人工湿地向下只分到第二级共12类,具体见表3-6,水稻田是最主要的人工湿地类型,全球约有1.3亿hm^2,其中,90%集中在亚洲。

表3-5 中国湿地分类(自然湿地部分)

1级	2级	3级	分类依据
自然湿地	近海与海岸湿地	浅海水域	湿地底部基质为无机部分组成,植被盖度<30%的区域,包括海峡、海滨
		潮下水生层	海洋潮下,湿地底部基质为有机部分组成,植被盖度≥30%的区域,包括海草层、热带海洋草地
		珊瑚礁	基质由珊瑚聚集生长而成的浅海区域
		岩石海岸	底部基质75%以上是石头和砾石,包括岩石性沿海岛屿,海岩峭壁
		沙石海滩	由砂质或沙石组成的,植被盖度<30%的疏松海滩
		淤泥质海滩	由淤泥质组成的,植被盖度<30%的泥/沙海滩
		潮间盐水沼泽	潮间地带形成的植被盖度≥30%的潮间区域,包括盐碱沼泽、盐水草地和海滩盐泽、高位盐水沼泽
		红树林	以红树植物为主的潮间沼泽
		河口水域	从进口段的潮区界(潮差为零)至口外河海滨段的淡水舌峰缘之间的永久性水域
		河口三角洲/沙洲/沙岛	河口系统四周冲击的泥/沙滩、沙洲、沙岛(包括水下部分),植被盖度<30%
		海岸性咸水湖	地处滨海区域。有一个或多个狭窄水道与海相通的湖泊,包括海岸性微咸水、咸水或盐水湖
		海岸性淡水湖	起源于海岸性淡水湖,但已经与海隔离后演化而成的淡水湖泊

(续)

1级	2级	3级	分类依据
自然湿地	河流湿地	永久性河流	常年有河水流经的河流，仅包括河床部分
		季节性或间歇性河流	一年中只有季节(雨季)或间歇性有水径流的河流
		洪泛湿地	在丰水季节由洪水泛滥的河滩、河谷，季节性泛滥的草地，以及保持了常年或季节性被水浸润内陆三角洲的统称
		喀斯特溶洞湿地	喀斯特地貌下形成的溶洞集水区或地下河/区
	湖泊湿地	永久性淡水湖	面积大于$8hm^2$，由淡水组成的具有常年积水的湖泊
		永久性咸水湖	由微咸水或咸水组成的具有常年积水的湖泊
		永久性内陆盐湖	由含盐量很高的卤水(矿化度>50g/L)组成的永久性湖泊
		季节性淡水湖	由淡水组成的季节性或间歇性湖泊
		季节性咸水湖	由微咸水/咸水/盐水组成的季节性或间歇性湖泊
	沼泽湿地	苔藓沼泽	发育在有机土壤的、具有泥炭层的以苔藓植物为优势群落的沼泽
		草本沼泽	由水生和沼生的草本植物组成的优势群落的淡水沼泽，包括无泥草本沼泽和泥炭沼泽
		灌丛沼泽	以灌丛植物为优势群落的淡水沼泽，包括无泥炭灌丛沼泽和泥炭灌丛沼泽
		森林沼泽	以乔木植物为优势群落的淡水沼泽，包括无泥炭森林沼泽和泥炭森林沼泽
		内陆盐沼	受盐水影响，生长盐生植被的沼泽
		季节性咸水沼泽	受微咸水或咸水影响，只在部分季节维持浸润或潮湿状况的沼泽
		沼泽化草甸	为典型草甸向沼泽植被过渡类型，是在地势低洼、排水不畅、土壤过分潮湿、通透性不良等环境条件下发育起来的，包括分布在平原地区的沼泽化草甸以及高山和高原地区具有高寒性质的沼泽化草甸
		地热湿地	以地热矿泉水补给为主的沼泽
		淡水泉或绿洲湿地	由露头地下泉水补给为主的沼泽

表 3-6　中国湿地分类（人工湿地部分）

1级	2级	3级	4级
人工湿地	水库		以蓄水和发电为主要功能建造的，面积大于8hm²的人工湿地
	运河、输水河		为输水或水运为主要功能而建造的人工河流湿地
	淡水养殖场		以淡水养殖为目的修建的人工湿地
	海水养殖场		以海水养殖为目的修建的人工湿地
	农用池塘		以农业灌溉、农村生活为主要目的修建的人工湿地
	灌溉用沟、渠		以灌溉为主要目的修建的沟、渠
	稻田/冬水田		能种植水稻或者是冬季蓄水或浸湿状的农田
	季节性泛洪农业用地		在丰水季节依靠泛滥能保持浸湿状态进行耕作的农地，集中管理或放牧的湿草场或牧场
	盐田		为获取盐业资源而修建的晒盐场所或盐池
	采矿挖掘区和塌陷积水区		由于开采矿业资源而形成的矿坑、挖掘场所蓄水或塌陷积水后形成的湿地，包括砂/砖/土坑；采矿地
	废水处理场所		为污水处理而建设的污水处理场所，包括污水处理厂或以水净化功能为主的湿地
	城市人工湿地景观水面和娱乐水面		在城镇、公园，为环境美化、景观需要、居民休闲、娱乐而建造的各类人工湖、池、河等人工湿地

（三）湿地空间分布

淡水湿地在全球分布广泛，北半球分布多于南半球，主要分布在北半球的欧亚大陆和北美洲的亚北极带、寒带和温带地区。南半球淡水湿地面积相对较少，主要分布在热带和部分温带地区。全球各大洲淡水湿地面积分布为：非洲3500万 hm^2，亚洲1.2亿 hm^2，北美地区1.67亿 hm^2，中南美洲及加勒比海地区1.77亿 hm^2 和欧洲67万 hm^2。其中，加拿大以1.27亿 hm^2 淡水湿地面积高居世界首位，中国是亚洲淡水湿地面积最大的国家，约为3848hm^2，居世界第四。

中国是湿地类型最丰富的国家之一，按照《国际湿地公约》对湿地类型的划分，31类天然湿地和9类人工湿地在我国均有分布。总体来看，我国湿地呈东多西少状分布，中东部湿地以河流、湖泊、沼泽、滨海湿地等类型为主，约占全国湿地面积的3/4。西部干旱地区湿地面积较东部明显减少,主要为湖泊和沼泽湿地,分散在高原与山地之间。根据湿地的分布可以将我国的湿地划分为六大区域,分别为:中东部沿海湿地、东北湿地、长江中下游湿地、西北湿地、云贵高原湿地和青藏高原湿地。

(四)湿地价值

湿地丰富的生态资源造就了湿地的多种多样的功能以及不可估量的价值。湿地总是默默无闻地为人类提供多种服务,人类的生产和生活都离不开湿地。

生态效益:①由于湿地处于水陆生态系统的过渡地带,因此,湿地的动植物性质、结构兼有两种系统的部分特征,具有高度的生物多样性特点;②湿地是蓄水防洪的天然屏障。一部分水积存在湿地表面,还有大量的水存储在湿地植物体内、草根层和土壤的泥炭层中,一些大型湖泊多与河流相连是调节洪水的理想场所;③湿地是全球最大的碳库,在固定二氧化碳和调节区域气候中起着重要作用;④湿地被称为"地球之肾",它具有强大净化污水能力,能降解吸收污染物、营养物,提供健康淡水;⑤同时,河口、海岸湿地植被可以消弱海浪和水流的冲击力,还具有消浪、缓流和促淤等作用。

经济效益:①能为人类提供丰富的动植物产品。湿地生态系统物种丰富,结构复杂,养分充足,使得湿地具有较高的生物生产力,有利于水生动植物生长;②提供丰富的工业原料。湿地中有各种矿砂和盐类资源不仅富含大量的食盐、芒硝、天然碱等普通盐类,而且还富集着硼、锂等多种稀有元素。湿地还可以提供多种可用于加工工业生产所需的原材料,如造纸、饲料、药材等。我国一些重要的油田,如大庆油田、胜利油田等也都分布在湿地区域,油气资源大开发也很大程度上促进了当地的经济发展;③提供水利能源和水运价值。水电是一种绿色环保、可持续利用的能源,在电力供应中占据重要的地位,湿地的河口港湾中蕴藏着巨大的潮汐能,对这些可循环的湿地资源的利用,能大大促进经济发展。同时水运具有运量大,费用低等特点,是国内国际大宗货物运输的主要方式,目前经济发达地区主要分布在沿海或沿江地带,这很大程度上得利于湿地提供的廉价和便利的水运。

社会效益:①教育和科研价值。湿地因其特殊的环境状态保存了丰富的动植物资源及遗传基因,这些都是重要的教育资源和实验基地;②为人类提供居住、旅游和娱乐场所。古代,世界四大文明古国都是傍河而发展起来的;现代,湿地周边依然是人类居住地首选。同时,湿地还是人们娱乐身心、健身休闲的理想场所，除了可以创造经济价值外，还附有重要的文化价值，也是人类精神文明极佳的享受地。

二、湿地资源变迁

研究显示，自1900年以来，全球湿地已经减少50%，如果从1700年算起，则湿地丧失率高达87%。尤其在20~21世纪初期，湿地丧失速度是之前的3.7倍。其中，内陆湿地较沿海天然湿地丧失得更多、更快。就地区而言，北美湿地丧失速度继续保持低速，欧洲湿地丧失的速度已经放缓，而亚洲湿地仍在快速丧失。统计数据显示，世界范围内的自然湿地长期都处于面积减少的趋势，从1970—2015年内陆和近海自然湿地面积减少约35%，是森林损失率的3倍。相比之下，人工湿地（主要是稻田和水库）在这一时期面积几乎翻了一番，但是这些增加并不能弥补自然湿地的消失带来的损失。

三、湿地资源现状与问题

（一）湿地资源现状

据2018年发布的《全球湿地展望》（Global Wetland Outlook，GWO），目前，全球内陆和沿海湿地面积超过1210万 km^2（暂时还没有针对《国际湿地公约》中各类型湿地面积的统计数据）。不同地区湿地面积所占比例从3%~30%不等，泥炭湿地约占全球湿地总量的1/3，面积约400万 km^2。南美洲的潘塔纳尔湿地是世界上最大的湿地，雨季时面积达20万 km^2。

湿地生态系统中物种资源特别丰富。据第二次全国湿地资源调查（2014年），我国湿地高等植物约有225科815属2276种，分别占全国高等植物科、属、种总数的63.7%、25.6%和7.7%。我国现有湿地兽类共7目12科31种，湿地鸟类12目32科271种，全世界共有鹤类15种，我国有9种，占2/3；爬行类3目13科122种，两栖类共3目11科300种；湿地鱼类1000多种，鱼类总数占全国总数的37.1%，占世界淡水鱼总数的8%以上。从常见的芦苇、莲、香蒲、大天鹅、鲢鱼和水獭等，到国家一级保护野生动植物中华水韭、水松、水杉、白鳍豚、江豚等都生活在湿地中。

（二）湿地生态系统面临的主要威胁

（1）全球气候变化。21世纪以来，全球平均温度升高了近1℃，导致极地和高寒地带的冰川融化力度加大，从而海平面上升，当海平面上升至一定程度时，会导致沿海湿地发生较大的变化。同时全球气候变化也会导致一些地区的降水量减少，部分区域的气候趋于干旱，这将使当地的湿地面临退化或消失的命运。

（2）泥沙淤积。长期以来，大江大河上游水源涵养区的水土流失不断加剧，河流中泥沙含量增大，造成河床、湖底不断淤积，湿地面积不断缩小，湿地功能逐渐衰退，严重影响江河流域的生态平衡。

（3）外来物种入侵。外来物种入侵已经成为了一种全球现象，外来物种凭借着极强的繁殖能力，在湿地中爆发性的生长，严重影像湿地原生植物的生存空间，导致湿地原生植物灭绝。

（4）环境污染。水环境污染、空气污染、垃圾污染等，不仅使湿地水质恶化，也对湿地生物造成严重危害。例如，部分天然湿地受周边地区的农业污染、工业污染与生活污染的影响，湿地逐渐沦为工农业废水、生活污水的承泄区。结果导致湿地水体的富营养化，藻类"水华"等现象频发。

（5）不合理利用。湿地开垦，湿地资源滥用、改变自然湿地用途、城市开发占用自然湿地已经成为全球自然湿地面积削减，功能下降的主要原因，其中，主要包括：①对湿地资源的盲目开垦和改造。很长时间，由于人类对湿地生态价值和社会效益认识不足，保护和管理力度薄弱，湿地仍然面临着被开垦、围垦和随意侵占等威胁。中国历史上曾一度将沼泽湿地作为荒地或未利用地来看待，并将其纳入农业生产的后备资源进行大规模的开发和利用，这一不合理的利用模式不仅破坏了大量的湿地资源，也导致部分沼泽湿地的功能逐渐下降，湿地消失。②水资源不合理利用。过度从湿地取水或开采地下水；注重工农业用水和生活用水，不关心生态环境用水；在湿地内挖沟排水，导致湿地水文发生变化，湿地不断萎缩甚至消失等。③生物资源无序和过度利用。湿地以"生物宝库"著称，过度捕捞采集让湿地丰富的物产被肆意掠夺，最终不但影响了湿地的生物多样性，更破坏湿地健康的生态平衡。④基建侵占。基建侵占是导致湿地面积大幅度减少的关键因素之一。基建主要发生在沿海沿江沿湖地区。沿海地区围垦基建占地，严重破坏滨海湿地的生态平衡。江河修建水坝等基建设施，严重影响洄游鱼类的通道，造成洄游鱼类资源的衰竭，妨碍了湖水与江水发生直接交换，使湖泊植物群落发生变化，导致沼泽化进程加剧。

(三)湿地恢复与重建

湿地恢复与重建是指"通过保护使受损湿地生态系统自然恢复的过程,已可以通过生态技术或生态工程对退化或消失的湿地进行修复或重建,再现干扰前的结构和功能以及相关的物理、化学和生物学过程,使其重现应有的作用。"相关措施包括提高地下水位养护沼泽,改善水禽栖息地;增加湖泊的深度和广度以扩大湖容,增加鱼的产量,增强调蓄功能;迁移湖泊、河流中的富营养沉积物以及有毒物质,以净化水质;恢复洪泛平原的结构和功能,以利于蓄纳洪水,提供野生动植物的栖息地。

全球湿地大致经历了"过度开垦和破坏""湿地保护与控制利用"两个阶段,目前正在经历"湿地全面保护与科学恢复"的第三阶段。已经有很多国家以恢复、重建和迁移等方式来保护湿地,并取得了很好的效果。如美国湿地恢复项目自 1991 年开始在少数州进行试点,1994 年在全美展开。美国政府通过规定项目的实施面积来控制项目进度,1990 年规定的项目面积约为 40 万 hm^2,到 2009 年受保护和恢复的湿地面积达到 1821 万 hm^2。在中国,从 2003 年 9 月出台的《全国湿地保护工程规划(2002—2030 年)》作为湿地保护的指导意见,湿地保护开始迎来政策呵护。到 2016 年 11 月印发的《全国湿地保护工程"十二五"实施规划》,明确指出要对湿地实施全面保护,科学修复退化湿地,扩大湿地面积,增强湿地生态功能。Hackensack 湿地保护区位于美国新泽西州低丘谷区,是公路、铁路运输最繁忙的地区。Hackensack 湿地保护区是河流湿地。由于靠近纽约州,所以工厂密布,故而工业污染、湿地水位下降、水系污染严重、外来生物的入侵等问题使得 Hackensack 湿地面临着面积急剧萎缩的遭遇。Hackensack 湿地保护区跻身于高污染的环境之中,修复时不仅需要满足经济发展需求,同时需要十分注重对生态的恢复,修复中采取了以下措施:①对退化的湿地进行修复,设立大面积的湿地永久保护区;②对蓄洪能力进行调整,以改善当地的生态机制;③进行区域内产业类型的调整,拒绝高污染产业的横行,以构建适合当地可持续发展的产业结构;④重新开辟曲折蜿蜒的河道,以拓宽的湖面河水加以联系。重新疏通的河道加快了生态修复的进程,创造了更为丰富的水陆循环的新境。

四、湿地监测

湿地面积巨大,类型丰富,地理环境复杂多样,人员可达性较差。为有效管理、保护和合理的利用湿地资源，使其发挥持续的生态、经济和社会效益有必要对湿地进行定期监测。湿地监测是指运用可比的方法，在时间或空间上对特定的湿地范围内的生态系统或生态系统聚合体的类型、数量、结构和功能等方面中的一个或几个要素进行定期观测，综合了解湿地状况，预测湿地的发展趋势，制定出科学的湿地保护和管理政策，为湿地建设、管理和湿地资源的合理利用提供重要依据。湿地监测的主要内容包括：①湿地类型、面积与分布；②湿地的水资源状况；③湿地土地利用状况；④湿地生物多样性及其珍稀濒危野生动植物；⑤湿地周边地区的社会经济发展对湿地资源的影响；⑥湿地的管理状况和研究状况；⑦影响湿地动态变化的主要环境因子等。

（一）湿地监测指标体系

湿地监测指标体系主要是对各类湿地自然环境要素、湿地水文及水质、湿地野生动物、湿地植物和植被、湿地保护和管理、湿地主要功能和利用情况、湿地受威胁状况以及湿地周边社会经济情况 8 个方面的因子进行监测，标准详见表 3-7。

表 3-7 湿地监测指标体系

	监测内容	监测指标
自然环境要素	湿地类型	湿地类型和面积
	位置和分布	流域、行政区域、地理坐标
	海拔	海拔高度
	地形	区域地形
	气候	年平均气温和变化范围，极端最低气温，积温；多年平均降水，蒸发量
	土壤	土壤类型、泥炭厚度
湿地水文与水质	公共指标	水源状况、水域面积、水质级别、水温、可溶性固体总量
	湖泊湿地	入流量、出流量、透明度、溶解氧、化学需氧量、生化需氧量、总氮、总磷等指标
	沼泽湿地	上层滞水位、下层滞水位、积水深度、积水时间（日）、最大积水面积、最少积水面积、泥炭厚度等指标
	河流湿地	最大流量、最小流量、年总流量、丰水面积、枯水面积等指标
	近海与海岸湿地	基质类型、组成、分布特征(海岸湿地)；径流、潮流、输沙量(河口系统)；浪高、高潮、低潮、盐度(近海水域)

(续)

监测内容		监测指标
湿地野生动物	水鸟	种类、数量、分布以及迁徙情况(包括迁入时间、高峰期、迁离时间、居留型、居留期等)
	兽类	种类、数量及种群状况
	两栖类、爬行类	种类、数量及种群状况
	鱼类,主要贝类、虾类、蟹类等	种类、数量及种群状况
湿地植物和植被	湿地植物种类	植物种类、优势种、保护植物种类、主要植物的分布等
	湿地植被	植被类型、种类组成、生物量及其变化;藻类生物量
湿地保护和管理	已有保护措施	各种保护措施、时间和效果等
	自然保护区	保护区名称、级别[国家级、省级、地(市)级、县级]、保护区面积、核心区面积、建立时间、主管部门、主要保护对象、主要科研活动等
	湿地公园	湿地公园名称、级别(国家湿地公园、国家城市湿地公园、地方湿地公园)、面积、建立时间、主管部门、经营管理机构
	主要管理部门	主要管理部门
	土地权属	土地权属
	使用权	使用权属
湿地主要功能和利用	水资源	总取水量、工业取水量、农业取水量、生活取水量、其他取水量等
	天然动物水产品	鱼、虾、软体类动物的产量和经济价值
	天然植物水产品	种类、产量和经济价值
	人工养殖和种植的产品	品种、产量和经济价值
	矿产品及工业原料	泥炭、石油、芦苇产量和经济价值
	航运	通航里程、年通航时间、货运量、客运量
	旅游疗养	疗养院、宾馆数量、游客量、疗养人数
	体育运动	项目种类、接待人数
	环境净化	污染物种类、接纳数量
	调蓄	调蓄河流、调蓄能力
	其他	—

(续)

监测内容	监测指标
湿地受威胁状况	城市化、围垦、水土流失、污染、过度猎取、水源补给不足、盐碱化、引种、沙化等威胁因子的影响面积、危害程度及潜在威胁等
湿地周边地区经济状况	土地利用类型、湿地周边乡镇的人口数量和密度、农业总产值、工业总产值、主要产业等

(二) 湿地资源调查方法

常见的湿地监测监测方法按照调查的目的和对象的不同，可以分为：

1. 地面站点观测

地面定位站一般是对湿地生态系统各生态要素及环境要素进行的长期连续观测与研究。常见的较为综合的湿地地面观测站涵盖很多部分，其中，包括湿地综合观测场，湿地辅助观测场，湿地小气候观测场，湿地水平衡观测等综合湿地观测试验场、湿地、农田综合观测试验场、农田养分循环试验小区，农田小气候观测场以及自动气象辐射观测场等野外试验场。湿地地面观测站可以长期定位观测及获取研究数据，涵盖了气象数据、站点所在湿地生态系统的气候数据、湿地水环境数据、土壤和生物数据及各类历史研究数据等。

2. 实地调查

实地调查方式周期较短，一般根据获取湿地资源数据的不同周期也不同，调查范围一般涉及湿地的各项特征，包括湿地类型、面积、分布（行政中心、中心点坐标等）、湿地自然环境要素（位置、平均海拔、地形、气候、土壤）、湿地水环境要素（水文、水质）、湿地植物群落及植被调查、湿地野生动物调查（湿地内动物种类、分布及生境状况、优势或数量比例）、湿地保护与利用状况、社会经济状况和湿地受威胁状况等。

3. 遥感/GIS调查

早期湿地资源调查主要依靠研究人员野外实地考察，调查的覆盖范围小，花费时间多，湿地的地域特殊性使研究人员很难获取到湿地的全局特征，具有很强的局限性。同时，进入湿地内部区域进行调查取样，很容易对湿地造成人为的破坏。遥感/GIS技术的特点是能够大面积的观测，快速获取地表状况的真实信息，这一技术优势对于湿地资源宏观调查具有重大意义。应用遥感/GIS技术的湿地资源调查主要为：湿地景观格局空间分布特征及环境驱动力的调查，基于遥感技术对湿地所在区域进行多次有规律的重复观测，通过监测不同时期的湿地景观格局空间分布特征，提取湿地变化信息，掌握湿地变化过程中的特点与趋势；湿地生态环境指标与生态功能的估测。综合应用遥感影像和地面实测数据，借助数学物理等思想理论，建立相应的模型描述遥感影像数据值与实际测量值之间的关系，通过对比分析模型反映的数据变化情况，从数值的角度定量分析湿地生态系统与其他生态系统相互作用中观测因子的变化规律，综合定性的分析，准确掌握湿地实际环境状况，如湿地植被生物量的估测、湿地服务能力及湿地退化、重建与恢复遥感监测等。利用遥感数据对湿地分布的范围进行监测，分析湿地生态系统的生态结构、现状、演化过程与功能。

但一般进行完整和较为全面的湿地资源调查都是以上三种调查方式的结合，例如，2013年完成的第二次全国湿地资源调查。为了摸清我国湿地资源的"家底"，掌握湿地资源动态变化情况，有针对性地强化湿地保护政策，我们从2009年开始组织第二次全国湿地资源调查，调查历时5年，到2013年结束。在遥感数据全国覆盖的前提下，运用"3S"技术与现地调查相结合的方法，统一采取了遥感数据室内判读、现地验证和实地调查、调查结果室内修正的工程流程。调查共获取成果数据2.6亿条，包括湿地类型、面积、分布、受威胁情况和生态状况等信息。

五、湿地管理

1. 湿地管理制度规范

在国际层面，《国际湿地公约》是全球唯一一部针对湿地保护而签署的政府间公约，为各国从事湿地管理和开展国际合作提供了框架，目标是实现全球湿地的保护与合理利用。

在区域层面，为保护跨行政区域甚至多个国家的湿地，签署跨界的区域性条约和流域水条约是普遍的做法。最为典型的区域性条约是1992年欧洲经济委员会签署的通过的《跨界水道和国际湖泊保护和利用公约》，适用于整个欧洲及美国和加拿大。

在国家层面，加拿大的《联邦政府湿地保护政策》、澳大利亚的《1997年澳大利亚联邦政府湿地政策》。美国是湿地保护法规相对完善的国家，《清洁水法案》是美国保护水域和湿地最直接的法律。

中国湿地管理制度发展之路：中国的湿地保护意识早在20世纪90年代就开始萌生。1994年，国务院通过并颁布了《中国21世纪议程——中国

21世纪人口、环境与发展白皮书》,其中,许多章节关系到湿地保护及合理利用。2000年,《中国湿地保护行动计划》启动,计划启动了中国红树林保护与合理开发利用、中国湿地鸟类保护、长江中下游湿地的恢复和重建、黄河三角洲湿地及其生态系统可持续发展等39个湿地保护和开发利用项目。2003年,中国出台了《全国湿地保护工程规划(2002—2030年)》作为今后湿地保护的指导意见,中国湿地保护迎来政策呵护;2006年中国国务院批复了《全国湿地保护工程实施规划(2005—2010年)》,规划以保护与恢复工程为重点,加强对自然湿地的保护监管,努力恢复湿地的自然特性和生态功能;2016年中国国务院办公厅印发了《湿地保护修复制度方案》,方案中明确:实行湿地面积总量管控,到2020年,全国湿地面积不低于0.53亿hm^2,其中,自然湿地面积不低于0.47亿hm^2,新增湿地面积20万hm^2,湿地保护率提高到50%以上。严格湿地用途监管,确保湿地面积不减少,增强湿地生态功能,维护湿地生物多样性,全面提升湿地保护与修复水平。

2. 湿地管理组织体系

建立高效的湿地保护管理体系是保护湿地生态系统不可或缺的一部分。由于湿地生态系统的复杂性,在管理上涉及多个自然资源管理部门,因此湿地管理机构的设置、各管理机构职权的分配以及各机构间的相互协调,直接影响到管理湿地的效率和效能。湿地管理体制在国际、地区以及各国家内部各有特点。

为有效履行《国际湿地公约》,公约设立了常务委员会和秘书处,详细规定了各自的职能。在区域流域的管理中,通过设立跨界的协调机构,协调利益相关方来实现区域内的湿地管理目标。在国家内部,大多数国家是由自然资源管理部门负责管理湿地,由于湿地管理往往涉及多个部门,为解决部门间的冲突,许多国家采用了《国际湿地公约》的建议,成立国家湿地委员会,来负责湿地管理的不同部门,也有非政府组织的代表。湿地保护管理的多部门协调机制,保障了湿地保护管理政令畅通和良性互动。

目前,中国在湿地管理方面根据湿地生态区位、生态系统功能和生物多样性,将全国湿地划分为国家重要湿地(含国际重要湿地)、地方重要湿地和一般湿地,列入不同级别湿地名录,定期更新。国务院林业主管部门会同有关部门制定国家重要湿地认定标准和管理办法,明确相关管理规则和程序,发布国家重要湿地名录。省级林业主管部门会同有关部门制定地方重要湿地和一般湿地认定标准和管理办法,发布地方重要湿地和一般湿地名录。对国家和地方重要湿地,要通过设立国家公园、湿地自然保护区、湿地公园、水产种质资源保护区、海洋特别保护区等方式加强保护,在生态敏感和脆弱地区加快保护管理体系建设。

3. 湿地信息管理发展方向

湿地作为一种极其重要的生态系统,具有其特殊的功能和研究领域。在对湿地信息的管理中,发挥信息系统存储、处理、分析、计算和成图显示海量空间数据等强大的先天优势。利用管理信息系统,通过建立基础空间数据库,改变传统的湿地信息管理方式,并且提供相应的管理、分析等工具,为湿地的研究、管理、保护提供强有力的技术支持。

随着计算机技术的广泛应用以及人们对湿地重要性认识的不断加深,过去的二三十年里,国内外都已开发了大量的湿地管理信息系统,这些系统的主要功能既有简单查询、浏览功能,又有综合的集查询、浏览、分析、管理等功能。许多国家和地区都相继建立起了自己的湿地管理信息系统。美国佛罗里达大学设计开发的湿地动植物信息检索系统(APIRS)是世界上最早和湿地相关的信息系统,该系统用于为相关机构和公众提供湿地动植物方面的相关信息查询服务。早期的湿地管理信息系统的总体特点是侧重于查询功能,虽然将湿地信息组合起来构建成为湿地综合信息数据库供公众查询,但并不具备分析、管理的功能。在20世纪末,具有分析功能和决策支持功能的湿地管理信息系统相继出现。美国路易斯安那州湿地恢复空间决策支持系统(SDSS)是此类系统的典型代表,它是世界上建立最早的湿地决策信息系统,该系统不仅具有基本的查询功能,而且还能利用模型给出定量评价,用以分析所申报项目的环境、生态以及经济效益。希腊、德国等欧洲6国建立的湿地评估决策支持系统(WEDSS)是一个成功的湿地决策支持系统的典型代表,该系统的设计初衷是在湿地评估过程中支持环境管理和环境立法工作。

随着信息技术的发展,湿地信息数据的综合管理、空间分析与预测正在朝着网络化、智能化以及可视化等方向发展。

湿地信息管理网络化。基于网络湿地信息管理服务是目前较为通用的一种模式,尤其对综合监测湿地数据、技术和模型的共享、查询和下载方面有着很好的技术支持和开放性策略,网络化服务已经从初期的简单浏览功能发展到集浏览、动态查询、视频、图像空间数据查询与共享为一体的综合服务。

湿地信息管理智能化。是指通过整合现有湿地资源综合数据库建立智能化湿地大数据中心，结合 GIS、LBS、计算机网络、物联网、大数据管理和分析等技术，设计和开发具备数据管理、查询展示、统计分析、实时监测、辅助决策以及服务发布等功能湿地资源管理信息系统，实现对湿地资源的管理、监测、变化预测分析等，为湿地保护和合理利用提供辅助决策支持服务。

湿地信息管理可视化。它涉及计算机图形学、图像处理、计算机辅助设计、计算机视觉以及人机交互等多个技术领域。湿地可视化是实现湿地可视化人机交互的载体。湿地资源可视化系统具有大范围、海量、多元数据一体化管理和快速三维实时漫游功能，支持三维空间查询、分析运算、可与常规 GIS 软件集成，实现湿地资源数据的共享，把数据快速、准确、完整、直观地传递给用户。可视化湿地环境为湿地科学研究提供了新型的研究平台。

第四节 荒漠资源

当今世界，由于人类活动与气候变化的影响，以荒漠化为主要表现形式的土地退化，已经成为危及全人类生存与可持续发展的重大生态问题，直接影响全球及区域经济、社会和文化的发展。中国是世界上荒漠化和沙化面积大、分布广、危害最严重的国家之一。我国荒漠化地区包括新疆、内蒙古等 18 个省(自治区)，地域宽广，自然环境复杂，土地资源丰富，同时也孕育了丰富的矿产、气候和生物资源，是我国 21 世纪重要的资源替代区，已成为具备巨大开发潜力的国家建设战略后备基地，对国家现阶段"一带一路"发展战略的实施和西部地区经济社会的全面发展具有重要支撑作用。

一、荒漠资源基本概念

按照《联合国防治荒漠化公约》确定的定义，荒漠化是指包括气候变异和人类活动在内的各种因素造成的干旱、半干旱和亚湿润干旱区的土地退化。该定义明确了 3 个问题：①形成原因：荒漠化是在包括气候变异和人类活动在内的多种因素的作用下产生和发展的；②背景条件和分布范围：荒漠化发生在干旱、半干旱及亚湿润干旱区(指年降水量与可能蒸散之比在 0.05~0.65 的地区，但不包括极区和副极区)；③区域范围界定：荒漠化是发生在干旱、半干旱及亚湿润干旱区的土地退化，将荒漠化置于宽广的全球土地退化的框架内。我国分布有风蚀荒漠化、水蚀荒漠化、冻融荒漠化、盐渍荒漠化4种类型的荒漠化土地。

我国颁布实施的《防沙治沙法》指出，土地沙化是指主要因人类不合理活动所导致的天然沙漠扩张和沙质土壤上植被及覆盖物被破坏，形成流沙及沙土裸露的过程。我国的沙化土地类型包括：流动沙地(丘)、半固定沙地(丘)、固定沙地(丘)、露沙地、沙耕地、风蚀劣地(残丘)、戈壁和非生物治沙工程地等。

根据上述定义，我国荒漠化和沙化土地的分布范围相当广阔，根据《中国荒漠化报告》(CCICID，1996)，约99.6%的荒漠化土地分布在中国北部和西北部的干旱区、半干旱区与半湿润地区。

广义的荒漠资源是指分布在荒漠化(含沙化)地区的一切陆地自然资源，包括：土地资源、水资源、气候资源、生物资源和矿产资源等。我国荒漠化地区不仅蕴藏着石油、煤炭等矿产资源，而且水、土、气、生等可再生资源也颇为丰富。

(一)荒漠生物资源

荒漠化地区的生物资源主要指植物资源、动物资源和其他特殊的生物资源，如荒漠生物结皮种的苔藓、地衣、藻类等叶状体植物和微生物，以及沙漠固氮生物资源和大型真菌资源等。植物资源按用途可划分为：食用植物资源，如沙枣等；药用植物资源，如麻黄(*Herbal ephedrae*)、肉苁蓉(*Cistanche deserticola*)等；工业用植物资源，如胡杨(*Populus euphratica*)等；防护和改造环境用植物资源，如沙拐枣(*Calligonum arborescens*)等；种质植物资源，如四合木(*Tetraena mongolica*)等。区域内大量与自然环境相适应的野生动物资源，也存在一定的开发利用价值，具有食用、毛皮、革用、羽用、药用以及观赏和饲养等其他用途。有野生和引种饲养脊椎动物700余种，其中哺乳动物(兽类)有154种，有蒙古野驴(*Equus hemionus*)、普氏野马(*Equus caballus*)、普氏原羚(*Procapra przewalskii*)等珍稀濒危物种，也有白尾地鸦(*Podoces biddulphi*)、双峰野骆驼(*Camelus ferus*)等特有物种。此外，还有一些可供食用和药用的大型真菌资源，如阿魏菇和羊肚菌等，具有丰富的蛋白质、氨基酸、维生素等特点。

(二)荒漠气候资源

我国荒漠化地区有丰富的光能、热量和风能资源，为发展沙产业创造了良好条件。在我国干旱荒漠区开发和利用太阳能是解决当地缺少能源的重要途径，不仅能减少对其他能源的交通运输负担，还可以保护荒漠区的生态环境(如减少樵采等),对于固定流沙、改善气候和环境条件起到重要作用。区域内太阳能开发潜力极大,正如钱学森院士指出,"在我国近1.33 亿 hm^2 干旱区戈壁、沙漠及半干旱沙地选日照充足而又风沙不大的667 万 hm^2 作为太阳能发电区,年平均电功率即可达 10 亿 kW 多",相当于30 个三峡水库的装机总容量。我国西北地区日照条件好、日照时数高,≥0℃年积温在 500~5800℃,≥10℃年积温在 250~5400℃,独特的热能资源可使当地的蔬菜、瓜果、棉花等具备优质高产的潜力。风能是全世界增长最快的能源,我国陆上可开发的风能总量约为 2.7kW,大多集中在内蒙古、新疆、甘肃和宁夏等地区的沙漠、戈壁地带。其中,内蒙古和新疆两地风能蕴藏总量约占全国 70% 以上,可装机容量达 1.90 亿 kW。截至2008 年 10 月,内蒙古风电并网装机规模已超过 206.68 万 kW,约占全国37%,居全国首位。

(三)荒漠水资源

我国东部荒漠化地区受东亚季风影响,降水量可在 200mm 以上,基本可以满足旱作农业和飞播要求,具备荒漠化治理和社会经济发展方面的需水条件;在西北干旱地区,水资源主要以冰川、降水、径流、湖泊(水库)蓄水以及地下水、土壤水等形式存在,虽然总体上以干旱气候背景为主,但由于其幅员辽阔,高原和高山众多,因此,既有独特的内陆水循环过程,同时又是全球水循环的重要组成部分,水资源条件也能满足旱区植被的生态用水条件。长期以来,内陆河养育了山前绿洲,形成了山地、绿洲、荒漠共存的世界独特的地理景观格局,荒漠化地区的水资源依靠自然界独特的水分循环过程基本保持着脆弱的平衡关系。

(四)荒漠土地资源

在 261.16 万 km^2 的荒漠化地区,拥有着耕地、草地、林地、湿地等多种类型的土地资源,可为开展高效旱作农业、培育特种经济作物、提高畜牧业产值提供广阔的空间,也能为发展建设国家公园、自然保护区等生态事业提供潜力的土地资源。

(五)荒漠旅游资源

荒漠化地区有着极其丰富的旅游资源和自然景观:广阔的沙漠、戈壁、沙地、草地,鬼斧神工的风蚀地貌,秀美壮观的冰川、河流等;还有着古老神秘的宗教文化和历史古迹:莫高窟、清真寺、佛教寺庙等;同时蒙、藏、维、回等少数民族的风情习俗也是发展旅游业的重要资源。据统计,我国荒漠地域已开发各类景区(点)46 个,其中,A 级旅游景区 14 个,包括4A级景区7个，3A级景区4个，2A级景区2个，1A级景区1个。其中，莫高窟被评为世界级文化遗产，阿拉善沙漠国家地质公园升级为世界地质公园。

二、荒漠资源变迁

20世纪90年代以来，随着《联合国防治荒漠化公约》的签署，我国开始以沙漠化为主要对象，兼顾其他荒漠化土地类型开展了全面系统的普查与监测。概括起来，我国沙漠化和荒漠化土地资源调查与监测的发展历程可以分为4个阶段。

20世纪50年代后期至80年代初期，中国北方沙漠及沙漠化考察和典型沙漠类型调查成果。1959年，中国科学院组开始对我国的沙漠进行系统考察和普查，并对某些重点地区进行了深入调查，初步摸清了我国沙漠的分布、面积、类型、成因、资源以及自然条件和社会经济条件，绘制出了1:250万的《中国沙漠分布图》。随后又采用航片判读与地面调查相结合的方法，做了大量补充调查，初步估算出中国沙漠、戈壁、沙漠化土地及风沙化土地总面积为153.30万 km^2，占国土总面积的15.9%。这次调查初步估算了沙漠化土地面积、分布，分析了现代沙漠化的成因，并对发展程度进行了分级，同时还划分了沙漠化治理区域，获取的数据和取得成果被广泛应用于生产实践中。

1982—1984年，三北沙漠化地区土地资源清查成果。这次清查主要是为防护林体系建设、北方地区防沙治沙以及农林牧业建设提供数据信息和科学依据，首次大范围使用遥感新技术，通过目视解译对我国西北大部、华北北部和东北西部的土地资源进行土地利用分类，对各类土地资源状况、分布实地考察、定点观测，从宏观上摸清了三北防护林地区的自然资源现状。

1994—1996年，全国范围的沙漠化普查成果。这次由我国林业行政主管部门组织，第一次以调查沙漠化为主要目的，按照沙漠化土地、潜在沙漠化土地和非沙漠化土地三大类，采用系统抽样方法兼顾控制普查精度，按照统一的地类划分标准，在全国范围内进行的全面系统的沙漠化土地资源普查，调查区域总面积达47 430.56 km^2。普查结果显示，由风力作用下的沙漠、沙漠化土地和及风沙化土地总面积为171.42万 km^2，占国土总面积的17.85%，主要分布在新疆、内蒙古、西藏、甘肃、青海等北方12省(自治区)。这次普查还对以往的沙漠、沙地按照成因类型、区域连结性和完整性等标准进行了重新界定。

1999—2014年及以后,全国荒漠化和沙化周期性监测成果。从全国第一次沙漠化土地资源普查开展后,为全面掌握全国荒漠化和沙化土地的状况、动态变化及发展趋势,我国荒漠化监测工作开始与国际接轨,分别在1999年、2004年、2009年和2014年发布了利用遥感、地理信息系统等新技术手段开始对全国荒漠化土地和沙化土地及其防治状况和发展趋势实施每5年为周期的监测成果,为国家制定荒漠化土地或沙化土地防治政策、规划和宏观决策提供科学依据。从此,我国的荒漠化和沙化监测体系日趋完善,监测技术方法更加先进,监测数据更加准确、可靠,监测工作迈入了新阶段、新轨道。

根据第五次全国荒漠化和沙化监测结果显示,截至2014年,全国荒漠化土地面积261.16万km^2,占国土面积的1/4;沙化土地172.12万km^2,占国土面积的近1/5。在荒漠化和沙化土地集中分布的西北、华北和东北西部,形成了一条西起塔里木盆地、东至松嫩平原西部的万里风沙带。

三、荒漠资源现状与问题

(一)荒漠化和沙化土地现状

2013年,第五次全国荒漠化和沙化监测工作启动,采用遥感与地面调查相结合的技术方法,获得了全国荒漠化和沙化土地现状及动态变化的最新数据(屠志方,2016)。截至2014年,全国荒漠化土地面积261.16万km^2,占荒漠区监测面积的78.45%,占国土面积的27.20%,荒漠化土地集中分布于新疆、内蒙古、西藏、甘肃、青海5省(自治区),其荒漠化土地面积分别为107.06万km^2、60.92万km^2、43.26万km^2、19.50万km^2和19.04万km^2,分别占全国荒漠化土地总面积的40.99%、23.33%、16.56%、7.47%和7.29%,其余13省荒漠化土地面积合计为11.38 km^2,占全国荒漠化土地总面积的4.36%。沙化土地面积172.12万km^2,占国土面积的17.93%;有明显沙化趋势的土地面积30.03万km^2,占国土面积的3.12%;实际有效治理的沙化土地面积20.37万km^2,占沙化土地面积的11.8%。沙化土地集中分布于新疆、内蒙古、西藏、青海、甘肃5省,其沙化土地面积分别为74.71万km^2、40.79万km^2、21.58万km^2、12.46万km^2和12.17万km^2,分别占全国沙化土地总面积的43.40%、23.70%、12.54%、7.24%和7.07%,其他25个省沙化土地面积合计为10.40万km^2,占全国沙化土地总面积的6.05%。

1. 荒漠化和沙化土地分布区域

我国的荒漠化土地主要分布在干旱、半干旱和具有干旱的亚湿润区,包括中国东北西部、华北北部和西北大部;风蚀荒漠化土地则主要分布于东经75°~125°、北纬35°~50°的内陆盆地和高原,形成一条西起塔里木盆地西端,东迄松嫩平原西部,横贯西北、华北和东北地区,东西长达4500km,南北宽约600km的断续弧形荒(沙)漠带(包括沙地、沙漠、戈壁等)。

2. 荒漠化土地类型和程度结构

各类型荒漠化土地面积分布及占全国荒漠化土地总面积的百分比见表3-8。

表3-8 各类型荒漠化土地面积分布

类型	风蚀荒漠化土地	水蚀荒漠化土地	盐渍化土地	冻融荒漠化	合计
面积(万 km^2)	182.63	25.01	17.19	36.33	261.16
占比(%)	69.93	9.58	6.58	13.91	100

荒漠化程度分轻度、中度、重度和极重度4类。其中,轻度荒漠化土地面积74.93万km^2,占全国荒漠化土地总面积的28.69%;中度荒漠化土地面积92.55万km^2,占35.44%,重度荒漠化土地面积40.21万km^2,占15.40%,极重度荒漠化土地面积53.47万km^2,占20.47%。

3. 沙化土地类型和程度结构

各类型沙化土地面积分布及占全国沙化土地总面积的百分比见表3-9。

表3-9 各类型沙化土地面积分布

类型	流动沙地(丘)	半固定沙地(丘)	固定沙地(丘)	露沙地	沙化耕地	风蚀劣地(残丘)	戈壁	非生物治沙工程地	合计
面积(万 km^2)	39.89	16.43	29.34	9.10	4.85	6.38	66.12	0.01	172.12
占比(%)	23.17	9.55	17.05	5.29	2.82	3.71	38.41	—	100

沙化程度分轻度、中度、重度和极重度4类。其中,轻度沙化土地面积26.11万km^2,占全国沙化土地总面积的15.17%;中度沙化土地面积25.36万km^2,占14.74%;重度沙化土地33.35万km^2,占19.38;极重度沙化土地87.28万km^2,占50.71%。

全国具有明显沙化趋势的土地主要分布在内蒙古、新疆、青海等12个省（自治区），其中，内蒙古具有明显沙化趋势的土地面积最大，面积达17.40万 km^2，占全国该类面积的57.94%；新疆、青海、甘肃分布面积分别为4.71万 km^2、4.13万 km^2、1.78万 km^2，具有明显沙化趋势的土地主要发生在草地上，其面积占具有明显沙化趋势的土地总面积的62%。

（二）荒漠资源问题

长期以来，在气候变化和人口日益增加的背景下，人类对荒漠化地区生态系统的干扰和影响越来越大，致使资源开发和环境保护之间的矛盾日益突出，生态系统破坏事件层出不穷，例如，在土地资源开发利用方面的某些不合理，引起干旱荒漠区敏感而脆弱的自然生态平衡遭受破坏，使得沙漠化发展，盐渍化加重，森林遭受破坏，草场退还，导致生物多样性减少、生物生产力下降，生态系统面临前所未有的严峻挑战。

全国荒漠化和沙化监测结果表明，党中央、国务院确定的林业发展和生态建设战略、实施的一系列重大工程、采取的一系列重大政策措施，取得了显著成效。同时也表明，我国土地荒漠化和沙化状况依然严重，保护与治理任务依然艰巨，防治工作依然任重道远，在全球气候变暖背景下，土地荒漠化仍然可能会再度扩展加剧。荒漠化地区自然条件恶劣，生态系统脆弱，破坏容易，恢复难。有明显沙化趋势的土地达30.03万 km^2，如果保护利用不当，极易成为新的沙化土地；已有效治理的沙化土地中，初步治理的面积占55%，极易出现反复，后续巩固与恢复任务繁重；还有28万 km^2 的暂不具备治理条件的沙化土地，亟待封禁保护。

四、荒漠资源监测

全国荒漠化和沙化监测任务是对全国荒漠化土地和沙化土地及其防治状况和发展趋势实施监测，为国家制定荒漠化土地或沙化土地防治政策、规划和宏观决策提供科学依据，为依法防沙治沙、实行行政领导任期目标责任考核奖惩制度，保护、治理和合理利用沙区资源提供依据。近年来，国务院林业行政主管部门发布了《全国荒漠化和沙化监测管理办法（试行）》《全国荒漠化和沙化监测技术规定》等规范，同时《沙化土地监测技术规程》和《防沙治沙技术规范》等国家标准相继发布和实施，标志着我国荒漠化、沙化监测体系日趋完善，监测技术方法基本成熟。

（一）监测体系

中国政府根据荒漠化防治的需要，定期开展全国荒漠化和沙化监测，以便及时、准确掌握全国荒漠化动态，为防治工作的宏观决策服务。目前，已经建立了适合我国国情和实际的，由国家级、省级和县级三个层次组成的全国荒漠化和沙化监测网络体系，实行统一领导、分级负责。根据实际工作需要，确定全国监测以5年为一个周期。对于荒漠化敏感与特殊地区，根据情况需要，随时监测。各级林业行政主管部门负责各自行政辖区内的荒漠化和沙化监测工作，并向同级人民政府和上级主管部门报告监测结果情况。同时，依据荒漠化和沙化监测的不同目的和要求，构建了由宏观监测、专题监测和定位监测3个层次组成的全国荒漠化和沙化土地监测体系技术框架。

（二）监测技术方法

全国荒漠化和沙化监测技术及方法主要依据《全国荒漠化和沙化监测技术规定》《沙化土地监测技术规程》等标准和规范所规定的内容，采用遥感与地面相结合的方式进行，通过构建评估指标体系对不同荒漠化和沙化类型和程度开展定量监测。采用的评估因子主要包括：植被总盖度、土壤质地(土壤砾石含量)、有效土层厚度、覆沙厚度、坡度、侵蚀沟面积比例、盐碱斑占地率(土壤含盐量)、作物产量下降率等。采用高分辨率(如2m、5m)遥感卫星影像监测时，首先利用GIS软件按荒漠化和沙化区划条件划分图斑并对调查因子进行初步解译，然后到现地核实图斑界线和调查、核实各项调查因子，按要求建立现地调查图片库，获取荒漠化类型的面积、分布等信息。地面调查土壤和植被因子常规监测时，采用典型路线调查和布设监测样地相结合的方法进行，根据监测站点所在区域植被分布状况，选择2~3条典型路线进行区域植被生长状况调查，调查路线尽可能地包括区域内分布的沙化土地类型；在典型路线调查的基础上，对沙化土地类型、植被类型和植被盖度不同的地段布设监测样地进行植被和土壤因子调查，调查样地尽可能地选择植被分布均匀的地段。

五、资源管理

人口、资源、环境和发展是当今世界面临的重大问题，荒漠化地区在我国国民经济、社会发展和环境保护等方面具有举足轻重的地位。对于干旱荒漠化地区这样一个地域广阔，资源丰富、生态脆弱、经济发展又相对落后的地区，如何在利用优势资源提高生产的同时，实现社会—经济—自然复合生态系统的高效管理和可持续发展，是需要深入研究的课题。

（一）管理制度规范

自20世纪70年代以来，为了应对荒漠区土地利用导致的生态破坏和土地荒漠化问题，中国先后颁布实施了近20部涉及荒漠生态建设和保护的相关法律及一系列法规和标准，形成了以《防沙治沙法》为核心，以《水土保持法》《土地管理法》《环境保护法》和《草原法》为重要支撑的法律体系。在政策方面，中国政府将"可持续发展"作为国家发展的重大战略，并将防治荒漠化作为保护环境和实现可持续发展的重要行动纳入国家国民经济和社会发展计划，先后制订了《中国21世纪议程》《中国环境保护21世纪议程》《中国21世纪议程林业行动计划》《生物多样性行动保护计划》《全国生态脆弱区保护规划纲要》《中国履行联合国防治荒漠化公约国家行动方案》《全国防沙治沙规划（2011—2020年）》《西部地区重点生态区综合治理规划纲要（2012—2020年）》等重要文件，坚持经济建设和环境建设同步规划、同步实施、同步发展。进入21世纪，国家在继续实施三北防护林建设工程等生态工程的基础上，不断完善沙化土地封禁保护区、国家沙漠公园、防沙治沙示范区以及沙产业开发利用等领域的管理制度和规范，进一步对荒漠化地区的土地等自然资源优化管理。通过以上法律、政策、规划、规范等管理制度的实施，我国土地荒漠化快速蔓延的趋势在整体上得到遏制，为实现沙化土地整体逆转发挥了重要作用；在国际合作与交流领域，与全球环境基金（GEF）等国际组织合作，将综合生态系统管理理念引入到中国西部土地退化和荒漠化治理事业中来，在中国开始了广泛的实践，并取得了较好的成效。这些管理制度的实施有力地保障了荒漠区资源保护与生态建设工作的顺利进行，在我国新时期生态文明的建设进程中起到了重要作用。

（二）管理组织体系

荒漠资源保护与生态建设作为一项长期的社会性、公益性事业，一直受到各级政府部门的高度重视，我国政府和行业管理部门适应国际生态建设、资源管理和可持续发展的潮流，已将防治荒漠化纳入国家国民经济和社会发展计划，坚持经济建设和环境建设同步规划、同步实施、同步发展。中国防治荒漠化工作已经初步建立了从中央到地方，从教学科研到生产实践，从法律法规到乡规民约的比较稳定的管理、服务体系。按照《中华人民共和国防沙治沙法》规定，在国务院领导下，国务院林业行政主管部门负责组织、协调、指导全国防沙治沙工作。国务院林业、农业、水利、土地、环境保护等行政主管机构，按照有关法律规定的职责和国务院确定的职责分工，各负其责，密切配合，共同做好防沙治沙工作。中国政府为了履行《联合国防治荒漠化公约》，建立了各级政府（国家、省级、县级)防治荒漠化领导管理机构,强化了防治荒漠化的组织保证。中国政府成立了"中国防治荒漠化协调小组",现由国务院相关的18个部门组成。作为一个部际协调机构,加强了政府对全国防治荒漠化的组织、协调、管理和监督作用,在研究解决防治荒漠化工作中的重大问题、协调组织有关方面共同搞好防治荒漠化工作中已经发挥了重要作用。

在荒漠化和沙化土地资源监测数据的管理方面,国务院林业行政主管部门组织其他有关行政主管部门对全国土地沙化情况进行监测、统计和分析,并定期规定公布监测结果。各级荒漠化和沙化监测管理机构和监测技术承担单位要做好荒漠化和沙化监测档案资料的积累、归档工作,并由专人负责管理,有条件的要进行计算机管理,以备查阅。

(三)管理信息系统

我国已经逐步建立了国家、省、县三级荒漠化和沙化土地资源地理信息管理系统,实行信息化和网络化管理。国家林业行政主管部门以最新3期的监测数据为基础,研建了国家层面的荒漠化和沙化监测信息管理系统,利用海量数据挖掘技术,对第三、第四和第五次监测数据,包括遥感数据、属性和图形数据、统计数据、专题图以及图片库等进行管理、深度处理和对比分析,展示了第三、第四和第五次以地块为单元的荒漠化和沙化土地状况及动态变化情况,实现了监测信息的可视化演示。同时,各省、县等地方监测机构也正在运用地理信息系统(GIS)、全球定位系统(GPS)、遥感(RS)等技术,建立省、县级荒漠化和沙化土地地理信息管理系统。

目前,在加快土地退化和荒漠化防治、荒漠生态资源有效管理的同时,力争与保护生物多样性、应对气候变化等相结合,实现土地可持续管理,已成为世界各国的普遍共识和共同行动。就中国土地退化和荒漠化防治而言,不论综合生态系统管理和可持续土地管理的理念与方法,还是"土地退化零增长"的可持续发展目标,都具有很好的借鉴意义和广阔的应用前景。在荒漠化防治以及荒漠生态系统保护、利用和管理过程中,需要借助多学科知识,协调部门内部、多个部门之间的各种关系,在多尺度上规划土地景观系统各要素,高效配置土地资源、水资源与生物资源,优化经济、社会和环境目标,找出利益冲突和目标权衡的解决方案,把生态系统管理与应对气候变化、保护生物多样性、消除贫困和实现千年发展目标和中国生态文明建设目标紧密结合,发挥优势资源,应对全球气候变化,处理人口、资源、环境和经济社会发展问题,为实现应对全球气候变化、保护生物多样性、减少和消除贫困目标做出更大贡献。

第五节 野生动植物资源

中国国土辽阔，气候多样，地貌类型丰富，为各种生物及生态系统类型的形成与发展提供了多种生境。第三纪及第四纪相对优越的自然历史地理条件更为我国生物多样性的发育提供了可能。自人类诞生以来，野生动植物就一直是人类社会发展的重要物质资源，不仅为早期人类提供了基本的食物、衣服，并且提供了我们至今赖以生存的粮食和畜禽的种源。当前，我国野生动植物资源利用涉及食品、传统医药、特种皮革、民族乐器、工艺品制造等众多产业，而且许多野生动植物资源还具有不可替代性，这一切都为国民经济的发展做出了巨大贡献。

一、基本概念

野生动植物资源是对人类生产和生活有用的野生动物和野生植物的总和。就内涵来说，主要是指野外生长的高等植物和脊椎动物。

野生动物的概念有广义和狭义两种。广义的野生动物包括了自然界中从低等原生类到高等哺乳类的所有自由栖息的动物种类，而狭义的野生动物概念常因时间及地区而变化。在年代的欧洲和美国野生动物这一名词几乎等同于狩猎动物，随着人们知识的增加以及对动物尤其是脊椎动物价值的了解，目前，欧美各国已倾向于把野生动物定义为所有自由栖息的脊椎动物。

野生植物的概念也存在广义和狭义之分。广义的野生植物的概念认为，野生植物是指生存在野外的所有植物个体和以野外为种源培植的依然保持野外生存特性的植物。狭义的野生植物是指生存在天然自由状态下，或来源于天然自由状态的虽然已经短期栽培但还没有产生进化变异的各种植物。

我国法律上所要保护的野生动物，是指珍贵、濒危的陆生、水生野生动物和有益或者有重要经济、科学研究价值的陆生野生动物。按其保护程度，分为国家重点保护野生动物、地方重点保护野生动物和非重点保护野生动物。国家重点保护野生动物指列入国家重点保护野生动物名录而被加以特殊保护的动物，分为一级保护野生动物和二级保护野生动物。地方重点保护野生动物是指列入地方重点保护野生动物保护名录而被加以特殊保护的动物。国家和地方重点保护野生动物以外的野生动物均为非重点保护野生动物。

我国法律上所要保护的野生植物,则是指原生地天然生长的珍贵植物和原生地天然生长并具有重要经济、科学研究、文化价值的濒危、稀有植物。根据其保护程度的不同,可分为国家重点保护野生植物和地方重点保护野生植物。国家重点保护野生植物是指列入国家重点保护野生植物名录而被采取特别措施加以保护的植物。地方重点保护野生植物是指国家重点保护野生植物以外的列入地方重点保护野生植物名录而被省、自治区、直辖市特别保护的植物。国家重点保护野生植物又可分为国家一级、二级保护野生植物。地方重点保护野生植物也可分为地方一级、二级保护野生植物。

二、野生动植物资源变迁

(一)野生动植物资源发展阶段

1. 全面猎捕收获野外资源阶段(1978年以前)

1949年以前,我国对于野生动植物的利用基本处在一种无管理的自由状态。1949年以后,虽然在政策和管理制度上提出要实现野生动植物资源利用的持续发展,但是由于各种条件的限制,基本上还是从野外猎捕收获野生动植物资源。在《全国农业发展纲要》指出:"从1956年起,在十二年内,在可能的地方,基本消灭危害山区生产的最严重的兽害,保护和发展有经济价值的野生动物",1962年确定了"护、养、猎并举"的野生动物管理方针,"加强资源保护,积极驯养繁殖,合理猎取利用"。虽然这一时期在制定方针政策上注意到了要实现资源的持续利用问题,但实际上依然是以从野外获取野生动植物资源为主,加上连年政治运动,各地闹饥荒,野生动植物就成了重要的食物来源补充。在闹饥荒最严重的年份里,好多山上的野生动物基本绝迹,凡是能吃的野生植物也都被挖掘一空。也正是在这一特殊的背景下,我国野生动植物资源经历了中华人民共和国成立以来的第一次浩劫,很多野生动植物物种自此绝迹。

同时,这一阶段也是对于部分经济价值很高的野生动植物开始培植的阶段。这一阶段的培植主要集中在两个方面。第一是开始繁育药用野生动物、培植中草药,为中医药业提供原料。例如,1958年,全国开始人工养麝。第二是特种经济动物养殖。这一时期主要是养殖毛皮兽类动物,以获取毛皮出口。在20世纪60年代,以水貂、蓝狐等动物毛皮出口曾一度成为出口第一位的大宗产品，为国家年创汇上亿元。

2. 积极保护阶段(1978—1998年)

改革开放以后，有关野生动植物保护与利用的政策方针再次提到日程。改革开放初期，随着人们物质资源的逐渐丰富，对于野生动植物野外资源的获取逐渐减少，许多地区的野生动植物种群开始恢复。但好景不长，伴随着经济发展，再加上传统上对于食用野生动植物进补的习惯，市场对于野生动植物的需求逐渐加大，新一轮猎捕收获野生动植物的行动再次兴起，虽然国家颁布各种措施对非法猎捕、采挖野生动植物的情况予以制止，但鉴于野生动植物分布的极度广泛性，再加上野生无主的传统认识，使得很多政策收效不大。

虽然中国政府于1981年就加入了CITES公约，但是这个公约主要限制国际贸易，加上我国国内相关法律的欠缺，到20世纪80年代末，很多山区已经很难再见到野生动物的踪迹，我国野生动植物资源再一次陷于危机。与此同时，国际上对于生态保护，尤其是生物多样性保护的呼声，日盛一日，客观上也对中国政府的政策造成压力。

因此，1988年全国人大常委会颁布了《中华人民共和国野生动物保护法》。这对野生动物保护与利用管理具有里程碑式的意义，自此我国野生动物保护与利用进入了法制时代。在这部法律中，提出了"加强资源保护，积极驯养繁殖，合理开发利用"的野生动物管理方针。虽然在这些方针里，明确提出积极驯养繁殖，合理开发利用，从法律上肯定了野生动物资源利用的地位，但实际上，鉴于当时野生动物野外资源面临的压力，具体执行过程中，各级政府主要进行的还是加强资源保护工作，对于野生动物资源利用问题，大多认为是保护的辅助部分。

3. 保护为主，重视野生动植物资源利用阶段(1999—2003年)

进入20世纪90年代，随着人们物质文化生活水平的提高，市场对于野生动植物产品的各种需求逐渐显现，且需求量逐渐增大，单纯强调保护，不仅很难保住野生动植物野外资源，而且也难以满足社会对于野生动植物及其产品的需求。再加上市场经济条件下，只要有利润，就会有人去经营，逐渐各种动物园、野生动物园、马戏表演团、经济动物饲养场、药用植物培植基地等在全国各地经营起来。在这一现实情况下，野生动植物保护管理部门的政策也逐渐开始重视野生动植物资源培育利用产业引导扶持。

到1999年，在全国保护工作会议上明确提出要正确认识保护与利用的关系，保护与利用并重。在不断加强保护工作的同时，要按照分类和分级指导原则，制定产业发展规划和配套技术法规，实行优惠扶持政策，特别是对已经繁殖成功、市场前景比较大的一些物种要进行有序利用，不断开发新产品，要发展野生动植物观赏、旅游以及在国家政策和国际公约许可范围内的狩猎、采集和贸易等活动。

发展野生动植物产业从某种意义上讲也是为了增强野生动植物保护的活力和能力。与林业相比，野生动植物更具有发展周期短、产品多样、社会需求大等许多有利条件，野生动植物产业发展的潜力很大，前景十分广阔。各级林业部门要对发展产业给予足够重视，制定政策法规，统筹规划，建立专业市场，加强流通领域管理。同时，在条件成熟时，建立行业组织，协助政府搞好行业管理，开展专业技术指导与服务，促进野生动植物产业的健康发展。这段对发展野生动植物产业的阐述，具体指明了我国野生动植物产业发展的方向和国家管理野生动植物产业的政策和方法。对指导整个野生动植物产业的发展有着积极的影响。正是基于这一政策转变，在随后开始编制的《全国野生动植物保护及自然保护区建设工程》计划中也把发展野生动植物产业作为一项重要规划列入其中。

4. 全面重视野生动植物保护和产业发展阶段(2004年以后)

随着社会经济的发展，人们对野生动植物及其产品的需求不断加大，但是对于野生动植物资源利用的管理虽然在进行逐渐转型，但是产业发展并不稳定。尤其是2003年怀疑SARS病毒来源于果子狸，随后又开始禽流感，这对整个野生动植物利用产业的影响很大，再一次掀起对于利用野生动物的大讨论。同时，2003年全国第一次野生动植物资源清查结束，结果也正式向社会公布，第一次对于我国主要的野生动植物野外资源状况有了量化的认识。整体说来，除了社会关注热点的物种危机程度有所减轻以外，其他野生动植物野外资源都处于濒临灭绝的边缘。而与此同时，社会对于野生动植物及其产品的需求逐年增加。所以无论是政府管理部门还是社会都需要对于野生动植物的经营利用能有一个明确、规范的管理措施和政策导向，实现资源保护与社会经济发展需求的协调发展。

正是在这个一背景下，2004年3月，国家林业局提出了"大力推进野生动植物资源利用的战略性转变，实现野生动植物可持续发展"。提出大力推进以利用野生动植物野外资源为主向以利用人工培育资源为主的战略转变，在保护中开发，在开发中保护，明确将利用提高到与保护同等重要的程度进行扶持的政策。正式下发了《关于〈促进野生动植物可持续利用的指导意见〉的通知》,指导全国野生动植物资源利用产业的发展。

(二)野生动植物资源保护名录发展

据中国1962、1973、1980、1984和1989年国家颁布的野生动物保护名录统计,列入名录的哺乳类、鸟类、爬行类、两栖类和鱼类种类,1962年为59个分类单元,其中,处于濒危状态的Ⅰ级保护种类27个分类单元,到1989年则增加到376个分类单元,其中,列为Ⅰ级保护的种类达101个分类单元种,高于世界平均水平。《中国物种红色名录》(第一卷,2004年)的评估结果表明,中国的生物物种濒危情况远比过去评估的比例高,各类生物物种受威胁的比例普遍在20%~40%。根据2003年国际自然与自然资源保护联盟(IUCN)颁布的濒危物种红色名录,中国有422个物种面临灭绝的威胁,包括81种哺乳动物、75种鸟类、46种鱼类、31种爬行动物和184种植物。2004年出版的《中国物种红色名录》(第一卷)列出的裸子植物、兰科植物等具有重要经济价值类群的受威胁比例更高达40%以上,远远超出了过去的估计。反映了中国的裸子植物、兰科植物野生资源由于其巨大的材用和药用等经济用途而面临巨大的威胁。有些作者考虑到中国野生高等植物遭受破坏的历史和现状,估计其比率为15%~20%,濒危和受威胁的种类达4000~5000种。

1989年1月,中华人民共和国林业部和中华人民共和国农业部第1号令发布了经国务院批准的《国家重点保护野生动物名录》。列入名录动物共257种,其中,属Ⅰ级保护的96种、Ⅱ级保护的161种。

1999年8月4日国务院批准了《国家重点保护野生植物名录(第一批)》,1999年8月4日国家林业局、农业部第4号令发布,1999年9月9日起施行。列入名录的植物共254种,属于Ⅰ级保护的51种,Ⅱ级保护的203种。

三、野生动植物资源现状与问题

(一)野生动植物资源数量与质量

我国极为丰富的野生动植物也是遗传多样性的宝库,为粮食作物、经济作物、果树、蔬菜、牧草、花卉、药材、林木等提供了丰富的种源基因。据统计,我国有种子植物353科3194属34 000多种(含种下等级),仅次于巴西和哥伦比亚,居世界第三位。我国有木本植物8000种,占全世界木本植物的40%,其中,有一半以上是我国特有植物物种。我国有裸子植物300多种(含变种),是世界上裸子植物最多的国家。我国的野生花卉植物丰富,且极具开发价值,我国是世界杜鹃花植物的发育和分化中心,有丰富的兰科植物资源1300多种。我国动物种类也十分丰富,有脊椎动物6347种,占世界种总数的14%,其中,兽类500多种,占世界总数的11.8%;鸟类1244种,占世界总数的13.7%,是世界上鸟类最多的国家;爬行类376种,两栖类284种;鱼类3862种,占世界总数的20%。我国动植物不仅种类丰富,而且起源古老,具有多种古老孑遗种和特有种的特征,是世界上保存比较完整的古老区系之一。在植物中,特有科有7个,特有属有275个,特有植物种类估计高达17 300多种。在脊椎动物中,特有种有667个,占中国脊椎动物总种数的10.5%。此外,中国还拥有众多有"活化石"之称的珍稀动、植物,如水杉、银杏、银杉、攀枝花苏铁,以及大熊猫等。

(二)野生动植物保护热点地区

中国是世界上野生动植物最为丰富的国家之一,具有动植物区系的种类丰富、起源古老,多古老、孑遗种和特有种等特征,成为世界上相对保存比较完整的古老区系之一。这些丰富的生物多样性就孕育在各种各样的生态系统中。根据物种丰富度以及特有性等确定了中国的生物物种多样性热点地区:吉林长白山区、祁连山地区、伏牛山地区、秦岭地区、大巴山地区、大别山地区、浙皖低山丘陵地区、浙闽山地地区、川西高山峡谷地区、藏东南部地区、滇西北地区、武陵山地区、南岭地区、十万大山地区、西双版纳地区、海南中部山区,这些地区所具有的森林生态系统也是重点保护的对象。据统计,我国自然保护区总面积已达国土面积的15.86%,野生动植物保护区体系已经基本形成,需要针对生物多样性保护优先地区需要建立自然保护体系,在已确定的优先区域内构建保护区网络体系,并加强自然保护区外生野生动植物的保护。

(三)野生动植物资源保护问题

由于人口增长、对生物物种资源的过度开发利用、外来物种的引进、环境污染、气候变化等原因,目前,中国野生动植物资源面临严重威胁。主要问题有以下3方面:

1. 野生动植物保护的意识尚需提高

由于城市建设、工农业发展、村镇建设、人口增长对山区土地与生物资源依赖程度增加,在一些地方领导的思想中,生态意识薄弱,只注重经济发展,没有真正把野生动植物保护工作列入议事日程;部分群众思想观念落后,认为"野生无主,谁猎谁有";野生动植物主管部门人力不足、执法尚不严格。

2. 相关法律法规滞后

随着市场经济体制的发展,野生动植物保护出现的新情况、新问题层出不穷,周边群众乱捕滥猎,挖沙采石,乱挖滥采,乱占林地等致使一些需求量大的野生动植物种资源下降到濒危程度。违法分子乱捕滥猎的手段也日趋先进,而且处罚力度较之盗猎的暴利乃九牛一毛,犯罪分子为暴利所趋"愈罚愈猎",现行法律法规无法从根本上解决。

3. 补偿机制不完善

目前,野生动植物主管部门和当地政府,针对群众反映的野生动植物危害群众家畜、家禽、庄稼等情况,由于缺乏专项补助资金而束手无策、无法让群众满意,以至于群众对野生动植物保护工作形成逆反心理,造成新的矛盾。

四、野生动植物资源监测

为查明我国主要野生动植物及湿地资源基本状况,从1995—2003年,国家林业局(林业部)在全国范围内相继组织了全国野生动物资源调查、全国野生植物资源调查。为进一步掌握我国陆生野生动植物资源现状及其动态变化,2011年开始筹备全国第二次陆生野生动植物资源调查,但是仍在调查中。

(一)全国野生动物调查

第一次调查从1995年开始。选择了资源消耗比较严重或濒危度较高的252种(其中,国家重点保护物种153个)陆生野生动物作为调查对象。

采用了常规调查与专项调查相结合的调查方法。常规调查采用样带法,即以省为调查单位,省内再根据景观类型及野生动物分布状况进行分层抽样,随机等概率抽取并布设样带,在样带上观察并记录野生动物实体或活动痕迹。根据数理统计学原理,获得全国数量。

全国设定并完成了调查样带 56 700 条,累计长度 581 549km,累计面积约 15 万 hm^2。对那些分布范围狭窄而集中、习性特殊、数量稀少、样带调查不能达到要求的种类或常规调查难以实施的地区,根据动物的习性,采用特殊的方法,进行专项调查。

第一次调查得出了我国最受关注的 252 种野生动物资源分布、数量和生境现状。61 个物种中(其中,国家重点保护物种 52 个),资源数量处于稳中有升的有 34 个,均为国家重点保护物种,非重点保护的 9 个物种资源数量均明显下降,其中,8个为蛇类;部分物种仍处于极度濒危状况,四爪陆龟、扬子鳄、鳄蜥、莽山烙铁头蛇、朱鹮、黔金丝猴、海南黑长臂猿、海南坡鹿、普氏原羚、河狸10种野生动物在野外仅存单一种群,分布区域极其狭窄;221种野生动物种群的栖息地因开垦、环境污染等遭到破坏,栖息地片断化、质量下降严重;132种野生动物因市场对资源的过度需求而面临着乱捕滥猎行为的严重威胁。

调查结果显示,我国野生动物保护,尤其是国家重点保护物种的保护取得了很大成效,随着自然保护区的建立,有效地保护着我国300多种国家重点保护野生动物的主要栖息地。非重点保护物种栖息地质量下降,尤其是其中经济利用价值较高的物种资源普遍不多,难以承受利用需求,应以保护为主。

(二)全国野生植物调查

1996年开始了首次野生植物调查,选择了资源消耗严重和濒危程度较高的189种野生植物(其中,国家重点保护物种148个)作为调查对象。样方法是本次调查的主要方法,并采用典型取样原则,即在目的物种的分布区内选取一定面积的典型样地进行调查,样方面积根据物种类型而确定;对于野外数量极其稀少的物种采取现地直接计数的方法。

经对189个物种调查,55种野生植物种群数量过少,其中,光叶蕨、金平桦、秤锤树3种野外未发现,普陀鹅耳枥等11种野外种群不足10株,种群的生存和发展面临极大威胁;49个物种仅存一处分布点,分布区极其狭窄;156种野生植物种群结构不合理,种群发展的不确定性较大;104种物种濒危或极危,占调查总数的55%,野生植物濒危程度极为严重。

调查显示,随着自然保护区的建立有效地保护着我国130多种珍稀植物的主要分布地。一些经济利用价值较高的非重点保护物种因过度的开发利用导致资源减少。野生资源普遍不多,难以承受利用需求,应以保护为主,利用人工培育资源。

五、野生动植物资源保护与管理

中国政府在保护野生动植物方面进行了长期不懈并且富有成效的努力。全国建立了许多植物园、珍稀濒危植物保存繁育基地、动物园和动物救护中心,以及各种植物基因库,使数百种珍稀植物得到重点保护。目前,在中国已初步形成以各种相互配套的国家级及省级法规为保证,由各级政府和有关部门分工协作的野生动植物管理体系。同时,积极开展有关生物多样性保护的科学研究,并通过广泛的宣传教育,提高公众的自然保护意识和参与意识。

最近20年来,中国各级政府大力推进野生动植物保护管理的立法工作。为了加强对濒危野生植物及其产品国际贸易的控制,中国政府颁布了《行政许可法》《中华人民共和国森林法》《中华人民共和国野生植物保护条例》和《中华人民共和国濒危野生动植物进出口管理条例》以规范濒危野生植物的进出口管理;《全国生态环境保护纲要》也提出严厉打击濒危野生植物的非法贸易。中国加入《濒危野生动植物种国际贸易公约》(CITES)后,设立了中华人民共和国濒危物种进出口管理办公室,并在全国成立了22个办事处,代表中国政府履行公约。

目前,就地保护的最主要方式是在物种分布的地区建立自然保护区。从20世纪50年代起,开展自然保护区的建设,到80年代得到迅速的发展。至2018年底,中国已建立自然保护区2470处,约占中国陆地面积的15.8%;使相当一批具有代表性、典型性的自然生态系统和野生动植物生境和种群得到保存。

对于那些受到严重威胁的物种,短期内的就地保护无法保证它们的生存,这时就需要借助迁地保护方法来对它们实施紧急拯救,不然它们就可能灭绝。植物园和树木园是植物迁地保护的主要机构,在植物多样性保护方面发挥有效的作用。中国植物园(树木园)20世纪80年代以来发展很快,至今已有150多个。这些植物园中,有些是用以科学研究为主的综合性植物园或药用植物园,有的是以收集树种为主的树木园,还有的是以观赏植物为主的或供教学和实习的植物园等。另外,还在华南植物园建立了木兰科、姜科、深圳仙湖植物园建立了苏铁科植物保存园;在昆明植物园建立了杜鹃华科园、山茶科保存园,有效地保护了中国特有的种质资源。

众多珍稀植物苗圃、种源基地和繁育基地也在野生植物的迁地保护中起到了重要作用,目前,以迁地保护为主要栽培目的的珍稀植物物种已达113种,其中,国家Ⅰ级保护植物有31种,栽培规模为15.24万hm^2,4.20亿株,国家Ⅱ级保护植物有82种,栽培规模为119.58万hm^2,29.81亿株,红豆杉栽培面积已达近5000hm^2,兰科植物、苏铁等保护植物种群不断扩大。此外,国家林业和草原局成立了全国苏铁、兰科植物等珍稀濒危野生植物种质资源保护中心,农业部门还建立了作物及其野生近缘植物种质保存圃32个,保存珍稀濒危物种1300多种。

中国动物园在保护濒危动物中起了重要作用。很多动物园辟建了动物繁殖基地，进行了有关动物饲养管理、疾病防治和繁殖方法的研究。突破繁殖纪录的有猎豹、大猩猩、大熊猫、金丝猴、扭角羚、亚洲象、扬子鳄、丹顶鹤、黑颈鹤、眼镜王蛇、棱皮龟和鲨鱼等。

（陈永富、孙振元、李迪强、张怀清、崔向慧）

第四章 国土绿化与重大生态工程

第一节 国土绿化

新时代开展大规模国土绿化行动，是党的十九大做出的重大战略决策，是建设生态文明和美丽中国的重要举措，是实现绿水青山就是金山银山的重要保障。目前，我国生态环境质量持续好转，出现了稳中向好趋势，但成效并不稳固，进入到了生态环境建设的攻坚期和解决生态环境突出问题的窗口期，开启大规模国土绿化是重要抓手。同时，我国社会主要矛盾已经转化为人民日益增长的美好生活需要和不平衡不充分的发展之间的矛盾。我国农村、林区、山区、草原区、沙区等还存在许多欠发达区域和贫困人口，无论是精准扶贫工程还是乡村振兴计划的实施，国土绿化都是既可建设绿水青山，又可通过由此形成的生态建设、森林旅游、经济林果、林下经济等绿色产业带来金山银山的重要工程。我们应通过大规模国土绿化行动，积极打造多功能林草业，以满足人民群众对美好生活向往的迫切需要。

一、国土绿化的成就和存在问题

（一）建设成就

2019年2月，《自然》(Nature)子刊报道，根据美国国家航空航天局(NASA)卫星2000—2017年的数据表明，地球正在持续变绿，而中国的贡献最大，占世界新增绿的25%，而原因主要是我国各大林业生态工程的实施。这从全球尺度上证明了我国国土绿化事业的巨大成就。

从表4-1可以看出，我国森林覆盖率持续增长。从第四次到第九次森林资源清查，25年间增长了7.84%，折合面积7526万 hm^2，相当于增加了超过一个青海省的面积。而森林蓄积也从101.37亿 m^3，增长到175.60亿 m^3，涨幅73.2%。我国森林资源面积和蓄积双增长中，人工林贡献很大。

表 4-1　中国森林资源的变化（1949—2018 年）

时 期（年）	森林覆盖率（%）	森林面积（×10⁶ hm²）	天然林面积（×10⁶ hm²）	人工林面积（×10⁶ hm²）	森林蓄积（×10⁸ m³）	天然林蓄积量（×10⁸ m³）	人工林蓄积量（×10⁸ m³）	数据来源
1949 前	12.5	≈120	—		116	—	—	估算值
1950—1962	11.8	113.36	—		110	—	—	局部调查
1963—1976	12.7	121.86	—		105	—	—	第一次全国清查
1977—1981	12.0	115.28	—		90.28	—	—	第二次全国清查
1982—1988	12.98	124.65	93.64	31.01	91.41	—	—	第三次全国清查
1989—1993	13.92 (15.12*)	133.70	119.78	33.79	101.37	—	—	第四次全国清查
1994—1998	16.55	158.94	112.27	46.67	112.70	114.8	10.1	第五次全国清查
1999—2003	18.21	174.90	115.76	53.26	124.56	105.93	15.05	第六次全国清查
2004—2008	20.36	195.00	119.69	61.69	137.21	114.02	19.61	第七次全国清查
2009—2013	21.63	208.00	121.84	69.33	151.37	122.96	24.83	第八次全国清查
2014—2018	22.96	220.44	140.42	80.03	175.60	141.08	34.52	第九次全国清查

* 根据计算森林覆盖率的新标准，即郁闭度 0.2 以上称为林地，以后都是这个标准。

第九次森林资源监测结果和第四次比，人工林面积增长 1.37 倍；第八次和第五次比，人工林蓄积增长约 1.5 倍。我国人工林面积 8003 万 hm²，稳居世界第一，凸显了我国国土绿化成就。

我国国土绿化也涌现出了一批世界级的国土绿化典型范例。河北塞罕坝机械林场 60 年艰苦努力，累计造林百万亩，营造了一个绿色童话之地，被联合国授予"地球卫士"称号；北京小西山从 1949 年初的森林覆盖率不到 8% 增长到现在的 97%；福建东山岛从解放初森林覆盖率不到 0.12% 增长到绿化率 96%；三北防护林体系建设 40 年，累计造林保存面积 3014 万 hm²，工程区森林覆盖率由 5.05% 提高到 13.57%，改善了生态环境，提高了土地生产力，成为我国国土绿化的标志性工程；"十五"至"十二五"期间我国六大林业生态工程成效斐然。1999—2014 年，第一期退耕还林工程完成任务 2940 万 hm²，相当于再造一个东北内蒙古国有林区，使全国有林地面积、森林总蓄积增长分别超过 15.4% 和 10%。2001 年后的 10 余年里，第一期京津风沙源治理工程累计完成营造林 752.61 万 hm²，草地治理 933.33

万 hm^2，小流域综合治理 1.54 万 km^2，沙化土地总面积减少 116.3 万 hm^2，土壤侵蚀模数下降了 68.9%，土壤侵蚀面积减少 39.1%，区域沙尘天气大幅下降。

（二）存在问题

我国国土绿化事业取得巨大成就的同时，也存在一些需要汲取的教训和解决的问题。首先，将国土绿化的生态功能和产业功能割裂开来，未形成区域、林分等不同尺度的森林多功能经营，致使群众参与国土绿化的积极性不高；其次，对造林绿化的立地条件认识不充分，对区域立地水分和养分的承载力缺乏了解，追求绿化树种和植物的新、奇、特，未遵守适地适树（草）的原则，树种或绿化植物种类选择不当或未使用良种，致使造林绿化效果不佳或失败；再次，从第九次森林资源清查数据看，我国乔木林平均蓄积只有 94.83m^3/hm^2，人工林只有 59.30m^3/hm^2。现有林缺乏合理经营，林分密度失调，混交林比例偏低，林木生长不良，林分生产力偏低，森林功能低下，森林质量急需提升。

二、国土绿化目标任务和技术保障措施

2018 年，全国绿化委员会、国家林业和草原局发布《关于积极推进大规模国土绿化行动的意见》（全绿字〔2018〕5 号）（以下简称《意见》），明确了"大规模国土绿化行动"的目标、任务和措施。

（一）目标

到 2020 年，生态环境总体改善，生态安全屏障基本形成。森林覆盖率达到 23.04%，森林蓄积量达到 165 亿 m^3，每公顷森林蓄积量达到 95m^3，主要造林树种良种使用率达到 70%，村庄绿化覆盖率达到 30%，草原综合植被盖度达到 56%，新增沙化土地治理面积 1000 万 hm^2。到 2035 年，国土生态安全骨架基本形成，生态服务功能和生态承载力明显提升，生态状况根本好转，美丽中国目标基本实现。到 2050 年，我国迈入林业发达国家行列，生态文明全面提升，实现人与自然和谐共生。

（二）任务

1. 实施重大生态修复工程

今后我国将着力开展重大生态修复工程，大力推进"大规模国土绿化行动"，实现上述不同阶段的目标。具体措施包括：深入推进退耕还林还草工程；着力加强三北等防护林体系工程建设；加快国家储备林建设；持续推进防治荒漠化工程；着力强化草原保护与修复工程；开展乡村绿化行

动;稳步推进城市绿化。具体措施将在第二节细述。

2. 引导各类主体参与国土绿化

组织开展全民义务植树,强化"植绿护绿""绿化家园""保护母亲河行动"等主题活动,推进"互联网+全民义务植树";推进部门(系统)绿化,积极开展"绿色机关""绿色单位""绿色学校""绿色社区""绿色家庭""绿色矿区""绿色营区"等建设工作;探索国有林场林区与企业、林业新型经营主体开展多种形式的场外合作造林和森林保育经营,培育一批专门从事生态保护与修复的专业化大型企业;推广"生态+脱贫"模式,发展生态产业,带动一批贫困人口增收脱贫。

3. 精准提升生态资源质量

科学选择林草植被种类和恢复方式,核定区域生态承载力,营造混交林,加强未成林地抚育管护,持续提高造林种草质量;推进《全国森林经营规划(2016—2050年)》的实施,全面精准提升森林质量,逐步解决林分过疏、过密等结构不合理问题,实现森林持续覆盖;完善草原资源质量监测和提升技术,推进草原改良和质量提升;充分利用自然力,采取人工促进等有效措施,对低质低效林进行改造。

4. 强化生态资源保护

全面保护1.98亿hm^2天然林,实施好天然林保护二期工程;科学划定并严守林地、草地、湿地、沙地等生态保护红线,坚决维护国家生态安全底线;实行基本草原保护制度,确保面积不少、质量不降、用途不变;全面加强森林草原灾害防控;加强古树名木保护力度。

三、国土绿化技术保障措施

森林培育学是国土绿化的主要理论和技术保障。其理论核心可以用八个字来表达:适地适树、良种良法;技术途径则表达为"五大控制":遗传控制、立地控制、地力控制、结构控制、植被控制。我国有五大林种,分别是防护林、用材林、经济林、薪炭林(能源林)和特种用途林。虽然它们主导功能各自不同,但只有生长良好的森林,才有可能充分发挥其主导功能。因此,"五大控制"的总体目标是促进森林和林木生长、改善森林主导功能。

(一)遗传控制技术

国土绿化中,要选用良种。美国火炬松(*Pinus taeda*)人工林从20世纪40年代的50年轮伐期降低到2010年的18年,而收获量从$100m^3/hm^2$提高到 520 m^3/hm^2。其根本原因在于良种与良法的结合，其中，良种在增产中的贡献40%，良法（栽植、整地、施肥）的贡献60%。常用的良种选育技术包括种源选择、优树选择、杂交育种、倍性育种、基因工程等，良种生产技术包括种子园、母树林、采穗圃、组织培养等，形成和繁育的良种均有着不同程度的遗传增益。我国用材林、经济林的良种使用率较高，生产力有着大幅度的提高。如广东、广西的巨尾桉用材林生产力已经达到30~45$m^3/(hm^2 \cdot a)$。但是，我国的防护林、能源林、特种用途林、四旁绿化的良种使用率不高，应当加强。《意见》明确提出要培育使用优质种苗。强化现有良种基地管理，抓紧划定一批国土绿化急需的乡土、珍贵、生态、景观树种以及优质饲草的采种基地，合理确定一批保障性苗圃，解决苗木市场"供需失灵"问题；遵循适地适树适种源原则，提倡就近采购苗木造林种草，优先使用包衣种子、轻基质容器苗等良种壮苗。

（二）立地控制技术

实际上就是适地适树，使培育树种的特性，主要是生态学特性和造林地的立地条件相适应，以充分发挥生产潜力，达到该立地在当前技术经济条件下可能取得的高产水平或达到培育目标。适地适树实现的途径包括：第一是选择，包括选树适地和选地适树，这是主要途径；第二是改地适树，即通过整地、施肥、灌溉等来改变造林地环境，使其适合原来不适应树种生长，在生产上应用也很广泛；第三是改树适地，通过选种、引种驯化、育种等方法改变树种的某些特性，使其适应造林地条件，但此途径应用较为困难。我国按照适地适树原则造林成功的范例很多，如塞罕坝机械林场选择落叶松造林、黄土高原和科尔沁等沙地选择柠条等灌木造林。但也有许多未按照适地适树原则造林而失败的例子。造林时，应充分考虑主要立地限制因子（如干旱、水涝、盐碱、瘠薄、寒冷、风灾等）与树种的适配性，要充分考虑立地资源（水分、养分等）的生态承载力。国土绿化中的植物种类选择，一定要做到宜乔则乔、宜灌则灌、宜草则草，也要认识到宜荒则荒。目前，立地控制已经发展到了适地适种源、适地适品种（良种）的阶段。

（三）地力控制技术

通过在造林后林地上，开展松土扩穴、水分管理、养分管理、植被管理等措施，以持续维持或提高土壤地力，促进林木生长和森林健康，提高林地生产力，促进林分主导功能有效发挥。幼林郁闭前，四项管理等都十分重要，以改善林木地下和地上部分的生长环境，提高幼树竞争能力。幼林郁闭后的幼龄林和中龄林阶段，松土除草、植被管理的任务有所减轻，但水分管理、养分管理则应更加重视。据笔者在北京沿河砂地、山东黄泛平原对'I-214杨''三倍体毛白杨B301''欧美108杨'等速生丰产用材林的滴灌水肥管理研究表明，生产力较常规管理可提高40%以上，达到30 $m^3/(hm^2 \cdot a)$左右。水分管理和养分管理并不仅仅是灌溉和施肥，因地制宜地利用整地和松土扩穴来蓄水保墒，利用混交固氮树种或间作绿肥植物，都是很好的水肥管理措施。北京林业大学王斌瑞先生提出的黄土高原径流林业值得借鉴，山西偏关土石山区水平阶整地与碎石板覆盖穴面等技术也是干旱及半干旱土石山区蓄水保墒的典范。目前，我国用材林的地力控制做得较好，但防护林、薪炭林等除林分郁闭前有所管理外，郁闭后很少顾及，林分难以维持健康生长，应加以重视。

（四）植被控制技术

在森林特别是人工林中，保护、利用、发展和清理植被的各种管理措施，其目的是为了提高森林的稳定性。植被控制有两个尺度的理解，一是区域尺度；二是林分尺度。在一个地区，要保持天然原生植被和人工植被的相互依托、相互促进。前者维持区域生态环境稳定性，为后者可持续发展奠定基础；后者在促进区域生态、经济和社会发展的同时，促进区域天然原生植被正向演替。我国南北方提倡的"山顶带帽（原生植被）、山脚穿靴（原生植被）、林果缠腰（人工植被）"模式，就是大尺度植被管理的理想模式。在林分尺度上，植被管理可通过营造混交林、栽植穴（幼树）周边和林下植被合理管理、林下种植绿肥植物、降低林分密度等措施来实现，以减除植被对幼树的竞争、维持林分生物多样性和生态系统稳定。新西兰营造辐射松人工林时，在造林前和造林后要进行三次不同强度的金雀花等恶性植被控制，才能使辐射松在成活与生长中占据优势，获得林分高产。同时，要注意阔叶乡土树种在混交林营造中的应用，特别是固氮树种的应用，以促进林地养分循环。

（五）结构控制技术

我国林业发展已从数量增长进入数量和质量并重的新阶段，习近平主席2016年做出了"实施森林质量精准提升工程"的重要指示，森林结构控制是森林质量精准提升的重要抓手。森林结构控制也可分为两个尺度。区域尺度上，应形成多类型、多树种、多林龄、多目标的森林景观斑块镶嵌体，以实现区域生态、经济、社会综合系统的稳定。林分尺度的结构控制与森林经营措施相呼应。通过抚育间伐、补植补造、人工促进天然更新等措施，逐步解决林分过疏、过密等结构不合理问题；主伐方式由轮伐、皆伐等向渐伐、择伐等转变，培育复层异龄混交林，实现森林恒续覆盖，提升森林生态系统的质量、稳定性和多种功能。森林经营应贯彻分类和精准施策的原则，严格依靠森林经营规划和方案安排森林经营活动。按森林主导功能的差异，实施不同的经营强度。国家一级公益林，实行严格保护，不得开展任何形式的生产经营活动；国家二级公益林、地方公益林和商品林中的一般用材林，遵循可持续多功能森林经营的理念，依据森林经营方案，开展多功能经营；速生丰产林、工业原料林等其他商品林，采取市场机制，在一定环境约束下以经济效益为主要目标，开展集约经营。目前，森林生态系统经营、森林近自然经营、森林健康经营、森林结构化经营等森林结构控制的理论和技术发展很快，在森林质量提升中将发挥重要作用。

实施"五大控制"森林培育技术体系，努力使我国国土绿化水平进一步提升。

第二节　重大生态修复工程

一、退耕还林还草工程

退耕还林还草就是从保护和改善生态环境出发，将水土流失严重的陡坡耕地，沙化、盐碱化、石漠化严重的耕地，以及粮食产量低而不稳的耕地，有计划、有步骤地停止耕种，本着宜乔则乔、宜灌则灌、宜草则草的原则，因地制宜地造林种草，恢复植被。

退耕还林还草工程正式启动于1998年我国南方特别是长江流域及北方的嫩江、松花江流域出现的历史上罕见的特大洪灾后。第一期退耕还林工程从1999—2013年，全国共完成任务2940万hm^2，工程区林草植被显著增加，森林覆盖率平均提高3%以上，使全国有林地面积、森林总蓄积量增长分别超过15.4%和10.0%。工程实施15年来，惠及农民1.24亿人，促进工程区粮食增产，据国家统计局统计，2010年实施退耕还林的25个工程省(自治区、直辖市)粮食总产量比1998年增产5213万t，退耕还林工程区食增产量占全国粮食增产总量的87.1%，工程区农民的人均纯收入由1945元增加到5693元，退耕还林还草工程是我国实现"倍增"目标的重要途径。陕西省通过退耕还林，森林覆盖率由1999年的30.92%增长到目前的41.42%，净增10.5%，是历史上增幅最大、增长最快的时期。陕西省延安市通过退耕还林，林草覆盖度由2000年的46%提高到2012年的62.7%，13年提高了21.7%，工程区森林2010年释氧量达3846.64万t，比2000年增加了54%，固碳量2010年达1436.84万t，比2000年增加了53.25%。宁夏实施退耕还林以来，年均治理水土流失面积超过1000 km^2，累计完成治理水土流失面积2.37万km^2，每年减少流入黄河泥沙量逾4000万t，水土流失治理程度接近40%，有效地改善了水土流失区生态环境和农业基础条件。据2012年生态效益定位监测，四川省退耕还林工程林草植被减少土壤侵蚀量达526.62万t，涵养水源量43.61亿t，固定碳量582.26万t，生态服务价值达1062.17亿元，境内长江一级支流的年输沙量下降60%左右，为建设长江上游生态屏障发挥了重要作用。

今后，我国将深入推进退耕还林还草工程。将《新一轮退耕还林还草总体方案》确定的具备条件的282.67万hm^{2}坡耕地和严重沙化耕地以及2017年国务院批准核减的陡坡耕地基本农田落实到地块，2020年前组织实施。提出进一步扩大退耕还林还草的意见，统筹耕地保护和退耕还林还草的关系，逐步将陡坡耕地、重要水源地15°~25°坡耕地、严重沙化耕地、严重污染耕地、严重石漠化耕地、易地扶贫搬迁腾退耕地等不宜耕种耕地，特别是对长江经济带生态修复需要的退耕地及禁垦坡度以上坡耕地纳入工程范围。

二、三北等防护林体系工程

我国防护林建设成效举世瞩目。1978年，党中央、国务院做出建设三北防护林工程的重大战略决策。根据总体规划，三北防护林工程建设范围涵盖我国北方13个省（自治区、直辖市）的551个县（旗、市、区），建设总面积406.9万km^2，占我国国土面积的42.4%。从1978年开始到2050年结束，历时73年，分3个阶段8期工程进行。40年来，工程建设顺利地完成了一期、二期、三期、四期建设任务，目前正在实施五期工程。三北防护林工程累计完成造林保存面积3014.3万hm^2，森林覆盖率由5.05%提高到13.57%，活立木蓄积量由7.2亿m^{3}提高到33.3亿m^3。

2017年，中国科学院对三北防护林工程40年来建设情况进行了综合评价。评价表明，工程在水土流失治理方面成效显著。工程区内水土流失面积相对减少67%，其中，防护林贡献率达61%。农田防护林还有效改善了农业生产环境，提高低产区粮食产量约10%。此外，在风沙荒漠区，三北防护林建设对沙化土地减少的贡献率约为15%。同时，工程森林生态系统固碳累计达到23.1亿t，相当于1980—2015年全国工业二氧化碳排放总量的5.23%。工程也促进了区域经济社会综合发展，吸纳农村劳动力3.13亿人，累计接待游客3.8亿人次。

除三北防护林建设工程外，我国还相继开展了长江中上游、沿海、平原、太行山、淮河、珠江、辽河、黄河中游等防护林建设工程。今后，将全面落实三北防护林体系建设五期工程规划，加强京津冀区域绿化，抓好百万亩防护林基地建设。持续推进长江、珠江、太行山、沿海和平原防护林体系工程建设。加快长江、珠江两岸造林绿化，重点加强"长江经济带"，南水北调中线区域，洞庭湖、鄱阳湖、三峡库区、丹江口库区，以及南北盘江水源涵养林、水土保持林和护岸林建设。加快太行山区水土流失治理步伐。强化沿海基干林带、消浪林带建设和修复，增强生态防护功能，提升防灾减灾御灾能力。完善农田防护林体系布局，科学设置网格，综合治理田林路渠，构建配置科学、结构合理，带、片、网相结合的多树种、多层次、多功能的防护林体系。启动实施国土绿化"百县千场"行动，重点推进国土绿化100个重点县、1000个重点林场建设。实施好河北雄安新区白洋淀上游、内蒙古浑善达克、青海湟水规模化林场试点，确保高质量完成试点任务。

三、国家储备林建设

国家储备林是指为满足经济社会发展和人民美好生活对优质木材的需要，在自然条件适宜地区，通过人工林集约栽培、现有林改培、抚育及补植补造等措施，营造和培育的工业原料林、乡土树种、珍稀树种和大径级用材林等多功能森林。国家储备林建设，是维护我国木材安全的战略举措，是全面保护天然林的重要支撑，是精准提升森林质量的重要抓手，是乡村振兴的重点工程，对推进林业供给侧结构性改革、林业现代化建设、生态文明建设具有重要意义。

2012年，在水光热等自然条件良好的广西、福建、湖南、云南、广东、江西、河南7省(自治区)，以国有林场为主体，启动国家储备林建设试点。试点地区党委政府高度重视、高位推动，林业、发展改革、财政等部门密切配合、形成合力，试点建设进展顺利。截至2017年年底，累计完成建设任务318万hm^2。同时，2014年在南方15个省(自治区、直辖市)划定国家储备林100万hm^2，2015年在广西正式启动了首个利用开发性政策性金融贷款国家储备林建设项目，随后在河北、天津、广西、福建、河南、黑龙江等省(自治区、直辖市)陆续展开。

今后，将加快国家储备林建设，全面实施《国家储备林建设规划(2018—2035年)》。到2035年，规划建设国家储备林2000万hm^2，建成后年平均蓄积净增加量约2.0亿m^3，年均增加乡土珍稀树种和大径材蓄积6300万m^3，一般用材基本自给。国家储备林建设涉及29个省(自治区、直辖市)、5个森工(林业)集团、新疆生产建设兵团，共1897个县(市、区、旗)、国有林场(局)和兵团团场。按照自然条件、培育树种和培育方式相似的原则，共划分为东南沿海地区、长江中下游地区、黄淮海地区、西南适宜地区、京津冀地区、东北地区、西北地区七大区域，并确定不同发展方向和重点。综合考虑七大区域降水量等自然特点和灌溉条件，提出了重点建设的粤桂琼沿海、浙闽武夷山北部、湘鄂赣罗霄山等20个国家储备林建设工程。

开展国家储备林典型林分经营模式研究和推广示范，在编制森林经营方案试点基础上，全面推进国家储备林森林经营方案编制工作，建立健全国家储备林现代工程管理制度和技术标准体系。国家储备林建设内容包括集约人工林栽培、现有林改培和中幼林抚育。集约人工林栽培选择水热立地好的荒山荒地、采伐迹地和火烧迹地等宜林地，采用优良种源、无性系培育的壮苗，采取科学施肥、合理灌溉、混交造林等最新林业科技成果组装配套的集约经营措施，定向培育工业原料林、珍稀树种和大径级用材林。现有林改培是对现有林中立地条件好、生产潜力没有得到充分发挥的林分，结构简单且生长已呈现下降趋势的林分，目的树种不明确、林分结构简单、错过抚育经营时机的人工林或利用价值较高的林分，通过林冠下造林、补植补造等经营措施，适当将纯林逐步调整为复层异龄混交林。中幼林抚育是对现有林中有培养前途的增产潜力较大的中、幼龄林，采取间伐、修枝、除草割灌、施肥等抚育活动，砍劣留优，调整树种结构和林分密度，平衡土壤养分和水分循环，改善林木生长发育的生态条件，加快林木生长速度，提高木材蓄积量，缩短森林培育周期，提高林分质量，培育目标树种优质高效多功能森林。

创新和推广国家储备林投融资机制和模式，发挥财政资金引领带动作用和开发性政策性金融积极作用，形成财政金融政策合力。推广"林权抵押+政府增信"、PPP、"龙头企业+林业合作社+林农"、企业自主经营等融资新模式，进一步拓展多元化融资渠道，引入多样化融资工具，进一步建立和完善国家储备林金融服务市场，积极创新国家储备林建设融资机制，吸引社保基金、养老基金、商业银行、证券公司、保险公司等各类机构投资者参与国家储备林项目建设，逐渐形成多元化的市场融资结构。

四、荒漠化防治工程

荒漠是在干旱气候条件下形成的由旱生、超旱生稀疏植被组成的地理景观。按其组成基质差异又分为：岩漠、砾漠（戈壁）、沙漠、泥漠、盐漠等。1958 年，国务院召开西北内蒙古六省（自治区）治沙会议，在沙区开展了以植树造林种草为主的群众性治沙活动。在冀中、西、陕北、豫东、东北西部、内蒙古东部等广大沙区组织实施了防风固沙林建设。进入 21 世纪，国家全面实施京津风沙源治理工程等一批防治荒漠化工程。近 30 年来，通过一系列国家级生态工程的实施，以年均 0.024% 的 GDP 投入，治理和修复了大约 20% 的荒漠化土地，取得了显著的效果。一是荒漠化和沙化土地持续减少。据 2011 年公布的第四次全国荒漠化和沙化监测结果，我国土地荒漠化和沙化整体得到初步遏制，荒漠化和沙化土地面积持续减少，5 年间荒漠化土地面积净减少 124.54 万 hm^2，年均减少 24.91 万 hm^2，沙化土地面积净减少 85.87 万 hm^2，年均减少 17.17 万 hm^2；石漠化土地减少 96.00 万 hm^2。二是沙化程度持续减轻。2004—2009 年，中度、重度、极重度沙化土地面积分别减少 990.60 万 hm^2、104.00 万 hm^2 和 156.00 万 hm^2。三是沙区植被状况进一步改善。沙化土地植被盖度以年均 0.12% 的速度递增，重点治理区林草植被盖度增幅达 20% 以上，生物多样性日益丰富，植被群落稳定性增强。四是重点治理区生态环境明显改善。

为了改善和优化京津及周边地区的生态环境质量，治理沙化土地，遏制沙尘危害，2000 年国家启动京津风沙源治理工程。一期工程涉及京、津、冀、晋、蒙 5 省（自治区、直辖市）75 个县，总面积为 4600 万 hm^2。工程实施后的 10 年里，工程区沙化土地总面积减少约 116.3 万 hm^2，占 5 省（自治区、直辖市）沙化土地总面积的 2.56%。工程区植被迅速增加，乔灌草、带网片相结合的防护林体系不断完善。2008 年比 2003 年，工程区森林面积净增了 186.33 万 hm^2，年均净增 37.27 万 hm^2，年净增率为 6.27%。森林覆盖率达到 15.01%，增长了 4.07%。2010 年全国草原监测表明，与非工程区相比，工程区内植被盖度平均提高 15%。工程区土壤侵蚀模数平均值由 2001 年的 779t/(km^2·a) 下降到 2010 年的 242t/(km^2·a)，下降了 68.9%。工程区土壤侵蚀面积从 2001 年的 1590.5 万 hm^2 下降到 2010 年的 969 万 hm^2,减少了 39.1%。工程区土壤风蚀总量由 2001 年的 11.91 亿 t 下降到 2010 年的 8.46 亿 t,降低了 29%;工程区释尘总量由 2001 年的 0.31 亿 t 下降到 2010 年的 0.26 亿 t,减少了 16.2%。1999—2010 年 5 省(自治区、直辖市)75 个县 GDP 总量逐年增长,由 1999 年的 1041.1 亿元增长到 2010 年的 6096.3 亿元。工程实施以来,种植业占国民经济第一产业的比重从 1999 年的 47.9% 下降到 2010 年的 25.9%。工程区的后续产业也得到了一定程度的发展,有 137 万人在工程建设中摆脱了贫困。

今后,将持续推进防治荒漠化工程。继续推进京津风沙源治理、岩溶地区石漠化综合治理,加大对大江大河上游或源头、生态区位特殊地区石漠化治理力度,抓好全国防沙治沙示范区建设,支持社会组织和企业参与防沙治沙和沙产业发展。对暂不具备治理条件和因保护生态需要不宜开发利用的连片沙化土地实施封禁保护。建设 150 处国家沙漠(石漠)公园。认真抓好灌木林平茬复壮试点工作。实施《沙化土地封禁保护修复制度方案》,落实地方政府防沙治沙目标责任制,尽快形成较为完善的沙化土地封禁保护修复制度体系。强化防沙治沙执法督查,依法保护沙区植被,巩固防沙治沙成果。

五、草原保护与修复工程

我国草原资源丰富,总面积近 4 亿 hm^2,占国土总面积的 41%。经全国草地资源调查,我国草原共有 18 个草地类、813 个草地型,生长有植物 12 000 多种,约占我国植物总数的 25%;放养着我国近 1/3 的食草家畜;拥有野生动物 2000 多种。其生态服务功能强大,总碳储量约为 440.9 亿 t 碳,占全球草地生态系统碳储量的 7.7%。经核算,我国草原生态系统的总价值达到 8697.68 亿元。据统计,2014 年全国天然草原共提供了 3.5 亿 t 干草,可提供载畜量达 2.5 亿个羊单位。中国以草原为主要产业的牧业县 121 个,半农半牧县 143 个,共有人口 4784 万人,少数民族人口 1427 万,就业人口 2000 万以上。草原是我国面积最大的陆地生态系统,也是建设生态文明、实现科学发展的重要着力点。

按照 2012 年农业部测结果,草原生态保护建设工程成效显著。与非工程区相比,草原植被盖度提高 11%,草丛高度提高 43.1%,鲜草产量提高 50.7%,草原利用状况有较大改善,2012 年全国 268 个牧区(县)超载率较 2011 年下降 34.5%~36.2%;草原鼠虫害程度有所下降,2012 年全国鼠害危害面积 3691.5 万 hm^2，较 2011 年减少 4.7%，虫害危害面积 1739.6 万 hm^2，较 2011 年减少 15%。2004—2011 年，通过生态工程治理，三江源生态保护建设区沙化地区植被盖度从 18.4% 提高到 27.5%，荒漠化土地面积减少 95.6 km^2，水源涵养能力提高，水域和湿地草原面积净增 141.9 km^2，可可西里的藏羚羊由保护前的 2 万只恢复到 10 万多只。

今后，将着力强化草原保护与修复工程。继续实施农牧交错带已垦草原治理工程，力争 2020 年前完成 116.67 万 hm^2 已垦草原治理任务。继续实施退牧还草工程，科学规划围栏建设路线，落实围栏管护责任。科学选定人工饲草地建设地点，合理利用空中云水资源和地表水建设人工饲草地。推进南方草地保护建设，合理开发利用南方草地资源，恢复和增强南方草地植被生态功能。完善草原保护建设工程管理措施，建立成果巩固长效机制，确保工程建设发挥实效。

六、乡村绿化行动

开展乡村绿化美化，是实施乡村振兴战略、推进农村人居环境整治的重要内容，事关全面建成小康社会和农村生态文明建设。党的十八大以来，各地积极开展各具特色的乡村绿化美化行动，加大乡村绿化力度，村容村貌有了较大提升，乡村生态环境得到较大改善，人民群众的幸福感、获得感不断增强。据不完全统计，"十二五"期间，全国完成乡村绿化面积 1382.6 万 hm^2，绿化道路 163.7 万 km、沟渠 78.4 万 km，"四旁"植树 461.69 亿株，完成森林抚育 4086 万 hm^2。根据《2017 年中国国土绿化状况公报》显示，辽宁省创建绿化示范村 3650 个；吉林省创建绿美示范村屯 50 个；浙江省新建"一村万树"示范村 233 个，建成森林村庄 5229 个，完成村庄绿化 2.4 万个；江西省新建乡村风景林示范村 2145 个，面积 5776.4 hm^2；山东省创建省级森林村居 500 个；河南省实施村镇绿化工程，绿化面积 111 万 hm^2；湖北省建设森林城镇和绿色示范乡村，完成村庄绿化 6.1 万 hm^2；湖南省打造乡村绿化示范村 2654 个；辽宁省共创建绿化示范村 3650 个；广东省截至 2016 年，已建成 3413 个林业生态文明村，绿化美化村庄 11 693 个。宁夏自治区截至 2018 年全区森林覆盖率达到 14%，建成美丽小城镇 104 个，占全区农村城镇数的 66.2%；美丽村庄 1834 个，占全区的 80.5%；仅 2018 年，全区 1.5 万建档立卡户为乡村绿化提供苗木近 2000 万株，12 万人次脱贫人口参与国土绿化。安徽省 2012 年以来，共创建森林村庄 3966 个、建设森林长廊 7812 km、农田林网 38.67 万 hm^2、乡镇绿化 1.93 万 hm^2、村庄绿化 9.67 万 hm^2，全省乡镇绿化覆盖率超过 30%，村庄绿化覆盖率达 50% 以上。甘肃省截至 2016 年，全省乡村绿化总面积 46.67 万 hm^2、农田林网 5.47 万 hm^2、四旁植树 4.29 亿株。截至 2018 年年底，广西壮族自治区共完成自治区级绿化示范村屯建设任务 10 050 个，完成率 100% 以上，种植各类苗木 2725 万株，新增绿化面积 1.73 万 hm^2。截至 2018 年年底，北京市在 10 个区 234 个村的"五边"区域挖潜增绿 316.07hm^2，完成计划任务 280hm^2 的 113%。

今后，将开展乡村绿化行动。全面保护乡村自然生态系统的原真性和完整性，加强乡村原生植被、自然景观、小微湿地和野生动植物保护，实施严格的开发管控制度。因地制宜开展乡村片林、景观通道、庭院绿化、四旁绿化、乡村绿道、休憩公园建设。推行以工程措施稳固山体、生物措施恢复植被的林业治山模式，实施乡村山体创面、矿山废弃地、污染地植被恢复。加强乡村森林抚育、退化林修复，提升乡村生态资源质量。积极培育高效用材林、特色经济林，发展竹藤花卉及林下经济。开展森林乡村建设，到 2020 年，全国将建成 20 000 个国家森林乡村、森林人家。

七、城市绿化

我国十分重视城市绿化工作，形成 4 个与城镇绿化建设相关的国家级称号，一是原建设部创建的"国家园林城市"，强调城市建成区绿化；二是国务院为表彰国土绿化突出贡献城市，委托全国绿化委员会制定的"全国绿化模范城市"，强调全民参与；三是全国绿化委员会、国家林业和草原局制定的"国家森林城市"，强调城市森林建设；四是国家建设部在园林城市基础之上评选的"生态园林城市"，强调城市经济、社会和自然协调发展。

2004 年启动中国城市森林论坛和国家森林城市评选工作以来，截至 2018 年已评出 166 个国家森林城市。随着国家森林城市建设步伐的推进，各省省级森林城市、省级森林城镇等的建设也逐步开展起来，形成了多种城市林业建设模式。主要包括"林带+林区+园林"的建设模式，以广州的平原沿海地区为例，实现了城市绿化山上山下统筹、农村城市并举、平原沿海兼顾的战略性转变，建成景观长廊、林带等，形成了点、线、面结合的城市森林景观体系；"环城生态圈+林水一体化"的建设模式，以沈阳为例，在城市周边、城市郊区与远郊农村建设成三条森林带与 4 个绿洲，形成楼水相映、山水相映、林水相依的城市森林景观；"三网、一区、多核"

的建设模式，以上海为例，构筑绿色外环线和绿色通道，形成"绿色走廊"，构成各种核心林地。北京市城市林业建设形成了自己独特的模式，已经基本建成了森林生态体系、林业产业体系和森林资源安全保障体系，形成了山区、平原和城市绿化隔离地区三道绿色生态屏障。北京市城市林业重点建设的工程有第一、第二绿化隔离带，郊野公园与滨河森林公园建设，通道绿化工程，两个百万亩造林工程等。第一、第二道绿化隔离带在四环与六环之间，区域面积为1800 km^2以上；第一道绿化隔离地区基本形成"郊野公园环"，共建郊野公园81个，面积5406.87hm^2；百万亩平原造林计划5年内全市新增森林面积7.8万hm^2，平原地区森林覆盖率达到26.8%以上，净增了12%以上。目前，北京新的百万亩造林工程正在积极推进。

下一步，将稳步推进城市绿化工作。以创建森林城市、园林城市、绿化模范城市为载体，加强城市片林、风景林建设，稳步推进城市公园、郊野公园、城郊森林公园等各类公园及城郊绿道、环城绿带、生态廊道建设，采取规划建绿、拆违还绿、立体植绿等方式，努力扩大绿地面积，不断提升景观效果。加快建设国家森林城市和森林城市群，稳步增加人均绿地面积，着力提升城市绿地总量，构建稳定的城市森林生态系统。到2020年，建成200个国家森林城市和6个国家级森林城市群、360个国家园林城市。

（贾黎明、雷相东）

第五章 林业产业

第一节 林业产业发展概况

林业产业主要是依托森林、湿地、荒漠和生物多样性等林业资源进行生产、经营、服务的经济活动，具有基础性、循环性、碳汇性和多样性的基本特点。根据联合国提供的数据，全球有超过16亿人的生存、生计、工作和增收都依赖于森林，林业产业为地球上的生命和人类福祉提供了多重效益。芬兰、德国、瑞典、新西兰等发达国家的林业产业是国民经济的支柱产业，许多发展中国家都把林业产业列为增加就业和减少贫困的重要途径。我国拥有十分丰富的生态资源、物种资源、中药材资源、景观资源，为发展林业传统产业提供了重要基础和良好条件，为发展林业新兴产业展示了巨大潜力和美好前景。特别是林产品具有国内国际巨大的市场空间，将成为林业产业发展的强大动力和最大优势。

一、发展成效

"十二五"以来，我国林业产业进入了历史上发展最快的时期，产业规模进一步扩大，产业结构进一步优化，发展质量明显提高，生态产品供给能力增强。我国家具、地板、木门、人造板、竹材、松香以及经济林产品产量世界第一，已经成为最具影响力的世界林产品生产、贸易和消费大国。

(一)产业集聚效应初步显现

我国林业产业规模快速壮大，产业集中度明显提高，林业产业区域化和专业化特征日益显现，形成了若干区域特色鲜明的林业产业集群和产业带，配套协作不断完善，产业集聚效应初步显现。全国林业产业总产值从2010年的2.28万亿元增长到2018年7.63万亿元。中东部、两广地区成为人造板生产中心，东北地区成为森林食品和森林药材主产区，东南沿海成为花卉产业和家具制造业主要基地,西北地区成为经济林产品生产基地,西南地区成为森林旅游密集区。广东、山东、福建、广西、浙江、江苏、湖南、江西、安徽9个省(自治区)的产值分别超过4000亿元。

(二)产业发展质量明显提高

我国林业产业结构进一步优化。林业第一、二、三产业比例由2010年的39∶52∶9调整为2018年的32∶46∶22。第一产业比重逐步降低,第二产业比重保持稳定,第三产业比重快速提高,工业化进程明显加快。林业产业链条不断延伸,产品系列化、品牌化发展加快,终端消费品比重大幅提高,资本密集型、技术密集型、规模以上林业企业大量涌现,林业企业活力和创新能力显著提升,林业服务业快速发展,产业发展质量明显提高。

(三)兴林富民成效显著

随着林权制度改革深入完善和林业产业稳步发展,农民拥有的40亿m^3多蓄积量的林木资源财产权和1.8亿hm^2多林地面积的承包经营权逐步转变为创业资本,林下经济、竹藤产业、种苗花卉等富民产业产值和产品产量稳步增长。2018年,各类经济林产品产量达到1.81亿t,水果产量14 915万t,干果产量1163万t。全国直接从事竹资源培育和竹制品加工经营的农民755万人,花卉产业从业人员506万人,南方集体林区158个林业重点县的农民收入40%以上来自林业。林业产业发展对农民增收形成股权分红、劳务收入、与去外地打工相比降低生活成本等多重效应,对农民就业形成"磁吸效应"。

(四)新兴产业不断涌现

林业新兴产业发展迅猛,已成为林业产业新的经济增长点。森林食品、森林康养、森林碳汇、特色经济林、竹藤产业、苗木花卉、野生动植物繁育与利用、林业物联网等林业新兴产业快速发展,林业生物质能源、生物质材料、生物制药等林业战略性新兴产业蓬勃兴起。2018年,以食用菌、竹笋干为代表的森林食品产量383万t;花卉种植面积2245万亩,花卉及观赏苗木产业产值达到2614亿元;全国森林旅游人数达16亿人次,接待床位总数250万张,接待餐位总数530万个。

(五)林产品国际贸易持续增长

我国林产品进出口贸易快速发展。2018年,全国林产品进出口贸易总额1653亿美元。从商品结构看,传统林产品进口方面实现较大幅度增长,主要由原木、木浆、纸制品等带动。我国已成为全球第一大木质林产品贸易国,第一大原木、木浆和锯材进口国,第一大木家具、人造板出口国,国际影响力全面提升。

二、存在问题

(一)产业整体素质不高

林业产业规模增长很快,但质的提升远远跟不上量的扩张。产业结构有待进一步优化,第一、二产业比例仍然过高。第一产业以家庭分散经营为主,生产技术和经营管理相对落后,专业化、规模化、集约化程度较低;第二产业初加工产品比重过大,趋同化严重,附加值较低,精深加工产品较少;第三产业以传统生产要素投入为主,服务供给远不能满足市场需求,产业区域发展不平衡。

(二)企业能力不强

林业企业总体规模偏小,集约化程度较低,80%以上为中小企业。企业生产经营投入大、产出小、成本高,企业利润率低,在市场竞争中处于下风。企业人才缺乏,全国林业系统各类专业人员仅占职工总数的22.3%。企业抗风险能力差,随着地方政府环保政策日益趋紧,企业生存面临巨大压力。

(三)政策支持力度不足

产业政策体系不完善,制度性政策供给不充分,财政补贴、税费减免、用地审批等方面的优惠政策偏少。林业产业财政引导、金融服务、技术服务和信息服务体系不完善,人才服务、品牌服务不足,物流服务不够便捷有效,质量监测认证及产品标准体系不完备,对外商务服务十分缺乏,在很大程度上对企业生产经营造成不利影响,严重制约了产业的持续健康发展。

(四)国际贸易形势严峻

我国作为林产品贸易大国,已成为国际争端的焦点。近年来,出现了美国家具案、加拿大复合地板案、欧盟胶合板反倾销案等典型纠纷;2010—2018年主要涉林案件21起,给我国林业企业造成直接经济损失达33亿多美元。随着国际市场竞争加剧和贸易保护主义、单边主义兴起,我国林产品贸易将面临更多技术性贸易壁垒和绿色贸易壁垒,国际市场形势日益严峻。

三、发展重点

根据国家林业局等11部委共同印发的《林业产业发展"十三五"规划》,

"十三五"期间，林业产业发展将牢固树立创新、协调、绿色、开放、共享的发展理念，以建立发达的林业产业体系为战略目标，以提高发展质量和效益为中心，以供给侧结构性改革为主线，以市场需求为导向，以政策引导、示范引领、龙头带动为抓手，深化改革创新，营造公平环境，推动林业产业集约化、规模化、绿色化和品牌化发展，力争到2020年，全国林业总产值达8.7万亿，一、二、三产业结构比例调整到27∶52∶21，林业主要产业带动6000万人就业，林产品进出口贸易额达到1600亿美元。

林业产业发展的重点任务主要包括6个方面：

1. 进一步优化产业结构

实施森林质量精准提升工程，调整优化森林结构，加快培育优质材、大径材和珍贵材，建设国家木材战略储备基地。大力发展木本粮油、林下经济、林木种苗、花卉、竹藤、生物药材、木本调料等产业，推进特色林业基地建设。改造提升林产加工业，强化木竹加工、林产化工、制浆造纸和林业装备制造业转型升级，全面构建技术先进、生产清洁、循环节约的新业态，提高资源综合利用水平和产品质量安全。大力扶持战略性新兴产业发展，培育木结构绿色建筑业、林业生物产业、生物质能源和新材料产业。做大做强森林等自然资源旅游，积极推进森林体验和康养，发展集旅游、医疗、康养、教育、文化、扶贫于一体的林业综合服务业。

2. 加快推动集群式发展

依托森林资源禀赋和区域特点，因地制宜确定主导产业和开发模式。优化人造板、家具、木浆造纸、林业装备制造和林业循环经济等产业布局，依托资源禀赋和口岸，打造一批精深加工产业集群，发挥重点产业集聚效应和区域产业竞争优势。依托特色林产品基地、森林食品基地和竹藤示范区，建立特色林业精品园，争取"十三五"期间建设50个产值200亿元以上的林业产业示范园区。大力培育林业龙头企业，完善动态评价管理机制，推动组建国家林业重点龙头企业联盟，力争2020年国家林业重点龙头企业达到500家。支持林业龙头企业跨区域合作，鼓励龙头企业与林业合作社相互参股，大力推进特色种植养殖、加工、森林旅游等一、二、三产业融合发展。

3. 抓紧实施品牌发展战略

针对林业产业品牌建设落后的实际情况，加快制订并实施国家林业品牌建设与保护计划。编制全国林产品和规模以上企业名录，完善产业基础数据库。积极推进国家森林生态标志产品体系建设，鼓励地方政府和企业争创驰名品牌。加快健全林业产业和林产品标准体系，逐步建立林产品产前、产中、产后全系列标准规范。建立健全林产品质量检测认证体系和林业产业信用体系，积极推进产销监管链、竹林经营和生态产品服务认证机制。加强林产品质量安全追溯能力建设，探索木制品条形码制度，推动建立产加销一体化的林产品质量安全追溯信息网络。强化野生动植物及其制品繁育、利用监管，开展野生动植物繁育利用及其产品制品的认证标识。鼓励探索建立林业创新驱动综合试验区。

4. 积极完善林产品市场体系

完善林产品市场骨干网络，建立和完善省级林产品交易市场，规范省级以下林产品交易市场。提升东北亚森博会、南康家博会、菏泽林交会、义乌森博会、三明林博会、中国—东盟林博会等会展知名度，着力打造一批具有国内外影响力的林产品集散、加工、展销、物流配送中心。大力发展林产品电子商务，引导龙头企业建立电商平台，鼓励森林产品连锁超市、新型电商企业和仓储物流业发展。积极推进林业碳汇项目减排量交易试点。建立健全林产品市场需求信息公共服务平台，实施国家重点林产品市场监测预警体系建设工程，完善林产品市场运行监测定期会商制度，为政策制定和企业生产提供科学依据。探索建立林业企业生产经营不良行为记录制度，通过公开承诺、抽检、定期曝光违反负面清单管理企业等方式依法规范企业行为。

5. 深入开展对外产业合作

鼓励有条件的企业建立海外森林资源培育基地和林业投资合作示范园区，提高国内产业发展资源供给能力。引导林产品出口企业创新对外贸易方式，优化林产品贸易结构，促进林业出口产品由初级产品、低附加值为主向精深加工产品、高附加值转变。鼓励国内企业走出去，在具备条件的国家开展森林资源开发利用合作，转移和利用国内木材加工、林业机械制造等优势产能。依托我国主要进口木材口岸，建设进口木材资源储备加工交易基地。深化"一带一路"产业国际合作，积极推动林业调查规划、勘察设计、标准认证等服务和技术模式输出。加强林业产业对外合作重大问题研究，积极参与国际贸易规则制定。统筹运用各种有效手段及世贸组织争端解决机制，健全政府、行业和企业"三位一体"的林业产业贸易摩擦应对和境外投资重大事项预警协调机制。

6. 全面完善配套扶持政策

创新产权模式，引导各方面投入植树造林，对营造商品林的造林主体赋予林木占有、使用、收益、处置等权利，对营造公益林的造林主体赋予依托公益林功能开展特许经营的优先权。创新中央财政造林补贴政策，由事前以计划为主向事后以绩效为主转变，对新造已成林地给予补助。探索林下经济补助扶持机制。建立林权抵押贷款风险保证金制度和林权抵押物担保收储平台，完善森林资源资产抵押与交易平台，建立政策性金融、商业性金额、开发性金融、合作性金融分工合理、相互补充的金融支持林业新体系。推进实施贴息期限与林业贷款周期相一致、贴息范围与林业发展领域相适应的财政贴息政策。积极鼓励私营企业、民营资本与政府合作，参与野生动物园、野生植物园的建设、运营和管理，大力推广国家储备林PPP模式。鼓励有条件的地方政府和社会资本共同发起区域性林业绿色发展基金，支持地方林业产业发展。争取一批规模化森林培育基地项目进入国家专项建设基金扶持范围。完善森林保险制度，推动建立森林巨灾保险基金和巨灾再保险。完善商品林采伐管理制度，落实依据森林经营方案开展经营活动制度，大力推行林木采伐限额公示。构建林业机械技术创新和制造体系，深入实施"机器换人"，提升林业产业装备现代化水平。

第二节　人工林资源培育

人工林是由人工直播、植苗、分殖或扦插造林、人工辅助天然更新形成的森林，人工林资源是对人类可持续发展具有重要意义的绿色可再生资源，其中，工业原料林作为满足林产工业企业原料需求而人工定向培育的商品林，包括建筑材、纸浆材、胶合板材、其他人造板用材林、脂用林、果用林、能源林等，是林产加工业发展的基础。与天然林相比，以用材为主的现代人工林普遍实施集约经营，具有生长快、生长量高、开发方便和获得效益早、木材规格、质量较稳定、便于加工利用等特点。大力发展人工林是保护生态价值更高的天然林资源和环境绿化美化的必要条件。根据联合国 2015 年统计，全球约有 3 亿 hm^2 人工林，占世界森林面积的 7%，但提供大约全球 33% 的原木生产量。20 世纪末期以来，全球森林总面积年均净减少大约 0.13%，而同期全球人工林面积增加 1.1 亿 hm^2。

一、取得的成效

我国人工林资源培育的历史悠久，1000 多年前的《齐民要术》较全面的记述了林木种苗、栽植、抚育管理的技术，是全球最早的造林学著述之一。约 400 年前的明清时期，我国南方就开始大规模开展杉木人工林营造。近代以来，梁希、陈嵘、郝景盛等将西方森林培育思想引入中国，开启中国现代林业的先河。1949 年以来特别是改革开放以来，历届政府都把造林绿化作为国民经济和社会发展的重要事业对待，通过开展全民义务植树运动、林业重点生态工程建设、用材林基地建设、飞播造林等，使全国人工林稳步发展。

(一) 造林面积持续扩大

全国第九次森林资源清查结果表明，截至 2018 年，我国共有人工林 8003.10 万 hm^2，占全国森林总面积的 36.3%，人工林蓄积 35.52 亿 m^3。我国的飞播造林在规模、树种、地类等方面具世界先进前列。我国是当今世界人工林保存面积最大的国家。

(二) 林地生产力水平提高

全国连续九次全国森林资源清查结果表明，我国人工乔林的单位面积蓄积量从 20 世纪 90 年代初的每公顷 $32.76m^3$ 提高到当前的每公顷 $59.3m^3$，其中，桉树人工林的年生长量从 20 世纪约 $15m^3/hm^2$ 提高到当前的 $20m^3/hm^2$ 以上。桉树人工林总蓄积量从 1.64 亿 m^3 提高到 1.76 亿 m^3，林产品原料供给能力增强，对于缓解木材市场供需矛盾、促进林业经济、农民增收发挥积极作用。

(三) 技术研发推广取得进步

20 世纪 80 年代以来，通过林业科技攻关计划、引进国际先进林业科学技术等林业科研计划，在人工集约栽培、主要树种速丰林培育研究，在适地适树、立地管理、遗传改良、密度管理、长期地力维持、植被控制、林分生长模拟、轮伐期确定、优化栽培模式方面的研究和成果应用方面取得进展。"十二五"以来，全国共转化 2200 多项林业科研成果，制定 600 多项国家行业标准，推广 500 多个林木新品种和 1000 余项新技术，林业科技成果转化率达 55%，科技进步贡献率达 48%，林木良种使用率达 60.8%。

(四) 引进现代营林工程管理实践

通过改革开放以来的林业国际交流与合作，特别是实施林业"走出去"战略、世界银行造林等外资贷款项目，引进了包括参与式林地使用规划、社区林业评估、造林模型管理、造林成果检查验收、监测评价、财务经济分析、报账制管理等与现代管理方式，普遍建立了基于项目建议、可研、评估、实施、竣工总结、绩效评价的营造林项目周期管理的体制。促进了营林管理的体系化、专业化、制度化，提高了行业管理水平。

二、面临的问题

我国人工林资源培育面临的主要问题是：

(一)扩大造林面积的难度增大

我国现有森林覆盖率22.96%，低于全球30.7%的平均水平，人均森林面积不足世界平均水平的1/3，人均森林蓄积仅为世界平均水平的1/6，随着荒山造林绿化的完成，无林地造林的立地条件越来越差，造林绿化和管护的成本越来越高，增加造林面积越来越难。

(二)整体生产力水平偏低

当前全国人工林单位面积蓄积94.83m^3，大约只有天然林的一半，比全国森林平均蓄积量低35.53m^3。人工林的平均胸径仅12cm，中幼林面积占全部人工乔木林面积的70%以上。人工林低产低质，影响林业经济效益和满足木材市场的需求。

(三)分布不均

我国人工林资源集中分布于南方亚热带和内蒙古、广西、广东、内蒙古、云南、四川、湖南6省(自治区)人工林面积合计3460.46万hm^2，占全国人工林面积的43.2%。相对地，陕西、甘肃、青海、宁夏、新疆5省(自治区)的土地面积占国土面积的32%，森林覆盖率仅为8.73%，人工林资源十分稀少。

(四)生态系统稳定性差

我国人工乔木林树种结构单一，纯林面积4625.71万hm^2，占81.0%，混交林面积1086.96万hm^2，仅占19.02%。全国各省人工林树种相对单一的现象十分普遍。单一树种纯林面积过大，林分群落单一，生物多样性低下、自然度低下，导致林分抗逆性低下，容易发生病虫害，在遭受干扰后的复原力偏低，影响人工林的景观质量和多种功能效益的发挥。

三、趋势

(一)营建健康高效的近自然森林生态系统

以绿水青山就是金山银山和生态文明建设为指导，以《全国森林经营规划(2016—2050年)》《全国造林绿化纲要》为指导，通过人力与自然力的融合，提高林分的稳定性和生态弹性，推进人工林资源培育从单一木材生产向生态系统可持续管理转型。

(二) 实施混交育林，改善树种结构

使用两种或以上树种组成，确保主要树种株数(或断面积、蓄积量)占总株数(总断面积、总蓄积量)不高于65%，在充分利用林地空间、光照和养分的同时，促进地力维护并提高林分抗逆性。常将喜光的与耐阴的树，速生的与慢生的树种，深根性的与浅根性的树种搭配混交，如杉与松，杉与檫木，松与楠木，松与樟树，松与木荷、杨树与刺槐、落叶松与水曲柳，落叶松与赤杨的混交。混交造林要在分析树种的生物及生态特性基础上决定主栽树种和伴生树种，选择实施株间混交、行间混交、带状混交、块状混交以及植生组混交等，发挥不同树种植被的生态位互补作用。

(三) 培养大径材和珍贵树种用材

目前，我国50%以上的国内木材消费依赖于木材进口，进口木材主要是大径级木材和高价值珍贵木材。按照《生态文明体制改革总体方案》和2013年、2015年、2017年中央一号文件提出的要求和《国家储备林建设规划(2018—2035年)》，通过集约栽培、现有林改培、抚育改造建设国家储备林，提高由于珍稀树种和大径级用材资源的国产率和木材自给率，确保国家木材安全和经济安全。

(四) 发挥人工林多种功能

碳汇造林是为发挥森林减缓和适应气候变化的功能，在确定了基线的土地上，以增加碳汇为主要目的造林活动。与一般造林不同，碳汇造林根据批准的方法学开展基线碳汇监测，经注册、核证的监测减排量可进入碳汇市场交易。作为一项成本效益较好的减排措施，实施碳汇造林有利于发挥森林的多重效益。另外，复合经营是指把人工林培育和粮食作物、养殖业、其林下经济形式等结合起来，使农户通过优化土地资源和林业资源利用，获取多种产品增加收入并改善环境的生产实践。

(五) 退化人工林改造

由于经营不当(如未能适地适树)和自然灾害等，我国现有人工林中包括了大面积林分结构失调、林木生长发育迟滞，导致森林生态功能、林产品产量或生物量显著低于同类立地条件下相同林分平均水平，不符合培育目标的林分。对这类退化林分进行标本兼治、长期可持续经营，需要通过封育、补植、间伐、调整树种、效应带及综合措施，恢复改善受到损坏的森林生态系统功能，发挥林地的生产潜力。

第三节 木材加工产业

一、木材加工产业发展现状

木材加工是以木材为原料,主要采用机械或化学方法进行加工的过程,其产品主要有原木、锯材、人造板、木地板、木门、家具等。木材工业由于能源消耗低,污染少,资源可再生,产品性能优异,在国民经济中也占有重要地位。

1. 木材加工产业总体情况

木材加工是以木材为原料,主要采用机械或化学方法进行加工的过程,其产品主要有原木、锯材、人造板、木地板、木门、家具等。木材工业由于能源消耗低,污染少,资源可再生,产品性能优异,在国民经济中占重要地位。

2018年,全国木材工业总产值大约2.10万亿元,其中,木家具大约6433亿元(中国家具规模以上总产值9056亿元,木家具占60%;规模以下产值保守估计1000亿元),人造板大约5700亿元(人造板产量3.17亿m^3,单价按1800元算),原木大约2900亿元(包括国产和进口原木),锯材大约2500亿元(包括国产和进口锯材),木门窗大约1800亿元,木地板大约700亿元,其他(包括装饰纸、木楼梯、木结构房屋、木玩具、木相框、集成材、防腐木等)大约1000亿元。(注:统计中有重复统计,比如材料和成品统计;不包括造纸和木工机械。)

木材工业企业广泛分布在广东、浙江、江苏、山东、河北、广西、四川、安徽、福建、河南等省(自治区),主要的上市公司有大亚科技股份有限公司、广东省宜华木业股份有限公司、德华兔宝宝装饰新材股份有限公司、大自然地板(中国)有限公司、大连科冕木业股份有限公司、中国吉林森林工业集团有限责任公司、河北爱美森木材加工有限公司、谭木匠工艺品有限公司、广东威华股份有限公司、广西丰林木业集团股份有限公司、四川升达林业产业股份有限公司、索菲亚家居股份有限公司、美克国际家具股份有限公司、德尔国际家居股份有限公司、浙江帝龙新材料股份有限公司、山东齐峰特种纸业股份有限公司、福建省永安林业(集团)股份有限公司等。

中国木材主要产区分别是广西、广东、福建、山东、安徽、湖南、云南等，人造板主要产区是山东、江苏、广西、安徽、广东、河南、河北、四川等，家具主要产区是浙江、广东、福建、河南、山东、辽宁、上海、四川、江苏、江西等，木地板主要产区是江苏、浙江、广东、四川、辽宁、吉林、山东、上海等，木门主要产区是浙江、江苏、广东、四川、辽宁、吉林、山东、北京等。

按照产量和产值综合考虑，全国木材工业主要产区可以分为大、次大、中和小四个规模，规模大的分别为广东、浙江、山东和江苏；次大的为广西、安徽、福建、河南、河北、四川、湖北、辽宁；规模为中的有吉林、黑龙江、上海、江西、湖南、重庆、云南、陕西；规模为小的有北京、天津、山西、内蒙古、海南、贵州、西藏、甘肃、青海、宁夏、新疆等。

2. 木材加工产业具体情况

（1）原木、锯材和集成材。2016 年，国内商品材产量为 7775.87 万 m^3，农民自用材和烧柴产量 3072.59 万 m^3，进口原木及其他木质林产品折合木材 28 374.74 万 m^3，上年库存、超限额采伐等形式形成的木材供给为 1194.76 万 m^3。木质林产品进口中，原木进口 4872.47 万 m^3，比 2015 年增长 9.32%，锯材进口 3152.64 万 m^3，比 2015 年增加 18.53%。由于东北、内蒙古等重点国有林区木材产量持续调减，商品材产量较大的省份都集中在中国集体林区，分别是广西、广东、福建、安徽、山东、云南，这些省（自治区）的商品材产量都超过 300 万 m^3。

集成材是指将纤维方向基本平行的板材、小方材等在长度、宽度和厚度方向上集成胶合而成的材料。集成材的产品品种多样，按用途可分结构用集成材和非结构用集成材；按集成材形状分为集成板材和集成方材。集成板材主要规格厚度从 12～18mm 不等，幅面以 2440mm×1220mm 为主，特殊规格和要求的集成材可以订做。原料树种主要有落叶松、柞木、椴树、樟松、白松、桦木、水曲柳、榆木、杨木等。由于杉木、松木等具有天然驱虫木香，在家居装饰中广泛使用。

由于集成材剔除了节子、腐朽木材等缺陷，同时未改变木材本身的结构和特性，所以它不仅具有天然木材的质感，外表美观，材质均匀，并且克服了天然木材易翘曲、变形和开裂等缺点，这使其性能优于天然木材。优质集成材一般表面光滑、平整、色泽美观、尺寸误差小，接合牢固，不易变形。集成材可以达到"小材大用，劣材优用"的目的，能够充分利用木材资源，有效缓解大径积木材的供需矛盾，提高木材的综合利用率和附加值,是木材综合利用的最有效方式之一。

自20世纪80年代开始,中国集成材产业在东北三省萌芽,并逐渐发展起来。目前,中国已形成了从植树造林、锯材加工到产品生产、销售和服务的完整的集成材产业链,主要在浙江、湖南、福建、吉林、黑龙江、贵州等地产生了一批产业相对集中的生产基地。国内集成材厂家约500家,实际生产能力约300万m^3,生产、工艺和市场均已成熟。

(2)人造板。以木材或其他非木材植物为原料,经一定机械加工分离成各种单元材料后,施加或不施加胶黏剂和其他添加剂胶合而成的板材或模压制品。主要包括胶合板、刨花板、纤维板和细木工板四大类产品,其延伸产品和深加工产品多达上百种。

中国人造板的产量多年来位居世界第一,今后十年乃至更长时期内,中国人造板及其制品的市场将不断拓宽,越来越多的实木制品由人造板替代,越来越多的应用领域有人造板介入,质量将不断提高,产销量记录亦将不断刷新。2017年,中国人造板总产量2.9486亿m^3,比2016年减少1.9%,为近20年来首次负增长;其中,胶合板产量小幅下降,占全部人造板产量比例略微降低;纤维板产量下降5.3%,供需趋于平衡,占全部人造板产量比例持续下降;刨花板产量增长4.8%,成为人造板产品中产量增长的板种,占全部人造板产量比例持续回升;在环保督查和安全检查的双重倒逼下,行业供给侧结构性改革进一步加快,"散乱污"企业得到有效治理,企业数量进一步降低,行业发展质量不断提高;绿色发展理念得到行业的全面认知并不断贯彻落实,大气污染物排放治理全面展开,并加速推进。2018年,国际贸易摩擦不断,涉及对所有人造板产品以及家具、地板、木门等下游木制品加征关税,将对中国人造板进出口造成负面影响。中国人造板产业必须向高质量发展转变,胶合板行业供给侧结构性改革进一步推进,行业整合提速;纤维板行业在经历3年的生产能力收缩之后,将探底回升,行业回暖可期;刨花板行业生产能力进一步得到释放,短期内行业供求关系逆转,发展压力显现。总体来看,中国已经成为世界人造板生产和出口大国,但是中国还不是人造板生产强国,在生产设备、人员素质等与国际先进水平还存在一定差距。

(3)木地板。木地板产品是铺地材料中唯一使用可再生原料并可重复循环利用的产品,更具有美观大方、自然简约、温馨舒适的特点。从整体家居环境而言,木地板是家居及商铺装修的良好选择。经过20多年的快速发展,中国木地板行业已经形成了从生产、销售、铺设到售后服务配套的完整产业体系。中国木地板企业达 200~300 家，其中，实木地板企业约 800 家，强化复合地板企业约 900 家，实木复合地板企业约 500 家，竹地板企业约 150 家，但行业内大中型企业比例很小，小型企业数量占到全行业企业数的 90% 左右，市场集中度较低，各企业产品质量参差不。目前，行业内仅有少数几家公司的产品获得"中国名牌产品"称号，分别有圣象、德尔、大自然、菲林格尔、升达、金桥和宜华等。这些中国木地板行业中的少数优质企业已经在品牌、技术、人才等方面脱颖而出，逐步形成产销一体化并向产业链上端延伸。部分公司已拥有基材加工基地、县至原料林基地，资源配置不断优化，生产规模、技术装备、产品质量、售后服务、营销理念和管理方式等基本上已与国际先进水平接轨。这些企业竞争力较强，引领着整个行业进一步提升内在品质和市场竞争力。中国木地板产业呈现向优势品牌企业集中的趋势。在中国木地板消费结构中，强化复合地板因具有易清理、耐磨、耐划、耐污染腐蚀、耐冲击、防潮等性能，利于营造安全、卫生、舒适的生活环境，能满足广大消费者的家居生活需求，从而占据市场绝对优势。强化复合地板占总销量的比重最大，一直处于 50% 以上；其次为实木复合地板，其占比超过 20%；实木地板则由于木材资源的紧缺和国家对森林资源的保护政策等原因，近两年来销量减少；竹地板在整个地板中的占比一直处于较低的水平。据中国林产工业协会地板专业委员会不完全统计，2018 年我国具有一定规模的地板企业木竹地板总销量约 41 760 万 m^2，同比增长约 0.58%。其中强化木地板销售 21 360 万 m^2，同比下降 0.51%；实木复合地板销售 12 010 万 m^2，同比增长 4.53%；实木地板销售 4740 万 m^2，同比下降 1.04%；竹地板销售 3200 万 m^2，同比下降 4.76%；其他地板销售 450 万 m^2，同比增长 9.76%。

(4) 木质门。木质门是建筑中应用最早的产品之一，也是现代家居和公共场所装修的必需品之一。近 10 年来，中国房地产业的高速发展和城镇化步伐加快，为木质门行业提供了极大的发展空间。现代木质门行业已经完全改变过去"木匠上门"手工制作的传统加工方式，逐渐转入"规模化定制设计"、大规模工业化生产和产品由实用向装饰、环保综合发展的全新阶段，目前中国已经成为世界上最大的木质门生产基地和消费市场。

伴随着中国木材加工业、建筑业以及室内装饰装修业的发展，木质门行业在产品理念、款式设计、工艺流程等各个方面与国际接轨，优质原木、集成材、胶合板、纤维板、空心刨花板、细木工板、装饰人造板等广泛用于木质门的生产，丰富了木质门的材料选择。木质门加工技术不断创新,整体结构设计和表面装饰工艺不断丰富,产品种类迅速增加,目前已开发出实木门、实木复合门、木质复合门等多种产品。人性化、绿色低碳、文化回归的家居理念,赋予了木质门更多的内涵,木质门实现了由单一实用功能型向家居适用兼欣赏型的转变,时尚、简约、欧式、古典、现代、节能、环保等不同风格的木质门琳琅满目,产品款式新颖多样,文化内涵不断丰富,已成为家居装饰不可或缺的部分,不断满足着人们的多元化需求。

中国木质门行业发展十分迅速。据统计,21世纪的前10年,国内木质门行业总产值年平均增长率超过25%,从2003年的120亿元到2006年的320亿元,从2007年的400亿元到2010年突破780亿元,2018年产值超过1500亿元,一直保持了较高的发展速度。

(5)木质定制家居。以木材和人造板等木质材料作为主要原料,通过实地测量、设计、工厂制作、现场安装和验收等程序完成满足个性化需求的室内家居。定制家居,指的是依据消费群体个性化需求为依据,依据订单进行生产的家居产品。定制家居产品具有个性化、多样化特征,而且开发与生命周期较短。如今,定制家居不仅包括对家具款式的制作,还全面涵盖了家具设计、制作、布设、物流等全过程的定制。定制家居更关注消费群体的人性需求与价值塑造,通过较高的加工技术、优良的产品性能、现代化的设计理念,为消费者营造更加舒适宜居的环境,以便满足不同层次消费群体对于生活不同品味及多样化的追求。

木质定制家居制品主要包括:定制衣柜、橱柜、地板、木门、装修用木质墙板、木楼梯、木制吊顶、卫浴柜等。按原材料分为板式定制和整木定制,衣柜、橱柜、浴柜、墙板等多采用板式定制方式,而活动家具、木门、楼梯等多采用实木定制。根据国家统计中心和广发证券发展研究中心的数据,2016年定制家居市场规模2050亿元,但家居产品的定制化渗透率不尽相同。定制橱柜最高约56%;其次是木门30%,定制衣柜28%,整体定制化率约24%。截至2017年年底,据不完全统计,我国上市公司中的定制家居企业有9家,分别是欧派、索菲亚、尚品宅配、好莱客、志邦橱柜、我乐家居、金牌、皮阿诺、顶固集创。9家上市企业上半年业绩都增长明显,营业收入、净利润增幅几乎都在20%以上。

二、木材加工产业发展中存在的问题

近年来,我国木材工业发展取得了长足发展,人造板、木地板、木门和木家具等产量和贸易量均居世界前列，已成为世界木材加工产业大国。但与发达国家相比，还存在大而不强、缺少核心竞争力和产品附加值低等问题。从世界木材加工产业发展趋势看，全球经济复苏缓慢，国际木制品需求矛盾和木材加工行业产能过剩矛盾并存，未来木质林产品市场需求将持续低迷，中国木材加工产业发展不确定性增大。我国木材加工产业发展存在的问题主要表现在以下几个方面。

1. 技术含量低，产品附加值不高

我国木业企业技术创新能力弱，科技成果转化率低。木业新产品和高端技术研发能力与国际水平相比差距很大。同时，木业低端产品、劳动密集型产品、低附加值林产品较多，深加工、高附加值、拥有专利的高科技高端产品少。总体而言，木业企业生产规模小，数量多而乱，功能型产品少，深加工比例小，企业规模小，小作坊式生产比重较大。木制家具，尤其是中低档家具，质量和售后服务普遍较差，缺少知名品牌和独特设计，与发达国家相比，家具档次明显偏低。因此，我国木业产业需要延长产业链、增加科技投入，提高产品附加值和技术含量。

2. 木业企业规模小，自主创新能力较弱

创新是企业发展的动力，企业是创新活动的主体，也是创新成果应用的关键。全国木业企业专利拥有数、专利申请数和专利应用量很少，大多科研成果集中在研究院所和高校，与生产企业严重脱节，推广应用少。一是木业企业规模过小、集约化程度过低，投资力度远远不够，原材料采购竞争激烈，难以形成跨区域大型集团公司。二是生产技术创新不够，企业研发能力不强，自主创新能力较弱，很多木质林产品处于仿制水平，核心竞争力弱。三是企业技术装备落后，管理不到位，生产技术创新不够，林产品质量差、科技含量低，利润薄、效益差，品牌建设缺位、不能形成核心竞争力。很长一段时期以来，由于市场无序竞争等问题对品牌建设相对忽视，整个行业质量保证体系不健全、产品市场知名度和占有率较低、企业形象不佳、名优品牌少等问题严重，制约了整个行业发展。

3. 木业企业高端人才缺乏

企业普遍缺乏既懂专业又懂经营和管理的高端人才是全球现象，但木业企业高端人才缺乏问题更加突出；中国木业产业和企业高端人才非常匮乏，与我国木业产业快速发展的形势极不适应。据统计，全国林业系统各类专门人才仅占职工总数的22.3%，并以初级专业技术人员为主，远低于其他行业，林业产业从业人员整体素质偏低，木业企业也不例外。因此，木业产业人才供需矛盾十分突出，必须加强木业人才队伍建设。完善人才引进政策，加大人才引进力度，强化用人、选人、留人、育人机制，建立以品德、知识、能力和业绩为主要内容的用人标准和绩效考评体系，充分调动员工为公司奉献的积极性和创造性。

4. 珍贵木材资源严重不足，木材进口不确定性增大

我国森林资源总量处于可持续增长状态，但人均资源量少，可采森林资源少，特别是珍贵木材资源严重不足，不能满足目前经济社会的发展水平和人们生活需求。我国森林资源总量位居世界前列，但森林可采资源有限，人均占有量低，木材供需矛盾突出。同时，许多森林资源大国相继出台和实施了限制原木出口的政策，并显著提高出口关税，国际市场木材供给量大大减少，木材进口难度越来越大，对于像我国这种以进口原木、锯材、木片和木浆等原料型产品，出口人造板、木地板、木家具、木制品和纸制品等加工产品的林产品生产加工和进出口贸易大国来说，不确定性增大。

三、木材加工产业发展趋势

经济全球化和贸易自由化已成为时代潮流，也为世界木业产业发展带来机遇。世界经济整体保持增长，带动国际市场消费需求增加。虽然国际竞争更加险恶、贸易保护主义继续升温、世界经济复苏动力不强，发达国家的战略扼制和外需减弱正在影响中国经济增速，但一些新兴经济体崛起，世界经济增长趋向坚挺；同时，中国正处于经济体制、社会形态、文化观念和利益结构的重大转型期，中国木业产业发展经受考验并保持了较长时期的高速增长。当前，我国木业仍处于战略机遇期，应该好好抓住和利用这一机遇，整合各种有利因素，增强信心，赢得主动，促进木业产业持续健康发展。

（一）发展面临的机遇

（1）绿色发展的机遇。绿色发展已成为全球经济和社会发展的主旋律，本质是发展资源节约型和环境友好型绿色经济，核心是科技创新和节能减排，基础是社会体制变革和发展方式转变，根本是发展理念升级和产业结构优化，木业产业孕育着巨大商机和广阔发展空间。

党的十八大提出：建设生态文明，推动绿色增长，实现中华民族永续发展。习近平总书记多次指出，实现中国梦要更加自觉地推动绿色发展、循环发展、低碳发展。木业产业与循环经济、可再生、可降解、低碳环

保、应对气候变化等一系列绿色发展议题高度契合。发展木业产业可以为农民提供最直接、最可靠的就业机会，充分释放林地的巨大潜力，增加农民收入，促进绿色就业。只有发展林业产业，才能使农民拥有超过 40 亿 m^3 蓄积量的林木资源财产权和 1.8 亿 hm^2 林地面积的承包经营权转变为创业资本，实现绿色致富；只有发展木业产业才能为林业生态建设提供强大的内生动力，保障国家的生态安全、木材安全，实现良好的生态环境这一最普惠的民生福祉。

（2）经济增长拉动需求扩大。国民经济持续较快增长拉动木材市场需求增加。据统计，2000—2014 年的 15 年，中国 GDP 从 9.92 万亿元增长到 63.65 万亿元人民币，增长了 5.42 倍，年均增长率为 14.02%。这为房地产木材需求、木质林产品消费提供了经济基础，带动林业产业高速发展。木质林产品来自森林，具有生态环保、绿色健康、天然低碳、可降解和可循环等特点。随着人民生活水平的提高和绿色消费观的树立，木质林产品需求继续保持增长势头。在用品方面，人们追求木质产品，木材需求进一步提升。我国林产品消费还处于较低水平，木材人均消费不足世界均值的一半，需求增长潜力巨大。虽然在人造板、板式家具等领域还存在结构性产能过剩问题，但据专家预测，随着消费领域不断拓展、消费结构不断改善、消费水平不断提高，社会对各类林产品需求将继续保持快速增长。同时，中国城市化进程提速，社会对木质林产品的多样化需求和期待与日俱增，这为拉动中国木业产业快速发展提供了强大动力。

（3）市场机制作用日益明显。中国市场经济体制的形成为林业产业发展带来难得历史机遇。一是中国林地和林木资源丰富为林业产业发展奠定了坚实基础。据全国第九次森林资源清查，目前我国有林地面积 3.24 亿 hm^2、森林蓄积 175.6 亿 m^3，人工林面积 8003 万 hm^2，居世界首位，市场化林地利用和生产力提高的潜力巨大。二是随着消费需求结构的改变，我国木业发展方式转型升级和产业结构调整优化步伐加快。三是市场经济体制为木业产业带来了发展机遇和广阔空间。市场配置资源的基础地位不断强化和经济全球化的日趋加深，促进我国木业产业发展机制不断完善、市场环境明显优化，已初步形成了吸收各种投资主体参与木业产业发展的良好社会氛围，激发了民间投资热情、迸发出市场主体活力，提升了企业自主创新能力和核心竞争力，创造市场需求、拓宽市场消费、加快产业升级。

（4）信息技术支撑作用增强。21 世纪以来，信息技术持续发展，信息网络、移动通讯、全球定位广泛普及,信息化已成为世界经济社会发展的显著特征,影响到政治、经济、文化的各个方面,正在不断改变人们的思维方式、生产方式和消费方式。信息化将给木业产业发展带来深刻影响。一是通过信息技术的运用,实现企业采购、营销、服务管理工作的数字化、网络化、自动化,促进产品开发,增强企业的生产、经营、管理、决策水平和效率,转变管理方式,增强企业竞争力。二是运用物联网、互联网和云计算搭建木业电子商务平台,转变流通方式,提高流通效率。三是可以增强信息传播的及时性、准确性和科学性,提高资源配置效率,促进协调发展。四是提高政府治理能力与公共服务水平,充分发挥宏观调控和市场监管作用。

(二)发展趋势

随着我国经济结构的转型,劳动力成本迅速上升,环保压力不断增加,消费者日益成熟,消费市场对木材加工产品要求不断提高,市场竞争加剧,因此未来一段时间内我国木材加工产业仍然会保持增长,但是增速会有所下降。未来我国木材加工产业的发展趋势主要有以下几点。

(1)产品结构进一步优化,定制化将成新趋势。定制家居因符合现代年轻人崇尚个性、展现自我魅力的要求,今后将处于不断扩张并稳健发展的态势。随着定制概念的进一步深化,为满足消费者对家居制品的尺寸、颜色、面料、五金件、结构、功能等各种需求,定制家居会逐步走向精细化发展,除了橱柜、木门等需要定制外,衣柜、书柜、地板、墙板、吊顶等定制的比例也会逐步提高。

中国木材加工产品结构将进一步得到优化。胶合板将继续稳居中国人造板产品第一大板种的地位,其占全部人造板产品的比例趋于稳定;纤维板继续稳居中国人造板产品第二大板种的地位,其占全部人造板产品的比例将不断降低,供需趋于平衡;刨花板将迎来快速发展时期,产量增速加快,其占全部人造板产品的比例将不断提高。地板中,实木复合地板比例将进一步增大,强化木地板比例有所降低,实木地板比例将趋于稳定。家具中,定制家具比例将显著增加,移动家具的比例将逐渐降低。

(2)健康环保越来越收到重视,绿色产品供应增加。绿色消费正成为一种新的消费方式,环保绿色优质木制品将越来越受到消费者的青睐。中国人造板产业技术进步和装备升级促进了产品质量不断提高,环保绿色优质人造板产品的供给不断增加。游离甲醛释放量更低或无添加醛产品将成为骨干企业的主流产品,室内装饰装修用 E2 级产品将被强制淘汰,退出市场。在此基础上，以绿色环保人造板为基础的绿色木质林产品，包括环保地板、环保木门、环保衣柜、环保橱柜、环保书柜等将越来越受到消费者青睐，低醛或无添加醛家居制品供应将会越来越多。另外，环保节能生产不仅体现在产品本身，在产品的包装上，也采用可再生、可降解的环保材料，将环保理念贯穿于生产、运输和使用的方方面面。

（3）创新成为发展的主旋律，功能性产品不断涌现。科学技术的进步将促进新产品的不断涌现，技术工艺不断更新，为市场提供更多、更好、更环保的优质产品；专利技术不断产生，核心技术逐步自有化。更多企业将拥有自己的研发中心，不断加大投入力度，增加研发能力进行技术和工艺研究开发，将产品设计与我国文化进行对接、与目标市场进行对接。激烈的市场竞争倒逼企业不断创新。开发新的环保、安全生产工艺和设施，开发有效降低能耗的技术和装备成为木材加工创新发展的方向和动力。开发满足不同功能需求的特殊功能性产品成为部分企业占领细分市场的创新点，功能性产品将不断涌现，品种不断丰富。

根据目标市场进行适宜的外观设计、开发适宜的实用技术，从结构设计、材料选用、工艺开发、技术开发等各方面为产品占领市场提供发展动力。随着珍贵优质阔叶材资源的日趋减少，木材加工材料研发将围绕以下几方面进行：第一，新资源开发利用。为降低企业对木材进口依存度，针对资源不足且原料质量低问题，开发新的资源，重点研究低质木材加工利用、节材节能加工利用、木质重组材料加工等技术。第二，速生材的科学利用。通过科学技术手段将低质木材改良后应用于木材加工中，如强度增强技术、硬度增大技术、尺寸稳定性提高技术、染色美化技术等。第三，新型饰面材料的开发应用。随着技术的进步，将有更多的新型材料应用到木制品表层，并促使产品表层更加耐用、经济和美观。

（4）环保设施改造加速推进，清洁生产势在必行。环保督查倒逼木材加工产业加速推进环保设施改造提升，企业必须践行清洁生产和绿色发展理念，推进产业升级成为环境友好型产业，以适应未来更加严格的工业污染物排放标准的要求。干燥尾气环境友好型升级改造将由部分企业先行示范改造到全行业逐步推广，有效降低污染物排放；压机尾气处理改造将逐步推进。污染物排放不达标的企业将被强制关停或淘汰，供给侧改革将加速推进，成效逐步显现。

产业转移加快了对企业清洁生产规划的高标准，木材加工行业不断通过技术进步，践行绿色制造。部分地区已经发布地方性法规文件，主动提高环保标准和制作工艺要求,为行业实施绿色制造,实现健康长远发展,提供了有力支撑。坚持绿色环保战略,促进生态文明建设,已经成为我国的基本国策。绿色发展,成为企业结构调整、转型升级、实现可持续发展的必然选择。木材加工行业的扩展发展需要树立科学的生态理念,坚定不移地推行绿色环保战略,推动建立绿色发展产业体系。政府相关部门鼓励企业进行设备改造和技术更新,注重生产过程的节能减排,推广新型的环保材料和可再循环材料的应用,促进行业生态文明建设与可持续发展。

(5)企业将更加重视产品质量和服务质量为主的综合质量体系建设。产品质量是企业赢得市场竞争的前提。以木地板为例,目前,地板产品质量合格率较高,今后地板企业在做好产品质量的同时,需要同时关注踢脚线、龙骨用材料、地垫、扣条、安装中的胶黏剂等原辅材料产品的质量,这些材料也需要达到相关标准的要求。铺装质量是地板使用满意的关键环节。地板是半成品,铺装是使用中的关键步骤。铺装管理及效果直接影响产品的品质和品牌,今后将对铺装质量更加重视。将重视铺装工程辅助材料选择、施工条件、防水设计、防潮隔离层、木龙骨垫层等综合铺装质量。服务质量是地板企业赢得市场竞争的重要手段。随着市场竞争的加剧,消费者需求的不断拓展,服务质量将在地板企业市场竞争中成为更加重要的砝码。木地板的售前服务、售中服务、售后服务将更为重要,服务方式和服务内容更加具体、更加规范,服务效率更加高效。品牌企业将建立训练有素、了解标准、懂得产品、通晓服务流程的专业服务队伍,将重视产品质量、铺装质量和服务质量为主的系统质量体系建设。其他木材加工产品也将越来越重视包括产品质量和服务质量的综合质量体系建设。

(6)品牌企业市场优势更加明显。结构调整和转型升级是企业发展的必由之路。"十三五"是我国经济结构调整的重要时期,随着我国经济发展方式的转变,今后我国木材加工中一些小型企业,由于原料供应的不稳定,加工效率不高,研发能力不强,服务理念落后,将逐步转向为大型企业配套或贴牌生产为主;而那些专业化程度高、有先进的经营理念、拥有原料基地和先进的加工设备,且重视研发不断创新的企业将继续发展壮大。规模企业将进一步提高市场占有率,品牌企业市场优势更加明显,技术创新能力、综合质量水平、品牌美誉度将成为市场竞争的关键砝码。木材加工企业只有不断围绕市场进行产品、技术、资源和机制创新,才能做优做强、稳步发展。总体判断,20%的知名品牌将占领80%的市场份额。

(7)经营模式不断变革,销售渠道呈多元化发展趋势。随着行业平均利润率的下降，消费者多元化需求越来越明显，单品销售愈加困难，单一品类经营企业将向多品类经营发展；大型品牌规模企业将在主营业务的基础上适当向全屋家居相关产品延伸，如地板企业会向木门、衣柜、楼梯等发展，橱柜企业也会向衣柜、木门、地板等渗透，通过关联产品的多元化经营进一步增大企业规模与实力，同时将加速行业整合，强者愈强，推动产业集中化。产品的销售渠道将向多元化发展。传统渠道是以加盟专卖店零售为主，但是其运营成本相对较高，随着消费者需求越来越多样化、全球贸易一体化的加速、电商的发展、精装房比例的提高，众多企业开始探索新型的销售通路，如电商、工程采购、小区团购、网络销售、超市等。电子商务未来将成为木材加工行业销售通路的重要成员和载体。随着品牌集中度的进一步提升以及产品标准化水平的进一步提高，通过电子商务、图片销售的模式即可实现销售这将是一种逐渐被接受的销售方式。家居电商将进入"线上+线下"的一体化模式发展阶段。互联网家居企业，开始注重开辟线下体验，实现与消费者在产品上的"零距离"。特别是进入5G时代后，家居销售电商所占的份额将更大。然而，作为家庭装修的大件终端产品，同时需要安装和售后服务才能让消费者满意的建材产品，木材加工产品的电子商务必须依靠品牌既有的物流、店面和服务体系，电子商务与既有的销售体系的有机结合才能更好促进木地板电子商务销售模式的发展。工业物联网技术逐步在人造板生产中得到应用，推动生产由自动化向智能化转变，产品定制性、可追溯性进一步提高，人造板与下游智能家居制造形成良好的产业互动。互联网新兴产业的引入促进企业经营模式的变革，传统的营销渠道将受到一定冲击，产品销售更趋于专业化、便捷化。

第四节　经济林与林下经济

一、经济林

按照《森林法》规定，经济林是以生产果品、食用油料、饮料、调料、工业原料和药材等主要目的的林木。我国具有经济利用价值的经济林有1000多种。党中央、国务院高度重视经济林发展，相继出台了一系列鼓励和支持经济林产业发展的政策。2003年《中共中央国务院关于加快林业发展的决定》提出要突出发展名特优新经济林。2017年，国家林业局、国家发改委、财政部等11部委印发的《林业产业发展"十三五"规划》提出要着力发展优势特色经济林产业。

近年来，受政策、市场和集体林权制度改革的推动，广大农民和各地政府发展经济林的积极性很高。经济林发展取得了显著的成效。

（一）综合生产能力稳步提升

随着天然林保护、退耕还林等重大生态工程深入实施，我国经济林种植面积不断扩大，产量稳步提高，产值大幅增长。新造经济林连续多年以百万公顷的速度增长。2017年全国经济林产品产量达到1.88亿t，比2016年增长4.44%。从产品类别看，水果产量为15 737.86万t，干果产量1116.04万t，林产饮料产品（干重）253.94万t，林产调料产品的产量77.52万t，森林食品384.10万t，森林药材319.60万t，木本油料产量697.40万t，松脂、油桐等林产工业原料产量194.70万t。

（二）产业带动与生态服务功能明显增强

经济林种植规模不断扩大，有力带动了下游产业的发展，产业整体实力不断提升。据不完全统计，全国经济林果品加工、贮藏企业2万多家，其中，大中型企业1900多家，年加工量1600万t，贮藏保鲜量1200万t，年加工储藏产值突破1600亿元；以经济林为依托的观光采摘、休闲度假、乡村旅游和节庆活动蓬勃兴起，有力促进了农村，特别是山区经济社会繁荣发展。同时，新造经济林大部分为生态、经济兼容性树种，且适合在山区、丘陵和干旱贫瘠地区生长，在绿化荒山、保持水土、涵养水源、防沙治沙、固碳释氧、维护生物多样性等方面功效十分显著。

（三）经济林发展的优势特色更加突出

近年来，各地按照国家确定的主体功能定位，紧密结合本地资源优势，注重树种、品种结构调整，重点发展具有市场潜力的特色树种和优良品种。通过良种选育，推广先进适用技术，扩大基地化生产，实施示范带动，有力促进了品种优化和品质提升，初步形成了优势特色经济林的发展格局。油茶、核桃、板栗在育苗技术上取得重要突破，枣的发展注重了鲜食品种的扩大栽培，主要木本粮油树种基本实现品种化栽培和基地化发展，形成了具有独特优势的木本粮油集中产区和鲜明区域特点的特色产品产业带。优势特色经济林产品涌现出一批全国性的地理标志产品、知名品牌和中国驰名商标。

（四）山区经济和农民生活得到显著改善

有关资料显示，我国从事经济林种植的农业人口约为1.8亿，来自于经济林种植的人均收入约为560元，占农民人均纯收入的10%左右。而根据全国林业重点省区的调查统计,其中,从事优势特色经济林种植的农业人口约为1亿,农民种植优势特色经济林年人均收入达到1220元,占农民人均纯收入的21%。在一些生产油茶、核桃、枣等木本粮油的山区大县,农民来自于优势特色经济林种植的收入比例达到60%以上。农民通过因地制宜发展优势特色经济林,不仅绿化了荒山,改善了生态,而且增加了收入,探索出一条"不下山也能生活,不砍树也能致富"的生态就业门路。

但是,经济林发展还存在着一些不容忽视的问题:布局结构不尽合理,部分地区贯彻适地适树原则不力,在树种的选择上盲目引种栽培,优势乡土资源开发利用少;产品结构相对单一,呈现趋同化态势,名特优所占比重较小,缺乏特色竞争优势,难以满足市场多样化需求;基地建设水平不高,水电路等基础设施条件落后,机械化率低,抗灾减灾能力较差,综合产出能力不强;经济林产品整体上处于简单利用和初加工水平,全国平均加工量仅占总产量的12%;社会化服务体系不健全,全国性专业经济林产品交易市场很少,产业组织化程度严重偏低;国家强农、惠农政策很少惠及到经济林种植户和林业专业合作社,经济林产业发展中的设施改善、品种改良、基地建设和加工企业的技术升级改造难以推动,产业发展的质量和效益难以得到尽快提高。

根据《全国优势特色经济林发展布局规划(2013—2020年)》,优势特色经济林下一步的发展重点集中在5个方面:

(1)培育推广优良品种。提高良种苗木质量和供应能力,在充分发挥现有良种繁育基地生产能力的基础上,结合全国林木良种基地、重点林木采种基地、保障性苗圃建设,新建和改扩建一批以油茶、核桃、枣、板栗、仁用杏等为主的优势特色经济林良种苗木生产基地,保障良种壮苗充足供应,全面推行品种化、良种化种植。加大优良品种选育力度,把引进新品种和培育乡土优良树种、品种相结合,培育一批具有重大应用前景和自主知识产权的突破性优良品种。与国家级林木种质资源库和省级林木种质资源库建设相结合,建设高标准,多元化的优良种质资源保存、引进、开发、试验基地,建立品种基因库和种质资源汇集圃,为研发新品种,加速品种更新换代奠定基础。

(2)建设优质高产示范基地。按照适地适树、品种优良、栽培规范、管理到位的要求,高标准、高质量、高水平建设优势特色经济林基地。为强化示范带动作用,优先建设一批国家级优质高效示范基地,选择发展前景广阔、市场竞争力强的优良适生品种,推行品种化栽培,栽植良种壮苗；在山地丘陵区重点开展整梯田、修道路，强化水电路等基础设施建设；兴建抗旱水源工程，推广节水灌溉技术，提升基地水利化水平；积极推广应用土壤耕作、病虫害防治、修剪、运输等机械，提高机械化程度，提高特色经济林的综合生产能力，带动经济林向优质、高效、生态、安全方向发展。

（3）推行标准化生产。加快制定和完善优势特色经济林相关标准，加大标准实施和推广力度。改革技术路线，改进传统种植模式，大力推进矮化密植、网架式、棚架式等现代种植模式；改变传统耕作方式，实行科学施肥，全面推行增施有机肥、生草栽培、测土平衡施肥，提高土壤有机质含量；强化病虫无公害防控，推行生物、物理、化学防治相结合的综合措施，大力推广安全间隔期用药技术，最大限度减少农药残留。加快低产、劣质、低效基地改造，推行绿色、有机栽培管理措施，支持创建一批国家和省级标准化示范园区。

（4）提升产业化水平。按照扶优、扶强、扶大的要求，以提高精深加工、采后分级和冷链贮运能力为重点，扶持一批类型多样、资源节约、效益良好的龙头企业。引导龙头企业建立现代企业制度，支持符合条件的重点龙头企业上市融资、发行债券。引导龙头企业向优势产区集中，鼓励进园入区，推动集群发展。规划期内，大力发展大中型贮藏加工企业，力争培育一批大型企业集团，贮藏和加工能力明显提升。树立品牌意识，加大无公害、绿色和有机产品的推进力度，积极争创驰名商标、名牌和地理标志产品。加强品牌的宣传和保护，提高品牌贡献能力。加快市场体系建设，大力发展冷链贮运、连锁经营、农超对接、电子商务等现代物流业和新型营销方式，扩大经纪人营销专业队伍。积极培育"公司＋合作经济组织＋农户"多重市场主体，鼓励龙头企业采取参股、合作等方式，与农户建立紧密型利益联结机制。

（5）强化科技支撑。有效整合科技资源，组建专家技术服务团队，创建产业技术创新联盟，加快构建优势特色经济林产业技术创新体系，形成产学研用紧密结合的协同创新机制，有效链接科技创新与产业发展。提高科技创新能力，着力突破良种培育、优质丰产栽培、循环利用、现代信息、农机装备、贮藏加工、安全检测等方面的关键技术。以农林业科研院、大专院校所为依托，建设一批国家级经济林研究试验室和工程技术中心，进一步提升自主创新能力和科技成果转化率。深化基层林业推广体系改革，加快建立以政府为主导，林业科技推广机构、合作组织、龙头企业广泛参与的新型林业科技推广体系,重点建设和完善优势区域内的基层林业技术推广体系。加强林业科技队伍建设和实用人才培养,创新培训模式,重点加大农民的培训力度,提高其科技素质、职业技能和经营能力。

二、林下经济

林下经济是集体林地承包到户之后,农民充分利用森林资源和林地空间,发展林下种植、林下养殖、林产品采集加工和森林景观利用等立体复合生产经营,从而实现资源共享、优势互补、循环相生、协调发展的生态经济模式。林下经济发展有利于实现"近期得利,长期得林,以短养长,长短协调"的良性循环,达到经济社会发展与森林资源保护双赢,促进农民就业增收,对巩固集体林权制度改革成果具有重大战略意义。

2012年,国务院办公厅出台了《国务院办公厅关于加快林下经济发展的意见》(国办发〔2012〕42号),提出要科学合理利用森林资源,促进林下经济向集约化、规模化、标准化和产业化发展。2014年,国家林业局制定了《全国集体林地林下经济发展规划纲要(2014—2020年)》(林规发〔2014〕195号),明确了林下经济的发展战略、指导思想、目标、重点任务及保障措施。2015年,国家林业局编制了《全国集体林地林药林菌发展实施方案(2015—2020年)》(林规发〔2015〕56号),布局林药林菌重点发展品种,创新以示范基地建设为依托的发展模式,探索推进林药、林菌发展的长效机制。2016年4月,国家林业局下发了《关于在贫困地区开展国家林下经济及绿色特色产业示范基地推荐认定的通知》(办改字〔2016〕84号),在贫困地区开展国家林下经济及绿色特色产业示范基地推荐认定工作,以发挥林下经济和林产业在"精准扶贫"中的特殊作用,促进林下经济健康有序发展。

根据《全国集体林地林下经济发展规划纲要(2014—2020年)》的要求,到2020年力争实现林下经济产值和农民林业综合收入稳定增长,发展林下种植面积约1800万hm^2,实现林下经济总产值1.5万亿元,林下经济产值占林业总产值的比重显著提高。打造一批各具特色的林下经济示范基地,实施品牌战略,形成较强的产品竞争力。重点扶持一批林下经济龙头企业,形成"龙头企业+专业合作组织+基地+农户"的生产经营格局。提高参与林下经济的农民人数,到2020年末达到1.6亿人,来自林下经济的人均年收入达到800元,培育出一批高素质的技术管理人才。建设较为完善的林下产品市场流通体系,积极发展农超对接、电子商务、物流配送等现代化流通方式。初步建立产品质量安全体系，全面提高林下经济产品的质量安全，无公害、绿色和有机产品认定比率提高，建立林下经济产品标准和检测体系，确保产品符合《中华人民共和国产品质量法》《中华人民共和国食品安全法》等法律法规要求，提高生态原产地认定面积，进一步提高林下产品质量。

第五节　森林旅游

1980年，林业部发出《关于风景名胜地区国营林场保护山林和开放旅游事业的通知》标志着我国森林旅游工作的开始，1982年批准成立张家界国家森林公园，标志着我国森林旅游帷幕的正式拉开。森林旅游发展到今天，从林业部门行业管理的角度解释，是指人们以森林、湿地、荒野、草原和野生动植物资源及其外部物质环境为依托，所开展的游览观光、休闲度假、健身养生、文化教育等旅游活动的总称。

一、发展现状

（一）森林旅游产业规模快速壮大

在过去的30多年中，我国森林旅游产业一直保持着快速发展的良好态势，特别是1992年以后。1992—2018年，全国森林旅游年游客量从2400万人次增长到16亿人次，增长了66倍，年均增速12%。特别是党的十八大以来的6年中，年均增长15.5%。2018年全国森林旅游游客量达到16亿人次，占国内旅游人数的28.9%，创造社会综合产值1.5万亿元，占国内旅游收入的29.2%。森林旅游成为继经济林产品种植与采集业、木材加工与木竹制品制造业之后，年产值突破万亿元的第三个林业支柱产业。

（二）森林旅游行业地位显著提高

近年来，党中央、国务院出台的一系列重要文件都有加快发展森林旅游的相关表述。国务院印发的《"十三五"旅游业发展规划》第一次明确了森林旅游工作由原国家林业局牵头。国务院印发的《"十三五"脱贫攻坚规划》提出"森林旅游扶贫工程"，《中共中央国务院关于实施乡村振兴战略的意见》要求"加快发展森林草原旅游"，中共中央、国务院印发的《乡村振兴战略规划（2018—2022年）》指出"建设一批国家森林步道"，森林旅游的综合带动功能得到充分肯定。与此同时，各级党委政府对森林旅游工作的重视程度也在不断提高。

(三)森林旅游社会影响不断扩大

自党的十八大以来,森林旅游宣传工作呈现系统化、多渠道、高强度特征。2012年,启用了"中国森林旅游专用标志"、建成并开通中国森林旅游网。2014年,国家林业局获批举办"中国森林旅游节",经过几年的摸索实践,中国森林旅游节的运作机制逐步成型。同时,全国各森林旅游地明显加强了森林旅游宣传力度,建设了大量森林旅游网站。"森林旅游"已经成为林业的一块金字招牌。

(四)森林旅游新兴业态百花齐放

2015年我国人均GDP已达8000美元,我国迈向"旅游社会"。走马观花式的观光旅游已无法满足现在城镇居民的旅游体验要求,公众对旅游产品的偏好呈现多样化。顺应公众急剧增长和日趋多样化的森林旅游需求,大力培育森林旅游新业态、新产品,森林旅游从森林观光为主向森林观光与森林体验、森林养生(康养、疗养、医疗、保健)、休闲度假、自然教育(研学旅行)、山地运动、冰雪旅游、生态露营、国家森林步道等多业态并重方向转变。

(五)森林旅游社会资源加速汇聚

政府主导下多种森林旅游示范试点集中发力,激起全国各地开展森林旅游的热潮。先后启动全国森林旅游示范县(市)、国家森林步道、森林特色小镇等试点工作。随着森林旅游产业规模不断壮大,森林旅游的扶贫带动功能日益增强,并得到全社会的广泛认可。2016年,全国依托森林旅游实现增收的建档立卡贫困人口达34.8223万户,总人口110.6365万人,年户均增收3500元。投资企业、社会团体、金融机构、高等院校、媒体等社会资源聚焦森林旅游发展。

(六)森林旅游提升中国文化软实力

一方面,森林旅游通过促进对外文化交流来提升我国的文化软实力。2015年10月17日,中国30余个"一带一路"沿线城市联合组建"一带一路"城市旅游联盟,森林旅游作为重要的旅游方式,必将促进我国与"一带一路"沿线国家的广泛交流。另一方面,森林旅游通过塑造国民心性来提升我国的文化软实力。森林旅游能够陶冶情操,塑造良好的国民心性。森林旅游使得全民共享社会主义发展的成果,促进各民族的大团结,助力中华民族的伟大复兴。

二、存在的突出问题

(一)生态文明建设支撑性不够

生态文明的本质要求是尊重自然、顺应自然和保护自然。森林旅游发展与生态文明建设本质上是一致的,是生态文明建设中最有条件、最有优势的产业之一。然而,在森林旅游的发展中,生态文明建设依然存在很多问题。主要问题如下:一是当前的森林旅游发展与生态文明的本质要求存在差距。二是森林旅游发展中践行生态文明的手段还不够丰富。三是还没有形成生态建设人人有责、时时有责的观念,社会各方面的力量参与生态文明建设的积极性有待加强。

(二)森林旅游硬件软件不完善

森林旅游属于综合性产业,尤其是森林旅游对于交通、住宿、餐饮等硬件的要求较高,这主要表现在3个方面:一是部分偏远的森林旅游区交通、住宿、餐饮等基础设施还比较薄弱,难以满足森林旅游大发展的需要。二是森林民宿、生态露营地、自然教育等森林旅游新兴项目设施还很缺乏。三是森林旅游发展理念、管理制度、服务标准、专业人才等软件设施还不完善。

(三)森林旅游发展体系不健全

森林旅游发展体系不健全主要表现为3个方面。一是在森林旅游的空间体系方面,东、中、西部森林旅游发展很不平衡,城市、城郊到偏远区域的空间多维尺度森林公园体系还不健全。例如,在我国北京、广州、杭州等特大城市、大城市市域的城市森林公园、城郊森林公园还很缺乏。二是在森林旅游载体类型方面,目前森林公园年接待游客量就占全国各类森林旅游地游客总量的70%,湿地、荒漠、草原等纳入森林旅游全口径统计的自然旅游地发展数量与质量还有较大差距。三是在森林旅游的产品方面,多表现为以"玩水、游山、照相、吃饭"的简单型生态观光为主,山地运动、康体养生、文化体验、自然教育等新兴业态发展不够。

(四)森林旅游对外交往不密切

森林旅游已成为国家外交战略的重要载体。但是,森林旅游外交功能还很薄弱,主要表现如下:一是主动融入到国家重大外交战略的程度不够,森林旅游参与的频次较低,话语权影响有限。二是森林旅游发展成就上升为国际标准与规范的较少。特别是由我国森林旅游行政机构、企事业单位、民间组织发起或主导制定的国际性标准与规范少。

三、发展方向

(一)围绕一个中心

不断提高森林等自然资源的游憩利用水平,更好地满足人民高品质、多样化户外游憩需求是未来森林旅游工作的中心。重点是要做到两点:一是把户外游憩资源作为重要自然资源来管理,把森林旅游作为森林经营的重要目标之一,为公众提供广泛的户外游憩机会。二是森林旅游政策应充分考虑公众利益,提高公众的休闲生活质量,逐渐满足人民日益增长的美好生活需要。

(二)实现三个目标

一是提高森林旅游产品有效供给。着重创新森林体验、森林养生、森林步道、自然教育等新业态、新产品。

二是实现森林旅游可持续发展。加快实现由单一行业管理向"四个系统、一个多样性"综合转变,坚持把森林等自然资源保护放在第一位,发挥森林旅游的多方面功能,将森林观光、休闲度假、健身养生与生态文明理念传播有机结合。

三是发挥森林旅游综合带动功能。围绕扶贫攻坚推出一批示范项目和典型,加强深度贫困地区、重点国有林区等发展森林旅游的相关培训,引导森林小镇、森林人家、森林村庄等发展。

(三)推动四大转变

一是大力推进森林旅游从"看风景"向"过生活"转变。在新时代,人民对美好生活的需求有了新的内涵、新的要求,归根结底,不外乎追求自身的心情愉快与健康长寿,森林旅游将成为一种新的、重要的生活方式,是养眼、养生、养心的时尚活动。

二是大力推进森林旅游开发从"工业化模式"向"生态化模式"转变。绿色、低碳、高效利用是我国森林旅游未来必须要践行的方式。森林旅游在开发住宿、餐饮、娱乐、标志、健康、安全、科教等服务设施的过程中,需要遵循生态、低碳经营、合作等原则,设计与自然相结合的森林旅游设施、低能耗产品,引导游客节能减排、绿色消费,在建设生态文明、满足公众自然体验需求过程中发挥巨大作用。

三是大力推进森林旅游经济从"单一门票"向"综合产业"转变。森林旅游的发展要充分发挥综合带动功能,逐步实现森林旅游"与一产融合、与二产联姻、与三产互动",把体育、文化、教育、养生等产业与森林旅游结合起来。特别是积极发展森林人家、森林小镇，让林区土特产品变森林旅游商品，林区闲置民居变特色民宿。

四是大力推进森林旅游管理从"粗犷型"向"精细型"转变。随着森林旅游产业的迅速开展、游客数量显著增加，游客的需求也日趋多样化，对基础设施环境的要求也逐渐提高，需要森林旅游业进行标准化、精细化、人性化管理。

（四）做好四篇文章

一是切实做好森林旅游发展与自然保护地管理良性互动的文章。中共中央办公厅、国务院办公厅印发的《关于建立以国家公园为主体的自然保护地体系的指导意见》中明确要求"践行绿水青山就是金山银山理念，探索自然保护和资源利用新模式""为人民提供优质生态产品，为全社会提供科研、教育、体验、游憩等公共服务""在保护的前提下，在自然保护地控制区内划定适当区域开展生态教育、自然体验、生态旅游等活动，构建高品质、多样化的生态产品"。因而，森林旅游发展的顶层设计与自然保护地管理体制机制相适应是下一步森林旅游管理工作的重中之重。

二是切实做好引导培育新业态、新产品的文章。引导开发森林体验、森林养生、休闲度假、研学旅行、山地运动、生态露营、冰雪旅游等产品。同时也应充分考虑活动形式的多样性、新奇性，如探险类的徒步、潜水、漂流、攀岩、探洞、滑雪、热气球旅行、滑翔；体验类的种植、采摘、亲子活动、森林步道和解说步道等。

三是切实做好拓展森林旅游投融资渠道的文章。充分发挥一年一度全国森林旅游投资与服务洽谈会的作用，培育一批重点投资企业，服务招商引资需求大的森林旅游地。应支持高校加强森林旅游研究和人才培育等工作，支持各地及相关社团、企业等举办形式多样的活动。

四是切实做好加大森林旅游宣传推介的文章。利用好一年一度的中国森林旅游节和全国森林旅游产品推介会这个平台，不断丰富内容，创新活动形式。利用好各种传统媒体和新媒体，加大宣传报道力度，扩大森林旅游社会影响。

第六节　林业新兴产业

一、内涵与外延

林业新兴产业是以重大技术突破和重大发展需求为基础，对林业和社会发展具有重大引领带动作用，知识技术密集、物质资源消耗少、成长潜力大、综合效益好的林业产业。

《林业产业发展"十三五"规划》指出，林业新兴产业包括森林食品、森林康养、森林碳汇、林业物联网等。林业战略性新兴产业包括林业生物质能源、林业生物材料、林业生物制药、竹缠绕复合材料、生物质能源多联产、生物柴油、生物质致密成型燃料和生物质发电、植物活性提取物产业等。

二、发展现状

近年来，我国依托林业资源优势，林业新兴产业建设成绩斐然。我国各类森林食品资源丰富。现有300多种栽培和野生的可直接食用或通过简单的加工处理就可食用的木本粮食树种，森林油料植物中含油率在15%以上的木本植物有400多种，可利用的有220多种，其中，种仁含油量在50%~60%的有50多种；森林蔬菜约有63科700种左右，常见的约有192种；目前发现的可作为饮料原料的树种约有100种；药用植物达5000余种，其中，木本药用植物300余种，野生药用动物500多种。除此之外，我国已经建立起一批森林食品资源商品生产基地。并先后制定了《森林食品总则》《森林食品质量安全通则》等多项林业行业标准。我国森林康养产业发展蓬勃，实现了林业休闲旅游与森林医疗、森林运动、森林养生等融合发展，延长了林业休闲旅游产业链，促进了户外运动和相关设施建设，发挥了森林食品和中医药的优势。

近年来，我国森林康养呈现出良好态势，森林康养产业已经进入了黄金时期。目前，国家林业和草原局共遴选了380家国家森林康养基地试点建设单位，遍布全国27个省（自治区、直辖市）。同时，各地也纷纷开展省级森林康养基地的建设工作。森林浴、森林食疗、植物疗法、森林水疗……这些新兴的康养项目，正随着森林康养产业的蓬勃发展而越来越多地走进普通人的生活，特别是2019年3月，国家林业和草原局、民政部、国家卫生健康委员会、国家中医药管理局共同印发了《关于促进森林康养产业发展的意见》，提出了未来一个时期森林康养发展的方向和支持政策措施。

我国森林固碳能力潜力大、前景广阔。自天然林资源保护工程实施以来，我国森林碳汇供给能力逐年增加。第九次全国森林资源清查结果（2014—2018年）表示，我国森林植被总碳储量达91.86亿t。除此之外，我国政府为碳交易市场的建设颁布了系列政策文件并采取了实际措施。2010年7月19日我国第一家以增汇减排、应对气候变化为目的的全国性公募基金会——中国绿色碳汇基金会成立。2010年12月6日全国唯一的林业碳汇交易试点平台——华东林业产权交易所成立。碳交易平台以自愿交易作为起点，以推动强制减排的交易为过程逐步在各地建立。

我国林业物联网发展迅速。2011年，国家林业局被列为首批国家物联网应用示范部委之一，组织开展长白山森林资源安全监管与服务、井冈山森林旅游安全监管与服务物联网应用示范项目建设。2012年，国家林业局联合北京市园林绿化局启动了"中国信息林"智慧森林物联网应用项目，并先后印发了《中国林业物联网发展规划（2013—2020年）》《关于推进中国林业物联网发展的指导意见》等。我国林业物联网在林业资源监管、林业灾害监控及应急响应、生态监测、林业产业发展、林业有毒有害废弃物监管等方面有着巨大的应用潜力。

我国林业生物产业发展势头强劲，国家已重点推进抗逆、抗虫、高产和优质基因的林木、竹藤品种等产业化，发展适用于树木的生物农药、生物肥料、植物生长调节剂等制剂产业，大力发展林源新药产业、绿色林化产品等产业。为缓解资源与环境压力，林业生物质固体成型燃料、生物乙醇、生物柴油、生物基化工、生物质发电等林业生物质能源产业规模在逐步增大，现有林木生物质资源潜力约180亿t。我国可利用的林业生物质能源丰富，不仅可以为林业生物能源可持续发展提供良好的物质基础，而且可利用空间很大，可为缓解国家能源危机、调整和优化能源结构、实现能源可持续供给提供有力的资源保障。目前，林业生物质发电、成型燃料生产均已基本实现了产业化，生物柴油和燃料乙醇转化利用技术已进入产业示范阶段。据不完全统计，截至2015年年底，全国共完成能源林以及良种繁育和培育示范基地建设近500万hm^2。生物质发电装机容量550万kW以上，成功投产运营生物质直燃发电项目超过160个，林业剩余物成为生物质发电的主要原料。林木生物质成型燃料产量达48.51万t，同比增长 30.97%。

此外，针对我国市场对林产品日益增长的需求，以生命科学和技术创新为依托的林业新材料日新月异，如新型木塑复合材料、陶瓷化木材、竹木纤维新材料、生物质重组材料、生物质胶黏剂、生物基高分子材料等林业新材料产业正逐渐升温。林业信息技术产业也蓬勃发展，中国林业数据库、中国植树网、中国林业新媒体平台、中国林业网络博览会、中国林业网络博物馆、中国林业数字图书馆等应用系统逐步建成，林业信息化加快推进新一代信息技术与林业业务深度融合，示范建设取得良好效果，2009年以来，国家林业局组织开展了林业信息化示范省、市、县、基地建设，共确定了12个示范省、47个示范市、78个示范县和41个示范基地。

三、面临挑战

我国林业战略新兴产业虽已取得长足发展，但仍属于国民经济中的弱质产业，新兴支柱产业尚未形成。同时，我国林业还肩负着生态保护的重任，产业发展受到多因素的制约，主要表现在以下几方面：一是认识缺位，起步较迟。"重传统产业、轻新兴产业"现象严重，林业新兴产业发展缓慢。我国林业新兴产业资源相当丰富，但由于缺乏认识，起步较晚，一直没有发挥优势。二是条块分割，管理粗放。林业战略新型产业分别由技术监督、医药、轻工等相关部门，地方各级政府又对产业实行区域化组织和管理，使得这些产业处于行业分割、条块分散、各自为政的局面，难以实行统一规划和政策引导，造成低水平重复投资。三是低层次开发多，尚未形成产业链。多数林业企业仍处于对林业资源粗加工阶段，很多林业原料产地未形成完整的产业链，对森林资源开发层次低、资源利用率低，对森林资源的开发与利用尚未形成良性循环。四是扶持政策不足，融资渠道狭窄。林业新兴产业在发展起步阶段尤其需要政策扶持，但目前，我国相关支持政策不完善，标准体系不健全，现有的发展环境存在一定问题和缺陷，不利于产业的良性发展。新兴产业经营规模小、抗风险能力差，再加上融资过程中存在着融资结构不合理、信息不对称以及融资成本高等问题，使得融资渠道狭窄，建设资金短缺，影响常态发展。五是高端人才匮乏，产学研脱节。目前，我国林业产业技术创新能力较弱，对新技术、新设备的利用程度差，科技成果转化率低，缺少高级专业人员，产业科技投入少，尚未形成长期有效的科技投入机制。

四、政策与未来趋势

我国林业新兴产业发展潜力巨大、前景广阔。应该从全局和战略的高度强化政策保障,提供必要的外部条件支持。国家连续出台了《林业产业政策要点》《林业产业振兴规划(2010—2012年)》《国家林业局关于发展油茶产业的意见》《国家林业局关于做好林业生物质能源工作的通知》等政策文件,均明确提出了支持林业新兴产业发展的政策措施。2009年国务院办公厅下发了《促进生物产业加快发展若干政策的通知》等文件都明确提出支持战略性新兴产业发展的政策。2010年10月18日,国务院下发了《关于加快培育和发展战略性新兴产业的决定》,2011年,中央财政设立了战略性新兴产业发展专项资金,2011年7月23日,国家发改委印发了《鼓励和引导民营企业发展战略性新兴产业的实施意见》,2012年5月30日又批准实施《"十二五"国家战略性新兴产业发展规划》。国家在相继出台了相关产业发展规划和细分领域的行业规划基础上,各级地方政府也相继出台了相关地方规划。自国务院正式确定战略性新兴产业发展重点方向和任务以来,各地方政府不断出台加快培育和发展战略性新兴产业扶持政策,鼓励产业自主研发创新,同时战略性新兴产业相关财税、金融政策也处于不断完善和改进过程中。目前,我国已经初步建立了支撑林业新兴产业发展的政策体系并且在不断完善,国家的宏观领导也在进一步加强。

我国新兴产业表现出良好增长态势,林业新兴产业的发展,可以为其他加工制造业提供丰富的原材料,对促进整个国家战略性新兴产业发展,调整国民经济产业结构都具有重要意义。为加快林业新兴产业发展以及实现我国林业产业在国际上的地位,我们要站在战略全局的高度,充分认识到林业新兴产业的重要性,逐步培养林业战略性新兴产业,进一步挖掘林业产业潜力,强化核心技术支撑作用,提升林业产业竞争力。我国的林业资源禀赋随着地理位置的不同也呈现出巨大的差异,因此,各地区应以当地的林业资源和经济发展状况为出发点,选择适合本地的战略性新兴产业。既要适合市场需要,又要符合国情需要。

促进林业新兴产业的发展,必须要做好科学布局,结合产业基础、资源状况、科技实力、人文环境、发展优势等,扬长避短、因地制宜地部署战略性新兴产业发展的重点。要使有条件的企业能够充分发挥自身优势,成为产业科技创新的源头,同时,通过技术开发区、工业园区建设,促进具有优势的企业向优势区域聚集,形成大规模的新兴产业集群。以战略性新兴产业规划和实施方案的引导，发挥龙头企业的带动作用，发展一批具有区域特色、科技含量高的产业集群，使其产业链在上下游之间逐步延伸、带动相关产业及整个区域的经济发展。同时，创新对产业的驱动作用日益突出，研发能力不断加强。战略性新兴产业有较高的的科技含量，我国在发展过程中应以"创新"为动力，在技术工艺、管理模式、市场运营等环节注入创新要素，以科技驱动产业发展。除此之外，产业链延伸也是引领林业新兴产业发展的有效措施。林业新兴产业是产业关联性较强的产业，新兴产业的发展不仅要依赖于自身的快速扩张，还特别注重产业链的有效延伸。产业链的延伸不仅强化了新兴产业对相关产业的扩散、引领、支撑作用，同时有助于企业缩短产业周期和产业反应时间，提供更高效的、差异化的产品及服务，促进经济社会的全面进步。

除了战略高度的趋势外，对于具体的林业各个新兴产业，也有未来的发展趋势预测。我国的森林食品资源丰富，但尚未得到充分合理的开发，无论是在开发利用的种类、产量和品质方面，还是在深加工方面都存在着巨大的潜力。未来会继续加强森林食品资源的基础性研究，注重森林食品种质资源保护和开发，大力发展森林产品精加工、深加工和综合加工，在保护生态环境的同时，取得更大的经济效益和社会效益，为森林食品提供更广阔的发展前景。关于森林康养，未来将进一步加强跨行业、跨领域的联动与协作机制，共同建立森林康养科技支撑体系和产业融合机制；进一步强化森林康养从业人员分期、分批、分区域开展森林康养职业培训；进一步建立健全森林康养基地标准体系；进一步拓宽融资渠道，吸引社会资本参与；进一步增强森林康养诚信体系建设和品牌宣传。我国森林碳汇发展稳步前进，碳汇市场进一步扩大。当前碳交易市场初步形成，森林碳汇项目实践处在试点与探索阶段，未来森林碳汇会进一步产权化。而森林碳汇市场交易成本与企业减排技术革新权衡、森林碳汇市场构建与森林资源可持续经营边界问题、森林碳汇市场构建与运行机制、探究新时代森林碳汇发展都会成为新话题。根据《中国林业物联网发展规划（2013—2020年)》，到2020年，物联网技术与林业主体业务将实现高度融合，林业信息基础设施条件显著改善，林区网络覆盖率达到80%以上，新一代信息技术应用水平显著提高，实现跨区域、集成化、规模化的物联网应用，推动林业业务智能化持续快速发展，相关应用形成的产业规模达到1000亿元，构建起较为完善的林业物联网科技创新、标准规范、安全管理体系，推动林业发展由数字阶段向智慧阶段跨越，有力支撑生态林业和民生林业发展。

在林业新兴产业的发展过程中，我们要树立国际视野和战略思维，着眼于提高国家科技实力和综合国力，努力是战略性新兴产业成为国家主导产业，支柱产业。

第七节　林产品贸易

一、全球林产品贸易概况

1. 贸易规模

世界木质林产品（HS44、HS47、HS48、HS49 和木家具，以下简称林产品）出口额在全球全部商品总出口额中的比例不超过 5%，且呈下降趋势：1992 年比例为 4.88%，2017 年比例为 2.67%。2009 年全球林产品出口额负增长，但在全球商品总出口额中的比例却止降反升。

2. 商品结构

按出口额衡量，在全球林产品出口中，1992—2017 年木制品和木家具的比例基本处于上升趋势，2009 年以来锯材的比例也基本保持增加势头，其他产品的比例有所波动，但是排序基本没有变化。其中，1992 年在全球全部木质林产品出口额中，纸和纸板比例为 40.94%，木家具为 7.21%，人造板为 8.37%，木浆为 10.40%，锯材为 11.89%，木制品为 4.23%，原木为 4.49%，原材为 1.34%。2017 年在全球出口的林产品中，纸和纸板比例为 36.49%（有下降趋势但并未改变其绝对主导地位），木家具为 14.68%，人造板为 9.02%，木浆为 8.69%，锯材为 8.41%，木制品为 6.86%，原木为 3.17%，原材为 1.85%。

3. 地区结构

（1）按出口额衡量，全部木质林产品的前五大出口国，1992—1998 年、2000 年是加拿大、美国、德国、瑞典、芬兰；1999 年、2001 年是加拿大、美国、德国、芬兰、意大利；2002—2004 年是加拿大、德国、美国、瑞典、意大利；2005—2017 年是加拿大、德国、美国、瑞典、中国。中国在 2005—2008 年位列第四，2009—2010 年位列第三，2011 年位列第二，从 2012 年起位列第一。美国、加拿大，德国的排序逐渐退后。从 2002 年起芬兰退出前五。2002—2015 年、2017 年意大利退出前五。前 5 国的比例合计约为 40%~65%。对具体商品而言，木、木制品和木炭（HS 44）及浆纸产品(HS 47、HS 48、HS 49)的出口以中国、西欧、北欧及东南亚为主,中国约占10%,加拿大、德国、美国及俄罗斯分别超过6%。就木、木制品和木炭(HS 44)而言,中国位居世界第一位。就浆纸产品(HS 47、HS 48、HS 49)而言,主要出口国是德国、美国、加拿大、瑞典、芬兰、法国、意大利、荷兰和中国(德国和美国的比例都超过11%,稳居世界前两名;中国跃居世界第三,比例为7.51%)。就木家具而言,中国的比例高达30%,远高于其他国家,连续多年保持世界第一。

(2)按进口额衡量,全部木质林产品的前五大进口国,1992年是美国、德国、日本、荷兰、加拿大;1993年是美国、日本、德国、英国、荷兰;1994—2006年是美国、德国、英国、法国、日本;2007—2011年是美国、德国、英国、法国、中国;2012年是美国、中国、德国、法国、日本;2013年是美国、中国、德国、英国、日本;2014—2017年是美国、中国、德国、英国、法国。对具体商品而言,中国、日本、印度、韩国、奥地利、德国、芬兰、瑞典和意大利是工业用原木(HS 4403)的主要进口国,其中,中国从2002年起始终位列世界第一,2013年的比例约50%,之后逐渐增加;日本、中国、丹麦、意大利、瑞典、荷兰和芬兰是薪材、木片或木粒(HS 4401)的主要进口国;美国、中国、日本、意大利、英国和德国是锯材主要进口国;美国、日本、德国、中国、加拿大、英国和意大利是人造板主要进口国,其中,美国始终位列第一;中国、德国、美国、意大利、韩国、法国、日本、荷兰、印度尼西亚和英国是木浆(HS 4707~HS 4706)的主要进口国,其中,中国始终位居世界第一,市场份额遥遥领先;中国、德国、荷兰、印度和印度尼西亚是废纸(HS 4707)的主要进口国。美国、德国、法国、英国、意大利、比利时、荷兰、加拿大和墨西哥是纸、纸板和纸制品(HS 48)的主要进口国且排名相对稳定,2005年中国曾经位列世界纸、纸板和纸制品的第一进口大国。美国、日本、德国、英国、意大利、法国、瑞士、丹麦和挪威是木制品的主要进口国,且排名比较稳定;美国、德国、英国、加拿大、法国和日本是木家具的主要进口国,其中,美国一直位居世界第一木家具进口大国,比例约25%~34%。

二、全球林产品贸易的发展趋势

(1)木材资源供给逐步演变为资源战略问题,源自人工林资源的木材比例不断增加。主要木材出口国纷纷限制木材资源出口。俄罗斯于2006年出台提高原木出口关税的草案,2007年7月1日起上调原木出口关税至

20%（每立方米不低于10欧元），从2008年4月起提高至25%（每立方米不低于15欧元），从2009年1月起，提高至80%（每立方米不低于50欧元）。加蓬从2010年1月起禁止原木出口。这项限制政策对非洲其他原木出口国家产生了示范效应。随着天然林面积的不断缩小和天然林限伐政策的出台，产自天然林的木材将日趋减少，其市场份额也将逐渐下降。人工林资源增加，特别是发展中国家人工林面积显著增长，使得源自人工林资源的木材比例不断增加。人工林已经并将继续成为薪炭材和工业原木的重要来源，但是大径材、珍贵树种仍将持续供不应求。

（2）林产品贸易的合法性要求逐渐提高，合法可持续的贸易前景广阔，环境友好型产品成为新趋势。例如，欧盟努力推动森林执法、施政和贸易（Forest Law Enforcement, Governance and Trade，简称FLEGT）进程，致力于发展与木材生产国签订《自愿伙伴关系协议》（VPA），以阻止非法木材进入欧盟市场；采取市场鼓励政策，包括将认证木材纳入绿色采购政策（GPP）或负责采购政策（RPP）的范围，以减少欧盟对非法采伐木材的消耗，并抑制欧盟公共机构可能助长非法采伐活动的投资。全面禁止非法木材进口的《欧盟木材法》（EU Timber Regulation，简称EUTR）则于2010年10月20日完成全部立法程序，并于2013年生效。2008年《美国雷斯法修正案》（Lacey Act，即美国法典16卷53章3371~3374，3376节）延伸至植物及其制品，认可、支持他国努力管理本国自然资源，激励企业交易来自合法渠道的植物及植物制品。《2012年非法采伐禁止法》（ILPA）于2012年11月30日成为澳大利亚正式法律（ILPA分为两个阶段实施：2014年11月30日之前禁止非法采伐木材的进口、禁止国内加工产品中使用非法采伐的木材；从2014年11月30日开始，禁止对混合了非法采伐的木材产品进口）。2013年12月30日俄罗斯公布《俄罗斯联邦森林法》和《俄罗斯联邦行政违规行为守则》修正案（Federal law of the Russian Federation from December 28, 2013 No. 415 – Ф3），统称《俄罗斯圆木法》（Russian Round – wood Act，简称RRA），旨在提供一套系统用以记录和跟踪圆木的采伐、运输、销售、加工或出口，并列出违法类型、惩罚措施及行政罚款，有助于验证俄罗斯原木的合法性。预计越来越多的国家将出台支持可持续森林管理的政策和法规，企业和消费者对可持续性的理解也会进一步加深，随之而来的是产业和消费者行为的变化。合法和可持续的林产品贸易将成为大势所趋，其市场占有率也将持续增加。传统能源短缺的现实和绿色低碳发展的目标将推动木质生物质产业的全面发展，木质生物质能源的需求增加，木质颗粒贸易将在全球范围内持续增长。随着技术创新和环保意识的不断提升，全球市场对木构件的需求量非常可观，木构件贸易将增长。

(3) 初级林产品贸易增速放缓，低附加值林产品出口竞争日趋激烈。一方面，原木、锯材等初级加工品的生产和消费继续扩大，以满足日益增长的市场需求，但增速将处于较低水平。木材生产国将出现分化，北美、欧洲的木材供应量稳中有升，部分东南亚、南美、非洲国家的木材生产受政策影响将大幅下降。热带阔叶原木的份额将不断降低，针叶材供给增长且占比不断增加。对木材资源匮乏的国家而言，大规模获取木材原料的竞争将日益激烈。另一方面，发展本国木材加工业、增加就业，成为一些国家新的政策目标。越南实施积极的外资政策，大力发展本国木材加工和出口贸易。俄罗斯于 2007 年 7 月通过《俄罗斯联邦森林法》修正案，将林区租赁的最长期限定为 49 年，赋予地方政府管理林业的大部分权力，出台优惠措施鼓励外资在俄境内设立木材加工企业，以实现由出口木材资源为主向出口木材制品为主的转变。加蓬出台限制原木出口政策、设立经济特区，鼓励企业在当地落户生根，努力创造良好的投资环境。

(4) 高附加值林产品发展潜力巨大，但是易受经济形势影响而波动。与初级林产品不同，高附加值林产品的发展与本国生产条件和资金技术实力密切相关。随着世界经济的发展，人们生活水平不断提升，对林产品的需求将追求品质和多元化。细分市场促使产品类型不断丰富，市场需求多元化推动加工水平优化，使高价附加值林产品获得了长足发展。在一些发达国家，木材加工业率先从传统的资源密集型产业转变为技术密集型产业，产出更高价值和利润的产品。人造板广泛应用于家具、建筑、地板、包装等领域，人造板产业发展快于同期世界林产品贸易增速。木浆是重要的造纸原料。美洲是世界木浆的主要供给地区，出口量占比近六成，欧洲约占三成。随着亚洲的经济发展，对木浆的进口需求高速增长，进口份额不断攀升。纸和纸板主要用于家具、建筑装饰、交通、印刷、包装等多个行业。纸和纸板的主要出口和进口国均以发达国家为主。与缺乏需求价格弹性的食品和多数农产品相比，全球林产品贸易与经济增长更具相关性。

(5) 全球林产品贸易格局深度调整。贸易格局深度调整的主要因素：林业国际化进程加快，各国林业合作和相互依存不断加深；林产品需求随着人口、经济增长模式、地缘政治格局、政策法规的变化而变化；全球化和逆全球化对抗明显，不确定性增加。

三、中国林产品贸易概况

中国是全球最主要的林产品生产、消费和贸易国。中国的锯材产量已经超过加拿大，锯材消费量已经超过美国；中国已经是全球最大的人造板、纸产品的生产国和消费国。中国是最大的原木、锯材和纤维原料（木浆、纸及纸制品）的进口国，是最大的人造板、木制品和木家具出口国。中国林产品贸易的特征如下。

(1) 贸易规模。总体呈现增长趋势。贸易波动主要受国内市场、中国天然林资源保护工程和出口贸易政策调整影响。

(2) 贸易差额。近年来，中国由林产品净进口国变为净出口国，2014—2016 年的贸易顺差分别为 110.17 亿美元、165.13 亿美元和 136.72 亿美元，2017 年明显下降，为 55.60 亿美元。其中，历年原木、木浆、废纸均为贸易逆差；原材、锯材多数年份为贸易逆差；印刷品多数年份为贸易顺差；从 2004 年起人造板转为顺差；从 2006 年起纸和纸板转为顺差；历年木制品、木家具均为顺差。

(3) 商品结构。中国出口以人造板、纸及纸制品、木制品和木家具等加工品为主，进口以原木、原材、锯材等资源密集型林产品为主。以原木和锯材为例，中国 1998 年起实施天然林资源保护工程，2017 年起全面禁伐天然林，国内木材供给长期短缺，因此，从 20 世纪 90 年代中期开始，中国对原木、锯材等原料型林产品的进口明显增长，2017 年原木进口量增长 13.7%，锯材进口量增长 16.3%。中国对人造板的进口波动较大，木制品进口增长较缓慢。如果换算为原木当量，中国主要林产品的进口趋势并没有太大变化。

(4) 市场结构。主要产品市场较为集中，但有逐步分散趋势。1981 年中国林产品的出口国家和地区不足 200 个，进口来源国家和地区不足 100 个；2011 年中国林产品的出口国家和地区超过 200 个，进口来源国家和地区超过 150 个。

出口：人造板主要向美国、日本和俄罗斯出口；纸品主要出口至美国、中国香港、日本、韩国、印度、马来西亚、英国、德国、俄罗斯、澳大利亚等国家和地区，其中，美国和中国香港的合计占比 2000 年高达 51.86%，之后逐年减少；木制品主要出口美国、加拿大、日本、中国香港、韩国、德国、荷兰、英国、法国、西班牙等国家和地区，尤其日本和美国的份额遥遥领先，二者合计超过 45%；木家具主要向美国、中国香港、日本和英国出口，尤其美国一直是中国的第一出口对象国，2005年起份额高达48.49%，之后份额有所降低，这与美国2004年开始对中国卧室木家具进行反倾销调查，并最终征收高额的反倾销税有很大的关系。

进口：初级产品主要来源于森林资源丰富、有一定加工技术、劳动力密集的国家。其中，原木主要进口自俄罗斯、加蓬、马来西亚、巴布亚新几内亚和新西兰；锯材主要进口自俄罗斯、美国、泰国、加拿大、巴西；木浆主要来自美国、巴西、智利、加拿大、印度尼西亚；人造板主要来自泰国、马来西亚、日本。

(5)进口依存度较高。长期以来，中国国内木材资源供给量徘徊不前，而木材需求随着人口、经济的增长呈明显的持续上升趋势，缺口较大，需要通过进口来补充。木材资源供给的进口对外依存度（即各类林产品进口原木当量占国内总木材资源供给的比例）基本维持在50%左右。由于国内人工林培育取得了阶段性的成果，从2003年开始，中国的木材进口依存度略有下降。

(6)净贸易条件有不断恶化趋势。自2002年以来，中国主要林产品进口均价不断攀升，而木制品、胶合板等主要林产品的出口价格也呈攀升趋势，但受成本推动影响，增速不快。因此，中国林产品净贸易条件不断恶化。

(7)世界地位。中国是世界林产品的主要贸易国。除了1994年略有下降外，中国在世界林产品出口额中的比例连续增加，1992年仅为1.26%，2012年起超过11.00%，2017年为14.06%。除了1994年和2001年略有下降外，中国在世界林产品进口额中的占比连续增加，1992年仅为3.11%，2014年起超过10.00%，2017年为12.56%。

中国林产品贸易的发展趋势，短期内国内市场的木材供给缺口仍将主要依靠进口弥补，但进口商品结构可能发生改变。伴随各国日益重视保护本国森林资源，纷纷出台原木出口禁令，将越来越多的珍稀树种纳入限制/禁止出口目录中，中国原木进口数量将继续受限，锯材、单板等初级加工产品将逐步成为中国主要的进口产品。同时，中国人口结构变化、人工成本不断提高，拥有更加丰富廉价劳动力的越南等新兴发展中国家加入全球林产品竞争，中国林产品出口面临的竞争加剧。2018年以来，中美贸易摩擦不断升级，2019年美国计划对中国部分林产品加征10%~15%的关税，将加大中国林产品的出口风险。

(李玉印、孙友、王宏、黄安民、王贵禧、赵荣、缪东玲)

第六章 自然保护地管理

第一节 自然保护地管理概述

一、自然保护地概述

自然保护地是各级政府依法划定或确认,对重要的自然生态系统、自然遗迹、自然景观及其所承载的自然资源、生态功能和文化价值,实施长期保护的陆域或海域。自然保护地的主要功能是守护自然生态,保育自然资源,保护生物多样性与地质地貌景观多样性,维护自然生态系统健康稳定,提高生态系统服务功能;同时具有服务社会,为人民提供优质生态产品,为全社会提供科研、教育、体验、游憩等公共服务功能,维持人与自然和谐共生并永续发展。

人与自然的关系是人类社会最基本的关系。自然保护行为往往与自然破坏的行为相生相伴,当人类利用自然的强度超过自然能够自我修复的阈值时,为保证人类的可持续发展,保护自然就成为人类的理性选择。自然保护地就是通过法令或其他有效方式确认并加以保护的自然空间,是人类认识自然、利用自然、保护自然的文明体现。中国拥有全球最丰富的地理多样性,是世界上生物多样性最丰富的国家之一,在5000多年的文明史中,孕育了优秀的生态文化。我国历代劳动人民在长期的生产和生活实践中,深刻地认识到封禁地域在保护环境方面的重要性,自发地设立了一些保护地域,并制定了一些乡规民约来对这些地方进行保护和管理。如许多地方的"风水林""神木""神山""龙山"等,都是为禁止干扰和破坏山林而确定的封禁地域。

我国古代贤哲对"天人关系""人地关系"就有深刻的认识,提出过朴素的自然保护思想,道法自然、天人合一等保护自然的观念和理念对中华文明产生了极为深刻的影响。虞衡是我国古代掌管山林川泽的政府机构的泛称,其职责主要是保护山林川泽等自然资源,制定相关方面的政策法令,虞衡官执行这些政令法令。我国汉唐时期,自然资源和生态环境保护方面的理论和实践已发展到较高的水平,据《旧唐书》记载,当时的政府把京兆、河南两都四郊三百里划为禁伐区或禁猎区,通过这种方式来保护自然资源与生态环境,这大概是世界上最早建立的"自然保护地"。我国古代积累的丰富的自然保护理论知识和实践经验为中华民族生存发展和文明延续提供了生态保障。

现代的自然保护地起源于西方,是工业文明和科学技术发展到一定阶段的产物。美国于1832年划定了热泉保护区,被认为是现代最早的自然保护地,此后,约瑟米蒂州立公园、黄石国家公园等相继建立,开启了全球性的自然保护地运动。据世界自然保护联盟IUCN数据库统计,到2018年,全球已经建立超过10万个自然保护地,按照"爱知生物多样性"目标,到2020年,将有全球17%的陆地和10%的海洋区域纳入自然保护地进行有效和可靠的管理。

我国现代的自然保护地事业起步较晚,是在1949年以后,伴随着经济建设和林业事业的需要而发展壮大的。为适应国民经济从恢复走向发展时期对森林资源保护、野生动植物保护和狩猎管理的迫切需要,1956年9月,秉志、钱崇澍等5位科学家向全国人民代表大会第一届第三次会议提出了提案,建议:"急应在各省(自治区)划定若干自然保护区(禁伐区),为国家保存自然景观,不仅为科学研究提供据点,而且为我国极其丰富的动植物种类的保护、繁殖及扩大利用创立有利条件,同时对爱国主义的教育将起着积极作用。"国务院根据此次大会的审查意见,交林业部会同中国科学院和当时的森林工业部办理。林业部于当年10月提交了保护区划定草案,提出了保护区的划定对象、划定办法和划定地区,启动了我国自然保护区建设事业。但受"大跃进""文化大革命"等运动影响,自然保护区发展非常缓慢,有的甚至名存实亡。改革开放以来,以自然保护区为代表的各类自然保护地快速发展。1978年11月22日,邓小平同志在十一届三中全会前夕,专门在一篇呼吁保护福建崇安县生物资源的光明日报内参上批示:"请福建省委采取有力措施",并在标题"保护"二字下重重画了两道横线。1979年4月,武夷山国家级自然保护区得以建立。此后,在中央的重视下,全国各地的积极性提高,自然保护区数量快速增长,风景名胜区、森林公园等自然保护地也蓬勃兴起。到2018年,全国已经建立各级各类自然保护地达1.18万处,包括自然保护区、森林公园、湿地公园、沙漠公园、风景名胜区、水源保护区等14类主要自然保护地，其中，有2750个自然保护区、3548个森林公园、1051个风景名胜区、898个国家级湿地公园、650个地质公园等，占我国陆域面积的18%左右，超过世界平均水平。

各类自然保护地的设立，保护了我国生物多样性最丰富、生态效益最好、最精华的生态系统和自然资源，使我国90%以上的陆地生态系统类型、85%以上的野生动物种群、65%以上的高等植物群落和50%以上的天然湿地得到了有效地保护，同时还使国家重点保护的300多种珍稀濒危野生动物的主要栖息地、130多种珍贵树木的主要分布地得到了保护。如大熊猫、朱鹮、藏羚羊、亚洲象、扬子鳄、苏铁等物种都得到了保护和恢复。一些自然保护地达到世界先进水平，如长白山、鼎湖山、卧龙等34个自然保护区被列入世界生物圈保护区。此外，一些地区在当地政府、民间公益组织等的帮助和支持下，还建立了自然保护小区、社区保护地、农田保护区等，这些保护地在自然资源保护方面也起到了很好的辅助作用。数量众多、类型丰富、功能多样的各级各类自然保护地，初步形成了以自然保护区为主体的保护地格局，使我国重要的自然生态系统和独特的自然遗产得以保护，在保存自然本底、保护生物多样性、改善生态环境质量和维护国家生态安全方面发挥了巨大作用。

人类开发活动总是倾向于把自然生态系统转变为人工生态系统，但保持一定数量、不受人为干扰的自然生态系统至关重要，其具有不可替代的生态价值。在漫长的历史长河中，人类享受着自然的供给，人们对自然资源的索取没有超过自然界自我恢复的阈值，人与自然相对相安无事。随着人类数量的增长以及利用自然手段和能力的增强，特别是工业化以来的200年来，资源的短缺和环境的退化现象从局部蔓延到全局，生态环境问题成了全球性问题。中国发展到今天，遇到了前所未有的资源趋紧、生态退化、环境污染加剧、生物多样性锐减的严峻局面，我们赖以生存的自然环境面临严重威胁。保护原生自然生态系统、修复退化生态环境成了我们这几代人的历史重任。即使是从经济学角度出发，相比破坏了再投入资金修复（有的生态系统一旦破坏就无法修复），投入自然保护能够获得最大化的费效比。建立自然保护地已成为迄今为止世界上公认的最有效的保护自然生态系统、维护生物多样性的理想模式。

我国的自然保护地事业传承传统的自然保护思想，以自然辩证法为基础，结合中国国情，又吸收借鉴了西方有益经验，具有鲜明的中国特色。进入新时代，在资源约束趋紧、环境质量下降、生物多样性锐减的形势下，我国提出把生态文明建设纳入经济建设、政治建设、文化建设、社会建设"五位一体"总体布局，把自然保护地建设作为生态建设的核心载体、美丽中国的重要象征。以习近平同志为核心的党中央高度重视自然保护地体系建设，赋予自然保护地在维护国家生态安全中的首要地位，站在中华民族永续发展的历史高度，提出了建立以国家公园为主体的自然保护地体系的战略决策。

二、现有自然保护地体系

经过60多年不懈努力，我国自然保护事业在十分困难的条件下取得了显著成绩。我国的自然保护地从无到有、从小到大、从单一到综合，已逐步形成布局基本合理、类型较为齐全的以自然保护区为主体的自然保护地格局。保护对象涵盖了典型自然生态系统、珍稀濒危野生动植物资源、地质遗迹、古生物遗迹、人文和历史景观等生物多样性和文化多样性，形成了保护形式多样化的自然保护地格局，使我国大部分的自然资源和人文资源得到了较好保护。

总体来看，我国现有保护地分布不均衡，总体上呈现"东部数量多，西部面积大"的特点。从不同保护地类型的数量和面积来看：数量上，森林公园在我国保护地体系中所占比例最大；而面积上，自然保护区则占我国保护地体系的主要部分。从地区分布情况来看，我国西部省（自治区）新疆、西藏、青海、内蒙古等被大面积的保护地覆盖，且这些保护地呈分散状分布；而广东、广西、浙江、福建等东南沿海地区保护地数量众多，但在全国保护地面积中所占比例较少，且这些保护地多集中分布，交叉重叠情况普遍。

根据相关法律法规赋予的行政管理职能，我国的林业、环保、农业、国土、海洋、水利等行政主管部门在各自职权范围内分别设立了保护地类型（图6-1）。如林业部门设立了自然保护区、森林公园、湿地公园、沙漠公园、沙化土地封禁保护区5个保护地类型；农业部门设立了水产种质资源保护区、水生生物保护区、草原保护区3个保护地类型；国土资源部门设立了地质公园、矿山公园2个保护地类型；住建部门设立了风景名胜区、城市湿地公园2个保护地类型；环保部门设立了饮用水水源保护区、水利部门设立了水利风景区、海洋部门设立了海洋公园、海洋特别保护区等。其中，以自然保护区最为特殊，我国的自然保护区实行综合管理和分部门管理相结合的管理体制，国务院环境保护行政主管部门负责全国自然保护区的综合管理，林业、农业、国土、水利、海洋等有关行政主管部门在各自职责范围内主管各自自然保护区。尽管环保部门实行"综合管理"，但实际的统一管理仍然局限在各部门所属的自然保护区范围内，环保部门事实上并不是真正的统一管理机构，依然无法对自然保护区实行统一管理。

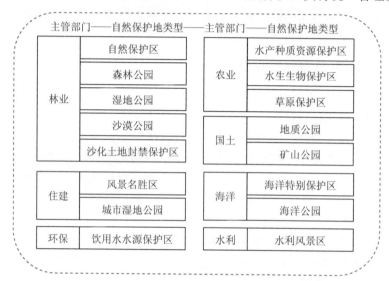

图 6-1　现有自然保护地及其分管部门

为管理上的便利和有效，我国的保护地基本都采用国家、省、市县三级管理体制，通常都是国家层面负责全国保护地的监督管理工作，拟订相关政策、规划、法律、行政法规、部门规章、标准等，从宏观上把握不同保护地的保护管理工作，并负责相关对外交流与合作。而省级和地市级有关行政主管部门，则重点负责本辖区内保护地的保护与管理，并组织制定本行政区地方级保护地的建设发展规划并监督实施，同时也负责地方级保护地管理相关政策法规、标准规范的制定工作，这些工作主要由不同保护地类型的相关管理机构具体负责，在业务上与国家层面的管理机构实行垂直管理。

我国从中央到地方已成立了相应的管理机构或职能部门负责自然保护地管理。近年来，强化了自然保护区的机构建设，使国家级自然保护区基本形成了保护管理体系、资源调查与监测体系、科技支撑体系、执法体系、宣传培训体系和信息网络管理体系，做到了有机构、有职能、有人员、有经费，并使85%的地方级自然保护区基本建立管理机构。但其他一些类型的自然保护地仍然存在无机构、无人员、无经费等现象，一些市县级自然保护地仅是"画了圈"或"挂了牌"，并未开展与保护管理目标相一致的相关保护管理工作。因此，受多种因素影响，目前我国现有保护地的建设发展水平还十分不平衡。

三、以国家公园为主体的自然保护地体系

我国经过60余年的努力，已建立数量众多、类型丰富、功能多样的各级各类自然保护地，在保护生物多样性、保存自然遗产、改善生态环境质量和维护国家生态安全方面发挥了重要作用，但仍然存在重叠设置、多头管理、边界不清、权责不明、保护与发展矛盾突出等问题。我国的保护地是在应对各类自然资源保护需求的情况下逐步建立起来的，特别受部门利益等多方面因素的驱使，林业、环保、住建、国土、海洋、水利等各部门针对各自管辖范围内的自然资源类型设立了保护地或具有保护性质的用地，呈现出"九龙治水"的局面，造成保护地管理机构重叠设立、多头管理等问题，使我国保护地整体保护管理效率低下，严重影响保护成效，迫切需要进行改革。

国家公园是人类文明发展到一定阶段后的必然产物，它的出现推动了自然保护事业的兴起和发展，不仅创造了人类社会保护自然生态环境的新形式，也引发了世界性的自然保护运动。自1872年美国黄石国家公园诞生以来，国家公园这种自然保护地的模式已经在全球200多个国家通行。我国在国家公园建设方面进行了长期的理论探索，云南等省也积极通过具体实践摸索我国建立国家公园的可行性及其路径和方法。2013年，我国党的十八届三中全会首次提出"建立国家公园体制"。2015年初，我国出台建立国家公园体制试点方案，并于当年6月启动了为期3年的国家公园体制试点工作。2017年9月26日，中共中央委员会办公厅、国务院办公厅印发了《建立国家公园体制总体方案》，提出要优化完善自然保护地体系，改革分头设置自然保护区、风景名胜区、文化自然遗产、地质公园、森林公园等自然保护地的管理体制；逐步改革按照资源类型分类设置自然保护地体系的模式；理清各类自然保护地关系，构建以国家公园为代表的自然保护地体系，同时将国家公园体制试点时间延长至2020年。2017年10月18日，党的十九大报告提出"构建国土空间开发保护制度，完善主体功能区配套政策，建立以国家公园为主体的自然保护地体系"。为加大生态系统保护力度，统筹森林、草原、湿地监督管理，加快建立以国家公园为主体

的自然保护地体系，保障国家生态安全，2018年3月，中共中央印发的《深化党和国家机构改革方案》，通过整合国土资源部、住房和城乡建设部、水利部、农业部、国家海洋局等部门的自然保护区、风景名胜区、自然遗产、地质公园等管理职责，组建国家林业和草原局，并加挂国家公园管理局牌子。随着机构改革方案的落实，我国实现了自然保护地体系的统一管理，从根本上解决了"九龙治水"的弊端。

我国正在改革自然保护地管理体制，重构系统规范的具有中国特色的自然保护地体系（图6-2）。2019年6月，中共中央委员会办公厅、国务院办公厅印发了《关于建立以国家公园为主体的自然保护地体系指导意见》（以下简称《指导意见》），这是自然保护地领域改革的顶层设计，该文件全面贯彻落实习近平生态文明思想，立足我国现实，对接国际做法，大胆改革创新，通过深入分析，提出解决方案，构建中国特色的自然保护地管理体制，推动形成人与自然和谐共生的自然保护新格局，确保占国土面积约1/5的生态空间效能发挥，确保国家生态安全。从分类上，构建科学合理、简洁明了的自然保护地分类体系，解决牌子林立、分类不科学的问题，提出了国家公园、自然保护区、自然公园的新型分类体系。从空间上，通过归并整合、优化调整，解决边界不清、交叉重叠的问题，并提出了核心保护区、一般控制区的新型分区方法。从管理上，通过机构改革，解决机构重叠、多头管理的问题，做到一个保护地、一套机构、一块牌子，实现统一管理。提出了建立以国家公园为主体的自然保护地体系的目标、要求和

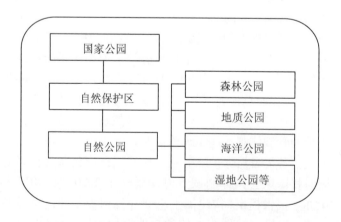

图6-2 以国家公园为主体的自然保护地体系

具体任务，通过明确自然保护地功能定位、科学划定自然保护地类型、编制自然保护地规划、整合交叉重叠的自然保护地、归并优化相邻自然保护地等，逐步形成以国家公园为主体，自然保护区为基础，各类自然公园为补充的自然保护地体系；以政府治理为主，共同治理、公益治理、社区治理相结合的自然保护地治理体系。有重大的改革和创新，对解决历史遗留问题，建立完善的自然保护地体系管理体制，构建科学合理的、中国特色的以国家公园为主体的自然保护地体系（图6-2），具有十分重要的指导意义。目前，全国正在贯彻落实《指导意见》，力求到2020年，建立国家公园体制试点基本完成，整合设立一批国家公园，分级统一的管理体制基本建立，国家公园总体布局初步形成，到2030年建立完善的以国家公园为主体的自然保护地体系。

第二节　国家公园

一、国家公园概述

国家公园是指以保护具有国家代表性的自然生态系统为主要目的，实现自然资源科学保护和合理利用的特定陆域或海域，是我国自然生态系统中最重要、自然景观最独特、自然遗产最精华、生物多样性最富集的部分。我国的国家公园既具有极其重要的自然生态系统，又拥有独特的自然景观和丰富的科学内涵，国民认同度高。我国建立国家公园的目的是保护自然生态系统的原真性、完整性，始终突出自然生态系统的严格保护、整体保护、系统保护；我国国家公园以国家利益为主导，坚持国家所有，具有国家象征，代表国家形象，彰显中华文明；我国的国家公园着眼于提升生态系统服务功能，坚持世代传承、全民共享，给子孙后代留下珍贵的自然遗产，通过开展自然环境教育，为公众提供亲近自然、体验自然、了解自然以及作为国民福利的游憩机会；同时鼓励公众参与，调动全民积极性，激发自然保护意识，增强民族自豪感。

中国的国家公园和西方国家公园有共同的特征，又有着本质的区别。与世界自然保护联盟（IUCN）将国家公园归入二类自然保护地，大多数国家把国家公园作为满足国民游憩休闲和保护并举的策略不同，中国一开始就把国家公园作为最严格的自然保护地类型，明确建立国家公园的目的是保护自然生态系统的原真性和完整性，给子孙后代留下珍贵的自然遗产。中国建立国家公园体制,强调突出自然生态系统的严格保护、整体保护、系统保护,一切工作服务和服从于保护,坚决防止借机大搞旅游产业开发。

从2013年党的十八届三中全会首次提出"建立国家公园体制",到2018年中央明确在国家林业和草原局加挂国家公园管理局牌子,管理国家公园等各类自然保护地,标志着我国的国家公园在良好的基础上快速推动。我国的国家公园体制建设是在生态文明制度建设的背景下开展起来的,是关于自然保护地的管理体制,是以国家公园为主体的自然保护地运行机制。我国的国家公园体制坚持将山水林田湖草作为一个生命共同体,统筹考虑保护与利用,对我国已建的相关自然保护地进行功能重组,合理确定国家公园的范围,通过建立统一规范高效的中国特色国家公园体制,使重要的自然生态系统原真性、完整性得到有效保护,并有效解决制约我国自然保护地发展的交叉重叠、多头管理等问题,形成中国自然生态系统保护的新体制新模式,有效促进我国生态环境治理体系和治理能力的现代化,保障我国国家生态安全。

我国的国家公园体制立足生态保护现实需求和发展阶段,科学确定国家公园空间布局;我国的国家公园体制将创新体制和完善机制放在优先位置,做好体制机制改革过程中的衔接,成熟一个设立一个,有步骤、分阶段推进国家公园建设;我国的国家公园体制由国家确立并主导管理,要加大财政支持力度,广泛引导社会资金多渠道投入,要建立健全政府、企业、社会组织和公众共同参与国家公园保护管理的长效机制,探索社会力量参与自然资源管理和生态保护的新模式。

目前,我国先后在12个省开展了东北虎豹、大熊猫、祁连山、三江源、海南热带雨林、武夷山、神农架、普达措、钱江源、南山10处国家公园体制试点(表6-1)。按照我国国家公园体制建设总体布局,到2020年,基本完成国家公园体制试点,设立一批国家公园,分级统一的国家公园体制基本建立;到2035年,国家公园体制更加健全,分级统一的管理体制更加完善,国家公园的整体布局更加合理,保护管理效能明显提高。

表6-1 国家公园体制试点基本情况

序号	名称	涉及省份	面积(km^2)	试点内容
1	东北虎豹国家公园体制试点	吉林、黑龙江	1.46万	试点区旨在有效保护和恢复东北虎豹野生种群,实现其稳定繁衍生息;有效解决东北虎豹保护与当地发展之间矛盾,实现人与自然和谐共生

（续）

序号	名称	涉及省份	面积（km²）	试点内容
2	大熊猫国家公园体制试点	四川、甘肃、陕西	2.7万	试点区加强大熊猫栖息地廊道建设，连通相互隔离的栖息地，实现隔离种群之间的基因交流；通过建设空中廊道、地下隧道等方式，为大熊猫及其他动物通行提供方便
3	祁连山国家公园体制试点	甘肃、青海	5.02万	试点区是我国生物多样性保护优先区域、世界高寒种质资源库和野生动物迁徙的重要廊道，还是雪豹、白唇鹿等珍稀野生动植物的重要栖息地和分布区；祁连山局部生态破坏问题十分突出，多个保护地、碎片化管理问题比较严重；试点要解决这些突出问题，推动形成人与自然和谐共生新格局
4	三江源国家公园体制试点	青海	12.31万	三江源国家公园以自然修复为主，保护冰川雪山、江源河流、湖泊湿地、高寒草甸等源头地区的生态系统，维护和提升水源涵养功能
5	海南热带雨林国家公园体制试点	海南	4400	创新保护管理体制机制、建立自然生态整体保护和系统修复制度、构建社区协调发展制度、建立健全资金保障制度，建立统一规范高效的海南热带雨林国家公园管理体制
6	福建武夷山国家公园体制试点	福建	982.59	试点区是全球生物多样性保护的关键地区，保存了地球同纬度最完整、最典型、面积最大的中亚热带原生性森林生态系统，也是珍稀、特有野生动物的基因库
7	湖北神农架国家公园体制试点	湖北	1170	试点区位拥有亚热带森林生态系统和泥炭藓湿地生态系统，是世界生物活化石聚集地和古老、珍稀、特有物种避难所；这里有珙桐、红豆杉等国家重点保护的野生植物36种，金丝猴、金雕等重点保护野生动物75种
8	云南香格里拉普达措国家公园体制试点	云南	602.1	试点区分为严格保护区、生态保育区、游憩展示区和传统利用区，各区分界线尽可能采用山脊、河流、沟谷等自然界线
9	浙江钱江源国家公园体制试点	浙江	252	试点区是中国特有的世界珍稀濒危物种、国家一级重点保护野生动物白颈长尾雉、黑麂的主要栖息地
10	湖南南山国家公园体制试点	湖南	635.94	试点区整合了原南山国家级风景名胜区、金童山国家级自然保护区、两江峡谷国家森林公园、白云湖国家湿地公园4个国家级保护地，新增非保护地但资源价值较高的地区

二、国家公园探索历程

中国的国家公园是在以自然保护区为主体的自然保护地体系基础上,以问题为导向进行自然保护地管理体制改革,在生态文明建设的时代背景下产生的。既有传统自然保护文化的源泉,也有马克思主义生态观的思想基础,起源于地方和部门探索实践,借鉴了西方国家公园有益经验,遵循了习近平新时代中国特色社会主义思想,具有鲜明的中国特色,是习近平生态文明思想的具体体现。

1872年,美国建立了世界上第一个国家公园——黄石国家公园。此后,加拿大、澳大利亚等国纷纷仿效,许多国家开始建立国家公园。俄罗斯(包括前苏联阶段)从1917年开始建立自然保护区,1983年以后也开始建立国家公园。经过百余年的探索实践,国家公园已成为世界上许多国家自然保护的一种重要形式,它的理念和发展模式影响着世界各地自然保护地的建设和管理。全球已有200多个国家和地区建立了上万个国家公园,总保护面积超过400万km^2,占全球保护面积的23.6%,这些国家公园成为保护全球生物多样性、维护地球生态安全的重要阵地。

我国的国家公园探索大致分为3个阶段:地方和部门探索阶段;国家试点阶段;全面建设阶段。云南是我国大陆最早开展国家公园研究和探索的地区,1996年云南省相关研究机构和大自然保护协会(TNC)合作开展了国家公园研究项目。经过10多年的探索和研究,2006年,云南省政府正式做出了建设国家公园的战略部署,并在此后3年的政府工作报告中将"探索建立国家公园新型生态保护模式"列为云南省生态环境建设的工作重点之一。在云南省政府的大力推动下,2006年8月,云南香格里拉普达措国家公园开始试运行;2007年6月,普达措国家公园正式挂牌成立。2008年6月,国家林业局批准云南省为国家公园建设试点省,以具备条件的自然保护区为依托开展国家公园建设工作,探索具有中国特色的国家公园建设和发展思路。云南省在国家公园体制建设方面的积极探索和实践,为国家公园理念的传播和推广起到了推动作用,也加快了我国自然保护地管理体制的变革进程。

2013年11月,《中共中央关于全面深化改革若干重大问题的决定》指出:"坚定不移实施主体功能区制度,建立国土空间开发保护制度,严格按照主体功能区定位推动发展,建立国家公园体制"。2015年1月,国家发展改革委联合国家林业局等13部委印发了《建立国家公园体制试点方案》,确定在北京等9省(直辖市)开展国家公园体制试点,成立了以国家发展改革委为组长单位的建立国家公园体制试点小组。2015年4月,《中共中央国务院关于加快推进生态文明建设的意见》强调:"建立国家公园体制,实行分级、统一管理,保护自然生态和自然文化遗产原真性、完整性"。2015年9月,中共中央、国务院印发的《生态文明体制改革总体方案》明确:"建立国家公园体制。加强对重要生态系统的保护和永续利用,改革各部门分头设置自然保护区、风景名胜区、文化自然遗产、地质公园、森林公园等的体制,对上述保护地进行功能重组,合理界定国家公园范围"。2016年12月5日,中央全面深化改革领导小组第三十次会议审议通过了《关于健全国家自然资源资产管理体制试点方案》《大熊猫国家公园体制试点方案》《东北虎豹国家公园体制试点方案》。2017年1月31日,中办、国办正式印发了《东北虎豹国家公园体制试点方案》,明确东北虎豹国家公园体制试点区位于吉林、黑龙江两省交界的老爷岭南部(珲春—汪清—东宁—绥阳)区域,总面积146.12万 hm^2。试点的主要任务是有效恢复东北虎豹栖息地生态环境、创新管理体制机制、推动原住居民生产生活方式转型、建立资金长效保障机制、构建科研监测网络和有序扩大社会参与等。主要目标是形成野生东北虎豹稳定栖息地、成为生态文明建设综合功能区域、建成野生动物跨区域合作保护典范。2017年2月18日,中办、国办印发《关于健全国家自然资源资产管理体制试点方案》,明确在东北虎豹国家公园试点区开展全民所有自然资源资产所有权管理体制试点,试点区内全民所有自然资源资产所有权由国务院直接行使,试点期间,具体委托国家林业局代行。2017年7月19日,习近平主持召开中央全面深化改革领导小组第三十七次会议。会议强调,建立国家公园体制,要在总结试点经验基础上,坚持生态保护第一、国家代表性、全民公益性的国家公园理念,坚持山水林田湖草是一个生命共同体,对相关自然保护地进行功能重组,理顺管理体制,创新运营机制,健全法律保障,强化监督管理,构建以国家公园为代表的自然保护地体系。2017年8月19日,东北虎豹国家公园国有自然资源资产管理局、东北虎豹国家公园管理局成立。2017年9月26日,中共中央办公厅、国务院办公厅印发了《建立国家公园体制总体方案》,并发出通知,要求各地区各部门结合实际认真贯彻落实。2017年10月18日,党的十九大报告提出"建立以国家公园为主体的自然保护地体系"。2018年3月21日,中共中央印发了《深化党和国家机构改革方案》,其中,明确组建国家林业和草原局,加挂国家公园管理局牌子,管理国家公园等各类自然保护地。这一系列改革措施表明，中国特色国家公园体制正在快速构建。

三、国家公园体制试点进展

自2013年中国首次提出"建立国家公园体制"并将其列入中国全面深化改革的重点任务以后，作为推进生态文明体制改革的重要举措，我国积极开展国家公园建设的有益探索，决定先行开展国家公园体制试点工作。我国的国家公园体制试点工作前期由国家发改委牵头，国家林业局等13部委参与，自试点工作开展以来，做了大量工作，取得了初步成效。国家林业和草原局接手国家公园管理工作以后，进一步充实力量，继续积极开展各项工作，加快推进《建立国家公园体制总体方案》相关任务落实，扎实推进各项改革，统一管理格局初步形成，在国家公园立法、总体布局、监测评估等方面取得了突破性进展。

各试点国家公园在国家公园体制建设方面思维开阔、行动有力，开展了大量工作，在管理体制机制设计、规划方案制定、生态保护制度、资源监测评价、技术标准建立、政策支持保障、法制体系建设、人员队伍培训、生态文化普及等诸多方面都进行了有益的探索和实践，取得了阶段性成效。在认真总结实践经验的基础上，各试点国家公园积极开展政策研究，开展了法律法规研究制定工作，管理法规陆续出台。截至目前，《云南省国家公园管理条例》《三江源国家公园条例（试行）》《武夷山国家公园条例（试行）》《神农架国家公园保护条例》相继出台，相关配套管理办法也得以制定实施。国家公园管理正逐步走向法治化，同时也为国家层面国家公园立法工作积累了经验。

我国人口众多，大部分地区受到不同程度的人为干扰，东部与西部、南方与北方、经济发达和欠发达区，自然、人文环境、观念理念和建设条件等差异明显，为了增强国家公园生态系统的联通性、协调性、完整性，整合碎片化管理区域，在国家公园试点过程中，通过准确界定试点国家公园功能定位，编制总体规划，努力实行分区分类管理，对不同功能区实施不同的保护和管理政策，力求实现差异化和精细化管理。同时，试点国家公园也积极尝试开展矿产资源开发和水电站退出等，全面停止国家公园范围内采探矿点开采，关停了部分对生态环境影响较大的水电站，并开展裸露山体治理、野生动物生态廊道修建、外来物种清除等生态修复工作。

在国家公园规划编制、监测评估、资源保护、标准制定等工作中，各试点国家公园也高度重视科技支撑作用，积极与科研单位建立合作机制。有的试点国家公园管理局与科研院所签订了战略合作框架协议，并与高校合作建立科研教学基地。有的专门成立了专家咨询组，加强国家公园试点建设中的科技支撑力度。

在国家公园试点工作中，强调生态优先，以保护自然资源和生物多样性为首要目的。在现有的试点国家公园中，三江源、东北虎豹、大熊猫、祁连山4个试点国家公园面积逾22万km^2。我国建立国家公园的目的就是要将更多的国土空间还给大自然，还给野生动植物，有效保护自然生态系统的原真性、完整性，保护生物多样性，实现自然资源的合理利用。在国家公园试点工作中，通过开展打击乱捕滥猎野生动物、收缴猎具等各类专项行动，各类环境违法犯罪行为也得到有效遏制。我国也非常重视技术手段创新和管理标准制定，不断提高国家公园试点建设水平。各试点国家公园通过采用先进管理技术手段，科学制定管理技术标准，努力提升国家公园监测、保护、管理科学化水平。卫星遥感、无人机等技术手段在国家公园试点建设中发挥了很好的作用，建立国家公园数控中心，构建数据可视的一体化平台，通过先进技术手段的运用，有效提高了国家公园试点工作的科学化、技术化水平。

通过国家公园试点工作，我国也积极传播生态文化，全面提升国家公园的社会影响力。各试点国家公园积极与新闻媒体建立合作机制，通过广播、电视、网站等新闻媒体，广泛开展生态文明和国家公园建设宣传教育，强化国家公园意识，凝聚思想共识，提升了民众参与试点建设的积极性、主动性和自觉性，努力营造良好的舆论氛围。此外，在试点工作中，各试点国家公园也积极探索地役权改革、财政保障体制、自然资源确权登记等，都不同程度地积累了有益经验，为我国建立以国家公园为主体的自然保护地体系打下了坚实的基础。

第三节 自然保护区

《自然保护区条例》中将自然保护区定义为：对有代表性的自然生态系统、珍稀濒危野生动植物物种的天然集中分布区、有特殊意义的自然遗迹等保护对象所在的陆地、陆地水体或者海域，依法划出一定面积予以特殊保护和管理的区域。《关于建立以国家公园为主体的自然保护地体系的指导意见》中将自然保护区定义为：指保护典型的自然生态系统、珍稀濒危野生动植物种的天然集中分布区、有特殊意义的自然遗迹的区域。具有较大面积，确保主要保护对象安全，维持和恢复珍稀濒危野生动植物种群数量及赖以生存的栖息环境。

一、自然保护区概况

自然保护区是前苏联建立的一套保护自然生态系统和生物多样性的管理体系，1956年引入我国。当时国务院根据全国人民代表大会一届三次会议代表提出的建立自然保护区的议案，交由林业部会同中国科学院和当时的森林工业部办理。林业部于当年10月提交了保护区划定草案，提出了自然保护区的划定对象、划定办法和划定地区，并按照该方案先后在鼎湖山、尖峰岭、长白山、西双版纳等建立了我国第一批自然保护区，启动了我国自然保护区建设事业。

1962年国务院发布《关于积极保护和合理利用野生动物资源的指示》，要求各省、自治区、直辖市人民政府，在珍稀野生动物主要栖息和分布区建立保护区，并要求各地应迅速将这一工作划归林业部门管理，加强有关管理机构建设。1973年8月，农林部在总结自然保护区建设和管理经验的基础上，发布了《自然保护区管理暂行条例（草案）》，为制定我国自然保护区管理法规奠定了基础。1994年10月国务院令167号发布《中华人民共和国自然保护区条例》，为加强自然保护区事业发展提供了全面、权威的法律依据。2001年《全国野生动植物保护及自然保护区建设工程总体规划》经国家计委（现发改委）批准并实施后，自然保护区建设得到快速发展。2010年《国务院办公厅关于做好自然保护区管理有关工作的通知》和2013年《国务院关于印发国家级自然保护区调整管理规定的通知》，进一步规范了自然保护区的建设和管理工作。目前我国已建立不同级别自然保护区2750处，自然保护区总面积147万km^2，约占我国陆地国土面积的15%。其中，国家级自然保护区474个，保护面积约97.8万km^2。全国的自然保护区几乎涵盖了我国100%的陆地生态系统类型，有效保护了90%以上的野生动植物，较好地维护了生物多样性。这些自然保护区在保护生物多样性和自然资源、维护国家生态安全等方面起到了关键作用。

按照保护对象划分，我国自然保护区分为三大类九个类别，并实行分级分区管理。分区管理是将自然保护区划分为核心区、缓冲区、实验区三个区，将人类活动限制在一定范围内，充分发挥自然保护区的各项功能。分级管理是将自然保护区分为国家级、省级、市县级三个级别。按照最新出台的《关于建立以国家公园为主体的自然保护地体系的指导意见》有关要求，未对自然保护区再进行分类，但仍延续以往实行分区管控，不再分为三区，分为核心保护区和一般控制区两区管理，原则上核心保护区内禁止人为活动，一般控制区内限制人为活动。自然保护区以往实行综合管理和分部门管理相结合，中央和地方政府相结合的管理模式。国务院环境保护行政主管部门负责全国自然保护区的综合管理，国务院林业、农业、地质矿产、水利、海洋等有关行政主管部门在各自的职权范围内主管有关自然保护区。国家机构改革后，由国家林业和草原局统一管理各类自然保护地。

二、取得的成效

自然保护区是我国生态保护体系框架的重要组成部分，它保护着丰富的水资源、植被资源、土地资源、矿产资源和海洋资源等，不仅是生物多样性保护的基地和野生动植物的家园，也是天然的生态工程，为人类的生存和发展提供了生态安全屏障，对保障自然资源永续利用、经济社会持续发展和维护国家生态安全具有重大意义。自然保护区还是开展科学研究的天然实验室、进行科普教育的自然博物馆，不仅保护着当代人的生存环境，也保护着子孙后代的生存条件和物质财富。

（一）有力地维护了我国的国家生态安全

我国的自然保护区多分布于典型的森林、湿地和荒漠生态系统地带，以及野生动植物重点分布区域和生物多样性丰富区域，覆盖了我国大部分的陆地生态系统类型、野生动物种群和高等植物群落，使我国大部分的自然生态系统和生物多样性得到了有效保护。本着"抢救为主，积极保护"的原则，尤其是保护区内的天然林面积约占全国天然林面积的20%，天然湿地面积已占全国天然湿地面积的40%，是我国生物多样性最丰富、生态效益最好、最精华、历史价值最高、最急需重点保护的自然资源和生态系统，对维护生态安全发挥了极为重要的作用，也为社会经济发展提供了稳定的生态环境保障。

（二）有效地保护了我国的生物多样性

野生动植物资源是人类社会赖以生存的重要物质资源，而建立自然保护区是保护野生动植物最基本、最有效的方法。我国许多珍稀濒危的野生动植物，如大熊猫、虎、金丝猴、扬子鳄、麋鹿和红豆杉、百山祖冷杉、苏铁等，都是在保护区里得到了良好的保护，为进一步培育扩大资源，满足国民经济发展需求奠定了基础。特别是随着高新生物技术的日益发展，野生动植物蕴含的基因资源，已成为国际上特别是发达国家争夺的焦点，而基因资源的争夺，将关系到未来一个国家、一个民族的经济兴衰。我国是野生动植物基因资源十分丰富的国家，但如果保护不当导致物种灭绝，其基因资源也将随之消失，损失将无法挽回。建立自然保护区，加强野生动植物基因资源的保护与开发，保障了国民经济社会发展的需求和长远利益，对维护中华民族长远利益具有特殊的战略意义。

（三）全面提高了全社会的自然保护意识

经过多年的努力，我国自然保护区的价值和功能得到了充分的发挥，为提高全社会的自然保护意识、营造生态文明的良好社会氛围发挥了重要作用。许多保护区已成为开展生态环境教育，弘扬人与自然和谐共存发展理念的良好场所，也是普及自然科学知识的重要阵地，成为人们学习环境科学、生物科学、地理科学知识的天然课堂。还有许多自然保护区成为大专院校和科研机构的教学科研基地，有26处自然保护区被批准为联合国教科文组织的"人与生物圈"保护区网络，150余处自然保护区被列为科普教育基地、生态教育基地和爱国主义教育基地。每年到自然保护区参观考察人数超过4000万人次，四川卧龙、云南西双版纳、陕西太白山等自然保护区已成为全国著名的生态旅游和宣教基地，身临其境的实体教育，使人们对人与自然和谐共存的理念有了更为切身的体验。自然保护区宣传教育工作的开展，对普及科学知识、弘扬先进文化、提高社会公众的自然保护意识、构建生态文明社会发挥了积极作用。

（四）促进了地方经济的可持续发展

自然保护区在做好资源保护的同时，也因地制宜地探索可持续发展模式，积极促进社区共管和地方经济发展。福建武夷山自然保护区积极开展自然资源可持续利用模式，形成特色产业链，转变了当地经济发展模式，有效促进了当地老百姓增收；四川卧龙特区管理模式、四川王朗民族社区共建模式、陕西朱鹮保护区的生态社区模式，有力地促进了保护区与社区的和谐共存。辽宁仙人洞、吉林长白山、浙江天目山、福建武夷山、湖北神农架、贵州梵净山、四川九寨沟、新疆哈纳斯等自然保护区，充分利用自己独特的自然资源，开展生态旅游，对促进地方经济转型和结构调整，增加社区居民收入，扩大就业发挥了重大作用。如九寨沟国家级自然保护区每年旅游人数达120万人以上，税收数额达2.2亿元，已成为当地取代木材收入的主要经济来源。福建武夷山国家级自然保护区利用自身独特的资源优势，利用占保护区5%的土地面积大力发展毛竹、茶叶等产业，有效地保护了95%保护区面积和生物多样性，并促进了地方经济发展，使区内群众收入远远高于保护区外。

（五）促进了生物多样性保护的国际交流与合作

生态环境及生物多样性的保护是全球的共同责任，作为一个负责任的大国，我国政府一直在努力用行动实践诺言，为全球的生态环境保护贡献自己的力量。作为一个发展中国家，我国的自然保护区面积已达到了发达国家的水平，受到国际社会的赞誉。我国先后有26处保护区加入联合国教科文组织的"人与生物圈"保护区网络，有30处被列入国际重要湿地名录，有14处被列为世界自然遗产地，一些保护区已是全球生物多样性保护的重点地区。由于有了初具规模的保护区体系作为基础，使我国在履行《生物多样性公约》《濒危野生动植物国际贸易公约》《湿地公约》等国际公约事务中发挥了重要作用，并与许多国家签订了候鸟、虎、自然保护交流与合作等有关濒危物种保护和自然保护等多边或双边协定，为生物多样性保护和履行国际义务做出了贡献。

第四节 自然公园

自然公园是指保护重要的自然生态系统、自然遗迹和自然景观，具有生态、观赏、文化和科学价值，可持续利用的区域。确保森林、海洋、湿地、水域、冰川、草原、生物等珍贵自然资源，以及所承载的景观、地质地貌和文化多样性得到有效保护。包括风景名胜区、森林公园、地质公园、海洋公园、湿地公园等各类自然公园。

一、自然公园概况

（一）风景名胜区

风景名胜区是指具有观赏、文化或科学价值，自然景观、人文景观比较集中，环境优美，可供人们游览或者进行科学、文化活动的区域。

一般可分为科学价值主导型、历史文化价值主导型和风景美学价值主导型三大类型。进一步可细分为科学价值类、历史古迹类、文化艺术类、自然风光类、民族风情类、现代工程类、娱乐休憩类7个亚类，包括山岳型、湖泊型、河川型、瀑布型、海岛海滨型、森林型、岩溶型、火山型、人文风景型等9个种类。

目前,我国的风景名胜区由国家林业和草原局管理,实行分级和分区管理制度,划分为国家级和省级风景名胜区,截至2018年年底,我国有国家级和省级风景名胜区共1051处,其中,国家级风景名胜区244处。

(二)森林公园

森林公园是指以森林自然环境为依托,具有优美的景色和科学教育、游览休息价值的一定规模的地域,经科学保护和适度建设,为人们提供旅游、观光、休闲和科学教育活动的特定场所。

森林公园划分为国家级、省级和市县级森林公园三级。其中,国家森林公园是指森林景观特别优美,人文景观比较集中,观赏、科学、文化价值高,地理位置特殊,具有一定的区域代表性,旅游服务设施齐全,有较高知名度,可供人们游览、休憩或进行科学、文化、教育活动的场所。国家级森林公园由国家林业和草原局审批设立,地方级森林公园由所在地的林业和草原主管部门审批设立。截至2018年年底,我国有国家级森林公园897处。

(三)湿地公园

湿地公园是指拥有一定规模和范围,以湿地景观为主体,以湿地生态系统保护为核心,兼顾湿地生态系统服务功能展示、科普宣教和湿地合理利用示范,蕴涵一定文化或美学价值,具有一定基础设施,可供人们进行科学研究和生态旅游,并予以特殊保护和管理的湿地区域。

根据《湿地公园管理办法》,湿地公园分为国家级和省级湿地公园。其中,国家湿地公园是指以保护湿地生态系统、合理利用湿地资源、开展湿地宣传教育和科学研究为目的,经国家林业局批准设立,按照有关规定予以保护和管理的特定区域。国家林业和草原局是我国湿地公园的主管部门,截至2017年年底,我国有国家湿地公园898处(含试点)。

(四)地质公园

地质公园是指具有国家特殊地质科学意义,较高的美学观赏价值的地质遗迹为主体,并融合其他自然景观与人文景观而构成的一种独特的自然区域。

按照主要地质地貌景观资源划分,地质公园可分为地质构造类、古生物类、环境地质现象类、风景地貌类四大类;按照功能划分,地质公园也可分为科研科考主导型和审美观光主导型两大类;按等级划分,地质公园可分为世界、国家、省级和县(市)级地质公园4种类型。地质公园实行分级管理,划分为国家级、省级、县级三个级别。目前,国家林业和草原局是我国地质公园的主管部门，截至 2018 年年底，我国有世界地质公园 37 处，国家地质公园 212 处。

(五)海洋特别保护区(海洋公园)

《海洋特别保护区管理办法》中定义的海洋特别保护区，是指具有特殊地理条件、生态系统、生物与非生物资源及海洋开发利用特殊要求，需要采取有效的保护措施和科学的开发方式进行特殊管理的区域。

根据海洋特别保护区的地理区位、资源环境状况、海洋开发利用现状和社会经济发展的需要，海洋特别保护区可以分为海洋特殊地理条件保护区、海洋生态保护区、海洋公园、海洋资源保护区等类型。海洋特别保护区实行分级管理，划分为国家级、省级、县市级三个级别。目前，国家林业和草原局是海洋自然保护地的主管部门，截至 2018 年年底，我国有海洋自然保护地 271 处，其中，国家级海洋特别保护区 71 处。

(六)沙漠公园

沙漠公园是以沙漠景观为主体，以保护荒漠生态系统、合理利用沙漠资源为目的，在促进防沙治沙和维护生态功能的基础上，开展公众游憩休闲或进行科学、文化、宣传和教育活动的特定区域。目前，我国已建沙漠公园 55 个。

(七)水利风景区

水利风景区是指以水域(水体)或水利工程为依托，具有一定规模和质量的风景资源与环境条件，可以开展观光、娱乐、休闲、度假或科学、文化、教育活动的区域。水利风景区在维护工程安全、涵养水源、保护生态、改善人居环境、拉动区域经济发展诸方面都有着极其重要的功能作用。截至 2016 年年底，全国共有水利风景区 2500 处，其中，国家级水利风景区 719 处。

(八)水产种质资源保护区

水产种质资源保护区是为保护水产种质资源及其生存环境，在具有较高经济价值和遗传育种价值的水产种质资源的主要生长繁育区域，依法划定并予以特殊保护和管理的水域、滩涂及其毗邻的岛礁、陆域。

(唐芳林、闫颜、孙鸿雁、王梦君、李云)

第七章　森林与草原防火

第一节　森林和草原火灾概况

森林和草原火灾是对森林、森林生态系统、草原、草原系统和人类带来一定危害和损失的林火行为。森林和草原火灾是一种突发性强、破坏性大、处置救助较为困难的自然灾害。

一、森林和草原火灾的特点

(一)呈季节性变化

由于我国地形地势的复杂、东西延伸长、南北跨度大，降水量在各个地区和不同的季节存在着巨大的差异，而导致森林火灾也呈现出季节性的区别。总体来说，夏季降水量大，森林湿度较大，森林火灾的发生概率相对较低，但是夏季气候较高，森林中地表覆盖物干燥程度高，着火点低，对森林火灾的预防也是不容忽视的；春秋季节降水量较小，天气干爽，森林湿度较小，风力大，森林火灾的发生概率更高；而冬季气温比较寒冷，发生森林火灾的可能性也得以降低。

草原地区的气候特点和植被特征，决定了草原火灾的发生具有明显的季节性。我国草原火灾一般多发生在每年的春季(3~6月)和秋季(9~11月)。春季，随着草原地区积雪逐渐融化，高温、大风天气增多，进入草原火灾高发期；秋季草原植被开始枯黄，降水减少，较易发生草原火灾。

(二)呈地域性特点

由于我国地域比较广阔，地形比较复杂，火灾的发生呈现出地域性的特征。我国从大兴安岭东部直至西南地区以东是森林覆盖较多的地区，此线以西的森林覆盖面则相对较小。东北、华北地区在春秋季节天气晴朗，降水量小，植被干燥，较容易发生火灾。而西南地区春秋冬季降水量都较少，常年干旱，天气晴朗，风力较大，森林火灾的发生率较高。华南地区冬季和早春季节时值干季，降水量有限，较易引发火灾。东北、西南、华南等地森林覆盖面大，山地较多，更容易引起森林火灾；而华中、西北等地由于多丘陵、沙漠、平原，则不太容易引发森林火灾。

我国主要牧区是草原火灾偏重发生的省区，而内蒙古锡林郭勒、呼伦贝尔，新疆塔城、阿勒泰，黑龙江齐齐哈尔、大庆，吉林延边、白城，甘肃甘南州，青海三江源区及环湖地区等地为草原火灾偏重发生或受境外火威胁严重的地区。

(三) 火灾蔓延速度快

由于森林的特殊性，如果引发森林火灾，会很容易在风力的推动下迅速蔓延开来，地表火的蔓延速度一般在 10km/h，而树冠火则可达到 15km/h。而风力增大，火势蔓延速度也会跟着增加。导致火灾的扑救难度也较大。草原面积大，地势平坦，可燃物易燃，一旦发生火灾，在大风作用下，火势迅猛扩展，难以控制；由于草原地区风向多变，常常出现多叉火头，蔓延速度快，形成火势包围圈，人、畜转移困难，极易造成伤亡，危害性严重。

(四) 火灾损毁面积大

不管是人为因素的起火还是自然界因素起火，由于森林和草原的面积较大，火灾发生时不一定能及时发现，而发现火灾时往往已经蔓延了相当大的面积。此时，火灾的扑救也会存在相当大的难度，火灾会不断地蔓延甚至出现新的火场。一般火灾损毁的面积都比较巨大。

二、森林和草原火灾的危害

(一) 烧毁林木和草地

森林和草原一旦遭受火灾，最直观的危害是烧死或烧伤林木。一方面使森林蓄积下降，另一方面也使森林生长受到严重影响。森林是生长周期较长的再生资源，遭受火灾后，其恢复需要很长的时间。特别是高强度大面积森林火灾之后，森林很难恢复原貌，常常被低价林或灌丛取而代之。如果反复多次遭到火灾危害，还会成为荒草地，甚至变成裸地。例如，1987年"5·6"特大森林火灾之后，分布在坡度较陡的地段的森林严重火烧之后基本变成了荒草坡，生态环境严重破坏，再要恢复森林几乎是不可能的。被火烧伤的草地，生长衰退，降低畜牧承载能力，并促使草原退化。草原火灾后，促使草原环境发生急剧变化，使天气、水域和土壤等草原生态受到干扰，失去平衡，往往需要几年或十几年才能得到恢复。

(二)烧毁林下植物资源

森林除了可以提供木材以外,林下还蕴藏着丰富的野生植物资源。如东北大兴安岭林区的"红豆"(越橘)和"嘟柿"(笃斯越橘)等是营养十分丰富的野果。长白山林区的人参、灵芝、刺五加等是珍贵药材。我国南方的喜树可提炼出喜树碱,喜树碱是良好的治疗癌症的药物;漆树可加工制成漆;桉树提炼出的桉油是制造香皂、香精的最佳原料等,不胜枚举。所有这些林副产品都具有重要的商品价值和经济效益。然而,森林火灾能烧毁这些珍贵的野生植物,或者由于火干扰后,改变其生存环境,使其数量显著减少,甚至使某些种类灭绝。

(三)危害野生动物

森林是各种珍禽异兽的家园。森林遭受火灾后,会破坏野生动物赖以生存的环境,有时甚至直接烧死、烧伤野生动物。由于火灾等原因而造成的森林破坏,我国不少野生动物种类已经灭绝或处于濒危,如野马、高鼻羚羊、新疆虎、犀牛、豚鹿、朱鹭、黄腹角雉、台湾鹇等几十种珍贵鸟兽已经灭绝。另外,大熊猫、东北虎、长臂猿、金丝猴、野象、野骆驼、海南坡鹿等国家级保护动物也面临濒危,如不加以保护,有灭绝的危险。因此,防治森林火灾,不仅是保护森林本身,同时也保护了野生动物,进而保护了生物物种的多样性。

(四)引起水土流失

森林具有涵养水源,保持水土的作用。据测算,每公顷林地比无林地能多蓄水 $30m^3$。$3000hm^2$ 森林的蓄水量相当于一座 100 万 m^3 的小型水库。因此,森林有"绿色水库"之美称。此外,森林树木的枝叶及林床(地被物层)的机械作用,大大减缓雨水对地表的冲击力;林地表面海绵状的枯枝落叶层不仅具有雨水冲击作用,而且能大量吸收水分;森林庞大的根系对土壤的固定作用,使得林地很少发生水土流失现象。然而,当森林火灾过后,森林的这种功能会显著减弱,严重时甚至会消失。因此,严重的森林火灾不仅能引起水土流失,还会引起山洪暴发、泥石流等自然灾害。草原火灾过后,造成地表裸露,易受大风侵袭而使表土层丢失,不利于水土保持,引起表土层有机物减少,对草原生态系统产生不良影响。

(五)引起空气污染

森林和草原燃烧会产生大量的烟雾,其主要成分为二氧化碳和水蒸气,这两种物质约占所有烟雾成分的 90%~95%;另外,燃烧还会产生一氧化碳、碳氢化合物、碳化物、氮氧化物及微粒物质,约占 5%~10%。

除了水蒸气以外，所有其他物质的含量超过某一限度时都会造成空气污染，危害人类身体健康及野生动物的生存。1997 年发生在印度尼西亚的森林大火，燃烧了近一年，燃烧所产生的烟雾不仅给其本国造成严重的空气污染，而且还影响了新加坡、马来西亚、文莱等邻国。许多新加坡市民不得不佩戴防毒面具来防止烟雾的危害。

（六）威胁人民生命财产安全

森林和草原火灾常造成人员伤亡。全世界每年由于火灾导致千余人死亡。2018 年 11 月，美国加州北部山区发生山林大火，造成 80 多人死亡，2019 年，我国四川木里发生森林大火，造成 31 人的重大伤亡事故；2010 年，四川省道孚县突发草原火灾，22 名扑救人员遇难。此外，森林火灾还会给人民财产带来危害。林区的工厂、房屋、桥梁、铁路、输电线路、畜牧、粮食等常常受到森林火灾的威胁。例如，1987 年大兴安岭特大森林火灾烧毁 3 个林业局址（城镇），9 个林场场址，4.5 个贮木场（烧毁木材 85 万 m^3），桥梁 67 座，铁路 9.2km，输电线路 284km，房屋 6.4 万 m^2，粮食 325 万 kg，各种设备 2488 台。损失十分惨重，直接经济损失 4.2 亿元人民币。

第二节　森林与草原火灾发生机制

森林与草原燃烧需要可燃物、火源和氧气三者相互作用才能形成。这三者就是森林与草原燃烧三要素。影响森林与草原火灾发生发展的因子有火源、可燃物和火环境。森林与草原火灾发生必须要有火源、可燃物和合适的火环境。

一、火源

在防火季节，当森林与草原可燃物数量合适且干燥到一定程度，一旦火源出现，就会引起森林与草原可燃物燃烧，如果失去控制，就会形成森林与草原火灾。因此，了解掌握森林与草原火源的种类和出现规律，做好火源的控制，是预防森林与草原火灾的重要措施。

火源分为天然火源和人为火源两类。

（一）天然火源

天然火源是自然界中能引起森林与草原火灾的自然现象，如雷击、火山爆发、陨石坠落、滚石火花、泥炭自燃等。最常见的是雷击。雷击引起的森林与草原火灾称为雷击火。

(二) 人为火源

人为火源是指能够引起森林与草原火灾的特定人类生产、生活活动，如计划烧除跑火、上坟烧纸等。由人为火源引起的森林与草原火灾称为人为火。人为火占总火灾次数的90%以上。

人为火源分为生产性火源、生活火源、外来火源和故意纵火四种。

1. 生产性火源

生产性火源指能够引起森林与草原火灾的生产经营活动。主要有：

(1) 林草业生产性用火，如火烧防火线、火烧采伐剩余物、火烧沟塘草甸、林内计划烧除等。

(2) 农业生产性用火，如烧垦、烧荒、烧田埂、烧秸秆、烧灰积肥等。

(3) 牧业生产性用火，如火烧清除畜牧不可食植物等。

(4) 其他能引起森林与草原火灾的生产经营活动，如狩猎、烧炭、烧砖瓦、烧石灰、火车爆瓦、汽车喷漏火、施工爆破(修桥、修路等)、林区冶炼等。

2. 生活火源

生活火源指能够引起森林与火灾的日常生活活动，如野外吸烟、迷信烧纸、烤火、烧饭、驱蚊虫、烟囱跑火、小孩玩火等。

随着森林与草原旅游业的兴起，人们到森林或者草原中进行游乐、野炊、野营等活动，游客用火不慎造成的火灾日益增加。

上坟烧纸也是重要的火源。北方主要集中在清明节附近，南方春节、清明节上坟烧纸很多，引发的森林与草原火灾也很多。

3. 外来火源

外来火源是从境外烧入的火灾。与我国接壤的俄罗斯、缅甸、老挝、越南等国都有森林或草原火灾烧入我国。

4. 故意纵火

故意纵火指为了报复或其他目的而故意实行的点火行为。目前，我国的故意纵火比例小，但也有一些。

二、可燃物

森林与草原可燃物是指森林与草原上一切可以燃烧的物质，如树木的干、枝、叶、树皮、灌木、草本、苔藓、地表枯落物、土壤中的腐殖质、泥炭等。森林与草原可燃物是火灾发生的物质基础，也是森林与草原火灾发生的首要条件。在分析森林和草原能否被引燃，如何蔓延以及整个火行为过程时，可燃物比任何其他因素都重要。不同种类的可燃物构成的可燃物复合体，具有不同的燃烧特性，产生不同的火行为特征。影响森林和草原火灾发生与蔓延的可燃物因素主要有以下几个方面：

（一）可燃物含水率

可燃物含水率指森林与草原可燃物中水分的含量。森林与草原可燃物只有含水率低到一定程度，才能燃烧，才能发生森林与草原火灾。

（二）可燃物载量

可燃物载量指森林与草原可燃物数量的多少，用单位面积上的可燃物的绝干质量表示。只有可燃物载量多到一定程度，火灾才能蔓延。

（三）可燃物种类

1. 危险可燃物

危险可燃物指容易着火的细小可燃物，如地表的干枯杂草、枯枝、落叶、树皮、地衣、苔藓等。这些可燃物降雨后干燥快、燃烧速度快，极易引燃，从而引起火灾，是森林与草原中的引火物。

2. 缓慢燃烧可燃物

缓慢燃烧可燃物指枯立木、树根、大枝丫、倒木等粗大的重型可燃物和腐殖质、泥炭等致密的可燃物。这些可燃物不易被火源引燃，但着火后燃烧缓慢且持久，不易扑灭。因此，在清理火场时，很难清理，而且容易形成复燃火。这种可燃物一般是在极干旱的情况下才能燃烧，给扑火带来很大困难。

3. 难燃可燃物

难燃可燃物指正在生长的草本植物、灌木和乔木。这类可燃物体内含有大量的水分，一般不易燃，在火的蔓延中有减弱火势的作用。但是，遇到高强度火时，这些绿色植物也能脱水干燥而燃烧，特别是含油脂的植物。

（四）可燃物的燃烧性

简言之，可燃物的燃烧性指森林可燃物的燃烧难易程度和剧烈程度。可燃物的理化性质、大小、数量、分布和配置等，对可燃物的燃烧性都有影响。一般来说，可燃物越小，越容易燃烧。植被组成、郁闭度、林龄和层次结构等对燃烧性有影响。

草本可燃物，特别是干枯的杂草是可燃物中最易燃烧的可燃物。沟塘草甸中有大量的易燃杂草，燃烧起来蔓延速度快，难以控制。

灌丛是活可燃物，一般不易燃烧，在比较干旱的条件下一旦燃烧，会整体燃烧，十分难以控制，在陡峭的地方或其他水分条件不好的地方，生长着大量的灌丛，一旦燃烧，扑救十分困难，易出现伤亡事故。

乔木林中，针叶林最易燃，如落叶松林、樟子松林等。阔叶树的燃烧性次之。针阔混交林的燃烧性介于两者之间。

三、火环境

火环境指除可燃物和火源外的其他影响火发生、蔓延的因素的总和，包括气象条件、地形条件、土壤条件等。森林与草原中常积累大量的可燃物，有时虽有火源存在，却不能发生火灾，其原因就是没有适宜燃烧的火环境。多种火环境因素中，对火灾发生和蔓延影响最大的是天气条件和地形条件。

（一）天气条件

1. 气温

气温是用来表示大气冷热程度的物理量，一般指距离地面1.5m高处的空气温度。常用摄氏度（℃）表示。

空气温度与火灾的发生关系较密切。温度直接影响相对湿度的变化，日最高气温往往是某一地区着火与否的主要指标。气温升高能加速可燃物的干燥，使可燃物达到燃点的所需热量大大减少。

2. 空气湿度

空气湿度用来表示空气中水汽含量多少或表征空气干湿程度，常用相对湿度来表示。空气中实际水汽压与同温度下饱和水汽压之比称为相对湿度，其单位用%表示。

相对湿度越小，表示空气越干燥，火险就越高。通常森林与草原区处在高火险天气时，相对湿度小于30%。

相对湿度的日变化主要取决于气温。气温增高，相对湿度就越小；气温下降，相对湿度就增大。相对湿度的日变化最高值出现在清晨，最低值出现在午后。

3. 降水

从云中降落到地面上的液态或固态的水的滴粒称为降水，如雨、雪和雹等。而霜、露、雾、雾凇等为水平降水，它们是由间接冻结而成，不是从空中降落地面的。

降落到地面的液态和固态水，没有发生蒸发和径流，直接累积的水层厚度称为降水量,单位为 mm。在单位时间内的降水量称为降水强度。

降水直接影响可燃物含水量,特别是对死可燃物的影响最大。如果一个地区的年降水量超过 1500mm,分布均匀,一般就不会发生火灾或很少发生。例如热带雨林,终年高温高湿,就不容易发生火灾。

各月份的降水量不同,发生火灾的情况也不一样。月降水量超过 100mm 时,一般不发生火灾或少发生火灾。

通常 1mm 的降水量对林内地表可燃物的含水率几乎没有影响,2~5mm 的降水量能使可燃物含水率大大增加,一般不会发生火灾,即使发生,也会降低火势或使火熄灭。

降雪能增加湿度,又能覆盖可燃物,使之与火源隔绝。一般在积雪尚未融化前不会发生火灾。

霜、露、雾等的水平降水,对森林与草原可燃物的含水率也有一定影响,一般能影响可燃物的含水率在 10% 左右。

在一般情况下,连续干旱的天数越长,可燃物越干燥,发生火的可能性就越大,火烧面积也越大。

4. 风

空气在水平方向上的运动称为风。它是由水平方向气压分布不均而引起的。

风包括风向和风速两个特征。风向是指风的来向。风速是指单位时间内空气在水平方向上流动的距离,通常用 m/s 或 km/h 表示。

风是影响火蔓延和发展的最重要的因子,风不仅能加速可燃物水分蒸发的速度,还能补充火场的氧气,同时增加火线前方的热量,使火烧得更旺,蔓延得更快。在高温连旱的天气条件下,风是决定发生大火的最重要的因子。大风一般是指 6 级以上的风。连续干旱和高温加上大风,是许多重大火难以控制的主要原因。

(二)地形条件

地形对太阳辐射、锋面移动、天气变化及植被都有影响,因而对火也产生重要影响。

1. 坡向对火的影响

不同坡向受到的太阳辐射不同。南坡受到太阳直接辐射大于北坡,偏东坡上午受到太阳直接辐射大于下午,偏西坡则相反。因此,南坡吸收的热量最多,温度最高,可燃物易干燥、易燃。西坡要大于东坡,北坡吸收的能量最少,可燃物最潮湿。

2. 坡度对火的影响

不同坡度，降水停滞时间不一样，陡坡降水停留时间短，水分容易流失，可燃物容易干燥。平缓坡降水停留时间长，可燃物湿，不易干燥，不易着火和蔓延。

火在山地条件下蔓延速度与坡度密切相关，坡度越大，火的蔓延速度越快。沿山坡向上蔓延的火称为上山火。沿山坡向下蔓延的火称为下山火。上山火的速度要比平地火快，下山火的蔓延速度小于平地火和上山火蔓延速度。

3. 海拔对火的影响

海拔直接影响气温和降水。一般海拔越高，气温越低，形成不同植被带，出现不同火灾季节。如大兴安岭海拔低于500m为针阔混交林带，春季火灾季节开始于3月，结束于6月底；海拔500~1100m为针叶混交林，一般春季火灾季节开始于4月；海拔超过1100m为偃松、曲干落叶松林，火灾季节还要晚些。

4. 坡位对火的影响

在相同的坡向和坡度的条件下，不同坡位的温湿状况、土壤条件、植被条件不同。从坡底到坡腹、坡顶，湿度由高到低，土壤由肥变瘠，植被由茂密到稀疏。其气温变化较为复杂。高山，每上升100m，气温下降0.5℃左右。中小山地，山顶受地面日间增温、夜间冷却的影响较小，风速较大，夜间地面的冷空气可以沿坡下沉，换来自由大气中较暖的空气，因此气温日较差小。凹地则相反，气流不流畅，白天在强烈的阳光下，气温急剧增高，夜间冷气流下沉，谷底和盆地气温特别寒冷，因此气温日较差大。

一般内情况下，坡底的火势昼夜变化较大，日间强烈，晚间较弱。坡底的植被，一旦燃烧，其火强度很大，顺坡加速蔓延，不易控制。坡顶的林火昼夜变化较小，其火强度较低，较易控制。

5. 山谷风对火的影响

白天(通常开始于每天早上日出后15~45min)山坡受到太阳照射，热气流上升，产生由山谷吹向山顶的谷风。夜间(当太阳照不到山坡时)，山坡冷却快，山谷冷却慢，山坡冷气流会下沉，产生由山顶吹向山谷的山风。

一般情况下，每天不同时段山谷风的变化是：

①日出到上午9时，从山风向谷风过渡。

②中午和前半下午,谷风充分发展。
③后半下午,谷风继续。
④傍晚,谷风逐渐减弱。
⑤午夜前,谷风向山风过渡。
⑥午夜,山风充分发展。
⑦午夜后到早晨,山风充满山谷。

山谷风的变化会影响林火行为。在森林与草原火灾扑救和计划烧除的过程中,要特别注意山风和谷风的变化。

第三节 森林和草原火灾预警与防控

森林和草原火灾预警与防控是森林防火工作的重要环节。做好森林与草原火灾的防范工作,需要建立健全科学、规范的森林火险预警响应机制和科学合理的火灾防控措施。

一、森林和草原火灾预警

(一)预警体系和预警分类

森林与草原防火预警体系,要着力提高预警准确性,突出响应的时效性,保证森林火险预警与响应工作高效有序进行,有效预防森林火灾发生,最大限度地减少森林火灾损失。

1. 预警等级

森林与草原火险预警是可燃物受天气条件、地形条件、植被条件、火源条件影响而发生火灾的危险程度指标。火险预警等级是将火险按可燃物的易燃程度和蔓延程度进行等级划分,通常分为一至五级,其危险程度逐级升高。

2. 预警信号

预警信号是依据火险等级及未来发展趋势所发布的预警等级,共划分为四个等级,依次为蓝色、黄色、橙色、红色。其中,橙色、红色为高火险预警信号。火险等级与预警信号对应关系见表7-1。

火险预警信号的标志以森林防火标志为主体,以红、橙、黄、蓝四种颜色和相应文字标注组成。

(二)预警的制作和发布

火险预警的制作和发布主要包括:长期趋势预测(季、月、周)火险等

表 7-1 森林和草原火险等级及预警信号

火险等级	危险程度	易燃程度	蔓延程度	预警信号颜色
一	低度危险	不易燃烧	不易蔓延	
二	中度危险	可以燃烧	可以蔓延	蓝色
三	较高危险	较易燃烧	较易蔓延	黄色
四	高度危险	容易燃烧	容易蔓延	橙色
五	极度危险	极易燃烧	极易蔓延	红色

注：一级火险仅发布等级预报，不发布预警信号。

级预报、节假日（重点时段）火险等级预报、每日火险等级预报、各整点火险实况监测报告、重要火灾火场气象和火险预报服务等。

1. 预警的制作

进入防火期前，各级森林和草原防火部门应当召集气象专家和防火部门专家，进行天气和火险形势会商，形成季节性的《天气和火险形势预测报告》；应当收集、整理前期天气、干旱、物候、火源、火灾历史资料等情况，天气和气候预测信息，制作《未来一月（周）火险等级预报》；法定节假日、重点时段，应当依据前期天气、干旱、物候、火源、火灾历史资料和天气预报等信息，与当地气象部门会商，制作《节假日（重点时段）火险等级预报》。

各级森林和草原防火指挥部办公室或防火预警监测信息中心应当加强对森林与草原火险预警系统的管理，广泛收集当地的可燃物、野外火源、物候信息，并协调气象部门、防汛抗旱部门了解干旱、气候和天气预报信息，做好日常的火险监测和火险等级预报。发生重要火灾地区应当会同当地气象部门制作《重要火灾火场气象和森林火险预报》。

2. 预警的发布

各类森林与草原火险预测预报结果应当及时以文件、短（彩）信等方式通知有关领导和部门，通过广播电台、电视台、报纸、网站、微博等媒介向社会公众发布，主要林区应充分利用电子屏、彩旗等形式发布森林与草原火险等级预警信息。

应当依据当地的地理位置、地形地貌、气候特征、森林草原及可燃物特征、野外火源状况，研究制订适合当地的火险模型，并在使用中不断修订完善。

3. 预警信号的制作和发布

(1) 火险预警信号由各级森林和草原防火指挥部办公室或防火预警监测信息中心负责制作,由当地防火指挥部或防火办公室领导签发后对外发布。

(2) 当预测某一地区未来连续3天以上出现(二至五级)火险等级时,依据前期天气、干旱、物候、火源、火灾历史资料等信息,经与气象等部门会商后决定预警等级和预警期限,制作发布火险(蓝色、黄色、橙色、红色)预警信号。

(3) 发布的火险预警信号应当立即以文件、短(彩信)等方式报告本级防指、林草主管部门领导,通知相关地区森防指、林业主管部门领导和防火办相关人员及有关单位,并通过广播电台、电视台、报纸、网络、微博、短(彩)信、小区广播等媒体向社会公众发布警示信息。发布的火险预警信号应当在森林防火指挥中心显示;主要林区应当以电子屏、指示牌、悬挂彩旗等多种方式发布火险预警信号。

(4) 当各级防火指挥部或防火办公室发布的预警信号级别不同时,高级预警信号优于低级预警信号。火险预警信号发布后,在预警信号有效期内发布单位可根据火险等级的变化,调整预警级别,或提前解除预警信号。

(三) 预警响应措施

各级森林和草原防火指挥部发布火险蓝色、黄色、橙色、红色预警信号时,有关单位或地区应当立即启动蓝色、黄色、橙色、红色预警响应,并落实相应的防范措施。

各省(自治区、直辖市)要根据季节性的《天气和火险形势预测报告》《未来一月(周)火险等级预报》《节假日(重点时段)火险等级预报》对火险形势的预测,适时调整防火期时间,调整飞机调进、调出场的时间,组织各专业消防队伍的部署和人员训练,做好扑救器材和设备维护检修、物资储备等工作,结合本地区、本单位实际,落实各项防火工作任务。

1. 蓝色预警响应

(1) 关注蓝色预警区域天气等有关情况。

(2) 及时查看蓝色预警区域森林火险预警变化。

(3) 注意卫星林火监测热点检查反馈情况。

2. 黄色预警响应

(1) 黄色预警地区利用广播、电视、报刊、网络等媒体宣传报道黄色预警信号及其响应措施。

(2)黄色预警地区加强森林防火巡护、瞭望监测,加大火源管理力度。

(3)黄色预警地区的森林防火指挥部认真检查装备、物资等落实情况,专业消防队进入待命状态,做好森林火灾扑救有关准备。

3. 橙色预警响应

(1)橙色预警地区利用广播、电视、报刊、网络等媒体宣传报道橙色预警信号及其响应措施。

(2)橙色预警地区加大森林防火巡护、瞭望监测,严格控制野外用火审批,按照《森林防火条例规定》,禁止在防火区野外用火。

(3)橙色预警地区防火指挥部适时派出检查组,对橙色预警地区防火工作进行督导检查。

(4)掌握橙色预警地区装备、物资等情况,做好物资调拨准备。

(5)了解橙色预警地区专业消防队伍布防情况,适时采取消防队伍靠前驻防等措施,专业消防队进入待命状态,做好火灾扑救有关准备。

(6)开展航空消防工作的地区和航站加大飞机空中巡护密度。

4. 红色预警响应

(1)协调有关部门,在中央、地方电视台报道红色预警响应启动和防火警示信息。

(2)红色预警地区利用广播、电视、报刊、网络等媒体宣传报道红色预警信号及其响应措施。

(3)红色预警地区进一步加大防火巡护密度、瞭望监测时间,按照《森林防火条例规定》,严禁一切野外用火,对可能引起火灾的居民生活用火应当严格管理,加强火源管理,对重要地区或重点林区严防死守。

(4)适时派出检查组,对红色预警地区的防火工作进行蹲点督导检查。

(5)掌握红色预警地区装备物资准备情况及防火物资储备库存情况,做好物资调拨和防火经费的支援准备。

(6)掌握红色预警地区专业队伍部署情况,督促红色预警地区专业消防队进入戒备状态,做好应急战斗准备。

(7)开展森林航空消防工作的地区和航站加大飞机空中巡护密度,实施空中载人巡护。北方航空护林总站、南方航空护林总站视情赴红色预警地区检查航护工作。

(8)做好赴火场工作组的有关准备。

(四)火险预警信号标识

按照火险气象条件、可燃物易燃程度及火蔓延成灾的危险程度,统一将火险预警信号划分为四个等级,依次为红色、橙色、黄色和蓝色,同时以中文标识,其中红色预警信号代表极度危险,火险等级为五级;橙色预警信号代表高度危险,火险等级为四级;黄色预警信号代表较高危险,火险等级为三级;蓝色预警信号代表中度危险,火险等级为二级。一级火险(低度危险)仅发布等级预报,不发布预警信号。

1. 火险红色预警信号

含义:火险红色预警信号,表示有效期内火险达到五级(极度危险),可燃物极易点燃,且极易迅猛蔓延,扑火难度极大(图7-1)。

图 7-1　火险红色预警信号

2. 火险橙色预警信号

含义:火险橙色预警信号,表示有效期内火险达到四级(高度危险),可燃物容易点燃,易形成强烈火势快速蔓延,具有高度危险(图7-2)。

图 7-2　火险橙色预警信号

3. 火险黄色预警信号

含义：火险黄色预警信号，表示有效期内火险等级为三级（较高危险），可燃物较易点燃，较易蔓延，具有较高危险（图7-3）。

图7-3　火险黄色预警信号

4. 火险蓝色预警信号

含义：火险蓝色预警信号，表示有效期内火险等级为二级（中度危险），可燃物可点燃，可以蔓延，具有中度危险（图7-4）。

图7-4　火险蓝色预警信号

发布森林与草原火险蓝色、黄色、橙色、红色预警信号时，应对响应措施提出要求。发布预警响应信号的单位应根据火险预警信号等级变化，及时调整或撤销响应级别。

各级森林与草原防火有关单位在发布和接到森林与草原火险预警信号

后，应积极响应，各司其职，主动了解掌握高火险地区落实情况，并报告值班领导。

森林与草原火险预警发出后，各级响应落实情况应当报告上一级森林与草原防火办公室。

二、森林和草原火灾防控

森林和草原火灾的防控是林火管理的重要组成部分，防控的主要任务是通过各种措施减少森林火灾的发生和降低森林火灾造成的损失。森林和草原火灾的防控措施主要包括以下几个方面：

(一)火源管理

火源管理主要是针对各种火源，通过各种管理手段，减少森林和草原火灾火源，降低火灾发生的可能性。由于我国95%以上的森林和草原火灾是由人为火源引起的，火源管理的主要对象是人为火源。火源管理主要内包括以下两个方面的内容。

1. 全面了解和掌握火源

引起火灾的三个条件中，火源是引起火灾的决定性因素，只有可燃物和氧气而没有火种一般是不会起火的。因此，只有严格控制好火源，才能防患于未然。全面了解和掌握火源，是做好预防工作的根本所在。

大量的火源是由于人们生产、生活用火不慎造成的。如国铁和森铁机车、汽车、拖拉机喷火、漏火、中途清炉、扔煤面；烧荒开垦、烧秸秆、烧地格子、烧窑、烧炭、烧防火线、打鱼、狩猎、野外烧火、做饭、烤干粮、烧松塔；野外吸烟、小孩玩火等引起森林火灾最多。全面了解和掌握火源，需要不断摸索和掌握火灾发生的规律。火灾的规律一般是：

(1)人烟活动多的地方，火源多，山火发生的次数多，但一般造成大火灾的次数不多。

(2)火灾发生有其季节性和时间性，随季节和气候条件而变。我国地域广阔，气候差异大，各地的防火季也不相同。一般北方地区春、秋两季为森林防火期。一个省由于气候的差异，各地防火期的长短和林火发生的高峰季节也不一样。因此，必须了解所在地区一年内火灾的变化规律，找出预防火灾的关键时期、关键季节。

(3)一天内不同时间，火灾发生的频率也不一样，因此，要找出一天内火灾最危险的时间。一般白天多，夜间少，中午前后最危险。

(4)在同一天气条件下，不同的森林地段其火灾危险性也不同，易燃林分危险性最大。因此，要确定被保护的辖区内，哪些林地是火灾危险性最大的，哪些是中等，哪些是较小的。

结合本地区火源状况，制作火源分布图是十分必要的。

2. 严格控制火源

防火季节，要严防闲杂人员进山，在防火季节应实行持证入山制度，以加强对进山人员的管理。在进山的主要路口设立森林防火检查站，依法对进山人员进行火源检查，防止火种进山。严格禁止在野外吸烟和野外弄火。不发放入山狩猎证，禁止在野外狩猎。在防火关键时期，林区禁止一切生产用火和野外作业用火。对铁路弯道、坡道和山洞等容易发生火灾的地段，要加强巡护和瞭望，以防止森林火灾发生。

（二）开设防火线

防火线为阻隔林火蔓延而采取的一种有效的防火措施。也可以认为：防火线是在林地有计划、成带状地消除地表可燃物，用于控制火源和制止林火蔓延扩展，作为扑救大火灾中以火攻火的依托，为实现防火目的的一种技术手段。

1. 防火线的作用

防火线的主要作用是分开连续的森林草原可燃物，起到隔离火灾传播的目的。

原始林、次生林、人工林与草塘毗连地段，要有计划地开设防火线，以防火线作为控制线，一旦发生地表火延烧到防火线，即可阻止火的传播。防火线还可和林业生产结合起来，既是防火线也是集材林道。边境地段开设防火线除有隔火作用外，还可和检查工作结合起来，在人迹罕至的地方防火线犹如一条护国长城。

2. 防火线种类

（1）边境防火线。我国北方与俄罗斯、蒙古相接的陆界地段，在我国领土边境开设的防火线，称边境防火线。它是由边境防火站承担，每年用机械翻耕一次，使之全部生土化。边境防火线不允许有漏耕和断条，防火带宽一般为60~100m。

（2）铁路防火线。就是在国铁和森铁路基两侧开设的防火线。驶入林区的火车和行驶在密林中的小火车，常常喷火、漏火及扔煤引起森林火灾，火车上岭爬坡有时闸瓦脱燃在草丛中也能引起火灾。因此，必须在防火期到来之前将路基两侧的杂草、树木等易燃物清除干净，控制火源传播，达到防止因火车运行而造成森林火灾的目的。东北地区铁路防火线的时间在每年的夏末秋初,即秋季防火期到来之前。防火线宽度,国铁为50~100m,森铁为30~60m。

(3)林缘防火线。在森林与草地(草原)连接地段,结合道路、河流等自然条件而开设的防火线。用以防止森林与草原火相互影响。其宽度为30~50m。

(4)林内防火线。在针叶人工林内开设的防火线。其设置可与营林、采伐道路结合起来考虑。宽度为20~50m。宽度不低于平均树高的1.5倍、间距5~8km。

其他防火线:凡林区油库、机库、仓库、林场、村屯、居民点周围都要开设防火线。其宽度为30~50m。

(三)防火林带

防火林带是隔离带的一种。它是利用林带来防止火灾的传播。在营造大面积针叶林时,在林子外围或内部有计划地种植一些阔叶树种或耐火树种,使大面积针叶林分割成块,可使火灾的传播被隔离,尤其对防止树冠火的传播比较有效。营造防火林带应因地制宜选择速生耐火树种,枝叶稠密、体内含水较多的树种,如水曲柳、黄波罗、杨、柳、椴、花楸、稠李等。林带宽30~50m,或更宽些。防火林带应密植,加强扶育管理,保持林内无杂草,使防火林带充分发挥作用。

目前,我国南北方林区的防火林带已用于生产实际。吉林省白城地区,20世纪50年代用杨树营造的防火林带,将草原和森林隔开,已起到很好的防火隔火作用。黑龙江省伊春林区,近年来,用落叶松作红松的防火林带也初见成效。此外,针阔混交林也是一种降低森林火险等级有效的生物措施。

南方地区防火林带所用树种,主要有山茶科的木荷、茶树,壳斗科的苦槠、石栎、青冈,蔷薇科的灰木、石楠、椤木,交让木科的虎皮楠、交让木,冬青科的冬青、忍冬科的忍冬、接骨木和杜鹃花科的常绿杜鹃。防火林带已成为南方各省一项重要的防火措施。

(四)生物和生物工程防火

生物和生物工程防火,就是利用生物、生物工程、营林综合措施,调节森林组成、结构和植物成分以达到减少森林可燃物降低森林燃烧性,增强林分抗火性,加强森林阻隔林火和控制林火能力的一整套过程,称为生物和生物工程防火。

生物和生物工程防火开展的步骤:

（1）按各种不同森林类型的燃烧性，划分不同可燃物类型，从可燃物数量分布规律出发，进一步掌握各种可燃物类型、火行为特点。

（2）引进一些不燃或难燃树种，调节混交比，降低森林燃烧性；引种难燃灌木，改善易燃林分结构，增强林分难燃性；引种耐火植物，提高林分抗火性。

（3）开展综合营林措施。如在林中空地造林，既增加森林覆盖率，提高土地生产力，同时又降低林地易燃性。对人工林及时进行整枝，可以大大降低林分燃烧性。对林分进行抚育采伐和卫生伐，及时清除林内可燃物，改善森林环境，增强林分抗火性。

（4）开展生物和生物工程防火，主要是营造防火林带和防火灌木林带，以及耐火植物林带等。

（5）生物和生物工程防火是利用生物减少可燃物的一项重要措施。如在针叶林中引种软阔叶树，其枯枝落叶的分解比原来的单纯针叶树枯枝落叶的分解要快得多。此外，利用菌类（如木耳、蘑菇）的大量繁殖，可降低可燃物积累，利用微生物和低等动物，也可降低可燃物积累；增强林分的抗火性。

（五）防火瞭望台

防火瞭望台是火灾监测的主要手段，是利用地面制高点，采用瞭望台观察火情确定火场位置和观测火情的林火监测方法，是目前我国探测林火的主要方法和手段。

根据国家要求，在重点林区要建立瞭望台网，它的主要作用是用以观察火情、火灾，确定火灾发生的地点，是护林防火的一种重要措施，对于及时组织扑救森林火灾有着重要作用。

瞭望台的设置原则，应以每座瞭望台观察半径相互衔接，覆盖全局，使被保护的地区基本没有"盲区"，形成网状。首先在地形图上按观察半径 15~25km，即台间距离 40km 左右，然后选择交通方便、居民点附近的高地，规划台位。在一个林区内，台网要构成统一整体，不受行政、企业界线限制，台位落在谁的施业区（或管辖区）内就由谁负责修建，并派人值班瞭望。每座台的监护面积为 6 万~10 万 hm^2（平均 8 万 hm^2），在台的监护责任区内，有火就要立即报告有关单位，建立瞭望员岗位责任制。

一个瞭望台应有下列配套设备：

（1）避雷装置。为了保护台架不受雷击和瞭望人员安全，必须装配避雷设备，安装后的电阻不应大于 10Ω，在防火期开始，要测试散电能力，确保安全。

(2) 通信设备。安装电话或电台（对讲机），是保证发现火情后能及时传递信息。为免受地形等影响，在最高峰上的瞭望台还能起到信息中继站转达作用。

(3) 高倍望远镜。用以增强远视能力和测算距离用。

(4) 方位刻度盘。代替罗盘仪观测起火点的"真方位角"，以减少纠正磁偏差的程序。

(5) 计时器。准确记载和报告起火、灭火的时间（时、分），不能用"上午""下午"等粗略的时间概念。

(6) 瞭望区域地形图。每座瞭望台的视野范围受地形影响，其观察距离是不同的，因此，需明确各自的责任区域界线并标绘在图上，地图又是瞭望员判定起火点的重要辅助工具。

(7) 办公用品。瞭望台需配置火情观察记录簿、绘图用品、收音机（收听天气和火险预报），交通工具、防御武器等。

(8) 生活设施。距居民点较远的瞭望台，需在台下建住室，并配置炊具、桌椅等。

（六）防火公路网

修建防火公路是一项长远的战略措施。应该有计划地逐年修建，修建原则是：重点闭塞林区、老火灾区和边境地区。这些地区一般是人烟稀少、交通不便，有的根本就没有道路，有的火情不易发现，一旦有火情不能迅速扑灭，有火就成灾，难以做到及时扑灭。修筑防火公路要尽可能同林区长远开发建设、木材生产结合进行，形成既是防火公路网又是开发林区公路网，有利于防火又有利于林业生产和战略交通。

防火公路可以起防火隔离的作用，形成网状分布的防火公路，也是隔离带网，一举数得。为了使防火公路起到行驶车辆和隔火作用，其路面、路基按国家三级公路标准施工。大小桥梁要标明承载能力，保证扑火时迅速通行。有些残破路基要经常修补，保证车辆通行。防火公路的维修保养工作应由防火站或附近林场很好承担起来。防火公路网密度的最低要求是 $4m/hm^2$。目前，黑龙江省带岭和穆林林业局公路密度分别为 $4.6m/hm^2$ 和 $4m/hm^2$，所以这两个林业局能做到有火不成灾。而大兴安岭林区的公路密度只有 $0.6m/hm^2$，因此，公路太少是那里成为全国最多火灾区原因之一。

（七）防火通信网

森林草原防火要做到及时发现火情，及时扑救，要有"千里眼""顺风耳""快速跑"。瞭望台和飞机以及卫星等探测技术解决了"千里眼";林区公路或防火公路或飞机空降解决了"快速跑";通信网则起着"顺风耳"的作用。

建设好防火通信网是搞好防火工作的保证,是防火工作的重要组成部分。尤其在灭火工作中更为重要。通信网可以准确、迅速传递火情,及时组织人力扑救火灾;及时报告火情、受理火情、火场通信,及时指挥扑火工作。各级防火机构都应配置防火专用电话。有条件的还可配置无线电或无线电通信,构成防火通信联络网。各基层林业站、防火站、瞭望台、林业作业点和当地防火指挥部之间用电话线或用小功率报话机进行防火联络。设在深山密林里的防火站、临时防火外站、临时工作点,没有能力架设电话线,要配置无线电台,以达到能和地方防火指挥部随时对话。

第四节 森林与草原火灾扑救

森林和草原火灾扑救是防火工作的重要方面,根部《我国森林防火条例》的规定,扑救森林和草原火灾是各级人民政府和人民群众义不容辞的责任,在我国一旦发生森林和草原火灾都要进行积极扑救。

一、灭火原理

森林和草原燃烧必须具备:可燃物、氧气和一定温度这三个要素,通称为燃烧三角。灭火就是破坏燃烧三要素的相互结合,使其失去燃烧条件的行为。

(一)灭火三要素

(1)隔离可燃物或减少可燃物蒸汽量,使可燃气体低于着火下限。

(2)隔离空气,使空气中氧气的含量(浓度)低至 14% ~ 18%。

(3)使可燃物温度低于燃点。

(二)灭火三种基本方法

(1)隔绝空气(窒息)。就是使可燃物与空气隔绝的一种方法,即隔绝氧气。通常空气中氧气浓度低于 16%,燃烧就会停止。用扑火工具直接灭火,就是使可燃物与空气隔绝而窒息。使用化学灭火剂灭火,就是灭火剂受热分解,产生不燃气体,使可燃物隔绝空气并稀释氧气,使火受抑制和熄灭。此法适合于火灾初期。

(2)冷却法。就是采用降温的办法使火停止燃烧。用水喷洒在可燃物上或用湿土覆盖可燃物，可以达到冷却、降温的灭火目的。据实验得知，1kg水每升温1℃要吸热4187J热量，当水化为蒸汽时又要吸收225.7kJ的汽化热量。

(3) 封锁可燃物法。就是设法把森林可燃物已燃烧的和未燃烧的分开，或用改变燃烧状态来灭火。为了切断火源，可用防火线、防火沟、生土隔离带、化学灭火等方法。

二、火灾扑救方法

(一) 地面扑火

地面扑火工具包括消防水车(水龙带、水泵、水和手工具)、开沟联合机(开沟建立防火线和直接灭火两用)、专用于开设防火线的拖拉机、扑火工具(如斧子、长柄锹、油锯、扫把、镰刀、点火器、引火索、背负式喷雾器等)。

国外在地面灭火中，主要突出水的特点。扑灭林火时除继续使用简单手持工具外，一些工业发达国家，如美国、加拿大、日本和俄罗斯等国都设计和使用各种类型的背负式喷雾器(如苏联的莱路-M型背负式灭火器，欧洛-16型轻型多用灭火器和乌坡-1型化学灭火剂喷洒机等；加拿大的橡胶尼龙布制成HPO-2喷雾器，用多层次浸渍纸和防火外套制成背囊的HPO喷雾器等)。喷水或喷洒化学药剂封锁或扑灭地面火。苏联制造一种背负式手持喷土枪，可有效扑灭1m宽以下的弱度和中度森林地表火，并能开设生土带，还利用大型推土机等开设隔离带。美国设计的TT-2型喷土机在土沙上每小时可开1.1km控制线。

(二) 化学灭火

化学灭火施用化学灭火剂扑灭林火是加拿大、日本、俄罗斯等国通用的灭火技术。目前所用灭火剂大致可分为短效和长效二种。短效灭火剂主要以水为主，加入少量化学药剂，改变水性，使水稀释或增稠，达到灭火的需要。各国在化学灭火上着重于化学药剂性能的研究，如福斯切克202和259是世界著名的磷酸铵灭火剂，效果好，主要成分是磷酸亚氢二铵加防腐剂、增稠剂和色素。硫酸铵的灭火效果稍低于磷酸铵(三份硫酸铵相当于二份磷酸铵)，但其成本低，故不失为一种优良灭火剂。

苏联利用生产氟塑料的废物经溴化处理所得卤化烃的各种成分用来制成灭火剂，其灭火效能好，价格低。美国用造纸废液中硫酸木素等溴化物生产灭火剂，加工简单，成本低，且对环境污染少。

最近科学家们又发现一种灭火新药剂,即水玻璃,又称泡花碱。水玻璃有一定的黏度,将它喷洒在树上或草上,它就会黏在树和草的表面,不怕风吹,经火一烤,它就会变成树和草的"消防服",不仅它本身不燃烧,而且还能阻隔空气,不让火烧树和草。水玻璃价格较低,易于贮存的运输,既可以用一般或特别器械喷洒,也可以用飞机喷洒,进行大面积防火灭火。

(三)爆炸灭火

爆炸灭火是指事先在地下埋好火药,火焰迫近时引爆,或者投掷灭火弹灭火的方法。灭火弹爆炸时,向上掀起并覆盖在可燃物上,造成与空气的隔绝,从而熄灭火焰。用索状炸药开设控制线速度快、效果很好。

据美国报道,用此法开设防火线比手工快一倍。德国法兰克福消防队长里斯同爆破专家罗森施托克合作,研究出一种新的爆灭火法,灭火器材是一根高强度聚乙烯塑料管,里面装满水,并接上导火线,塑料管放在离"森林大火"约100m远的地方,利用遥控点火引爆塑料管,塑料管顿时被炸得粉碎,而水被炸成数10亿滴极细小的水珠,并形成约10m高的水云。

(四)人工催化降雨灭火

世界上大面积森林火灾,最后几乎是靠下雨浇灭的,因此在扑救大面积森林火灾方面,人工催化降雨灭火就显得尤为突出。但是人工催化降雨,需要一定的条件和技术,因而它的应用受到了一定的限制。用于人工催化降雨的催化剂主要有干冰、碘化银、碘化铅、硫化铜、硫酸铵、固体二氧化氮、甲胺等,其中效果最好的主要是烟雾状的碘化银、碘化铅和粉末状的硫化铜,而以硫化铜最有发展前途。催化剂的撒布方法有:地面发生器撒布法、高炮火箭撒布法、气球撒布法、飞机撒布法。

俄罗斯一般用飞机飞抵云层过冷部分时,用信号枪,把含有造冰催化剂的信号弹从云层侧面射入云层内,或用排气管把硫化铜粉末喷入云层,促进降雨。美国一般用大型飞机携带碘化银焰弹,飞至云顶上,投掷云中,催化降雨。

(五)空中灭火

由于森林面积大,地面灭火受到一定的限制,因此国外把航空技术应用到森林防火中去,把它视为森林防火灭火的重要手段。从20世纪50年代开展航空护林以来至今,航空护林防火灭火取得了迅速的发展。

加拿大各省防火中心都拥有包括侦察机、直升机、重型洒水机在内的各种类型的飞机。现在每年防火期用于防火、灭火的飞机超过1000架。在运送灭火队员方面,他们普遍采用直升机和水陆两用飞机。在加拿大,星罗棋布的大小湖泊,为飞机载水灭火提供了有利条件。因此,除了利用直升机喷洒液灭火外,还大规模开展固定翼飞机洒水、洒化学药剂和投掷炸弹进行灭火。在美国,农业部林务局拥有146架各种专用防火、灭火飞机。另外还与空军及数百个私人飞机订立协议,一旦航空公司飞机不能满足需要,即由他们的飞机支援。美国还有一批航空跳伞人员,1979年跳伞灭火达6690人次。任何地区发生森林火灾,林务局都能在一天之内调数千名消防人员赶到火场。俄罗斯联邦在防火期中,每年动用飞机(固定翼和直升飞机)400~600架,最多可达1000架。

三、森林消防队伍

森林消防队伍是我国森林防火体系的重要组成部分,是扑救和处置森林火灾的主要力量。多年以来,各地认真贯彻落实国务院领导以及国家森防指、国家林业和草原局的一系列指示精神和部署要求,森林消防队伍不断发展,在扑救森林火灾中发挥着极其重要的作用。

(一)消防队伍分类

1. 专业消防队伍

以森林与草原火灾预防、扑救为主,有较为完善的硬件设施和扑火机具装备,人员相对固定,有稳定的经费,防火期集中食宿、准军事化管理,组织严密、训练有素、管理规范、装备齐全、反应快速。

2. 半专业消防队伍

以森林与草原火灾扑救为主,预防为辅。每年进行一定时间的专业训练,有组织、有保障,人员相对集中,具有较好的扑火技能、装备。在防火高火险期集中食宿,准军事化管理。

3. 应急消防队伍

主要由解放军、武警、预备役部队、公安民警等组成,参加当地森林与草原火灾应急处置。经过必要的扑火技能训练和安全知识培训,具有较强的森林与草原火灾扑救能力。接到扑火任务后,能按预案快速出动。

4. 群众消防队伍

以机关、企事业单位干部、职工以及林区居(村)民中的青壮年为主,配备一定数量的扑火装备,经过森林与草原防扑火业务知识培训,主要承担扑救森林与草原火灾、带路、运送扑火物资、提供后勤服务、参与清理和看守火场等任务。

(二)消防队伍建设

1. 人员建设

(1)专业消防队伍以县级单位进行建设。按照《森林防火条例》关于"地方各级人民政府和国有林业企业、事业单位应当根据实际需要,成立森林与草原火灾专业扑救队伍"的要求,有森林与草原防火任务的县级人民政府,应根据林地和草地面积、火险等级组建不同规模的专业森林与草原消防队伍。

国有林场、风景名胜区、自然保护区、森林公园等应根据需要建立专业森林与草原消防队伍。

(2)半专业消防队伍以乡(镇)级单位进行建设。有森林与草原防火任务的乡(镇)和国有林场、自然保护区、风景名胜区、森林公园等,应根据当地森林与草原防火的实际需要,建立规模适当的半专业森林消防队伍。

(3)各地应根据林地和草地面积、火险等级等实际情况,建立适合当地防扑火需要的群众森林与草原消防队伍。

2. 营房建设

(1)专业森林与草原消防队伍应有专属营区,营区有规模适当的训练场地和配备训练器材。

(2)专业森林与草原消防队伍专属营房设有办公室、培训室、活动室、食堂、宿舍、装备库等,并可根据需要配建车库及必要的附属设施。

(3)专业森林与草原消防队伍营区门口设置明显的标志,营区地面平整硬化,庭院绿化美化。

半专业森林与草原消防队伍可根据实际情况提供营房。

(三)装备配备

各级森林与草原防火主管部门根据国家有关标准和当地的防火任务以及所采取的灭火方式和手段,制定各类森林与草原消防队的装备物资配备标准,按需配备,实现人与装备的最佳组合。

(四)管理机制

1. 组织领导

按照森林与草原防火工作实行地方各级人民政府行政首长负责制的规定,地方各级人民政府是推进森林与草原消防队伍建设的主体,实行各级人民政府森林与草原防火指挥机构统一领导各类森林消防队伍的管理体制。林业和草原主管部门要根据本省实际情况,切实加强对森林与草原消防队伍建设的指导,制定措施,确定规模,出台鼓励政策,加强队伍的组建、管理工作。

2. 运行机制

专业森林与草原消防队伍，除由本级森林与草原防火指挥部指挥外，同时作为机动作战力量，接受上一级森林与草原防火指挥部的统一调度，实行联动作战。

3. 队伍训练

各地要高度重视森林与草原消防队伍的业务建设，提高安全扑救能力。要将专业、半专业森林与草原消防队伍的训练作为重点来抓，科学规划，严密实施，做到高标准、严要求；应急森林与草原消防队伍每年至少要举行一次扑火技能训练、安全知识培训和应急演练；对群众森林与草原消防队伍应重点进行安全常识教育，适时开展扑火演练。

4. 队伍管理

在人员上，专业、半专业森林与草原消防队按准军事化要求严格管理，做到作风良好、反应快速、能征善战。在装备管理上，实行科学管理，做到定期维护保养，确保使用性能良好。

5. 兵力布防

应当根据本地森林与草原资源状况、火灾发生情况，积极采取靠前驻防等方式合理布局队伍，确保火情早发现、队伍早出动、火灾早扑灭。

6. 考核奖惩

各级森林与草原防火指挥部每年要对森林与草原消防队伍建设情况进行考核。对实现建设标准的，应采取挂牌等多种方式给予肯定；对未实现建设标准的，应限期整改。对在预防、扑救森林与草原火灾任务中做出突出贡献的消防队伍和个人，按照有关规定给予表彰奖励；对在预防、扑救火灾任务中因玩忽职守造成严重后果的有关人员，应根据有关规定予以处罚，情节严重的依法追究责任。

（舒立福、曾祥谓、陈锋）

第八章　林业和草原有害生物防治

第一节　林业和草原主要有害生物

一、我国林业和草原有害生物概况

我国林业和草原有害生物种类多、分布范围广、发生面积大、危害严重，对我国森林和草原资源造成了巨大破坏，严重影响森林和草原经济、社会、生态效益的正常发挥，威胁国土生态安全，制约生态文明和美丽中国的建设进程。

（一）我国林业和草原有害生物危害十分严重

近年来，受全球气候异常、生态环境变化、森林质量不高以及贸易往来剧增等因素综合影响，全国林业有害生物发生危害愈加严重，发生总面积近1900万 hm^2，年均造成的直接损失超过245亿元，经济和生态服务功能损失高达1100亿元，且在未来一段时间内仍将继续呈现高发态势。

由于草地不合理利用，导致草场生态恶化、草原退化，促使草原生物灾害发生频繁，我国草原有害生物发生面积达680万 hm^2，年均造成直接经济损失90亿元，牧草减产、生物多样性破坏及生态恶化等问题日益突出。

（二）造成灾害的林业和草原有害生物种类繁多

第三次全国林业有害生物普查（2014—2017年）结果显示，全国林业有害生物有6200余种，其中危害相对严重的有害生物280余种。松材线虫病、美国白蛾、森林鼠害和薇甘菊作为重点防治对象从国家层面进行管理。松材线虫病是全球森林生态系统中最具危险性、毁灭性的病害，具有极强的扩散性和破坏性，是造成我国林业损失最大的有害生物；美国白蛾发生范围广，扩散蔓延快，增殖迅速，造成了经济与环境的双重损失；森林鼠害对三北防护林、退耕还林地、新植林地和荒漠林地以及草地危害严重,影响固沙植被、森林更新和绿化环境;薇甘菊是我国首批外来入侵物种,其繁殖力强,侵占林地,除治困难。除此之外,在我国造成严重危害的主要林业和草原有害生物有杨干象、栗山天牛、光肩星天牛、红脂大小蠹、马尾松毛虫、苹果蠹蛾、樟子松梢斑螟以及东亚飞蝗等。

(三)多种因素引发林业和草原有害生物成灾

多年来,国家积极采取多种措施防治林业和草原有害生物,使有害生物的发生蔓延形势得到了一定的遏制,但仍然存在着法律法规与新时代防治形势不适应、社会对林业和草原有害生物的危害性认识不到位、地方政府对有害生物的防控工作重视不够、财政资金投入不足、机构编制较少或专业人员缺失、基础设施建设滞后、检疫监测防治水平低下等诸多问题。

近年来,我国森林面积逐年上升,但林分质量差、生物多样性低。林分结构不合理、单一化的树种结构,造成了林业有害生物灾害频繁发生,加之我国人工林经营水平较低,导致了林分卫生状况差,抗逆性脆弱,自然抵御林业有害生物能力差,有害生物发生危害日趋严重。暖冬、倒春寒等异常气候,风沙、干旱、洪涝等自然灾害进一步促进了有害生物的发生和危害。

随着全球经济一体化进程加快,交通运输业的发展,四通八达的交通网、与日俱增的物流、急剧上升的林业植物及其产品运输为松材线虫病、美国白蛾及其他检疫性有害生物的传播扩散提供了有利条件,也给检疫监管带来了难度。

面对我国林业和草原有害生物发生的严峻形势和防治工作存在的诸多问题,我们必须加快完善有害生物预防与监测体系建设,全面加强林业和草原有害生物综合防治。

二、我国林业和草原有害生物分述

(一)松材线虫、红脂大小蠹等松树病虫扩散加速,危害形势严峻

我国主要的针叶树种类包括马尾松、云南松、油松、樟子松、红松、落叶松、杉木和云(冷)杉等,全国松林面积近6000万hm^2,主要分布在我国东北、东南和西南林区。造成危害的主要有害生物种类包括松材线虫病、松疱锈病、松褐天牛、萧氏松茎象、纵坑切梢小蠹、红脂大小蠹、马尾松毛虫、油松毛虫、蜀柏毒蛾、樟子松梢斑螟、松突圆蚧、湿地松粉蚧等。

在东北林区,落叶松毛虫、油松毛虫、樟子松梢斑螟、红脂大小蠹、落叶松落叶病、落叶松枯梢病等对落叶松、樟子松、油松危害严重。落叶松毛虫在大兴安岭林区、长白山林区多地暴发成灾；红脂大小蠹在内蒙古、辽宁交界危害加重；梢斑螟在黑龙江、吉林造成樟子松成片断枝或枯死，大量红松球果歉收。

在西南林区，松材线虫病、云南松毛虫、蜀柏毒蛾、切梢小蠹、松褐天牛等有害生物对云南松、马尾松、蜀柏造成严重危害。云南松毛虫在四川、贵州、云南局部地区危害严重；蜀柏毒蛾在四川、重庆经常成灾；切梢小蠹、松褐天牛在云南、贵州等地危害偏重。

在江南、华南地区，松材线虫病、马尾松毛虫、萧氏松茎象、松褐天牛等危害马尾松。松毛虫类食叶害虫主要取食松树针叶，是我国历史上第一大害虫，很多地方仍然周期性地暴发成灾，特别是在长江以南各省（区、市），马尾松毛虫暴发时可在短时间内吃光松针，受害林分如同火烧，损失巨大；萧氏松茎象主要危害湿地松、火炬松，可导致树木在较短时间内枯死，目前在江西危害偏重。松褐天牛既钻蛀松树树干，也可作为松材线虫病的传播媒介昆虫，在浙江、江西、湖北等地造成上万株林木死亡。

松材线虫病是全球森林生态系统中最具危险性、毁灭性的病害之一。在我国，松材线虫病于1982年首次在南京中山陵发现，受害松树短期内枯萎死亡。30多年来，全国因松材线虫病损失的松树累计达数十亿株，造成的直接经济损失和生态服务价值损失上千亿元。据国家林业和草原局2019年松材线虫病疫区公告显示，松材线虫病已在天津、辽宁、江苏、浙江、安徽、福建、江西、山东、河南、湖北、湖南、广东、广西、重庆、四川、贵州、云南、陕西18个省（自治区、直辖市）588个县级行政区发生疫情，发生面积约64.93万hm^2，呈现向西、向北快速扩散态势，最西端达四川省凉山州，最北端已在辽宁北部多个县（区），并已入侵多个国家级风景名胜区和重点生态区。同时，传播媒介也发现了云杉花墨天牛等新种类，危害对象由过去的马尾松、黑松扩大到红松、落叶松等松树种类，疫情直接威胁我国近6000万hm^2松林资源安全。经专家研究分析，我国所有区域都可能是松材线虫病的适生区，所有松树种类都有可能感染松材线虫病，如不采取得力措施，森林资源损失将不可估量。

（二）美国白蛾、杨扇舟蛾等阔叶树有害生物多点暴发，局部偏重

我国主要的阔叶树有杨树、柳树、栎树、桦树、榆树、槐树、桑树、樟树、槭树等，危害这些树种的有害生物主要有美国白蛾、栗山天牛、桑天牛、柳毒蛾、榆紫叶甲等。春尺蠖、黄褐天幕毛虫、杨小舟蛾、杨扇舟蛾、光肩星天牛、杨干象、杨树烂皮病、杨树溃疡病、杨树灰斑病等对杨树造成严重危害。栗山天牛是栎树林的一种毁灭性蛀干害虫,主要在东北地区造成严重危害。

美国白蛾是典型的多食性害虫,可取食危害绝大多数阔叶树、灌木叶片,常将整株叶片或成片树叶食光,整个树冠全部被网幕笼罩,严重影响园林树木、经济林、农田防护林生长和绿化景观。美国白蛾在我国东北、华北及华中部分地区暴发频繁,可通过自然传入、疫区苗木带入、随交通、物流工具传入等方式传播,向北、向南、向内陆地区扩散蔓延速度明显加快。据国家林业和草原局 2019 年美国白蛾疫区公告显示,已有北京、天津、河北、内蒙古、辽宁、吉林、上海、江苏、安徽、山东、河南、湖北、陕西 13 个省(自治区、直辖市)592 个县级行政区发生美国白蛾疫情,疫情发生面积约 80 万 hm^2。

杨扇舟蛾、杨小舟蛾、春尺蠖等杨树食叶害虫发生普遍,杨扇舟蛾、杨小舟蛾在湖北、江苏、吉林、黑龙江等地造成杨树叶片被食严重,出现小范围杨树片林吃花吃光现象,个别地区树叶被全部吃光,出现"夏树秋景";春尺蠖在内蒙古、西藏、宁夏、新疆局地偏重发生,受其危害过的树木叶片被食光吃净,树枝似干枯如死树一般。光肩星天牛、青杨楔天牛、青杨脊虎天牛、杨干象是杨树的重要蛀干害虫,光肩星天牛在内蒙古、甘肃等地造成部分杨树片林死亡,严重发生时被害树木千疮百孔,风折或枯死,对三北地区防护林工程造成巨大破坏;青杨楔天牛蛀食枝干,在西藏局部造成杨树枝梢干枯,易遭风折;青杨脊虎天牛发生严重时被害木枯死,杨干象可造成枝干被害处形成"刀砍状"增生,在东北地区对防护林、用材林造成威胁。杨树烂皮病在东北、华北,杨树溃疡病在山东、河南、西藏等地造成杨树树干开裂、树皮龟裂。

(三)经济林、竹林和速生丰产林有害生物种类繁多,损失加重

随着我国经济林、竹林和速生丰产林面积的快速增加,有害生物发生危害种类也不断增多。

目前造成较严重危害的经济林有害生物包括椰子织蛾、苹果蠹蛾、梨小食心虫、核桃举肢蛾、椰心叶甲、核桃长足象、核桃白粉病、板栗疫病、油茶炭疽病、枣疯病等。油茶尺蠖、油茶炭疽病在江西、湖北、湖南等传统油茶产区造成严重经济损失;椰子织蛾、椰心叶甲、锈色棕榈象等对广东、海南等华南地区的棕榈科植物造成了严重危害,极大地威胁着我国椰子产业的安全;核桃长足象、核桃举肢蛾等虫害在山西、重庆、四川、贵州等地，核桃白粉病、核桃褐斑病等病害在云南、甘肃造成核桃减产；板栗疫病、栗溃疡病、栗瘿蜂在福建、重庆、陕西等地发生危害，导致板栗歉收；枣大球蚧、枣实蝇在山西、陕西等地引起果实提早成熟、腐烂，导致大量落果；梨小食心虫、苹果蠹蛾在新疆地区危害严重，影响林果品质。

危害毛竹、楠竹、刚竹等常见的有害生物有黄脊竹蝗、刚竹毒蛾、竹茎广肩小蜂、竹大象、卵圆蝽、毛竹枯梢病、竹丛枝病等。在福建、浙江等地刚竹毒蛾、卵圆蝽等多种害虫混合暴发成灾，受害竹林形似火烧；黄脊竹蝗在湖南、江西竹产区危害最重；竹茎广肩小蜂在广西局部地区危害偏重；毛竹枯梢病在南方多地均有分布。

危害桉树的常见有害生物种类有油桐尺蠖、桉树枝瘿姬小蜂、桉树焦枯病、桉树青枯病等。油桐尺蠖、桉树青枯病在福建、广东、广西等地严重影响桉树生产，威胁着桉树速丰林的发展。

(四)东亚飞蝗、高原鼠兔等草原有害生物呈多发、常发态势

我国是草原资源大国，拥有各类天然草原面积 3.928 亿 hm^2，主要分布在内蒙古、四川、西藏、甘肃、青海、新疆等省（自治区、直辖市）。

草原虫害种类多、数量大、分布广、危害重，主要种类包括东亚飞蝗、亚洲小车蝗、草地螟、叶甲类害虫、夜蛾类害虫、草原毛虫等，发生面积达 200 万 hm^2。其中蝗虫多发生在内蒙古、新疆等干旱、半干旱区草原上，分布范围较广；草原毛虫大多发生在四川、西藏、甘肃、青海等青藏高原牧区。苜蓿霜霉病、早熟禾白粉病等草地病害年均发生面积为 13 万 hm^2，草地病害对草地植物的产量和品质有着重要影响。草原鼠害在草原有害生物灾害中占比最大，危害也最为严重，发生面积达 400 万 hm^2，其中危害严重的主要种类有 10 种，分别是高原鼠兔、草原鼢鼠、大沙鼠、东北鼢鼠、布氏田鼠、黄兔尾鼠、鼹形田鼠、高原鼢鼠、长爪沙鼠。高原鼢鼠分布于甘肃河西走廊以南的祁连山地、甘南高原、青海高原以及川西北部，草原鼢鼠主要分布于东北西部、河北北部、内蒙古、西北山地、青藏高原等地区。毒害草被称为草原的"绿色杀手"，牲畜毒害草中毒事件频繁出现，严重制约草地畜牧业的可持续发展，我国毒害草发生面积近 67 万 hm^2，西藏等西部地区天然草地是我国有毒有害植物种类分布较多、危害最为严重的区域，较为集中的有毒有害植物有小花棘豆、黄花棘豆、醉马芨芨草、藜芦、狼毒大戟等。

(五)林业鼠兔、有害植物及荒漠植被、湿地植被、园林树木有害生物危害日益突出，局地偏重

我国主要林业害鼠有棕背䶄、大沙鼠、中华鼢鼠、红背䶄、高原鼢鼠、甘肃鼢鼠、子午沙鼠、长爪沙鼠、达乌尔黄鼠、大林姬鼠、长尾仓鼠等，兔类有草兔、高原鼠兔、达乌尔鼠兔等。林业害鼠(兔)主要啃咬成树、幼树苗，伤害苗木的根系，近年来在三北干旱半干旱地区新植林地和荒漠林地局部危害偏重，对未成林造林地林木构成严重威胁。其中，鼢鼠在内蒙古、陕西、甘肃、宁夏、青海等局部地区危害偏重，沙鼠在内蒙古、甘肃等西北荒漠植被区，䶄鼠在东北火烧迹地局部偏重危害，局地成灾。

我国主要林业有害植物包括薇甘菊、金钟藤、云杉矮槲寄生、加拿大一枝黄花、紫茎泽兰、飞机草等。薇甘菊是一种多年生草质藤本，自身繁殖能力强，不仅根、茎都可以进行无性繁殖，种子也可通过气流、水流等远距离传播，人为很难控制，极易扩散传播危害，且薇甘菊在我国有着广泛的适生区域，长江以南大部分地区都具有适宜其生长定殖的条件，目前已在广东珠三角地区成片侵占林地，难以清除；紫茎泽兰生命力强，繁殖率高，在林分边缘大量分布，是中国遭受外来物种入侵的典型例子，在广西、四川、贵州、云南、西藏等地均有分布，并逐步向北和向东扩散。

沙棘木蠹蛾、春尺蠖、梦尼夜蛾、大沙鼠在西北地区危害胡杨林、沙枣、梭梭等荒漠乔灌木。广州小斑螟在广西等沿海海滩危害白骨壤、海桑等红树林；高原鼢鼠在三江源破坏湿地植被。国槐尺蠖，主要取食叶片，在华北地区对国槐、龙爪槐等园林树种造成严重危害；樟巢螟、红蜡蚧在华东地区对樟树等园林树种危害严重。

第二节 林业和草原有害生物预防与监测体系

"预防为主、科学治理、依法监管、强化责任"是我国林业和草原有害生物防治工作的方针。"预防为主"作为应对有害生物灾害的基本原则，也是有害生物防治最为经济、有效的措施。林业和草原有害生物灾害的预防措施主要指监测预警和检疫御灾，监测预警是林业和草原有害生物灾害防治工作的基础，检疫御灾是灾害防治的重要环节。

一、林业植物检疫御灾体系

林业植物检疫是植物检疫工作的一部分，其核心职能是"把关"，主要通过检疫措施防止林业危险性有害生物随人为活动入侵、外传和扩散蔓延，达到保护本国或本地区林业生产和生态安全，保障林业植物及其产品正常流通。草原植物检疫工作目前还未开展，本部分仅指林业植物检疫御灾。

（一）林业植物检疫体系全面建成

1. 机构建立健全，检疫工作有序开展

我国现行的林业植物检疫机构由国家、省、地、县四级组成，形成了完善的组织体系。检疫工作实行统一领导，分级管理的制度，全国的检疫工作由国家林业和草原局主管，各省、自治区、直辖市县级以上林业植物检疫机构受同级林业行政主管部门领导，并具体负责本辖区的林业植物检疫工作。县级林业植物检疫机构主要负责组织检疫法规的贯彻落实，提出有关检疫工作的具体措施，培训与批准兼职检疫员，落实检疫工作的具体计划，开展产地、调运检疫、疫情普查、疫情封锁扑灭等日常工作。

2. 队伍高效稳定，检疫能力逐步提高

我国现有森林植物检疫专职检疫员和兼职检疫员3万多人。林业植物检疫工作的政策性和技术性很强，检疫人员的政策水平和技术水平高低是能否胜任检疫工作的关键。专职检疫员应经过省级以上林业主管部门培训取得成绩合格证书，由国家林业植物检疫机构发给《森林植物检疫员证》。各级林业主管部门所属的检疫机构可根据工作需要，在所辖单位选聘兼职检疫员，经培训取得《兼职森林植物检疫员证》，其职责是协助检疫机构开展工作，可以签发《产地检疫合格》，但不得签发《植物检疫证书》。

3. 法规、制度初具规模，检疫执法稳步推进

我国在检疫御灾方面的法规有《植物检疫条例》《植物检疫条例实施细则（林业部分）》。各省（自治区、直辖市）政府也制定了《植物检疫实施办法》等地方林业植物检疫法规，构成了从中央到地方的林业植物检疫的法律法规框架。在加强检疫行政法规建设的同时，国家林业主管部门陆续制定并发布了《森林植物检疫技术规程》《林业检疫性有害生物检疫技术操作办法》《引进林木种子、苗木检疫审批与监管规定》等一系列技术性规范文件。检疫领域国家标准和行业标准的制修订工作也在不断加强，目前已发布标准40多项，为依法开展林业植物检疫提供了技术支撑。

（二）林业植物检疫管理与执法全面加强

林业植物检疫包括风险分析、调运检疫、产地检疫、引种审批监管、行政处罚等方面工作，涉及面广，程序复杂，技术性和规范性要求高，社

会责任大。

1. 开展风险分析研究，制定检疫管理对策

有害生物风险分析是开展有害生物检疫管理和制定检疫科学决策的基础。《实施动植物卫生检疫措施的协议》（SPS 协定）和国际植物保护公约（IPPC）要求 WTO 各成员国在采取检疫措施时必须以风险分析为依据。我国在林业植物检疫领域已建立了较为完善的风险分析方法和技术指标，从国家层面对 300 多种主要有害生物进行了风险分析，根据分析结果，调整检疫管理级别，制定了相应的检疫管理措施。

2. 科学确定检疫对象，实施分类管理措施

依照植物检疫法规，林业植物检疫工作中应施检疫的对象有三类：一类是由国家林业和草原局确定并公布的全国林业检疫性有害生物，共计 14 种，分别是松材线虫、美国白蛾、苹果蠹蛾、红脂大小蠹、双钩异翅长蠹、杨干象、锈色棕榈象、青杨脊虎天牛、扶桑绵粉蚧、红火蚁、枣实蝇、落叶松枯梢病菌、松疱锈病菌、薇甘菊；二类是各省级行政区公布的本行政区的补充林业检疫性有害生物，共计 78 种；三类是国家林业和草原局确定并公布的全国林业危险性有害生物，共计 192 种。

3. 依法加强疫区管理，防范疫情传播扩散

各地在林业有害生物监测和检疫工作中，发现疑似全国林业检疫性有害生物疫情的，取样鉴定，确认为检疫性有害生物的，要逐级上报疫情。松材线虫病和美国白蛾疫情由国家林业和草原局公布，其他全国林业检疫性有害生物疫情由省级林业主管部门公布。全国林业检疫性有害生物疫情发生地以县级行政区为单位划定为疫区。松材线虫病和美国白蛾的县级疫区由国家林业和草原局负责公布，其他全国林业检疫性有害生物疫区由省级林业主管部门报请省级人民政府批准后公布，并报国家林业和草原局备案。疫区每年至少公布一次。疫区划定公布后，各地要加强疫区疫情的监测、检疫和除治工作，及时根除疫情。疫区内连续两年没有发现该种全国林业检疫性有害生物或疫区内没有该种全国林业检疫性有害生物可危害的寄主植物，由省级林业主管部门组织查定和评估后提出撤销该疫区。

4. 严格引种审批制度，明确审批监管责任

我国对从国外引进林木种子、苗木及其他繁殖材料实行严格的审批和监管，按照《引进林木种子、苗木检疫审批与监管规定》办理检疫申请、检疫审批、入境后检疫、检疫监管等工作程序。引种检疫审批是国家级和省级林业植物检疫机构的职责，入关检疫是进出境检疫部门负责，引进之后

的检疫监管是引种地林业植物检疫机构的职责,要定期进行疫情调查,在隔离种植期限内加强监管,严防丢失,到达种植期限后进行检疫检验,未发现危险性有害生物的方可分散种植。

5. 加强传播源头管理,做好产地和调运检疫

产地检疫是林业植物检疫工作的基础,是防止有害生物传播扩散的第一道关口。生产、经营应施检疫的森林植物及其产品的单位(个人)应在生产和经营之前向当地林业植物检疫机构备案,在生产期间或调运之前向当地林业植物检疫机构申请产地检疫。检疫机构根据检疫申请,结合疫情进行相应的现场检疫、除害处理、产地检疫单据填写和发放等工作,有关调查方法和内容应严格按照《森林植物检疫技术规程》进行。调运检疫是林业植物及其产品在调出原产地之前,运输途中及达到新的种植或使用地点之后,由林业植物检疫机构采取的一系列检疫检验和除害处理措施,是整个检疫工作的中心环节,是防止有害生物传播的第二道关口。调运检疫分为调出检疫和调入检疫。调出检疫包括受理报检、检疫检验、检疫处理和签发植物检疫证书,调入检疫包括向调出单位提出检疫要求和植物及其产品调入后,根据疫情发生情况实施复检和补检。《植物检疫证书》的签发是各级林业植物检疫机构依法检疫检验后做出、承担相应法律责任的行政行为,要严格按照相应程序和全国林业植物检疫管理信息系统要求进行操作。

6. 规范行政处罚程序,强化检疫执法力度

林业植物检疫行政执法贯穿在对林业植物及其产品实施检疫的过程中,是整个林业植物检疫工作的重心所在。在产地检疫、调运检疫、引种检疫审批过程中查到违法违规事件时,检疫机构要按照相关法律法规对行政违法相对人进行检疫行政处罚。林业植物检疫行政处罚的主体必须是具有行政处罚权的行政机关或者是法律法规授权的组织。各级林业植物检疫机构负责本级林业植物检疫行政处罚的管理工作。

(三)林业植物检疫技术全面应用

林业植物检疫是一项技术要求较高、专业性较强的工作,涉及多学科的知识。先进的检疫科学技术才能保证高质量地开展林业植物检疫工作。林业植物检疫技术主要包括检疫检验技术和检疫处理技术。

1. 简便准确的检疫检验技术至关重要

使用快速、简便、准确、有效的检疫检验技术是提高检疫工作质量和效率的关键,检疫检验需要按照规定的程序进行。《森林植物检疫技术规

程》对产地检疫和调运检疫的调查、取样方法做了一般、原则性的规定。《检疫性林业有害生物检疫技术操作办法》对每种检疫性有害生物的产地调查和调运检疫的调查方法、取样方法、取样比例等都做了比较详细的规定。常用的检疫检验方法主要包括直观检验、过筛检验、解剖检验、比重检验、染色检验、洗涤检验、贝尔曼漏斗分离检验、分离培养检验、萌芽检验、接种检验等。

2. 安全有效的检疫处理技术必不可少

检疫处理是对感染检疫性有害生物的林业植物及其产品、装载容器、包装材料、铺垫物、运输工具以及货物堆放地、仓库等依法采取强制性除害处理措施的过程。检疫处理作为一种积极的防御措施,在检疫工作中必不可少,只有有效杀灭林业植物及其产品中携带的危险性有害生物,才能使处理后的植物及其产品进入流通领域。检疫处理工作对技术的要求很高,实用的除害处理技术应该具备快速、高效和安全三个条件。主要包括两类,一类是化学处理方法,包括药剂浸泡处理、药剂喷雾处理、药剂熏蒸处理;另一类是物理处理方法,包括热水浸烫、微波加热、水浸处理、低温或冷冻处理、辐射处理、热处理、解板处理、旋切处理、剥皮处理等。

二、林业和草原有害生物监测预报体系

林业和草原有害生物监测预报是林业和草原生物灾害防治工作的前提和基础,旨在对林业和草原有害生物的发生和危害情况进行全面监测、重点调查,并通过对采集数据的科学分析,判断其发生现状和发展趋势,做出短、中、长期预报,肩负着为领导决策提供科学依据和为防控工作提供情报信息指导的重任,历来受到各级领导和防治工作者的高度重视。新中国成立 70 年来,特别是改革开放 40 多年以来,监测预报体系按照"全面监测、准确预报、及时预警"的总体要求,经过不懈努力,我国监测预报工作在组织机构、队伍能力、基础设施等方面取得了长足进步,在管理制度、技术手段、信息平台等方面也取得了很大进步,为各级林业和草原管理领导部门指挥重大生物灾害监测预警、检疫御灾、防治减灾发挥了重要的参谋作用,为维护生态安全、建设美丽中国做出了巨大贡献。

(一)监测预报组织体系逐步建立健全

截至 2018 年年底,全国已建成各级监测预报机构 3163 个,其中,国家森林病虫害预测预报中心 1 个,省级测报站 35 个,地市级测报站 340 个,县级测报站 2787 个。各级测报机构还分别设立了以开展野外灾情监测

调查为主要任务的各级测报(监测)点 33 656 个,其中国家级林业有害生物中心测报点 1000 个,省级重点测报点 651 个,一般监测点 32 005 个,全国现有测报人员 76 889 人。基本建成了以国家森林病虫害预测预报中心为龙头,以省(自治区、直辖市)测报站为枢纽,以国家级中心测报点为骨干,以县级测报站和各级测报(监测)点为基础的全国林业有害生物监测预报组织体系。

(二)监测预报业务管理和技术支撑体系不断规范

依据《中华人民共和国森林法》《森林病虫害防治条例》有关规定,国家林业局先后出台的《森林病虫害预测预报管理办法》和《病虫情联系报告制度》《国家级中心测报点管理规定》《林业有害生物监测预报管理规范》等一系列规章制度,以及《春尺蠖预测预报办法》《主要森林病虫鼠害发生面积统计规定》《林业有害生物监测预报技术规范》等多项技术标准和办法,有力地推进了全国监测预报管理的规范化进程。

1. 监测预报管理办法

1987 年林业部印发了《森林病虫害预测预报管理办法》,2002 年对《森林病虫害预测预报管理办法》进行了修订,对监测预报组织及职责、测报员职责及条件、监测调查、预测预报、考核和奖惩等作了具体规定。林业部陆续印发了《关于进一步加强森林病虫害预测预报工作的通知》《关于加强基层森林病虫害预测预报工作的通知》《关于加强森林病虫害预测预报工作的通知》《林业有害生物监测预报管理规范》等文件,要求各地要切实重视和加强监测预报工作。

2. 联系报告制度

1988 年,林业部印发《病虫情联系报告制度》,对报告时间、内容和注意事项作了规定,之后又多次对联系报告制度进行补充和完善。2006 年国家林业局下发《关于加强林业有害生物监测预报和突发疫情信息管理的通知》,就加强林业有害生物监测预报和突发疫情信息报告、信息发布管理,以及强化日常报表管理和数据真实性核查等工作提出了要求。

目前,林业有害生物联系报告制度内容包括:林业生物灾害突发事件周报告(要明确周报告的报告内容、报告范围、报告方式和报告时间),林业有害生物发生防治情况月报告、半年报告和年度报告(含文字报告和数据报表,要明确报告内容、报告方式和报告时间),国家级中心测报点信息直报。

3. 国家级中心测报点管理制度

1999年以来，国家林业局先后印发了《国家级中心测报点管理办法》《国家级中心测报点测报专项补助经费管理办法》《国家级森林病虫害中心测报点检查、考核办法》等规章和办法。2018年，国家林业和草原局印发《国家级林业有害生物中心测报点管理规定》，中心测报点实行国家和地方共同建设、共同管理、分级负责、成果共享的原则。

4. 监测预报技术标准

1989年林业部颁布了《春尺蠖预测预报办法》，这是我国首次发布林业有害生物预测预报办法。此后，又陆续发布了落叶松早期落叶病、落叶松枯梢病、落叶松毛虫、油松毛虫、赤松毛虫、青杨天牛、杨干象、落叶松鞘蛾、黄斑星天牛、黄脊竹蝗、大袋蛾、泡桐叶甲、榆蓝叶甲、美国白蛾、日本松干蚧15种有害生物预测预报办法。各省、自治区也相继制定了一些区域性主要林业生物灾害的预测预报办法或技术操作规程。

2002年，国家林业局修订、制定了松材线虫病、美国白蛾、松毛虫、杨树天牛、湿地松粉蚧、松突圆蚧、蜀柏毒蛾、森林鼠害、杨树舟蛾和松树钻蛀性害虫等13种(类)林业有害生物的测报办法。目前，在全国实施监测调查的有害生物种(类)达700余种，涵盖了我国林业有害生物主要种类。预测预报办法的发布实行，规范了监测预报工作的操作程序，提高了监测预报的准确性。

为准确地反映林业生物灾害发生情况，保证调查统计数据的连续性、稳定性和一致性，林业部于1991年3月印发了《主要森林病虫鼠害发生面积统计规定》，国家林业局2006年制定《林业生物灾害发生危害程度分级标准》，2015年印发《林业有害生物监测预报技术规范》，加速推进监测预报工作制度化、规范化、标准化进程。为科学确定灾害程度，特别是为主管部门决策是否启动防治应急措施提供了科学依据。

(三) 监测预报工作主要任务更加符合以服务为宗旨的目标

林业有害生物监测预报工作紧紧围绕经济社会发展、生态民生建设核心，以防灾减灾、公共信息服务为职责，以及时监测、准确预报、主动服务为主要任务，以监测立体化、预报精细化、服务多元化和管理信息化为发展目标。

1. 及时监测

及时监测要做到监测范围全覆盖、报告数据真实、早监测早发现。根据监测目的，监测工作包括灾情监测和虫情调查。

组织开展辖区内林业有害生物灾情监测，特别是外来林业有害生物、重大危险性林业有害生物、突发林业有害生物灾害的重点监测工作，采取人工地面踏查、挂设诱虫灯、性信息素诱捕器、航天航空遥感监测、无人机调查等方法，及时调查发现辖区内林木资源受危害的异常情况，详细掌握导致异常情况的林业有害生物种类、发生时间、发生地点、发生面积、危害程度、成灾情况、发生原因等情况，并及时报送。

对于辖区内的主要林业有害生物，要按照有关技术标准，组织开展主测对象发生情况的监测调查，记录主测对象发生关键因子的相关数据，为主测对象的发生发展趋势预测提供第一手数据。

2. 准确预报

根据监测调查信息和主测对象的发生发展规律，通过预测模型、大数据挖掘、专家会商等方式进行科学的趋势分析，做出主测对象的发生趋势研判，并及时上报主测对象的趋势预测报告。按报告期限，趋势预报包括短期预报、中期预报、长期预报；按预报内容，趋势预报包括发生期预报（发生始、盛、末期）、发生量预报（虫害有虫株率、虫口密度，病害有感病指数、感病株率，鼠害有被害株率、捕获率，有害植物盖度）、发生范围预报（发生面积、发生地点）、危害程度预报（以轻、中、重三级表示）。

3. 主动服务

林业有害生物监测预报工作的核心是提供监测预报产品，为林业生物灾害防治工作做好服务，主要体现在两个方面：一是及时报告，按照联系报告制度规定内容，通过信息管理系统将监测信息、预测报告向上级林业有害生物防治机构及时报送，并向当地政府和林业主管部门报告，为管理决策提供科学依据。二是及时发布生产性预报，科学指导林业生物灾害防治生产工作，预报发布对象包括林业生物灾害防治机构、防治组织、林农、社会公众，预报发布方式可以采取简报、传单、广播、电视、短信、互联网等多种形式。努力构建林业有害生物监测预报工作，"服务美丽中国、服务生态安全、服务民生发展、服务灾害管理、服务社会公众"的林业生物灾害防灾减灾公共服务体系。

第三节 林业和草原有害生物综合防治

林业和草原有害生物防治是针对森林（林木）、草原造成危害的有害生物所采取的预防和除治活动，是森林和草原资源保护的重要组成部分，在降低林业和草原有害生物发生危害程度,保护造林绿化成果,维护生态文明,建设美丽中国等方面发挥着不可替代的重要作用。

一、林业和草原有害生物主要防治技术

在多年科研与防治实践中,探索和总结了很多有效防治技术,在控制林业和草原有害生物危害、减轻灾害损失工作中发挥了重要作用。林业和草原有害生物防治按性质可分为预防和除治两部分。预防即在有害生物未发生或未严重发生前采取的措施。除治即对已经发生的生物灾害进行治理的过程。具体防治技术措施根据方式、特点主要分为四个方面:营林防治、物理防治、生物防治、化学防治。在实际防治中,常根据需要组合配套使用。

(一)营林防治

营林防治指依据有害生物的生物学习性和生态学特性,采用适当的造林、经营或管护技术,从而减少林业有害生物发生与危害的一种防治方法。主要包括选用良种壮苗和抗性品种造林、合理配置营造混交林、清理病虫害木措施等。

1. 选用良种壮苗和抗性品种造林

由种苗等繁殖材料携带有害生物是造成有害生物传播扩散的途径之一,营造林时根据适地适树原则,选择优质健康种苗,是保证人工林健康的第一道必要措施。林木抗性品种是指具有抗一种或几种逆境(包括干旱、涝、盐碱、虫害、病害、草害等)遗传特性的品种,它们在同样的逆境条件下,能通过耐受或抵抗逆境,或通过自身补偿作用而减少逆境所引起的灾害损失。选用抗性品种造林,是减轻有害生物发生危害程度的重要措施。选育抗性树种途径主要是利用传统方法、诱变技术、组织培养技术和分子生物学技术使其产生抗性,还有应用生物技术如基因工程、林木细胞工程等培育抗性树种近年得到发展。

2. 营造多树种配置的混交林

混交林具有充分利用空间和营养面积,改善林地立地条件,增加生物多样性,增强抗御自然灾害和有害生物能力等优点。在规划造林或林分改造时,为防御或减轻有害生物危害,通过合理的树种搭配、混交类型、混交比例及混交方法,营造结构优化的混交林,促进林分自我调控功能的发挥,实现主动防御有害生物,减轻有害生物危害风险,实现森林健康生长。也可根据害虫(鼠)对植物的选择性,在林内栽植诱集植物带或诱集植株(某种害虫或害鼠喜食或嗜食植物),将害虫从面上危害转化成点状危害,既减少目标树种受害程度,又有利于集中消灭害虫(鼠),同时,还可利用其作为重点监测树种。配置诱集植株防治有害生物技术,关键要了解对某种有害生物有引诱作用的树种(植物),再根据实际合理配置。

3. 修枝截干与清理受害木

修枝是比较重要的经营抚育措施之一,通过修枝除去受有害生物危害的部分枝条,对于在侧枝危害的有害生物具有明显防治效果,可直接降低有害生物发生密度和危害程度,还可改善林内环境条件,防止次期性害虫及立木腐朽病的发生和蔓延等,修枝对青杨天牛、杨树烂皮病、杨溃疡病、草履蚧等具有明显效果。

高干截头是根据有害生物危害情况,将树干一定高度以上部分截掉,通过萌芽更新、恢复冠形的措施,在内蒙古等地天牛等有害生物防治中得到应用;清理受害木是及时伐除受害严重的衰弱木、濒死木、成过熟林,或发生了重大危险性有害生物的林木,防止有害生物传播扩散的方法。特别是作为防治松材线虫病的重要措施之一。一般在秋季落叶后至春季发芽前统一清理。清理前应进行详细调查,做好采伐及林分恢复规划设计,采伐后的林木按要求集中除害处理。在松材线虫病防治中,清理受害木成为主导措施。

草原有害生物的生态防治主要包括焚烧残草、合理利用草地、不同种或品种的牧草混播等措施。

(二)物理防治

物理防治是利用工具及其他物理因子(如光、热、电、温度、湿度和放射能、声波)等防治有害生物的措施。常用方法有人工(器械)防治、诱集与诱杀、阻隔法及加工利用、热处理等受害木除害处理措施。

1. 人工防治

人工防治,即人工或利用器械直接清除有害生物的措施,操作简单、快捷有效。根据不同有害生物的发生危害特点和林分特点,可分别采取不同防治方法。对于害虫常使用捕捉、震落、摘除、剪网、砸卵、挖蛹等;对于病害常采用刮除病斑、清理病枝病叶、摘除病果等;对于害鼠利用地弓地箭、鼠夹等器械捕杀;对有害植物采取人工或机械直接清除。

2. 诱杀防治

诱杀防治是利用某些有害生物(昆虫、害鼠)的习性,特别是对光线、食物等的趋性,应用物理因子和制剂,配合物理装置引诱有害生物(虫、鼠),并辅助采取相应措施消灭的措施。通常包括灯光诱杀、食饵诱杀、潜所诱杀、颜色诱杀等。如利用灯光诱杀多种鳞翅目害虫;食饵诱杀害虫、害鼠;树干围草诱蛹防治美国白蛾、松毛虫等害虫;利用黄板诱杀果树、茶树等经济林害虫。

3. 阻隔防治

阻隔防治是根据害虫(鼠)需爬行上下树(啃食树干)危害的习性和扩散行为,在树干一定部位(害虫多为胸径处、防治害鼠在基部以上一定高度)设置障碍,阻止其危害或扩散的措施。主要有黏虫胶、塑料胶带、塑料裙阻隔及器具保护等,一般在早春害虫(害鼠)上树危害前完成。如根据草履蚧、春尺蠖等需爬行上树危害和下树越夏越冬等特点,在树干缠绕塑料胶带、塑料裙或涂黏虫胶阻隔其上下树,还有利用树干套管或捆扎塑料布防止害鼠啃食危害等。

4. 受害木除害处理

受害木被伐除后,为防止因存放、使用或流通造成传播扩散,必须对其进行除害处理,彻底消灭有害生物。除害处理措施主要包括:焚烧、粉碎、加工利用、剥皮、水浸、微波、热烘、辐照等。如目前对松材线虫病疫木要求以焚烧、粉碎为主进行除害处理。

(三)生物防治

生物防治是指利用活的天敌、拮抗生物、竞争性生物或其他生物进行有害生物防治的手段。

1. 应用天敌防治

天敌防治是根据自然界中某种动物专门捕食或危害另一种动物的特性,可采取人工繁殖释放、林间保护或招引的措施,促进天敌种群数量保持在较高水平以发挥其对有害生物的控制。主要有寄生性、捕食性昆虫、螨类及其他捕食性动物。利用天敌防治的途径与方法主要有:保护利用本地天敌;天敌输引、移植、助迁;天敌招引;人工繁殖与释放等。我国应用天敌防治的主要种类有:赤眼蜂、平腹小蜂防治松毛虫等害虫;白蛾周氏啮小蜂防治美国白蛾等杨树食叶害虫;管氏肿腿蜂、花绒寄甲防治天牛等蛀干害虫;保护利用和招引啄木鸟、鹰等捕食性动物防治蛀干害虫、害鼠等。

2. 应原病原微生物防治

病原微生物防治是应用微生物通过侵染、释放毒素和酶等方式来控制有害生物的防治措施。病原微生物主要包括原核生物、菌物、病毒、原生动物、微孢子虫、线虫等。其中，以真菌、细菌、病毒较为常见。如应用苏云金芽孢杆菌防治美国白蛾、松毛虫、杨树食叶害虫等；用于害虫防治最多的真菌有白僵菌、绿僵菌等；病毒应用较多的有马尾松毛虫、赤松毛虫、美国白蛾、春尺蠖、舞毒蛾病毒。

(四)化学防治

化学防治是利用化学物质及其加工产品控制有害生物危害的防治方法。按用途分为杀虫剂、杀菌剂、杀螨剂、杀鼠剂、杀线剂、除草剂、植物生长调节剂等。化学防治具有操作简单、作用快速、效果显著的优点，但如应用不当可能污染环境、伤害有益生物、产生残留和抗药性等。化学药剂的使用要求选用高效、低毒、低残留药剂品种，禁止使用剧毒农药。除用于应急防治外，施药时尽量避免大面积喷雾、喷烟，提倡采取药剂堵孔、毒绳、毒环、毒签、毒笔、涂干、树干注射等相对安全的施药方法。

此外，还有植物源农药、微生物源农药、昆虫信息素、昆虫生长调节剂等一类药剂，即有效成分来自天然化合物或与其结构相同的人工合成化合物，有些种类可直接杀死害虫，如植物源农药、微生物源农药，有些种类对防治对象没有直接毒性，具有调节生长、干扰交配或引诱等特殊作用，如昆虫信息素、昆虫生长调节剂等。代表药剂如苦参碱、阿维菌素、昆虫性信息素、灭幼脲类药剂，目前广泛应用于害虫防治。

二、林业和草原有害生物防治管理

我国现行的林业有害生物防治机构，在机构设置上属于专业性管理的组织模式，分为国家机构和地方机构。国家林业有害生物防治机构主要职责是编制全国林业有害生物防治中长期规划，拟定林业有害生物防治法规政策，组织开展林业生物灾害预测预报、林业植物检疫、重大林业生物灾害治理，防治技术研发推广、国际交流、行业培训和技术咨询服务等；地方林业有害生物防治机构在行政上归属地方林业主管部门领导，业务上接受上一级林业有害生物防治机构指导。地方林业有害生物防治机构负责本地区林业有害生物监测预报、林业植物检疫、防治救灾等工作。

(一)防治管理体系建设

林业有害生物防治减灾体系是林业有害生物防治减灾的实施主体，通过加强防治减灾体系建设，提升防治管理能力，提高防治减灾效率。健全的防治减灾体系包括组织管理系统、防治作业系统、物资保障系统、应急防控系统、评估监理系统、灾害救助系统。目前，防治减灾体系还不健全,部分功能未得到充分发挥,如应急防控系统还需要完善,评估监理系统、灾害救助系统功能缺失。加强防治体系建设,是促进林业有害生物防治工作,提升防治能力与水平的重要基础性工作。

1. 组织管理系统

组织管理是指由政府和林业主管部门及林业有害生物防治机构对林业生物灾害做出政策决断、指挥调度、组织实施、监督指导等行为。组织管理系统由担负着林业生物灾害防治指挥决策职能的各级政府和林业主管部门与担负着林业生物灾害防治具体组织职责的各级林业生物灾害防治管理机构构成。建立"决策科学、指挥有力、分工明确、调度有方、运转高效"的防治组织管理系统,对于提高防治减灾工作效率、实现减灾目标意义重大。强化组织管理系统重点是加强防治指挥决策能力建设,规范指挥决策工作程序,完善防治管理,健全协调机制,强化依法防治。

2. 防治作业系统

防治作业是林业生物灾害防治减灾具体手段和措施的实施行为。防治作业系统中的作业组织主要由从事林业生产的经营者、社会化防治公司和专业队以及各级林业生物灾害防治机构组建(组织)的防治专业队伍等具备一定防治能力的业主、企业和单位组成。防治作业系统的作业能力、作业效率和作业质量决定着防治的成效。完善防治作业系统重点是加强各种防治作业实体建设,提高作业能力,健全管理制度,确保防治作业优质高效。

3. 物质保障系统

物质保障系统是为保证林业有害生物防治顺利开展,提供防治物资供给的系统,主要由药剂药械生产、储备、供给等环节组成。建设生产有序、储备合理、供给及时的防治物资保障系统,对于及时、快速、有效防治林业生物灾害具有至关重要的作用。完备的物质保障系统包括合理储备防治物资、建立合理规范的供给机制等。

4. 评估监理系统

防治评估监理是对防治效果评估和防治作业监理的总称。防治效果评估是指由具有合法资质的防治效果评估机构等接受政府、林业主管部门或其他当事人的委托,根据特定的评估目的,遵循公允和法定的评估标准、原则与程序,采取适当的评估方法,对防治效果进行评定并出具评估结果报告的一种活动。防治作业监理是指具有相应资质的监理单位受当事人的委托,根据有关法律、法规、标准和监理合同及其他防治要求,对防治作业过程采取的监督活动。目前对防治作业的评估监理处于起步阶段,未充分发挥其应有的作用。建立评估监理系统重点是确立和完善防治评估监理政策,构建多元化评估监理组织等。

5. 灾害救助系统

林业生物灾害救助系统一般应由政府补助、保险赔付、慈善捐助、林农互助四部分组成。建立公平合理、公开透明、救助及时、保障有力的灾害损失救助系统和完善的运行机制,可以解除发展林业生产的后顾之忧,保护和增加造林积极性,降低林业经营风险,提高灾后恢复重建能力。目前,灾害救助系统还不完备,需要逐步探索和进一步强化,重点是制定林业生物灾害补助政策,推进林业生物灾害保险制度等。

6. 应急防控系统

突发林业生物灾害事件是重要的公共事件之一,突发林业生物灾害应急管理是为避免或减少突发林业生物灾害所造成的损失,所开展的建立应急体系及管理体制机制,实施应急防治的系列活动,是公共安全的重要组成部分,是一项系统工程。构建"反应灵敏、运转高效、结构完整、功能齐全、资源共享、保障有力"的应急机制,对全面提升应急处置能力和水平具有重要意义。应急处置及管理在近年得到发展,但还需要不断提高应急处置能力和水平。重点是健全突发生物灾害应急组织,制定完善突发生物灾害应急预案等。

(二)相关法规政策与文件

近年来,与林业有害生物防治相关的法律法规和部门规章及相关技术性文件相继制定并公布实施,为林业有害生物防治工作健康开展提供了依据和支撑。

1. 出台法律法规

《中华人民共和国森林法》《森林病虫害防治条例》《植物检疫条例》对林业有害生物防治职责、任务、管理等都做了明确规定。一些省级地方机构也相继出台了相关法规,目前有9个省(自治区)出台了林业有害生物防治地方法规。对规范和指导林业有害生物防治工作发挥了重要作用。

2. 下发重要规范性文件

近年来,国务院办公厅、国家林业和草原局相继下发了林业有害生物防治方面相关文件,从国家和业务主管部门层面加强了对林业有害生物防治工作的宏观指导,在防治责任落实、方针策略、组织管理及技术措施等方面都提出了明确要求。此外,还专门对松材线虫病、美国白蛾等重要危险性林业有害生物下发了文件,明确任务目标和策略措施。2015年中办国办印发的《党政领导干部生态环境损害责任追究办法(试行)》，把由有害生物造成的严重生态灾害事件纳入领导干部的责任范畴。针对松材线虫病发生危害的严峻形势，2018 年，国家林业和草原局重新修订印发了《松材线虫病疫区和疫木管理办法》(林生发〔2018〕117 号)和《松材线虫病防治技术方案》(林生发〔2018〕110 号)，提出以疫木清理为核心，以疫木源头管理为根本的防治思路，实施更加科学、严格、管用的防治措施，坚决遏制松材线虫病进一步扩散危害的态势。

3. 制定并完善技术标准

为规范和统一林业有害生物防治技术，促进防治工作科学化，近年来，相关院校、科研及生产单位制定发布了以主要有害生物为主，内容包括综合基础术语类、监测预报、防治及药剂药械应用等林业有害生物防治相关国家和行业技术标准，对规范林业有害生物防治，提高防治技术水平和质量发挥了重要作用。截至目前，已发布林业生物防治类技术标准 79 项，其中，国家标准 6 项，林业行业标准 73 项。今后将逐步形成以国家和行业标准为骨干，地方标准为基础、企业标准为补充的标准体系格局。

(三)林业有害生物防治工作策略措施

1. 强化管理，全面落实责任

林业有害生物防治实行"谁经营、谁防治"的责任制度，林业经营主体要做好其所属或经营森林、林木的有害生物预防和治理工作。地方各级人民政府要加强组织领导，充分调动各方面积极性，将防治基础设施建设纳入林业和生态建设发展总体规划。要健全重大林业有害生物防治目标责任制，将林业有害生物成灾率、重大林业有害生物防治目标完成情况列入政府考核评价指标体系。在发生暴发性或危险性林业有害生物危害时，实行地方人民政府行政领导负责制，根据实际需要建立健全临时指挥机构，制定紧急除治措施，协调解决重大问题。

2. 突出重点，实行分级管理

对林业有害生物实行分级管理，按照全国林业有害生物防治建设规划，将林业有害生物划分为四级。

一级林业有害生物，是指对我国森林资源、生态安全、生态建设构成极大威胁，需要采取严厉措施加以控制的有害生物。主要包括松材线虫病、美国白蛾、森林鼠(兔)害和薇甘菊等，属国家重点防治的有害生物。

二级林业有害生物，是指发生范围广，危害程度高，可造成重大经济损失和生态灾难，需要采取严格控制措施的有害生物。主要包括杨树食叶害虫、杨树蛀干害虫、松柏类食叶害虫、钻蛀性害虫和林业有害植物等。应以国家或省为主组织开展防治。

三级林业有害生物，是指发生在一定局部范围，可造成中度危害，需要控制的有害生物。以各省为主组织开展防治。

四级林业有害生物，是指具有一定危害性，一般情况下不造成大的经济和生态损失，在一定条件下往往在局部地区暴发的有害生物。以市、县为主组织防治。

3. 因地制宜，坚持分类施策

制定有害生物防治对策要突出重点，分类施策、分区治理，按林种、有害生物种类确定不同的治理对策。首先，不同的森林类型分别采取不同治理对策。其次，每种有害生物种类，特别是重大有害生物，因发生时间、所处地理位置和寄主林木的不同，其治理对策也不同。如美国白蛾，对新发生区、老发生区和重点预防区所采取的治理对策和任务目标不同。

4. 机制创新，推进社会化防治

为适应新形势，积极培育社会化防治服务力量，推进防治服务多元化、专业化、市场化进程是林业有害生物防治发展的方向和必然选择。经过十余年来对林业有害生物防治工作的新机制、新方法、新模式的摸索和实践，特别是通过各级森防部门的倡导、扶持，社会化防治工作取得了显著进展，积累了宝贵经验。目前，防治作业队伍包括防治公司、防治专业队、森林医院等形式。一些地方还探索了多种形式购买防治服务，三年绩效承包及保险理赔等措施。

5. 加强协作，实施联防联治

联防联治是快速降低林业有害生物发生危害程度，提高林业有害生物防治成效的有效管理手段，是推广先进技术、加强信息交流、促进地区合作的有效途径。《国务院办公厅关于进一步加强林业有害生物防治工作的意见》(国办发〔2014〕24号)明确要求："相邻省(区、市)间要加强协作配合，建立林业有害生物联防联治制度，并严格按照国家统一的技术要求联合开展防治作业和检查验收工作"。联防联治组织通过制定相关制度，协同开展防治工作。

目前，全国涉及3省以上的省际间联防联治组织有9个，构成了目前全国林业有害生物联防联治的主要架构。省际间以及省内各地区间的信息共享、技术交流、协同防治的联防联治工作机制已逐渐步入常态化进程。

(闫峻、李娟、邱立新、董瀛谦、张旭东、于治军、林晓)

第九章　林业和草原改革

第一节　国有林区改革

国有林区是指森林资源丰富且相对集中连片、所有权归国有的林区，包括东北内蒙古、西南与西北三大国有林区〔涉及黑龙江、吉林、内蒙古、云南、四川、青海、陕西、甘肃、新疆9省（自治区）〕；三大国有林区共分布着138个国有林业局（有时又被称为森工企业或木材采运企业，为行文方便，统一称其为"国有林业局"），总经营面积约0.49亿hm^2，林地面积约0.37亿hm^2。其中，东北内蒙古国有林区经常被称为重点国有林区，该林区包括内蒙古森工集团、吉林森工集团、长白山森工集团、龙江森工集团、大兴安岭林业集团和伊春森工集团6家，下设87个国有林业局，经营面积约0.33亿hm^2，约占国有林区总面积的2/3；西南与西北国有林区各下设38个与13个国有林业局，两者经营面积约0.16亿hm^2，占国有林区总面积的1/3。

一、改革历程

（一）完全的计划经济阶段（1949—1978年）

我国对国有林区的管理是以国有林业局为组织形式，以国有产权为基础，以政府、企业、社会权力高度集中为显著特征的计划管理体制。国有林区的主要任务是木材采伐及加工，保障国家对木材的需求。

该阶段，国有林区管理体制的基本特征：①组织形式单一，权力高度集中。国有经济（原为全民所有制）是重点国有林区的宏观管理的主要表现形式。国家通过国有林业局自上而下管理着林区的所有事务，主要包括林木采伐、造林、营林、管护等林业生产经营性事务和医疗、教育等社会性事务。森林资源的所有权、占有权、处置权以及使用权集中在中央和地方林业主管部门手中，林业主管部门直接组织森林资源的开发利用活动。

②国家计划机制主导着林区森林资源的配置活动,市场机制遭受排斥与否定。国有林业局或者与政府机关合二为一,或者成为政府机关的附属物。林木生产与收益分配都必须遵从国家的指令性计划和行政命令,市场交易基本上被视为非法。国家按计划统一安排林区营林木材生产,统一资金管理,实行统一的木材规格、木材检尺办法与木材材积表;实施木材分配计划,组织统一调拨。

(二)计划体制改革阶段(1985—1994年)

1985年1月,中共中央、国务院《关于进一步活跃农村经济的十项政策》文件出台,这标志着国营林场可实行职工家庭承包或与附近农民联营制度。在此阶段,市场经济开始渗入重点国有林区计划体制中。尽管计划体制在组织制度和产权制度上没有发生实质性变化,但在林业生产经营与管理活动中也引入了一些市场经济的运行规则。

该阶段,国有林区改革的基本特征:①明确了国有林业局的经营主体地位。对国有林业局实现让权放利,缩小指令性计划,扩大指导性计划。②明确了森林资源的价值属性。实施内部林价制度,各国有林业局的经济利益分配趋于合理化。③推行了森工企业职工激励机制。国有林业局针对自己实际情况推行了各种不同形式的承包经济制度,调动职工劳动积极性。④组建了森工集团。1995年起,重点国有林区四家森工集团相继成立。⑤改变了木材流通体制。我国木材流通体制先由统购统销转为"双轨制",再由"双轨制"转为自由购销占据主导地位。例如,到1993年,国有林区森工企业自销的非统配木材已占据绝对优势。

(三)市场经济建立阶段(1995年至今)

1995年8月,国家体制改革委、林业部联合颁发《林业经济体制改革总体纲要》,该纲要明确指出:长期以来,森林资源产权不清,林业企业改革滞后;森林资源的培育和利用,没有完全摆脱旧体制的束缚,难以适应市场经济发展的要求。按照森林的用途和生产经营目的不同,森林资源划分为公益林和商品林;对这两类森林实施分类经营、分类管理。其中,商品林的经营作为基础产业,以市场为导向,由经营者自主经营、自负盈亏,国家给予必要的扶持。2015年2月,中共中央、国务院文件《国有林区改革指导意见》(中发〔2015〕6号)出台,标志着国有林区进入全面深化改革的新时期。

此阶段,国有林区改革的基本特征:①组织制度的多元化。重点国有林区改变了长期以来单一的国有经济模式,探索国有经济的多种实现形式，大力发展非公有制经济。②管理体制改革，要以厘清中央与地方、政府与企业各方面关系为主线，积极推进政企、政事、事企、管办四分开。

二、改革举措与成效

2015年中央6号文件《国有林区改革指导意见》的出台，标志着国有林区改革走进了新时代。近年来，三大国有林区特别是东北内蒙古国有林区不断推出改革措施，改革总体上取得阶段性进展。

（一）改革举措

1. 全面加强天然林保护

明确国有林区发挥生态功能、维护生态安全的战略定位，将提供生态服务、维护生态安全确定为国有林区的基本职能，作为制定国有林区改革发展各项政策措施的基本出发点。早在1998年，党中央、国务院做出"实施天然林资源保护工程"重大战略决策，加强对天然林资源的保护力度。2014年4月，国家在黑龙江省重点国有林区启动天然林商业性停伐试点，取得预期效果。因此，2015年在试点基础上，全面停止了东北内蒙古国有林区全国天然林商业性采伐。重点国有林区全面提升森林质量，加快森林资源培育与恢复。

2. 加快推进管理体制改革

国有林区推进了"政企、政事、事企、管办"内部四分开。出于林区各群体可承受压力与社会稳定性的考虑，各地决策层普遍选择过渡性制度安排，即"内部四分开"，其典型做法是"一套人马，两块牌子，各自独立运行和预算"，属于典型的渐进式改革范畴。以黑龙江重点国有林区为例，到2020年前，完成国有林区政企分开、国有林区管理机构建立、富余职工安置与产业转型升级等改革任务。目前，编制完成《黑龙江省重点国有林管理总局组建方案》与《中国龙江森工集团总公司重组改制方案》，双鸭山林业局林业学校正式移交给双鸭山市，其他各项改革工作也为稳步推进。总体而言，国有林区管理体制改革基本实现了"内部四分开"改革，但"外部四分开"改革远未完成。

3. 妥善安置富余职工

各地按照"内部消化为主，多渠道解决就业"和"以人为本，确保稳定"的原则，采取"以时间换空间"的自然减员方式进行安置，不搞强制性买断，不搞一次性下岗分流，确保职工基本生活有保障。具体途径：一是通过购买服务方式从事森林管护抚育；二是由林场提供林业特色产业等工作岗位;三是加强有针对性的职业技能培训,鼓励和引导部分职工转岗就业;四是妥善分流安置。

(二)改革成效

国有林区改革的重点、难点集中在东北内蒙古国有林区。因此,该国有林区改革基本上能代表国有林区改革的总体成效。截至2019年上半年,东北内蒙古国有林区改革取得了阶段性进展和重要突破。

1. 天然林得到全面保护

按照中央6号文件要求,在龙江森工集团、大兴安岭林业集团公司开展天然林停伐试点的基础上,从2015年4月起,全面停止了东北内蒙古重点国有林区的天然林商业性采伐,重点国有林区每年减少木材产量373.4万m^3,每年少消耗森林蓄积量630万m^3。全面停止天然林商业采伐标志着重点林区以牺牲森林资源为代价的发展历史彻底结束,从此进入了全面保护发展的新阶段,国有林区的生态保护成效在不断提升。

2. 民生改善成效显著

为了改善林业职工民生,各国有林业局通过增加管护岗位、发展特色产业、对外劳务输出等途径,对富余职工进行了妥善安置。按照改革工作的新任务和新要求,森工企业进一步优化产业结构,加快推进产业转型,带动了职工就业,促进了职工增收。同时,中央进一步加大改革支持力度,制定债务减免政策,扶持替代产业发展,安排棚户区改造16.9万户,职工基本养老、医疗保险实现全覆盖,林区职工人均年收入由改革前2014年的2.64万元,增长到2017年的3.74万元,较改革前平均增长了1.1万元,职工群众获得感增强,为维护和改善林区民生发挥了重要的作用。

3. 政企分开、事企分开改革进展明显

内蒙古森工集团已经完成了全部社会职能的剥离;吉林、长白山森工集团完成了林区教育、公检法等职能的移交;龙江森工集团完成了林区教育、电网、通信、公安局、检察院、法院等移交;黑龙江省停止了国有林业局承担的行政职能,成立了龙江森工工业集团有限公司,建立现代企业制度,为彻底实现国有林业局政企分开,推进国有林业局的专业化发展奠定了基础。据统计,截至2018年年底,林区国有林业局已剥离机构706个,人员5.1万人。

4. 国有林管理机构建设稳步推进

2017年2月12日,内蒙古大兴安岭重点国有林管理局挂牌成立,迈出了重点国有林区管理体制改革的关键一步;吉林省在林业厅天保处加挂了重点国有林区管理局牌子，履行重点国有林区森林资源管理职责，龙江森工和黑龙江大兴安岭正在开展试点。

三、问题与展望

（一）国有林区管理体制改革进度慢

尽管黑龙江和内蒙古先后出台了重点国有林区改革总体方案，组建了重点国有林管理局，部分国有林业局也启动了"政企分开""事企分开"与"管办分开"改革，但仍有相当数量的国有林业局仍未真正启动体制改革。

为此，建立健全国有林管理机构，加快管理体制改革。坚持以厘清中央与地方、政府与企业各方面关系为主线，赋予国有林管理机构独立监管权力，加快国有林区"政企、政事、事企、管办"外部四分开，提高企业自身发展能力，促进林区可持续发展。

（二）国有林区富余职工安置任务重

由于国有林区全面停止了天然林商业性采伐，由此产生上十万名富余职工。各地富余职工安置资金对天然林保护工程和停伐补助政策资金依赖性较高，地方缺乏稳定的政策支持与相对固定的经费渠道。受天然林停伐政策的影响，国有林区一些森工企业经济发展陷于困境，分流下岗职工再就业难问题较为突出。

为此，应加大政策支持，妥善安置富余职工。注重改善民生、维护稳定，是林区改革必须坚持的重要原则。安置富余职工，各地要坚持"不搞一次性下岗分流"原则，可以采用多种方式，包括：采用政府购买服务方式聘用他们管护国有林资源；鼓励他们参与森林旅游与林下种养殖等替代产业经营活动；采用提供职工创业贷款担保基金与提高创业贷款的最高额度等手段，鼓励富余职工自主创业；允许从事特殊工种的林业行业职工按规定办理提前退休手续，按规定领取社保退休金。

（三）国有林区传统企业生存压力大、产业转型难

在当前全面加强天然林保护和深化林区改革背景下，加速推动林区产业转型具有紧迫性。然而，受制于人才与技术短缺、发展资金匮乏和基础设施滞后等因素的影响，新型替代产业仍处于"小打小闹"阶段，难以真正替代林区传统产业，难以肩负起振兴国有林区的重任。

为此，应整合人、技术、财、物等各类资源，多管齐下促进林区产业转型。创新选人用人机制，打造一批掌握生产技术和经营管理才能的高素质人才队伍，为国有林区森林旅游与林下种养殖产业等新兴替代产业发展

提供坚实的人才保障。加强产学研结合，重点突破林下种养殖产品精深加工技术瓶颈。整合各类财政资金，发展绿色金融，引进社会资本，为林区产业转型提供资金支持。加强林区路、水、电与通信等公共基础设施建设，降低发展替代产业的难度与成本。

第二节　国有林场改革

中华人民共和国成立以来，为加快森林资源培育，保护和改善生态环境，国家在重点生态脆弱地区和集中连片的宜林荒山荒地上，投资建立了一批专门从事植树造林、森林培育、保护和利用的林业生产性事业单位。1950年，旧社会各级政府、教育界、资本家创办的林场，改建为国营林场，1990年以后国营林场逐步改称为国有林场。截至2018年，全国国有林场共有4855个，森林面积约0.45亿hm^2，森林蓄积量超过30亿m^3。

一、改革历程

我国国有林场是中华人民共和国成立初期，国家为加强培育森林资源、保护和改善生态环境，在重点生态脆弱区和大面积集中连片的国有荒山荒地上，采取国家投资的方式建立起来的专门从事营造林和森林管护的林业事业单位。我国国有林场的发展主要经历了初建试办、快速发展、停滞萎缩、稳定恢复、困难加剧及改革推进等阶段。

（一）初建试办阶段（1949—1957年）

中华人民共和国成立后，接管了以前的各级政府、教育界、资本家办的林场（公司、农林牧试验场、苗圃）50多处，改建为国营林场。同时，国家在国有宜林荒山面积较大的无林少林地区陆续试办了一批以造林为主的国营林场，在天然次生林区建立了一批护林站、森林抚育站、森林经营所。到1957年年底，全国共建立国营林场1387处。

（二）快速发展阶段（1958—1965年）

各地贯彻落实中央大规模造林的指示，掀起国营林场快速发展的高潮，林业部成立了国营林场管理总局，国营林场开始受到高度重视并快速发展，各省（自治区、直辖市）也普遍建立了国营林场管理机构。到1965年年底，全国国营林场达到3564处，经营面积达到6733.33万hm^2，为国家经济发展做出了巨大贡献。

(三)停滞萎缩阶段(1966—1976年)

林业部国营林场管理总局在"文化大革命"10年动乱中被撤销,83%的国营林场被下放到县、公社或大队。加上管理秩序混乱,肆意侵占国有林地、偷砍滥伐国有林木之风盛行,致使国营林场经营面积缩小,山林权属纠纷剧增。到1976年,国营林场经营总面积萎缩到4626.67万 hm^2,比1965年减少32.03%,损失惨重。

(四)稳定恢复阶段(1977—1997年)

党的十一届三中全会以后,国营林场工作逐步恢复并进入了稳定发展的新时期,形成了省、地、县三级管理的国营林场体系格局。1990年以后,国营林场统一改为国有林场。林业部分别在1986年、1990年、1997年先后三次召开全国国有林场工作会议,对国有林场的发展起到了重要的推动作用。

(五)困难加剧阶段(1998—2002年)

由于发展转型,国有林场陷入发展困境,定位不清、投入减少,加之木材产量大幅调减,收入明显减少,富余职工增加,国有林场发展困难加剧,林场陷入"资源枯竭、经济危困"的境地。到2001年年底,全国国有林场总数达4466处,经营总面积5666.67万 hm^2,其中,森林面积2866.67万 hm^2,森林蓄积20亿 m^3,在职职工51万人。

(六)改革推进阶段(2003年至今)

2003年6月,中共中央、国务院印发《关于加快林业发展的决定》、2010年国务院第111次常务会议研究部署了国有林场改革,启动了国有林场改革试点,探索国有林场改革发展新道路。2015年2月,中共中央、国务院印发《国有林场改革方案》,为国有林场事业发展奠定了坚实的政策基础,在各级党委政府、各部门的大力支持下,各地积极落实国有林场改革任务,林场民生明显改善,资源保护力度得到加强,促进了国有林场的科学发展。

二、改革举措与成效

中央6号文件《国有林场改革方案》的出台,标志着国有林场改革走进了新时代,进入了全面深化改革阶段。全国各地不断推出国有林场改革措施,各项改革取得明显成效。

(一)改革举措

1. 明确界定国有林场生态责任和保护方式

各地将国有林场主要功能明确定位于保护和培育森林资源、维护国家生态安全。与功能定位相适应,明确森林资源保护的组织方式,分类界定国有林场属性。例如,浙江、福建、陕西等省将原为事业单位的国有林场,主要承担保护和培育森林资源等生态公益服务职责的,明确界定为生态公益性林场;吉林与广东两省对企业性质的林场原则上保持企业性质不变,要么通过政府购买服务实现公益林管护,要么结合国有企业改革探索转型为公益性企业。

2. 推进国有林场合并重组

各地在稳定现行隶属关系的基础上,综合考虑区位、规模和生态建设需要等因素,合理优化国有林场管理层级。对同一行政区域内规模过小、分布零散的林场,根据机构精简和规模经营原则整合为较大林场。改革过程中,各地积极整合规模过小、分布零散的林场。

3. 推进国有林场事企分开

北京市按照公益一类事业单位管理的有关要求,落实了国有林场所办企业与国有林场剥离的改革工作。对于依托林地等森林资源、与林场无法分离的经营活动,如林地出租、林地认养等,实行管办分离,由林场加强监管,所得收益实行收支两条线管理;对于林场所办或合作兴办的一般性企业,全部与林场实行人、财、物及经营管理分离,企业独立运营、自负盈亏,林场履行出资人职责。湖南省积极推进剥离国有林场办社会职能;将全省国有林场57所场办学校、87所场办医院全部剥离,移交属地管理,教师、医护人员完成转编;337个代管村实现剥离,46个林地面积与林场犬牙交错的代管村关系得到妥善处理。

4. 积极探索政府购买服务和场外造林

福建省国有林场积极推进社会化服务,营林生产、森林抚育、木材生产等林业生产性活动全面引入了市场机制,采取合同、委托、承包或招标等形式,面向社会购买服务,实现了一般性用工的社会化。广西、山东、山西等省(自治区)林场开展场外造林,既壮大了自身规模,又加速了国土整体绿化进程,做到了国家、农民、林场的多赢。

5. 保障国有林场职工待遇

浙江省通过改革,将林场职工工资和社会保险均纳入当地财政预算管理,与当地同类事业单位职工同等待遇,工资水平大幅度提高,如丽水市白云山生态林场职工年均工资从改革前的2.5万元增长到7.6万元。同时，帮助林场职工全部按规定参加养老、医疗等社会保险并享受相应待遇，养老保险和医疗保险参保率达到了100%，退休职工也全部纳入社保管理。

（二）改革成效

国有林场改革自2015年启动以来，通过国有林场和国有林区改革工作小组各成员单位和地方各级政府的共同努力，中央6号文件确定的改革任务基本完成，改革取得了可喜成效。

1. 定性定位得到有效明确

通过改革，全国4855个国有林场有74%被定为公益一类事业单位、21%被定为公益二类事业单位、5%被定为公益性企业，国有林场事业编制减少到18.9万人，比中央改革方案确定的22万还少3.1万人。同时，将193所学校、230个场办医院移交属地管理，理顺了667个代管乡镇、村的关系。实现了国有林场保护培育森林资源、维护国家生态安全的功能定位。

2. 生态得到有效保护

全国国有林场4466.67万hm^2森林资源得到有效保护，全面停止了天然林商业性采伐，国有林场每年减少天然林消耗556万m^3，占国有林场年采伐量的50%，森林得到休养生息。到2018年年底，国有林场森林面积较改革前增加1133.33万hm^2，森林蓄积增加5.8亿m^3。

3. 民生得到有效改善

累计完成改造国有林场职工危旧房54.5万户，大部分都建在县城或周边、中心乡镇，方便了职工就医、子女上学。职工年均工资达4.5万元，是改革前的3.2倍。基本养老保险、基本医疗保险实现全覆盖。16万富余职工得到妥善安置。

多年来职工住房无着落、工资无保障、社保不到位的问题得到解决。

4. 基础设施得到有效加强

交通运输部等4部门2018年印发了《交通部 国家发展改革委 财政部 国家林业和草原局关于促进国有林场林区道路持续健康发展的实施意见》，中央将连续3年投资106.7亿元，支持国有林场场部和主要林下经济节点道路建设。在国家发展改革委的支持下，2017—2019年，在内蒙古、江西和广西3省（自治区）开展国有林场管护站点用房建设试点，中央投资1.8亿元共建设868个。国有林场饮水安全、电网改造升级进一步落实。

5. 改革成本得到有效化解

特别是中央财政专门安排改革补助资金158亿元,同时累计补助国有林场全面停止天然林商业性采伐184亿元。中国银保监会等部门出台的国有林场金融机构债务处理意见,将化解国有林场因营造公益林、天然林政策性停伐等原因形成的33亿元金融机构债务。

三、问题与展望

(一)人才队伍建设问题

1. 职工人数多于核定的事业编制数

有的地方在国有林场改革中,出于稳定职工队伍、减少富余职工安置压力的考虑,采取了3~5年过渡期,实行"定编不定人"的做法,地方财政把所有职工纳入全额管理,在过渡期内人员只出不进,自然减员到编制数。

2. 有的公益一类国有林场公用经费不足

在74%公益一类国有林场中,61%的国有林场地方财政能足额保障经费到位,39%的国有林场地方财政只解决人头费,国有林场办公、森林管护等日常工作经费,仍由国有林场自行解决。

3. 个别县国有林场职工住房公积金没有到位

在有的经济欠发达地区,职工住房公积金单位缴纳部分地方财政无力承担,致使有的县全部职工(包括国有林场职工)都没有落实这项政策。

4. 专业技术人员十分匮乏

全国多数林场均在近十年很少甚至没有采用公开招聘方式引进高校毕业生。其主要原因为不能定编到人,一方面人员经费得不到保障;另一方面没有事业编制不利于人才流动,难以吸引到青年专业人才。目前平均年龄接近50岁,且以工勤岗为主,专业技术人才严重断层。这些不合理的人员结构,特别是新形势下的森林旅游、森林康养、林下经济、森林特色小镇等特色产业建设所需的综合素质人才的缺乏,阻碍了林场进一步开展森林经营等林业提质增效项目的可能性。因此,未来要大胆引进优秀高校毕业生和社会优秀人才,壮大专业技术人才队伍。

(二)基础设施建设问题

1. 管护站点用房建设亟待加强

水电路等基础设施建设在国有林场改革中,得到较大提升,但管护站点用房建设仍是短板。国家发展改革委在内蒙古、江西、广西3省(自治区)展开试点,3年建设868个,与实际需求相去甚远。据统计,全国国有林场管护站点用房需要重建、改造的约3万个。

2. **林业专用通道建设滞后**

首先,国有林场道路建设总体滞后,土路占比较高,一旦有雨雪天气,存在严重的交通隐患。其次,国有林场的消防通道非常匮乏。没有专用消防道,一旦发生火情,十分危险。为此,未来应将林业专用通道建设纳入地方专项发展规划,加大支持力度。

(三)职工内生动力问题

本轮国有林场改革将多数林场划分为公益一类林场,明确要求林场主要以发挥生态保护功能为目标。公益性林场在职工收入全额纳入同级财政预算后,工资分配制度更加单一,职工干多干少一个样,出现了吃大锅饭现象,挫伤了部分职工的工作积极性。

为此,激发职工内生动力必须充分依靠考核评价机制创新。对公益类事业单位的国有林场,特别是在公益一类事业单位职工收入全额纳入同级财政预算后,应尽快建立健全岗位考核评价机制,全面实施绩效工资制度,增强职工岗位责任意识和工作积极性。对公益企业性质的国有林场,要大胆引进现代企业制度,明确岗位职责和条件,实行竞聘上岗、择优聘用、合同管理。

第三节 集体林权制度改革

为解决林业生产关系与生产力发展不相适应的问题,我国于2003年开始进行新一轮的集体林地的产权制度改革,首先在福建和江西等省开展试点工作,2008年在全国范围内全面实施,改革涉及1.5亿农户,5.77亿农民。集体林权制度改革是兴林富民的伟大实践。全国各省集体林权制度改革抓住"将林地使用权和林木所有权承包到户,由农民依法自主经营"这一核心,同时建立健全林业支持保护制度,有力地促进了集体林业和农村经济社会的发展,为改善生态和改善林区民生发挥了重要作用。各地在逐步完善集体林权制度改革政策,建立产权归属清晰、经营主体明确、责权划分具体、利益分配合理、流转程序规范、融资渠道畅通、监管服务到位的集体林权制度改革制度方面,探索了许多可借鉴、可复制和可推广的经验。

一、历史进程

中华人民共和国成立以来,我国集体林权制度经历了土改时期的"分山分林到户"、农业合作化时期的"山林入社"、人民公社时期的"山林集体所有、统一经营"、改革开放初期的"林业三定"(稳定山权林权、划定自留山和确定林业生产责任制)等几个阶段的变革,在"分与统""放与收"的几经调整中,计划经济管理模式一直处于主导地位,始终没有解决好广大农民群众对于森林、林木和林地的产权问题,生产关系不能适应生产力发展自身规律及经济社会发展客观要求,集体林区出现了集体林地林木产权不明晰、经营主体不落实、经营机制不灵活、利益分配不合理等普遍性问题,严重制约了林业的发展。

2003年,《中共中央、国务院关于加快林业发展的决定》和《农村土地承包法》颁布后,福建率先开展了以"明晰所有权、放活经营权、落实处置权、保障收益权"为主要内容的集体林权制度改革。之后,江西、辽宁和浙江等省相继推进,取得了成功的经验。

2006年8月,国务院副总理回良玉在全国集体林权制度改革现场经验交流会上,对集体林权制度改革进行了全面总结和安排部署;国家林业局贾治邦局长分别在沈阳、西安、昆明主持召开了不同区域的改革座谈会,分类指导、分区部署了全国集体林权制度改革工作。

2008年6月8日,中共中央、国务院颁布了《关于全面推进集体林权制度改革的意见》,决定用5年时间,在全国基本完成明晰产权、落实集体林地使用权和林木所有权的改革任务。2009年6月,中央召开了中华人民共和国成立以来的首次中央林业工作会议,对集体林权制度改革做出全面部署。

2016年11月16日国务院办公厅出台了《完善集体林权制度改革的意见》,在坚持和完善农村基本经营制度,坚持农村林地集体所有,坚持家庭经营基础性地位,坚持稳定林地承包关系的基础上,针对集体林业发展中存在的产权保护不严格、经营自主权不充分、扶持政策不完善和服务体系不健全等问题,对构建新型产权关系和经营体系进行政策部署,广泛调动农民和社会力量发展林业,并提出建立第三方评估机制,不断总结好经验好做法,及时进行交流和推广。

2017年7月27日,全国深化集体林权制度改革经验交流座谈会在福建省武平县召开,国务院副总理汪洋在会上强调,集体林权制度改革是继家庭联产承包责任制后农村生产关系的又一次深刻调整，对推动绿色发展、建设生态文明具有重大意义，要深入总结推广福建集体林权制度改革的经验，不断开拓创新，推动林业改革再上新台阶。

二、总体进展

（一）明晰产权进展

到2018年年底，我国共有集体林地1.9亿hm^2，全国除上海和西藏以外的29个省（自治区、直辖市）已确权面积1.8亿hm^2，全国累计发证面积达1.73亿hm^2，占已确权林地总面积的96.52%，发证户数8154.09万户。

在集体林权制度改革过程中，各地积极探索林地产权制度改革，如江西省在林地"所有权、承包权、经营权"三权分置的基础上，提出了集体林地"明晰产权"的7种形式，取得了良好效果，且具有普遍的借鉴意义。其中，一是自留山稳定不变；二是已分包到户的责任山稳定不变；三是落实"谁造谁有"政策；四是家庭承包经营；五是"分股不分山，分利不分林"；六是将现有山林评估作价，通过公开招标租赁、拍卖等方式有偿转让经营；七是稳妥处理已经流转的集体山林。

（二）经营发展现状

集体林权改革实施后，新型集体林经营主体不断涌现，家庭林场、林业合作社、企业林场已成为推进集体林业发展的主力军。在国家林业局集体林权改革监测的7个省份中，至2017年年底，70个样本县成立的专业大户、家庭林场、农民林业合作社和林业企业四大类新型林业经营主体数量共达到9693个，经营林地面积达176.54万hm^2，占样本县林地面积的12.58%，平均经营面积182.13hm^2，是普通农户的32.38倍，比2016年减少了38.07hm^2，降幅达17.29%。其中，林业专业大户1417户，户均经营林地面积210.6hm^2；家庭林场1117个，平均经营规模为231.2hm^2；林业专业合作社5357个，平均经营林地面积138.33hm^2。2009—2017年，70个样本县的农民林业合作社数量增长了4.37倍，经营林地面积增长了1.09倍；林业企业数量达1802个，经营林地面积达到259.47万hm^2。2015—2017年林业企业的平均规模逐年上升，专业大户经营规模基本稳定在200hm^2左右，农民林业专业合作社由于数量增长较快导致其平均经营林地面积有所下降，家庭林场平均经营规模连续两年减少变化较大。

总体而言，随着集体林权制度改革的不断深化，新型林业经营主体数量在持续增加，经营规模在不断扩大，但仍处于总体实力不强，示范带动能力较弱的初级发展阶段。

(三)发展林业社会化服务体系

以明晰产权为主要内容的集体林权制度改革完成后,各地积极探索林业的社会化服务体系建设,林业社会化服务向多元化、专业化、规模化、市场化方向发展。

(1)林业公共服务能力不断加强,服务方式和内容不断创新。集体林权改革后,各地根据集体林区现代林业发展需求,加大了林业公共服务能力建设,并不断创新公共服务方式,取得明显成效。如湖北襄阳市积极引导发展新型林业中介机构,逐步将森林资源资产评估等多项业务推向社会,实行政府购买服务,有效降低了服务成本。福建三明市规范森林资源资产评估、伐区调查设计、木材检验等中介机构,鼓励引导组建种苗繁育、造林、抚育、管护、采伐及工程监理等专业组织466支,为林业生产经营提供社会化、专业化服务。湖北恩施充分利用"农民办事不出村"信息化系统,将市政政务服务中心、乡(镇、办)便民服务大厅和村级便民服务室通过网络连为一体,打通了服务林农"最后一公里"。

(2)林业科技服务有保障,多元化服务主体已形成。集体林改中,各地政府加大了对林业科技的投入,2016年,项目监测70个样本县的林业科技活动投入财政资金2370.59万元,比2015年提高了23.67%;积极鼓励和探索新的林业科技服务方式和渠道,政府林业部门、高校科研院所、新型林业经营主体、林业专业化服务企业共存的多元化林业服务体系基本形成,如甘肃泾川县通过选拔优秀林业技术人员、招录林果专业大学毕业生、选派林业科技特派员、聘请农民技术员到乡(镇)等方式,为全县林业发展提供了有力的科技支撑。

(3)林业社会化服务专业化、市场化和规模化正在形成。集体林权改革后,福建、江西等地不断强化林业的社会化服务体系建设,如江西省于2009年11月成立了全国第一家区域性林权交易市场——南方林业产权交易所,在打造统一、活跃、规范的区域性林权交易市场的同时,积极开展林业金融服务平台建设,以平台为支点,强化金融机构合作,不仅为林业产权市场定价提供了参考,也为一些林业金融资本和社会资本退出提供了一个有效的市场渠道。

(四)林业金融发展

集体林权改革促进了集体林地资产的资本化,林业金融保险业不断发展,为集体林区现代林业发展提供了融资保障。

(1) 林权抵押贷款成为解决林业发展融资的重要渠道。截至 2018 年年底,全国有 28 个省(自治区、直辖市)开展了林权抵押贷款工作,抵押贷款面积 537.2 万 hm^2,全国新增抵押林地面积 90.87 万 hm^2,贷款金额 1178.94 亿元。

(2) 森林保险稳步发展。自 2009 年启动中央财政森林保险保费补贴以来,我国森林保险的发展进入了快车道。截至 2016 年年底,全国有 24 个省(自治区、直辖市)开展森林保险,共投保面积 1.36 亿 hm^2;保险金额 11 779.98 亿元。

(五)林业公共财政发展

在集体林区现代林业发展和森林资源生态保护中,政府对林业公共财政投入不断加大扶持力度,中央财政和各地政府财政出台了一系列支林惠林政策,为集体林权改革顺利推进和现代林业发展发挥了重要作用。

(1) 生态公益林的补偿标准不断提高,森林生态效益补偿制度正在完善。《中共中央 国务院关于全面推进集体林权制度改革的意见》(中发〔2008〕10 号)中明确规定,各级政府要建立和完善森林生态效益补偿基金制度,逐步提高中央和地方财政对森林生态效益的补偿标准。2016 年,70 个样本监测县集体林区获得生态效益补偿的公益林面积达 480 万 hm^2,占公益林总面积的 94.09%,其中,国家公益林补偿面积占 64.42%,地方公益林补偿面积占 27.82%。2017 年,国家公益林平均补偿额为 222.9 元/hm^2,地方公益林平均补偿额为 230.4 元/hm^2,补偿标准逐年提高(图 9-1)。2009—2017 年,国家公益林平均补偿金额增长了 2.43 倍,年均增速 11.77%;地方公益林平均补偿额增长了 3.24 倍,年均增速 15.83%。地方公益林平均补偿额在 2017 年反超国家公益林平均补偿额。2009—2017 年,国家公益林平均补偿金额增长了 2.43 倍,年均增速 11.77%;地方公益林平均补偿额增长了 3.24 倍,年均增速 15.83%。

(2) 各类林业经营补贴力度不断加大,林业财政向新型林业经营主体倾斜。2017 年,全国 70 个样本县有 5.47 万 hm^2 造林地获得造林补贴,占造林面积的 18.84%,补贴金额 1.56 亿元;森林抚育补贴面积 10 万 hm^2,占抚育面积的 60.80%,补贴金额 1.33 亿元。2016 年 2 月,江西省林业厅出台《关于加快培育新型林业经营主体促进林地适度规模经营的指导意见》,提出要支持家庭林场等经营主体承担林业项目等扶持政策。

(3) 支持集体林区发展林下经济,推动林业供给侧结构调整。2015 年,江西省推动省级林下经济重点县项目、林下经济示范基地建设,抓好中药

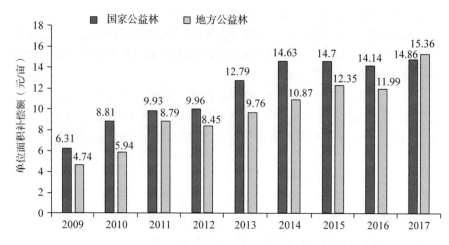

图 9-1 2009—2017 年 70 个样本监测县公益林平均生态补偿变化

材、森林食品等林下经济发展,安排 3000 万元林下经济扶持资金。福建省林业厅会同财政厅下达了 2016 年度林下经济扶持资金 7000 万元,其中 5400 万元倾斜支持扶贫开发工作重点县和贫困人口,占省级林下经济扶持资金总量的 77%。

(六)林业管理服务发展

自集体林权制度改革工作开展以来,国家一直重视林权管理服务体系建设,着力解决机构建设滞后,林权管理标准化、信息化和社会化服务建设滞后,人员不稳定,管理制度不健全,基础设施不完备等实际问题,全面提升各级林权管理和服务水平。

(1)林权管理服务机构数量大幅增长。组建专门的林权管理机构是林权管理服务体系建设的核心内容,截至 2018 年年底,全国共有林权管理服务中心 1803 个,农村土地承包仲裁机构 1600 个,有 1379 个县级单位建立了林权信息管理系统。2015 年,国家林业局发布了《全国林权管理服务体系建设规划(2015—2020 年)》,对全国林权管理服务体系建设进行了系统规划和总体布局。

(2)林业管理服务体系基本健全。在组织构架上,逐步建立以县级林权服务机构为重点的多级服务机构;在服务内容上,建立了林权管理、流转交易和社会服务"三位一体"的综合服务平台。如河南栾川县构建了林权管理"村有服务员、乡有服务窗口和县有服务大厅"的三级联动林权管理服务体系。

(3) 服务能力逐步提升。围绕制度化、标准化、信息化和专业化服务能力建设,各地积极制定相应的管理办法,提升林权管理服务中心的软硬件建设水平和服务能力;加强岗位人员的业务培训,提高其业务素质和服务质量;完善林权管理服务中心的功能,将相关职能向基层延伸。如宁夏启动林权管理信息系统的开发试点,做到权属信息网络化。

(4) 界限矢量化、林地斑块影像化,为实现全区林权信息化管理打好基础。2016 年 3 月,江西省举办了全省林权流转信息系统培训班,系统学习了网络版林权流转管理平台、林权流转服务平台、"惠林绿桥"移动端 APP 等内容,目前该系列平台正在积极推广试行中。

三、取得成效

集体林权制度改革极大地解放和发展了农村生产力,不仅使亿万农民获得了巨额森林资产,迅速刺激了林下经济等林业产业发展,有力推动了各种生产要素向农村流动,显著增加了农民收入,而且调处了大量林权纠纷,有效保护了森林资源,大幅度增加了森林面积,明显改善了农村干群关系,为促进农村经济发展和社会和谐稳定发挥了巨大作用。

(一) 资源增长

集体林改实施以来,在一定程度上保护了森林资源,促进了森林资源的增长。项目组跟踪监测显示,集体林改后,样本户营造林面积大幅增加,截至 2011 年,有 35.7% 的监测样本村已无空地造林。目前,尚有空余荒地造林的地区主要集中在改革起步较晚及西北等一些立地条件相对较差的村庄。

据国家林业局公布的部分省区第九次森林资源清查结果,集体林改后,福建省达到森林资源增长最快的时期。福建省森林面积 806.7 万 hm^2,森林蓄积 7.29 亿 m^3,森林覆盖率 66.80%,居全国首位。与 2013 年第八次全国森林资源清查相比,5 年间,福建森林覆盖率提高 0.85%,森林面积净增加 10 万 hm^2,森林蓄积增加 1.21 亿 m^3。

(二) 农民增收

2018 年,林业县农民人均收入 14 306.95 元,其中,来自林业的收入 2590.09 元,占总收入的 18.11%。林改带动 3921.08 万农民就业,其中,龙头企业带动就业 526.42 万人。自 2008 年新一轮集体林改以来,全国 70 个样本县近 3500 个样本农户户均林业收入增长了 10.95%,年均增长 1.46%。但受制于财政金融政策、林木林地政策及林业科技下乡不及时的压力,近5年来,样本农户的收入一直处于小幅度波动的状态,波幅在1.10万~1.25万元。福建永安洪田村在林改后,每家每户平均有1.5个劳力常年从事林业生产,村民采伐木材年纯收入217.95万元,人均收入2654元。

(三)林区经济发展

随着集体林权制度改革的不断深入,林下经济在全国蓬勃发展。党和国家领导人在视察林业工作时多次强调发展林下经济的重要性。2014年国家林业局制定出台的《全国集体林林下经济发展规划纲要(2014—2020年)》为各地确定林下经济发展重点和方向提供了参考。

截至2018年年底,全国发展林下经济面积3566.7万hm^2,比2017年增加420万hm^2,增长13.34%。2018年林下经济总产值8033.12亿元,比2017年增加1927.07亿元,增长31.56%。林下经济示范基地数量7141个,林下经济奖补资金共计8.95亿元,比2017年增长0.26%。2018年,林业县农民人均收入14 306.95元,比2017年下降14.19%,其中,来自林业的收入2590.09元,占总收入的18.11%。林改带动3921.08万农民就业,比2017年下降7.28%,其中,龙头企业带动就业526.42万人。

(四)农村社会和谐

集体林权制度改革政策的实施,使大量的林权争议得以解决,群体性事件得到有效控制。在完成集体林权制度改革"明晰产权、确权颁证"任务的省份,林改期间解决了大量林权争议,调处率达到70%~94%。

截至2018年年底,累计发生承包经营纠纷37.96万件,已经调处纠纷案件34.24万件,占发生件数的90.18%。国家林业局多次举办林权争议处理培训班和林权争议联防协调会,积极开展林权争议调处工作。2014年,国家林业局制定《国家林业局关于加强农村林地承包经营纠纷调解仲裁体系建设的意见》,指导地方依法维护农民合法权益,2016年国家林业局专门发布了《关于进一步加强集体林地承包经营纠纷调处工作的通知》,各样本省、县高度重视林权纠纷调处工作,尤其仲裁机构调处作用显著增强,农户对调处满意度明显提高。

四、展望

全国集体林权制度改革已进入新的阶段,主动适应新形势、新任务、新要求,完善集体林权制度,增强集体林业发展活力,活化经营管理机制,建立良好激励体系,推动集体林区森林资源持续增长,农民林业收入显著增加，国家生态安全得到有力保障，实现参与主体多赢格局，是新的历史阶段进一步深化集体林权制度改革的主要目标和任务。

（一）深化林政资源管理制度改革，激发社会投资林业的动力

一是要落实森林分类经营管理。一方面要严守生态保护红线，管好管严生态公益林，筑牢国家的生态安全底线；另一方面也要真正放活人工商品林的经营权，赋予林业经营主体充分的经营自主权，充分调动社会资本进山入林的积极性。二是要深化林木采伐制度改革。简化林木采伐审批的相关程序，降低林业制度性交易成本。三是试点工商资本租赁林地准入制度。鼓励各地依法探索建立工商资本租赁林地准入制度，保障农民土地承包权益的同时，为工商资本进入林业领域提供便利和权益保障。

（二）完善林权流转机制，促进林权有序顺畅流转

一是要加强部门间的协调配合。完善林权管理部门与不动产登记部门等的联系机制，建立档案资料查询互用机制，打通林权登记的数据通道，合并开展权籍调查工作，合力化解政策矛盾等。二是要制定林权流转扶持政策。鼓励和支持地方制定林权流转奖补、减免林权变更登记费等扶持政策，引导农户规范有序地长期流转经营权并促进其转移就业。三是要实施林地经营权证流转制度。加快推进林地的"三权分置"，并总结集体林地经营权证流转制度试点和经验，在保护林农切身利益不受损害的同时消除林业生产经营者的后顾之忧。

（三）健全利益联结机制，提升新型经营主体经营水平

一是要完善林农利益联结机制。鼓励新型林业经营主体以合作、托管、入股等模式，与林农构建紧密的利益联结机制，鼓励采取实物计租货币结算、租金动态调整、入股保底分红的利益分配方式，实现双方共赢。二是要提升经营者的经营水平。采取多种培训方式，帮助新型林业经营主体带头人掌握政策和经营管理技术；引导新型林业经营主体建立健全各项生产管理制度，完善内部运行机制，搞好规范化建设等。三是要加大优质服务力度。尽快修订林业类农民专业合作社的示范社标准，推进林业专业合作社省级示范社建设；对新型林业经营主体予以登记造册，并开辟绿色通道，提供一站式服务等。

（四）加大财政金融扶持力度，优化林业投融资环境

一是要加强公共财政对林业的投入，建立多方位、多层次筹集财政支林资金和与财政收入增长幅度相一致的林业专项资金投入增长制度。二是要积极探索创新林业资金投入机制，大力推广政府和社会资本合作模式，鼓励引导社会资本参与林业生态工程、林区基础设施建设、造林绿化、森林资源保护和森林旅游休闲康养等产业。三是要着力强化金融对林业的扶持力度，积极创新林业金融产品，根据林业生产周期长和抵押标的物特点，设立与主伐期大体一致的贷款利率低、贷款期限长、资金使用灵活的中长期"绿色"贷款；优化林权抵押贷款机制，适度放宽贷款还款条件，简化贷款程序、降低贷款利率等；建立健全林权抵押贷款风险担保机制。

（五）保护林业经营者合法权益，促进生态美百姓富有机统一

一是要强化集体林权的法律保障。抓住《农村土地承包法》《森林法》等相关法律法规修订的机会，对集体林地的所有权、承包权和经营权做出明确界定，特别是明确农户承包林地流转后林地经营权可转让、可抵押，自留山所有权归集体所有、农户可长期无偿使用、允许继承转让的法定权利。二是要强化集体林权的制度保障。加强林权档案管理，建立林权数据动态管理制度，健全林地承包经营纠纷调解、仲裁制度，加快集体林权流转市场监管制度建设等，从制度上维护农户的合法权益。三是要完善森林生态效益补偿机制。建立多元化、市场化的森林生态补偿资金来源渠道，逐步提高补偿标准，同时改进补偿方式，实行分类补偿。

第四节　草原改革

草原是我国面积最大的陆地生态系统。我国草原主要分布在生态脆弱地区，是干旱半干旱和高寒高海拔地区的主要植被，与森林共同构成了我国生态安全屏障的主体。改革开放以来，我国草原保护建设事业也取得了显著成就。经过40多年的改革发展，草原畜牧业已成为草原地区广大农牧民发展生产、就业增收的支柱产业，草原在维护国家生态安全中的主体地位更加突出，草原发展对维护国家生态安全、稳定边疆、推动少数民族地区经济社会进步、构建和谐社会做出了突出贡献。

一、草原改革历程

纵观改革开放以来我国草原改革发展历程，大致可分为三个阶段。

（一）以家庭承包为主的产业优先发展阶段（1978—2001年）

这一时期以推行草原承包经营制度、《中华人民共和国草原法》（以下简称《草原法》）出台为主要标志。十一届三中全会以后，随着以家庭承包经营为核心的农村经营体制改革的不断深入，我国广大草原地区结合草原实际，逐步推行以家庭承包经营为主要形式的"草畜双承包"责任制，实行草原公有、分户承包和家畜户有户养，初步明确了草原保护建设和利用的责、权、利，极大地调动了广大农牧民的生产积极性，解放了草原生产力。1985年全国人大常委会通过了《草原法》，同年10月1日开始施行。这是我国第一部草原法典，标志着我国草原发展进入了有法可依的崭新历史阶段。依法保护草原、合理利用草原逐步引起各级政府和社会的重视，内蒙古、新疆、甘肃等地相继建立了草原监理机构，依法治草开始起步，一些破坏草原的行为开始得到规范和查处。同时，草原家庭承包经营不断深入，一批牧业综合发展示范项目取得突破性进展，牧区防灾基地建设深入实施，牧草种子生产及其检测体系开始建立，人工种草、草场改良和草原围栏等也有了较快发展。关于草业发展的思想和理论开始形成。随着市场化改革的不断深化，草产业结构从草原畜牧业为主，向广度和深度发展，逐步形成了以草为基础，以草原畜牧业、草种业、草产品生产加工和草坪业等为主体框架，涵盖生产、加工、贸易活动的草产业体系，草业经济迅速发展。

（二）产业发展向生态保护优先的转型阶段（2002—2010年）

这一时期以《草原法》修订和实施一系列草原生态建设工程为主要标志。进入新世纪，随着我国北方沙尘暴的日益突出，草原生态问题引起全社会的广泛关注。为加强草原生态保护，促进草原可持续利用，2002年年9月国务院印发了《关于加快草原保护建设的若干意见》，标志着草原进入了全面保护和重点建设的历史新时期。2002年年底《草原法》的修订，使草原保护建设的法制基础进一步完善。自2003年，国家开始了大规模的草原生态建设，组织实施退牧还草、京津风沙源治理、生态移民搬迁、草原防火防灾、草原监测预警、石漠化治理、草种基地建设等一系列草原生态建设工程。十六大以后，党中央提出了科学发展观，保护草原、建设生态文明的要求更加明确，草畜平衡制度、基本草原保护制度、禁牧休牧制度推行力度进一步加大，草原发展进入了由产业发展为主导向生态优先、全面保护转型的新的历史阶段。

（三）新时代草原全面保护改革阶段（2011年至今）

这一时期以创设草原生态保护补助制度、成立国家林业和草原局、启动《草原法》修订等一系列重大改革为标志。为建立草原生态保护的长效机制，充分调动广大农牧民保护草原的自觉性和主动性，自2011年开始，国家在内蒙古、西藏、新疆等8个主要草原牧区，实施草原生态保护补助奖励政策,对农牧民科学利用草原、开展草原禁牧、实施草畜平衡给予奖励补贴。2012年,政策实施范围扩大到河北、山西、黑龙江、吉林和辽宁五省的半牧区(县)。党的十八大以来,在习近平新时代生态文明思想的指导下,我国草原保护事业发生了根本性转变。在治理理念上,草原保护建设工作从长期以来农牧部门行业管理、单项治理,转变为把山水林田湖草作为一个生命共同体,统筹规划、统一保护、统一修复、系统治理。国家设立了专门的国有自然资源资产管理机构,组建了国家林业和草原局,强化了对草原保护工作的组织领导,提高了草原生态系统化治理能力。在指导思想上,草原从畜牧业生产资料转变为重要的生态资源,从利用优先转变为生态优先、保护优先,坚持生态、经济、社会协调发展。在管理方式上,草原从无序利用,逐步转变为依法管理、科学利用。

二、草原改革成效与存在的问题

经过多年的改革发展,我国草原保护事业取得了突出的成效。

(一)草原承包全面推进

到2018年,全国草原承包面积达2.87亿hm^2,占草原总面积的73%。草原承包制度的推行,调动了广大农牧民的生产积极性,解放了生产力,为草原地区发展提供了坚实的制度保障。党的十八大以来,为进一步夯实草原承包制度,国家大力开展承包草原确权登记颁证,推行所有权、使用权、承包权、经营权"三权"分置,鼓励草原经营权流转,对稳定草原承包关系,促进草原生产方式转变和草原生态保护起到了积极的推动作用。

(二)草原生态建设投入迅猛增长

改革开放初期,我国对草原建设投入每年仅1亿元左右,2018年各类建设总投入近300亿元。"十二五"以来,我国仅草原生态建设工程项目的中央投资就超过400亿元。退牧还草工程从2003年开始实施,到2018年中央已累计投入资金近300亿元,工程的实施累计增产鲜草8.3亿t,约为5个内蒙古草原的年产草量。全国草原围栏面积由改革开放初期333.3万hm^2,发展到目前的超过9333.3万hm^2。草原生态保护奖补制度实施8年来,国家对牧民的补助奖励资金达1300多亿元。内蒙古有近600万农牧民从中受益;青海的76万牧民享受补奖政策,人均年增收1600元;西藏农牧民年人均可支配收入的10%来自草原生态补奖政策,特别是大部分牧业县补奖资金占牧户可支配收入的60%以上。生态建设工程和生态保护奖补制度的实施,带动了地方及社会各方面对草原的投入,草原基础设施明显改善，草原畜牧业发展基础更加巩固，草原资源保护与可持续发展的能力显著加强。

（三）草原生态发生重大转变

改革开放 40 多年来，我国草原生态实现了从全面退化到局部改善，再到总体改善的历史性转变。改革开放初期至 20 世纪末，草原畜牧业的迅速发展，家畜超载过牧现象一度十分突出，全国 90% 以上的草原出现不同程度退化。21 世纪初至党的十八大以前，随着依法治草和生态建设力度的加大，以及禁牧休牧、草畜平衡等综合措施的落实，局部地区草原生态形势开始好转，但总体退化的趋势仍未根本扭转。党的十八大以来，随着生态文明建设的深入推进，草原保护建设各项工作力度进一步加大，我国草原生态环境发生了历史性、全局性的变化，呈现总体改善、稳中向好的态势。2018 年全国天然草原鲜草总产量 11 亿 t；全国天然草原鲜草总产量连续 8 年超过 10 亿 t，实现稳中有增。2018 年草原综合植被盖度达 55.7%，较 2011 年提高 4.7%。

（四）草产业重大发展

草原保护建设事业的不断发展，为牧区经济社会进步和草原畜牧业提供了坚实基础。40 多年来，我国草食畜产品，牛、羊肉产量增加了 40 倍，奶类产量增加了 38 倍；西藏、内蒙古、新疆、四川、青海、甘肃六大草原区，牛肉、羊肉、奶类总产量分别是 1978 年的 150 倍、95 倍、30 倍。全国 268 个草原牧业半牧业县，农牧业人口仅占全国农业人口的 2.5%，生产了占全国 23% 的牛肉、35% 的羊肉、24% 的奶类产品。草原畜牧业也促进了农牧民增收，2016 年，六大草原牧区农牧民人均收入是 1978 年的 80 倍。40 多年来，我国草种业、草地农业、草产品生产及加工业、草坪业、草产品贸易等从无到有、从弱到强，不断发展壮大，相关企业已达数千家，年产值超过 7000 亿元，草产业已成为我国经济社会发展中不可替代的具有重要生态、经济和社会功能的基础性产业。

然而，当前草原生态保护还存在诸多问题。草原退化、面积萎缩、质量下降等现象较为突出，草原生态问题已成为推进生态文明建设的重要制约因素。草原生态保护与牧区经济发展的矛盾十分突出；推进草畜平衡、实现草原合理利用的关键措施与牧民增收的矛盾还有待破解；草原违法征占用、家畜超载过牧等现象还非常普遍；一些地方征占用草原过度开发、无序开发，草原被不断"蚕食"，面积萎缩；草原退化、沙化、石漠化等问题还依然存在；草原监督管理薄弱、基础设施落后、支撑发展体系不健全等状况仍制约着草原的保护与发展。在破坏草原的居多因素中，对草原进行征用、使用、占用是影响最恶劣、危害程度最大的因素，因为它从根本上使得所侵占的草原消失，破坏了草原地貌，毁坏了草原植被，改变了草原性质，伤及了牧民、牧区和牧业赖以发展以及草原民族文化传承的根基，且这种破坏和改变不可恢复、不可逆转、危害深远。不仅如此，这种破坏还会影响草原生态系统的完整性，导致生态系统的损害和生态功能的下降，危及所在区域甚至其他地区的生态安全。

三、改革方向和举措

（一）草原改革的方向

新时代草原保护要以习近平新时代生态文明思想为指导，以维护生态安全为根本目标，坚持保护优先、节约优先、自然修复为主的基本方针，依法管理、政策引领、严格保护、加强建设、科学利用，促进草原地区生态、经济、社会协调发展，为建设生态文明和美丽中国做出重要贡献。

一是要逐步建立草原保护管理制度体系。要深化草原承包经营制度改革，推动建立基本草原保护制度，完善草畜平衡和禁牧休牧制度，指导编制草原经营方案，建立全民所有草原资源有偿使用制度和分级行使全民所有草原资源所有权制度，全面落实地方党委政府保护修复草原的主体责任，着力构建产权清晰、多元参与、激励约束并重的草原保护管理制度体系。

二是要加强草原生态保护修复。要认真落实草原资源用途管制和草原征占用审核审批制度，推动建立草原类型国家公园，严厉查处非法开垦草原、非法占用草原、非法采挖草原野生植物等违法行为，强化草原生物灾害监测预警和草原防灭火工作，科学编制并认真实施草原保护修复规划，启动实施退化草原人工种草试点，积极探索草原生态保护修复的模式和路径。

三是要科学利用草原资源。要充分发挥草原多种功能，加快发展以草原文化、草原风光、民族风情为特色的草原文化产业和旅游休闲业，引导和支持贫困人口积极参与草原生态保护修复，将有劳动能力的建档立卡贫困人员优先选聘为草原管护员，积极扶持发展草原专业合作社、家庭牧场和龙头企业等新型经营主体，带动更多农牧民增收致富。

(二)草原改革的措施

1. 弘扬重草爱草的文明风尚

当前，我们已进入文明发展的新时代。要大力宣传草的重要功能与作用，积极倡导像保护耕地一样保护草原，像重视种树一样重视种草。要唱响重草爱草的时代旋律，不仅要歌颂小草默默无闻的优秀品格，更要积极传扬小草对生态文明建设和经济社会发展的重要贡献。

2. 全面加强草原监督管理

我们要结合生态文明建设的新形势、新要求，加快推进《草原法》修订和《基本草原保护条例》的制定，修改完善《草原征占用审核审批办法》《草种管理办法》、草原禁牧休牧和草畜平衡管理等规章制度。要加大草原执法力度，坚决查处和严厉打击违法征占用草原、开垦草原等破坏草原植被的行为。要认真落实生态文明各项制度，按照"源头严防、过程严管、后果严惩"的思路，加强草原资源监管，推进执法督察，落实草原生态环境损害赔偿制度和责任追究制度，建立草原保护公众参与制度，强化制度的约束作用。

3. 积极引导草原合理利用

草原合理利用主要把握好三个方面：一是对草原植被不占用、少占用、短占用；二是实施以草定畜、草畜平衡；三是提高草原资源利用效率。要加强对草原征占用行为的监督管理，严格依法审批，严格后续监管；要加快推进草畜平衡示范区建设，集中打造一批有示范带动作用的草畜平衡示范县(旗)。大力推进草原畜牧业由粗放型、数量型向现代化集约高效型转变。要充分发挥草原生态奖补政策的引领作用，让奖补政策与农牧民实施草原合理利用的实际成效紧密挂钩，发挥政策的最大效益。

4. 大力开展草原生态修复

在继续实施退牧还草、京津风沙源治理等重大工程，充实完善建设内容的同时，从新时代草原生态建设的全局出发，积极谋划好草原生态修复重大工程。基本思路是因地制宜，分类施策，抓好"四片"：一是管住一片。对严重退化区、生态脆弱区的草原，加强草原围栏等设施建设，强化管理措施，加大生态奖补力度，实行"区域性"一定时期内禁止放牧，以自然恢复为主。二是改良一片。对水热、土壤、植被条件较好、交通便利的部分天然草原，加大农艺措施，进行补播、施肥、除杂等，提高草原的产量、品质。三是建设一片。在灌溉条件、土壤条件等较好的土地，开展人工饲草料基地建设，减轻天然草原压力。四是用好一片。对草原生态状况相对较好的区域，大力推行轮牧、休牧，实行草畜平衡，加强畜牧业基础设施建设，促进草原畜牧业转型升级。

5. 全面推进林草深度融合

国家林业和草原局的成立给草原管理提供了良好的契机。林业经过几十年的发展，在政策法规建设、技术进步、队伍建设、管理手段等方面取得了巨大的成就，有很多成功的经验，非常值得在草原管理中学习借鉴。在草原管理方面我们必须借船出海，充分利用林业管理和发展方面的优势资源、成功经验，积极推进林草全方位的深度融合，实现林业与草原的全面发展，共同谱写我国生态文明建设的新篇章。

（赵荣、王枫、宁攸凉、沈伟航）

第十章 政策和法规

第一节 林业和草原政策

森林是陆地生态系统的主体，林业是生态文明建设的主阵地，承担着生产物质产品、文化产品、生态产品的重要职能。保护森林发展林业，是减少自然灾害，改善生态环境、缓解全球气候变暖的重要措施。草原是重要的绿色屏障，在保持水土、防风固沙、保护生物多样性、维护生态平衡方面具有不可替代的作用；草原还是畜产品的重要生产基地，是畜牧业发展的基础。我国的林业和草原政策主要致力于保护森林和草原，保障其发挥巨大的生态效益、经济效益、社会效益。

一、国土绿化政策

坚持绿色发展必须有绿色资源来支撑，实现林业现代化必须有资源总量作保障。经过多年努力，我国森林资源虽有明显增长，但总体上仍缺林少绿，森林生态安全问题依然突出。大规模开展国土绿化依然是我国林业建设的重点任务。国土绿化政策是保障我国林业发展的重要措施。

（一）林木良种

林木种苗是林业发展的重要基础，为保障林产品供给、推动生态建设等发挥了重要作用。为加强林木种苗工作，1997年林业部发布部门规章《林木良种推广使用管理办法》，2000年全国人大常委会制定了《中华人民共和国种子法》（以下简称《种子法》），2012年和2013年国务院办公厅先后发布《关于加强林木种苗工作的意见》（国办发〔2012〕58号）、《关于深化种业体制改革提高创新能力的意见》（国办发〔2013〕109号）文件，2016年国家林业局发布《林木种子生产经营档案管理办法》（林场发〔2016〕71号），2019年国家林业和草原局发布《关于推进种苗事业高质量发展的意见》（林场发〔2019〕82号），保障种苗事业取得了长足发展，为实施大规模国土绿化行动提供了有力保障。

(二) 造林绿化

国家极其重视国土绿化工作,连续发布重要文件,推动造林绿化顺利开展。1980年发布《中共中央 国务院关于大力开展植树造林的指示》,2006年发布《国务院关于加强城市绿化建设的通知》、2007年《国务院关于进一步加强造林绿化工作的通知》,2015年《全国绿化委员会、国家林业局关于扎实有效开展全民义务植树的通知》(全绿字〔2015〕3号)。此外,全国绿化委员会办公室每年发布《中国国土绿化状况公报》。

2018年《全国绿化委员会、国家林业和草原局关于积极推进大规模国土绿化行动的意见》(全绿字〔2018〕5号)发布,提出了未来发展目标——到2020年,生态环境总体改善,生态安全屏障基本形成;森林覆盖率达到23.04%,森林蓄积量达到165亿m^3,每公顷森林蓄积量达到95m^3,主要造林树种良种使用率达到70%,村庄绿化覆盖率达到30%,草原综合植被盖度达到56%,新增沙化土地治理面积1000万hm^2;到2035年,国土生态安全骨架基本形成,生态服务功能和生态承载力明显提升,生态状况根本好转,美丽中国目标基本实现;到2050年,迈入林业发达国家行列,生态文明全面提升,实现人与自然和谐共生。

(三) 森林城市

建设森林城市,是加快造林绿化和生态建设的创新实践,是推进林业现代化和生态文明建设的有力抓手,对改善城乡生态面貌、提高人居环境质量、传播生态文明理念、促进绿色发展起到了重要作用。2016年《国家林业局关于着力开展森林城市建设的指导意见》(林宣发〔2016〕126号),指出建设城市森林的任务是着力推进森林进城、森林环城、森林惠民、森林乡村建设、森林城市群建设、森林城市质量建设、森林城市文化建设、森林城市示范建设。

(四) 古树名木

古树名木是自然界和前人留下来的珍贵遗产,是森林资源中的瑰宝,具有极其重要的历史、文化、生态、科研价值和较高的经济价值。为了加强对古树名木的保护与管理,2016年《全国绿化委员会关于进一步加强古树名木保护管理的意见》(全绿字〔2016〕1号)发布,提出了古树名木保护必须坚持全面保护、依法保护、政府主导、属地管理、原地保护、科学管护的原则,主要任务是组织开展资源普查;加强古树名木认定、登记、建档、公布和挂牌保护;建立健全管理制度;全面落实管护责任;加强日常养护；及时开展抢救复壮。

二、生态保护政策

林业建设是事关经济社会可持续发展的根本性问题；森林是人类生存的根基，关系生存安全、淡水安全、国土安全、物种安全、气候安全。在我国林业生态保护政策的引导下，林业为生态建设做出了巨大贡献。我国的生态保护政策主要包括生态保护补偿、森林防火、有害生物防治、野生动植物和自然保护区、荒漠化防治等政策。

(一) 生态保护补偿

实施生态保护补偿是调动各方积极性、保护好生态环境的重要手段，是生态文明制度建设的重要内容。为进一步健全生态保护补偿机制，加快推进生态文明建设，2016年国务院办公厅发布《关于健全生态保护补偿机制的意见》（国办发〔2016〕31号），分别针对各领域提出重点任务：

森林——健全国家和地方公益林补偿标准动态调整机制。完善以政府购买服务为主的公益林管护机制。合理安排停止天然林商业性采伐补助奖励资金。

草原——扩大退牧还草工程实施范围，适时研究提高补助标准，逐步加大对人工饲草地和牲畜棚圈建设的支持力度。实施新一轮草原生态保护补助奖励政策，根据牧区发展和中央财力状况，合理提高禁牧补助和草畜平衡奖励标准。充实草原管护公益岗位。

湿地——稳步推进退耕还湿试点，适时扩大试点范围。探索建立湿地生态效益补偿制度，率先在国家级湿地自然保护区、国际重要湿地、国家重要湿地开展补偿试点。

荒漠——开展沙化土地封禁保护试点，将生态保护补偿作为试点重要内容。加强沙区资源和生态系统保护，完善以政府购买服务为主的管护机制。研究制定鼓励社会力量参与防沙治沙的政策措施，切实保障相关权益。

(二) 森林防火

1988年1月16日，国务院发布了现行《森林防火条例》，我国森林防火工作步入依法治火的轨道。2004年，国务院办公厅发布《关于进一步加强森林防火工作的通知》（国办发〔2004〕33号），要求县级以上地方各级人民政府要建立健全森林防火指挥部和负责日常工作的森林防火办公室，核定编制，配备专职干部，形成自上而下的森林防火组织指挥体系。森林防火行政领导负责制。2006年1月14日，国务院发布了《国家处置重、特大森林火灾应急预案》，适用于在国境内发生的重、特大森林火灾的应急工作。2008年新修订《森林防火条例》强化了对人员安全的保障，凸显了以人为本的理念转化。

(三)有害生物防治

近年来，我国林业有害生物灾害多发频发，对林业健康可持续发展和生态文明建设等构成严重威胁。为进一步加强林业有害生物防治工作，1983年制定《植物检疫条例》，1989年制定《森林病虫害防治条例》，2014年5月26日国务院办公厅发布《关于进一步加强林业有害生物防治工作的意见》(国办发〔2014〕26号)，提出强化灾害预防措施，完善监测预警机制，提高应急防治能力，推进社会化防治等主要任务。2018年，国家林业和草原局先后发布《全国检疫性林业有害生物疫区管理办法》《国家级林业有害生物中心测报点管理规定》，强化林业有害生物防治工作。

(四)野生动植物保护和自然保护区

我国幅员辽阔，地形地貌复杂，气候多样，是世界上野生动植物种类最丰富的国家之一，野生动植物自然保护区是我国野生动植物保护的重要措施。自1956年建立第一处自然保护区以来，我国已基本形成类型比较齐全、布局基本合理、功能相对完善的自然保护区体系。1962年9月14日，国务院颁布《关于积极保护和合理利用野生动物资源的指示》，明确规定在珍稀动物栖息地建立自然保护区，确定大熊猫为国家一级保护动物，未经中央批准，严禁对大熊猫的猎捕。1985年国务院批准林业部发布《森林和野生动物类型自然保护区管理办法》，1994年国务院发布《中华人民共和国自然保护区条例》，野生动植物自然保护区建设和管理逐渐步入正轨。

(五)荒漠化防治

中国是世界上荒漠化面积最大、受风沙危害严重的国家。防沙治沙，事关国家生态安全，事关中华民族生存与发展。国家对荒漠化防治工作极为重视，1991年国务院批复《全国防沙治沙规划》。2001年制定《中华人民共和国防沙治沙法》，2018年进行修订。2005年国务院发布了《关于进一步加强防沙治沙工作的决定》(国发〔2005〕29号)；2013年，我国启动实施了沙化土地封禁保护区试点；2015年国家林业局制定了《国家沙化土地封禁保护区管理办法》(林沙发〔2015〕66号)，2017年制定《国家沙漠公园管理办法》(林沙发〔2017〕104号)，巩固防沙治沙成果，加强荒漠化治理的力度。

三、重点林业生态工程

在我国林业生态保护政策的引导下,林业为生态建设做出了巨大贡献。改革开放以来,我国陆续启动林业重点工程建设,有力地推动了林业生态建设的发展。

(一)天然林保护工程

天然林是我国森林资源的精华,是结构最复杂、群落最稳定、生物量最大、生物多样性最丰富、生态功能最强的森林生态系统。1998年党中央、国务院做出了实施天然林资源保护工程(即天保工程一期)重大战备决策,同年开展试点工作。2000年10月国务院批准了《长江上游、黄河上中游地区天然林资源保护工程实施方案》和《东北、内蒙古等重点国有林区天然林资源保护工程实施方案》。2014年4月,黑龙江省重点国有林区实施停止天然林商业性采伐试点,2015年4月1日,东北、内蒙古重点国有林区商业性采伐宣告全面停止,2017年在全国范围内全面停止天然林商业性采伐。2017年党的十九大报告中明确提出"完善天然林保护制度",并将其作为加快生态文明体制改革、建设美丽中国的重点任务。2019年中共中央办公厅、国务院办公厅印发《天然林保护修复制度方案》。实施天然林保护工程,是我国林业由以木材生产为主向以生态建设为主转变的重要标志,具有里程碑意义。

(二)退耕还林还草工程

退耕还林还草就是从保护和改善生态环境出发,将易造成水土流失的坡耕地有计划、有步骤地停止耕种,按照适地适树的原则,因地制宜地植树造林种草,恢复森林和草原植被。2000年,我国正式启动退耕还林还草试点工作。退耕还林工程建设包括两个方面的内容:一是坡耕地退耕还林;二是宜林荒山荒地造林。2000年,国务院下发了《关于进一步做好退耕还林还草工作的若干意见》(国发〔2000〕24号),2002年《国务院关于进一步完善退耕还林政策措施的若干意见》(国发〔2002〕10号)发布,规定国家无偿向退耕户提供粮食、现金补助。2007年,国务院发布《关于完善退耕还林政策的通知》(国发〔2007〕25号),决定完善退耕还林政策,继续对退耕农户给予适当补助,以巩固退耕还林成果、解决退耕农户生活困难和长远生计问题。2002年国务院通过了《退耕还林条例》,2016年修订为《退耕还林还草条例》,为退耕还林还草工程提供法律保障。

(三)防护林建设

防护林是为了防止水土流失、防风固沙、涵养水源、调节气候、减少污染所配置和营造的由天然林和人工林组成的森林。1978年11月经中国政府批准,开始兴建的"三北"防护林体系建设工程,被称为绿色长城。为从根本上扭转我国长江、珠江、海河等大江大河及沿海地区生态环境恶化的状况,先后启动长江中上游防护林、沿海防护林、平原绿化、太行山绿化、珠江流域防护林体系建设工程。

四、林业产业扶持政策

林业具有收益低、周期长、风险大、效益公共性等特点,因此需要国家财政的大力扶持以对生产者给予补贴或补助,需要社会资本对林业的持续投入及高效的信用和金融产品的支持,需要森林保险来降低森林经营主体的经营风险。国家针对林业产业制定了一系列产业扶持政策。

(一)国家储备林建设

随着我国经济社会快速发展,木材供求矛盾日益凸显,开放性经济不断壮大,资源多元配置难度加大,转型期资源总量增长,质量结构亟待优化。国内珍稀和大径材长期呈结构性短缺,木材进口限制越来越多。我国必须立足国内,实施总量平衡、结构协调、进口适度、持续经营的国家木材安全战略,建设国家木材战略储备基地,建立国家储备林制度。2013年,国家林业局启动国家储备林建设试点,在7个试点省区优选30个重点国有林场承储,首批划定5.8万hm^2国家储备林。

(二)林业补贴补助

2014年财政部、国家林业局联合发布的《中央财政林业补助资金管理办法》,中央财政预算安排的林业补助资金的使用和管理进行统一规范。该办法中列举的林业补偿和补贴包括:森林生态效益补偿,林业补贴,湿地、林业国家级自然保护区和沙化土地封禁保护区建设与保护补贴,林业防灾减灾补贴,林业科技推广示范补贴,林业贷款贴息补贴,森林公安和国有林场改革补助。国家相继出台森林、湿地、荒漠等资源保护补贴政策,并逐年提高补助标准,林业公共财政政策框架体系基本建立。

(三)林业投融资政策

2003年《中共中央 国务院关于加快林业发展的决定》(中发〔2003〕9号)指出:加强对林业发展的金融支持。国家继续对林业实行长期限、低利息的信贷扶持政策,具体贷款期限可根据林木的生长周期由银行和企业协商确定，并视情况给予一定的财政贴息。2008年《中共中央 国务院关于全面推进集体林权制度改革的意见》(2008年6月8日 中发〔2008〕10号)再次强调：推进林业投融资改革。金融机构要开发适合林业特点的信贷产品，拓宽林业融资渠道。加大林业信贷投放，完善林业贷款财政贴息政策，大力发展对林业的小额贷款。完善林业信贷担保方式，健全林权抵押贷款制度。加快建立政策性森林保险制度，提高农户抵御自然灾害的能力。妥善处理农村林业债务。

2013年原国家林业局、银监会颁发了《关于林权抵押贷款的实施意见》(银监发〔2013〕32号)，引导集体林权抵押贷款规范有序发展，有效防范信贷风险。

(四)林业税费

近年来，国家连续出台政策，调整林业税费征收项目，降低征收费率，减轻林业税费负担，林业税费体制更为合理健全。《中共中央 国务院关于加快林业发展的决定》(中发〔2003〕9号)指出：减轻林业税费负担。继续执行国家已经出台的各项林业税收优惠政策，并予以规范。按照农村税费改革的总体要求，逐步取消原木、原竹的农业特产税。取消对林农和其他林业生产经营者的各种不合理收费。改革育林基金征收、管理和使用办法，征收的育林基金要逐步全部返还给林业生产经营者，基层林业管理单位因此出现的经费缺口由财政解决。

2016年财政部颁发《关于取消、停征和整合部分政府性基金项目等有关问题的通知》(财税〔2016〕11号)，要求将育林基金征收标准降为零。该基金征收标准降为零后，通过增加中央财政均衡性转移支付、中央财政林业补助资金、地方财政加大预算保障力度等，确保地方森林资源培育、保护和管理工作正常开展。这是我国林业税费制度中的一次重大改革。

(五)林业产业政策

林业产业是涉及国民经济一、二、三产业的复合产业群体，具有基础性、多样性、生态性、战略性。2007年，国家林业局、国家发改委、财政部、商务部、国家税务总局、中国银监会、中国证监会联合发布《林业产业政策要点》，提出逐步建立起门类齐全、优质高效、竞争有序、充满活力的现代林业产业体系，充分发挥林业的多种功能，大力提升林产品的供给能力，最大限度地满足经济社会发展对林产品与服务的多样化需求。

当前，我国林业产业发展重点已经从木材消耗产业转向非木质产业，国务院办公厅先后印发了《关于加快林下经济发展的意见》(国办发〔2012〕

42号)和《关于加快木本油料产业发展的意见》(国办发〔2014〕68号),推动绿色产业的发展。

2015年4月,《中共中央 国务院关于加快推进生态文明建设的意见》发布,提出发展有机农业、生态农业,以及特色经济林、林下经济、森林旅游等林产业,保护和修复自然生态系统。

五、草原管理政策

草原有"地球皮肤"之称,我国天然草原面积近12亿hm^2,占国土总面积的41.7%,是森林、耕地面积的总和。草原不仅是畜牧业的重要生产资料,又是重要的自然资源,是我国最大的绿色生态屏障、抵御沙漠的前哨阵地和重要的水源涵养地。但是由于自然、地理、历史和人为等因素影响,草原生态形势依然严峻,草原生态系统整体仍较脆弱,草原牧区经济发展相对滞后,生态保护与发展利用的矛盾非常突出。为了保护草原生态,我国实施了退牧还草、草原生态保护补助奖励等政策,在草原生态保护与修复方面取得了显著成效。

(一)退牧还草政策

退牧还草就是在我国内蒙古、新疆、青海、宁夏、四川、甘肃、西藏、云南等省(自治区)将放牧牛羊的牧地还原为草地,实施退牧还草是我国为保护草原生态环境、改善民生做出的重大决策,是西部大开发的标志性工程之一。这项工程自2003年在内蒙古、四川、青海等8省(自治区)和新疆生产建设兵团开始实施,2011年8月22日,国家发改委、财政部、农业部印发《关于完善退牧还草政策的意见》的通知,进一步完善退牧还草政策。

退耕还牧政策的主要措施包括:一是合理布局草原围栏,对禁牧封育的草原,不再实施围栏建设;二是配套建设舍饲棚圈和人工饲草地;三是提高中央投资补助比例和标准;四是饲料粮补助改为草原生态保护补助奖励。

(二)草原生态保护补助奖励政策

草原生态保护补助奖励政策自国务院第128次常务会议决定,从2011年开始,国家在内蒙古等8个主要草原牧区省份全面实施草原生态保护补助奖励政策。

草原生态保护补助奖励机制包括四个方面内容:①实施禁牧补助。对生存环境非常恶劣、草场严重退化、不宜放牧的草原,实行禁牧封育,中央财政给予补助。②实施草畜平衡奖励。对禁牧区域以外的可利用草原，在核定合理载畜量的基础上，中央财政对未超载放牧的牧民给予奖励。③落实对牧民的生产性补贴政策。增加牧区畜牧良种补贴，实施牧草良种补贴、牧民生产资料综合补贴。④加大对牧区教育发展和牧民培训的支持力度，促进牧民转移就业。2012年又将政策实施范围扩大到黑龙江等5个非主要牧区省的36个牧区半牧区县，覆盖了全国268个牧区半牧区县。中央财政每年安排草原生态保护补助奖励资金159.75亿元。

第二节 林业和草原法律法规

一、我国林业法律制度

(一)我国林业相关法律

林业法律是规范我国林业建设和管理的基本法律，我国现有林业相关法律主要包括：《森林法》《野生动物保护法》《种子法》《防沙治沙法》等。此外，《农村土地承包法》《土地管理法》《农业法》《农业技术推广法》《农民专业合作社法》《农村土地承包经营纠纷调解仲裁法》对于林地承包、林权流转、林地管理、林业技术、专业合作社、林权纠纷调处等做出规定，具有紧密的相关性。

(二)我国林业行政法规

林业行政法规是林业相关法律配套完善和细化执行的保障，为林业行政行为提供了法律依据和实施细则。近年来，随着我国林业法治建设的推进，林业行政法规不断完善。我国现有林业行政法规主要包括《森林法实施条例》《森林采伐更新管理办法》《国务院关于开展全民义务植树运动的实施办法》《森林病虫害防治条例》《森林防火条例》《植物检疫条例》《退耕还林条例》《野生植物保护条例》《陆生野生动物保护实施条例》《濒危野生动植物进出口管理办法》《重大动物疫情应急条例》《自然保护区条例》《森林和野生动物类型自然保护区管理办法》《植物新品种保护条例》《风景名胜区条例》《血吸虫病防治条例》等。

(三)我国林业部门规章

我国林业部门规章主要包括《中华人民共和国植物新品种保护条例实施细则(林业部分)》《森林公园管理办法》《主要林木品种审定办法》《大熊猫国内借展管理规定》《建设项目使用林地审核审批管理办法》《林业标准化

管理办法》等。

近年来，国家林业局依法制定了《林木种子质量管理办法》《森林资源监督工作管理办法》《林业行政许可听证办法》等规章，对发展现代林业、建设生态文明、促进集体林权制度改革、保障依法行政具有现实作用。国家林业局还发布实施了《国家级森林公园管理办法》《引进陆生野生动物外来物种种类及数量审批管理办法》《集体林权制度改革档案管理办法》《野生动植物进出口证书核发管理办法》《国家林业局委托实施野生动植物行政许可办法》《陆生野生动物疫源疫病监测办法》。完成了部门规章清理工作，发布了《国家林业局关于废止和修改部分部门规章的决定》，明确了废止的部门规章、修改部分条款的部门规章及修改内容，公布了现行有效规章目录，初步完成了国家林业局规范性文件清理审查工作。

此外，还有地方人大、政府制定的地方性林业法规和地方政府林业规章等400多部。

(四)我国林业法律制度主要内容

1. 森林资源和林种分类

森林资源，包括森林、林木、林地以及依托森林、林木、林地生存的野生动物、植物和微生物。根据《森林法》第四条的规定，森林分为防护林、用材林、经济林、薪炭林和特种用途林五类林种。

2. 林权制度

林权概念，应当界定为以林地和林木为客体的一系列权利的总称，是一个权利群，权利类型上兼顾了所有权和使用权，权利客体包含森林、林木和林地三部分。权利内容一般包括林地所有权、林地使用权、森林或林木所有权、森林或林木使用权。

林权流转，又称为森林资源流转，是指森林、林木的所有权人、使用权人或者林地的使用权人，不改变林地所有权性质和用途，依法将全部或者部分林权转移给他人的行为。

林权流转的范围是指可以流转的具体林权类型。根据《森林法》规定，林权流转的范围包括：①用材林、经济林、薪炭林；②用材林、经济林、薪炭林的林地使用权；③用材林、经济林、薪炭林的采伐迹地、火烧迹地的林地使用权；④国务院规定的其他森林、林木和其他林地使用权。除此之外，其他森林、林木和其他林地使用权不得转让。不得流转的林权范围包括：①未取得林权证书的；②权属不确定或者有争议的；③法律、法规禁止流转的。

3. 林地管理制度

林地是国家重要的自然资源和战略资源,是森林赖以生存与发展的根基,在保障木材及林产品供给、维护国土生态安全中具有核心地位,在应对全球气候变化中具有特殊地位。为了严格保护林地、提高林地利用效率,根据《森林法》《森林法实施条例》《中共中央国务院关于加大统筹城乡发展力度进一步夯实农业农村发展基础的若干意见》(中发〔2010〕1号)和《全国土地利用总体规划纲要(2006—2020年)》等法律法规和国家有关林地保护管理的方针、政策,国务院于2010年6月9日通过了我国首个中长期林地保护利用规划,即《全国林地保护利用规划纲要(2010—2020年)》,国家林业局于2015年2月15日公布了《建设项目使用林地审核审批管理办法》,自2015年5月1日起施行。林地用途管理制度是指国家对林地实行严格保护,林地用途非经法律程序不得改变,建设项目使用林地必须经过严格审批。《森林法》第十八条规定了建设项目占用、征用或者征收林地的审批程序以及条件;《森林法实施条例》第十六条规定了建设项目占用、征用或者征收林地的具体程序和条件,临时占用林地以及为林业生产服务的工程设施的条件;2016年国家林业局出台的《建设项目使用林地审核审批管理办法》对于改变林地用途做出了具体规定。

4. 森林经营制度

森林分类经营管理就是根据森林的经营目的和主导利用不同,将森林进行分类,并实行相应的经营管理措施,以实现森林经营的目的。森林分类经营理论将森林划分为两大类——生态公益林和商品林。生态公益林是以发挥生态、社会效益为主导功能的森林,主要包括防护林和特种用途林。商品林是指以生产木材、薪材、干鲜品和其他工业原料等为主要经营目的的森林、林木,包括用材林、经济林和薪炭林(自留山个人所有的薪材除外)。公益林属于社会公益事业,主要发挥生态和社会效益,按公益事业建设管理,由各级财政投资和组织社会力量建设,主要依靠法律手段和行政手段管理,辅之以必要的经济手段。商品林属于基础产业,主要追求经济效益,依靠市场调节其发展,靠经济手段和法律手段管理,按市场需要组织生产,自主经营、自负盈亏。

森林法关于森林分类经营管理的规范是零散的,但是基本的框架是清晰的。1998年《森林法》设立了森林生态效益补偿基金制度,对不同林种规定了不同的采伐管理制度;1999年《森林法实施条例》规定了公益林区划规范等。2004年,为保护公益林资源,维护生态安全,财政部、国家林业局制定《中央财政森林生态效益补偿基金管理办法》(财农〔2007〕7号),要求各级政府按照事权划分建立森林生态效益补偿基金,森林生态效益补偿基金用于公益林的营造、抚育、保护和管理。该办法于 2009 年进行修改。2013 年,为加强和规范国家级公益林保护管理,国家林业局、财政部制定《国家级公益林管理办法》(林资发〔2013〕71号)。2014 年财政部、国家林业局联合发布的《中央财政林业补助资金管理办法》,对中央财政预算安排的林业补助资金的使用和管理进行统一规范。

5. 森林采伐管理制度

森林采伐利用是森林资源经营管理的关键环节和重要措施,建立并实施森林采伐利用管理制度的目的在于通过控制森林年采伐量来达到逐年增加森林资源的存量,从而最终实现森林永续利用、改善生态环境。我国目前关于森林采伐利用法律法规主要有:《森林法》《森林法实施条例》《森林采伐更新管理办法》等,实行的是以采伐限额管理、木材流通管理制度为核心的森林采伐利用管理制度,包括:采伐限额管理,木材凭证采伐管理,木材经营、运输管理等法律制度。这些法律制度为有效地控制森林资源的消耗,保持我国森林资源的增长起到了很重要的作用。

森林采伐限额制度是实行限额采伐,对有效地控制森林资源消耗,维护生态平衡,改善生态环境,促进林业发展,实现永续利用,充分发挥森林的生态效益、经济效益和社会效益,具有十分重要的意义。凡胸径 5cm 以上的林木,都纳入年森林采伐限额。但相关法律法规规定严禁采伐的森林和林木,农村居民房前屋后、自留地个人所有的零星林木,以及非林业用地上种植的林木不编制采伐限额,不列入年采伐限额之内。

二、我国草原法律制度

(一)我国草原法律制度体系

草原保护和利用的法律制度最重要的是《草原法》。《草原法》于 1985 年制定,于 2002 年修订之后,自 2003 年 3 月 1 日起施行,此后经过了 2009 年和 2013 年两次修正。此外,《农村土地承包法》《土地管理法》《农业法》《农业技术推广法》《农民专业合作社法》《农村土地承包经营纠纷调解仲裁法》对于草原承包、流转、草原管理、农业技术、专业合作社、草原权属纠纷调处等做出规定,也是草原保护和管理的相关法律依据。

1992 年,国务院发布《草原防火条例》,2008 年通过修订。2012 年《最高人民法院关于审理破坏草原资源刑事案件应用法律若干问题的解释》(法释〔2012〕15号)出台,2001年农业部制定《甘草和麻黄草采集管理办法》,2005年制定《草畜平衡管理办法》,我国草原管理方面的法律法规体系初步形成,但亟待健全。

(二)我国草原法律制度主要内容

1. 草原权属制度

草原属于国家所有,由法律规定属于集体所有的除外。国家所有的草原,由国务院代表国家行使所有权。国家所有的草原,可以依法确定给全民所有制单位、集体经济组织等使用。使用草原的单位,应当履行保护、建设和合理利用草原的义务。

依法确定给全民所有制单位、集体经济组织等使用的国家所有的草原,由县级以上人民政府登记,核发使用权证,确认草原使用权。未确定使用权的国家所有的草原,由县级以上人民政府登记造册,并负责保护管理。

集体所有的草原,由县级人民政府登记,核发所有权证,确认草原所有权。

2. 集体草原承包制度

集体所有的草原或者依法确定给集体经济组织使用的国家所有的草原,可以由本集体经济组织内的家庭或者联户承包经营。草地的承包期为30~50年,草地承包期届满后依照前款规定相应延长。承包合同自成立之日起生效。承包方自承包合同生效时取得土地承包经营权。承包经营草原的单位和个人,应当履行保护、建设和按照承包合同约定的用途合理利用草原的义务。草原承包经营权受法律保护,可以按照自愿、有偿的原则依法转让。

3. 草原规划制度

目前,草原生态恶化已成为影响我国生态安全的重要因素。以法律形式确定国家和县级以上地方人民政府分别编制全国草原保护、建设、利用规划和本行政区域的草原保护、建设、利用规划,使草原资源的保护、建设、利用真正走上依法制定和实施规划的法制轨道,是非常必要和刻不容缓的。

国家对草原保护、建设、利用实行统一规划制度。国务院草原行政主管部门会同国务院有关部门编制全国草原保护、建设、利用规划,报国务院批准后实施。县级以上地方人民政府草原行政主管部门会同同级有关部门依据上一级草原保护、建设、利用规划编制本行政区域的草原保护、建设、利用规划,报本级人民政府批准后实施。经批准的草原保护、建设、利用规划确需调整或者修改时,须经原批准机关批准。

国家建立草原调查、统计制度。草原统计资料是各级人民政府编制草原保护、建设、利用规划的依据。

国家建立草原生产、生态监测预警系统。县级以上人民政府草原行政主管部门对草原的面积、等级、植被构成、生产能力、自然灾害、生物灾害等草原基本状况实行动态监测,及时为本级政府和有关部门提供动态监测和预警信息服务。

4. 草原利用制度

为合理利用草原、可持续发展畜牧业,《草原法》规定了草畜平衡、划区轮牧、舍饲圈养等基本措施;对因建设而征用或使用草原的审批程序和相关补偿、恢复费用的确定;对临时占用草原的规定;以及在草原上修建直接为草原保护和畜牧业生产服务的工程设施而使用草原的相关规定。

草原承包经营者应当合理利用草原,不得超过草原行政主管部门核定的载畜量;草原承包经营者应当采取种植和储备饲草饲料、增加饲草饲料供应量、调剂处理牲畜、优化害群结构、提高出栏率等措施,保持草畜平衡。

牧区的草原承包经营者应当实行划区轮牧,合理配置畜群,均衡利用草原。

国家提倡在农区、半农半牧区和有条件的牧区实行牲畜圈养。草原承包经营者应当按照饲养牲畜的种类和数量,调剂、储备饲草饲料,采用青贮和饲草饲料加工等新技术,逐步改变依赖天然草地放牧的生产方式。

5. 草原保护制度

《草原法》规定了草原保护的重要制度和各项禁止条款。保护制度包括基本草原保护制度、草原自然保护区制度、草畜平衡制度和禁牧休牧制度。四项禁止条款,即禁止开垦草原;禁止乱采乱挖草原野生植物和破坏草原植被的其他活动;禁止使用剧毒、高残留以及可能导致二次中毒的农药;禁止机动车辆随意在草原上行驶。

三、林业和草原相关国际条约

世界已经进入全球化阶段,生态破坏、环境污染、资源锐减的影响力都早已超越了国家的边界,影响到整个地球的生存状况,而生态文明建设的紧迫性也已经成为全人类的共识。各国在达成共识的基础上,商讨制定保护生态安全的国际公约,建立国家间的社会规范,敦促各国积极采取措施，共同应对全球生态危机。这些公约的主要目的在于指导人们实施可持续发展战略的安排和限制急功近利的短期行为，以维护全球生态发展的区际公平和代际公平。我国已经加入多部生态保护国际公约，并且积极有效地履行各种生态公约，不但尽到了自己应承担的国际义务和责任，而且也大大促进了我国自然保护事业的发展。

我国林业和草原部门负责《濒危野生动植物种国际贸易公约》《联合国防治荒漠化公约》《湿地公约》和《国际森林文书》的牵头履约，我国还参与了《联合国气候变化框架公约》《生物多样性公约》和《国际植物新品种保护公约》等履约和谈判工作。

（一）濒危野生动植物种国际贸易公约

《濒危野生动植物种国际贸易公约》（CITES），又名《华盛顿公约》，于1973年6月21日在美国首府华盛顿所签署，1975年7月1日正式生效。这是一项在控制国际贸易、保护野生动植物方面具有权威、影响广泛的国际公约，其宗旨是通过许可制度，对国际间野生动植物及其产品、制成品的进出口实行全面控制和管理，以促进各国保护和合理开发野生动植物资源。

公约用物种分级与许可证的方式，以达成野生物种市场的永续利用性。该公约管制国际贸易的物种，可归类成三项附录，附录一的物种为若再进行国际贸易会导致灭绝的动植物，明确规定禁止其国际性的交易；附录二的物种则为目前无灭绝危机，仍需管制其国际贸易的物种，若仍面临贸易压力，族群量继续降低，则将其升级入附录一；附录三是各国视其国内需要，区域性管制国际贸易的物种。

中国于1980年12月25日加入了这个公约，并于1981年4月8日对中国正式生效，并设立了"中华人民共和国濒危物种进出口管理办公室"负责该公约的履行。2006年，我国制定了《中华人民共和国濒危野生动植物进出口管理条例》，弥补了野生动植物贸易国内立法的空白，也充分体现了我国对履行公约的高度重视。

（二）联合国防治荒漠化公约

《联合国关于在发生严重干旱和/或荒漠化的国家特别是在非洲防治荒漠化的公约》（UNCCD）是联合国政府谈判委员会历经5次会议于1994年6月17日在巴黎通过，并于同年10月14~15日在巴黎开放签署。公约于1996年12月26日正式生效。

公约的宗旨和原则为在发生严重干旱和/或荒漠化的国家，特别是在非洲防治荒漠化和缓解干旱影响，在各级采取有效措施，并在符合《21世纪议程》精神的基础上建立的国际合作和伙伴关系，协助受影响地区实现可持续发展。要求缔约国应采取综合办法，处理荒漠化和干旱过程中的自然、生物和社会经济因素；把消灭贫困战略纳入防治荒漠化和缓解干旱影响的工作；为受荒漠化影响的发展中国家缔约方创立扶持性国际经济环境，筹集和输送实质性资金资源。

我国政府代表于开放签署的当日，即1994年10月14日在巴黎签署了《联合国防治荒漠化公约》。全国人大常委会于1996年12月30日批准了该《联合国防治荒漠化公约》。1997年2月18日递交批准书，1997年5月19日对我国生效。

（三）湿地公约

《湿地公约》也称作《拉姆萨尔公约》(Ramsar Convention)，是为了保护湿地而签署的全球性政府间保护公约，全称为《关于特别是作为水禽栖息地的国际重要湿地公约》(Convention on Wetlands of International Importance Especially as Waterfowl Habitat，简称《湿地公约》)。湿地公约于1971年2月2日在伊朗的拉姆萨尔签署，当时有18个发起缔约国。湿地公约于1975年12月21日正式生效，至2007年4月，有154个缔约方。1387块湿地列入国际重要湿地名录，总面积达到1.23亿 hm^2。其宗旨是承认人类与环境的相互依存关系，并通过协调一致的国际行动确保作为众多水禽繁殖栖息地的湿地得到良好的保护而不至于丧失。秘书处设于瑞士格兰德。公约要求各缔约国应设置湿地自然保护区，并指定其领域内的适当湿地列入《国际重要湿地名录》，同时采取有效措施促进这些湿地的养护和合理利用。我国于1992年2月20日递交加入书，1992年7月31日正式对我国生效。

（四）国际森林文书

《国际森林文书》的全称是《关于所有类型森林的无法律约束力文书》，是国际森林问题谈判所取得的成果。

《国际森林文书》共设立了4个全球目标。一是通过可持续森林经营，包括保护、恢复、植树造林和再造林，扭转世界各地森林覆盖丧失的趋势，更加努力地防止森林退化；二是增强森林的经济、社会和环境效益，方法包括改善依靠森林为生者的生计；三是大幅增加世界各地保护森林和其他可持续经营森林的面积以及可持续经营森林林产品所占比例；四是扭转在森林可持续经营方面官方发展援助减少的趋势，从各种来源大幅增加新的和额外的金融资源，用于实行可持续森林经营。为实现上述目标，

《国际森林文书》提出了通过国家行动和国际合作方式履约。其中,国家行动涉及政策、法规、造林、资源管理、生物多样性保护、教育、能力建设等方面的 25 项条款,以及推动相关领域国际合作的 18 项条款。

近年来,我国林业生态建设取得了举世瞩目的成就,使我国林业的国际影响力不断提升,话语权和主导权不断增强。

(五) 联合国气候变化框架公约

《联合国气候变化框架公约》(UNFCCC) 于 1992 年 5 月 9 日在联合国总部纽约达成,并于 1992 年 6 月联合国环境与发展大会期间开放签署,于 1994 年 3 月 21 日生效。我国于 1992 年联合国环境与发展大会期间签署该公约,1993 年 1 月 5 日批准该公约。公约于 1994 年 3 月 21 日正式对我国生效。

《联合国气候变化框架公约》由序言及 26 条正文组成。这是一个有法律约束力的公约,旨在控制大气中二氧化碳、甲烷和其他造成"温室效应"的气体的排放,将温室气体的浓度稳定在使气候系统免遭破坏的水平上。《联合国气候变化框架公约》是世界上第一个为全面控制二氧化碳等温室气体排放,应对全球气候变暖给人类经济和社会带来不利影响的国际公约,也是国际社会在应对全球气候变化问题上进行国际合作的一个基本框架。据统计,如今已有 190 多个国家批准了《联合国气候变化框架公约》,这些国家被称为公约缔约方。《联合国气候变化框架公约》缔约方做出了许多旨在解决气候变化问题的承诺。每个缔约方都必须定期提交专项报告,其内容必须包含该缔约方的温室气体排放信息,并说明为实施公约所执行的计划及具体措施。《联合国气候变化框架公约》于 1994 年 3 月生效,奠定了应对气候变化国际合作的法律基础,是具有权威性、普遍性、全面性的国际框架。

(六) 生物多样性公约

《生物多样性公约》(*Convention on Biological Diversity*) 是一项保护地球生物资源的国际性公约,于 1992 年 6 月 1 日由联合国环境规划署发起的政府间谈判委员会第七次会议在内罗毕通过,1992 年 6 月 5 日,由签约国在巴西里约热内卢举行的联合国环境与发展大会上签署。公约于 1993 年 12 月 29 日正式生效。常设秘书处设在加拿大的蒙特利尔。联合国《生物多样性公约》缔约国大会是全球履行该公约的最高决策机构,一切有关履行《生物多样性公约》的重大决定都要经过缔约国大会的通过。

公约的目标是按照公约有关条款从事保护生物多样性、持久使用其组成部分以及公平合理分享基于遗传资源的利用而产生的惠益;实现手段包括遗传资源的适当取得及有关技术的适当转让，但需顾及对这些资源和技术的一切权利，以及提供适当资金。公约规定，发达国家将以赠送或转让的方式向发展中国家提供新的补充资金以补偿它们为保护生物资源而日益增加的费用，应以更实惠的方式向发展中国家转让技术，从而为保护世界上的生物资源提供便利；签约国应为本国境内的植物和野生动物编目造册，制订计划保护濒危的动植物；建立金融机构以帮助发展中国家实施清点和保护动植物的计划；使用另一个国家自然资源的国家要与该国分享研究成果、盈利和技术。

我国政府于1992年6月11日在里约热内卢签署了公约，同年11月7日，全国人大常委会批准了该公约。1993年1月5日我国政府交存了批准书，同年12月29日公约正式对我国生效。

（七）国际植物新品种保护公约

1957年2月22日，法国邀请12个国家和保护知识产权联合国际局、联合国粮农组织和欧洲经济合作组织，参加在法国召开的第一次植物新品种保护外交大会，形成会议决议。在此基础上，拟定了《国际植物新品种保护公约》（UPOV公约），并于1961年在巴黎讨论通过了该公约。1968年8月10日该公约正式生效。以后该公约又经过1972年、1978年和1991年3次修改。

UPOV公约旨在确认各成员国保护植物新品种育种者的权利，其核心内容是授予育种者对其育成的品种有排他的独占权，他人未经品种权人的许可，不得生产和销售植物新品种，或需向育种者交纳一定的费用。根据UPOV公约规定，育种者享有为商业目的生产、销售其品种的繁殖材料的专有权，包括：以商业目的而繁殖、销售受保护的植物品种；在观赏植物或切花生产中作为繁殖材料用于商业目的时，保护范围扩大到以正常销售为目的而非繁殖用的观赏植物部分植株；为开发其他品种而将受保护品种商业性地反复使用。

第九届全国人民代表大会常务委员会第四次会议决定，加入《国际植物新品种保护公约（1978年文本）》。同时，声明如下：在中华人民共和国政府另行通知之前，《国际植物新品种保护公约（1978年文本）》暂不适用于中华人民共和国香港特别行政区。考虑到1961年12月2日制定的《国际植物新品种保护公约》，经1972年11月10日补充文本修订，已成为保护育种者权利的国际合作中有价值的文本。

（魏华）

第十一章 科技和人才

党的十八大以来，我国林业建设进入攻坚克难和现代化发展的新阶段。林业科技工作围绕服务国家重大战略和林业改革发展大局，强化应用，突出成果，在支撑生态建设、引领产业升级、服务民生改善等方面取得明显成效。近五年，林业和草原领域共储备重大科技成果9300多项，推广林木新品种500多个、新技术400余项，制定国家标准、行业标准600多项，获授权专利3600多件，林业科技成果转化率达55%，科技进步贡献率53%，林木良种使用率60.8%。

第一节 林业科学研究与技术推广

一、现状与进展

(一)前沿和基础研究取得新进展

完成毛竹、枣、梅花和油桐基因组测序，对林木遗传改良和基础生物学研究产生显著影响。转基因抗虫杨树进入大田试验，使我国林木转基因技术步入新阶段。揭示了生物质细胞壁组分结构及键合机制，构建了农林生物质高值化组分清洁分离与定向转化技术体系。揭示了森林调控PM2.5等颗粒物的作用和机理，明确了不同尺度植被对PM2.5的定量阻滞作用。解析了亚高山区域森林采伐和恢复过程对流域水文和水资源的调控机制，实现了碳氮循环过程的耦合模拟，提出了亚高山区域水碳平衡分配的植被配置模式。

(二)生态建设与保护技术取得重大突破

天然林保护与生态恢复技术已在吉林、四川、云南等9个省(自治区)开展示范应用，为保护占我国森林面积70%的天然林提供技术支撑。创新了森林生物量测算技术，首次建立11个树种的相容性生物量模型。创新提出低覆盖度治沙造林理论与技术模式，降低固沙造林成本40%以上，推广面积达 416 万 hm^2。攻克了大熊猫等珍稀濒危野生动物繁育和保护关键技术，建立了 300 多种珍稀濒危野生动物稳定的人工繁育种群，成功开展了大熊猫、朱鹮、麋鹿等 10 种野生动物放归自然工作。

(三)产业升级转型关键技术不断创新

农林剩余物热解气化技术达到国际先进水平，生产装备 190 台(套)，国内市场占有率达 30% 以上，并出口英国、意大利、日本等 10 多个国家。国产化人造板连续平压压机技术打破了国外垄断，价格降低 60%。竹木复合结构材料在集装箱、模板和车厢底板等领域实现大规模应用。竹缠绕复合管技术为世界首创，是绿色材料领域原创性重大成果，在农业、水利、石化、城建、住宅、贮运等多领域具有广泛应用前景。竹基纤维复合材料制造关键技术使竹材工业利用率从 50% 提高到 90% 以上，已在我国 21 个省(自治区)推广应用，产品远销美国、德国等 46 个国家。

(四)良种选育与高效培育技术取得重大进步

选育出杨树、桉树、杉木、马尾松、落叶松、泡桐等优良家系和无性系 4000 多个以及良种 300 多个。杨树良种新造林覆盖 80% 以上的主产区，30 个新品种在 26 个省(自治区、直辖市)推广 43.4 万 hm^2，单位面积材积生长量提高 20% 以上。林木网袋容器育苗技术达到国际先进水平，在全国各地广泛应用，繁育良种苗木 30 多亿株。筛选出耐寒能力在 -8℃ 以上、速生丰产桉树良种 10 个，建立耐寒桉树大径材培育技术体系，人工林单位面积材积生长量提高 25% 以上。构建杉木大中径材定向培育技术体系，单位面积材积生长量提高 20% 以上，缩短轮伐期 7~8 年，内部收益率达 15% 以上。全面完成马尾松第二代遗传改良并进入第三代育种新阶段，分区育成一批高生产力二代良种，材积增益比一代良种提高 15% 以上。

(五)兴林富民实用技术应用成效显著

针对油茶、核桃、油橄榄、银杏、杜仲、枸杞、林菌、林药等经济林和特色资源，开展了良种选育、高效培育、加工利用等技术研发和推广应用，形成示范带动、一县一品和企业集群的产业发展模式。选育出高产抗逆油茶新品种 48 个，良种示范林每公顷产油量达 750kg 以上，突破油茶低产林综合改造技术，每公顷产油量由 75kg 提高到 300kg 以上。解决了核桃扦插繁殖的世界性难题，建立了核桃优质高效栽培技术体系，单产提高 3 倍以上，在云南、山西、新疆等 8 省(自治区)示范推广 133.3 万 hm^2。成果应用助推林下经济产值由 2011 年的 2081 亿元增加到 2015 年的 5404 亿元。

二、正在实施的重点科技工程

(一)林业种业科技工程

重点开展林木种质资源保存与评价,主要抗逆生态树种、主要速生用材树种、主要珍贵树种、主要经济林树种、主要竹类植物、主要观赏植物等育种研究,注重常规育种与分子育种有机结合,加速新品种的良种化应用。

1. 林木种质资源保存与评价

针对林木种质资源收集不足、评价技术体系不完善等问题,阐明林木核心种质构建的分子基础,攻克种质资源精准鉴定与评价、重要树种优异种质离体长期保存等关键技术,完善全国林木种质资源信息系统和收集保存平台。

2. 主要抗逆生态树种育种

针对我国生态树种高抗良种缺乏、生态公益林稳定性差等问题,以刺槐、木麻黄、白蜡、海桑、侧柏、樟子松等主要生态树种为对象,开展寒旱区、土壤瘠薄地区、沿海重盐碱地区等特殊立地条件工程抗逆树种选育研究,解析抗干旱、耐盐碱等重要抗逆性状的分子调控网络,攻克特异抗逆种质挖掘、高抗良种选育及高效繁育等关键技术,开展技术集成示范。

3. 主要速生用材树种育种

针对主要用材树种突破性品种少、人工林生产力低等问题,以杉木、杨树、马尾松、落叶松、桉树、杂交松等速生用材树种为对象,开展性状遗传变异、基因克隆及功能调控等基础研究,攻克林木育种群体构建、体胚规模发生及同步化调控等关键技术,开展良种规模化繁育等技术集成示范。

4. 主要珍贵树种育种

针对主要珍贵树种品种少、人工林生产力低等问题,以降香黄檀、柚木、桦木、红松、楠木、樟树、水曲柳、红椎、栎类等珍贵用材树种为对象,开展芯材形成和材质材色遗传机理解析等基础研究,攻克特异种质挖掘、珍贵树种新品种选育等关键技术,开展良种规模化繁育等技术集成示范。

5. 主要经济林树种育种

针对主要经济林树种高产、优质、专用良种缺乏等问题,以油茶、核桃、枣、板栗、杜仲等为对象,揭示产量和品质形成的遗传基础,攻克多性状联合遗传改良、专用新品种选育等关键技术，开展良种规模化繁育等技术集成示范。

6. 主要竹类植物育种

针对我国竹类植物现有良种数量、品质难以满足生产需求等问题，以材用竹、笋用竹和观赏用竹为对象，研究重要性状的调控关键功能基因及其遗传机理，攻克不同用途的竹类良种选育关键技术，开展高效组培快繁等生产示范。

7. 主要观赏植物育种

针对我国优异观赏植物主要依赖进口、现有良种数量和品质难以满足生产需求等问题，以主要商品花卉、特色花卉、功能性花卉为对象，重点研究主要观赏性状的形成机制和遗传规律等基础理论，攻克观赏植物新品种选育等关键技术，开展优良新品种商业化、标准化高效生产等技术集成示范。

（二）林业生态建设科技工程

重点开展天然林保育与恢复、重要湿地保护与修复、生物多样性保护、重点区域防护林体系构建与调控、退耕还林建设和功能提升等关键技术研究。

1. 天然林保育与恢复

针对我国全面实施天然林保护战略的技术需求，以典型天然林生态系统为对象，研究天然林生长演替规律、退化天然林生态功能恢复等理论，攻克不同空间尺度典型天然林保育和适应性经营等关键技术，开展天然林保护与恢复技术集成示范。

2. 重要湿地保护与恢复

针对自然湿地面积锐减、污染加重、生物多样性下降等问题，以全国重点区域的自然湿地和具有重要生态价值的人工湿地为对象，研究湿地生态系统退化机理等基础理论，攻克湿地保护管理、退化湿地恢复重建和受污染湿地修复等关键技术，开展湿地保护和生态修复技术示范。

3. 生物多样性保护

针对物种资源过度利用、栖息地丧失和遗传资源流失等问题，以典型珍稀濒危野生动植物、古树名木和自然保护区为对象，研究物种濒危机制和解濒机理等基础理论，攻克珍稀濒危野生动植物和古树名木保护与利用、野生动植物执法鉴定等关键技术，开展生物多样性保护综合技术示范。

4. 重点区域防护林体系构建与调控

针对我国生态环境脆弱、水土资源紧缺等问题,以三北及长江流域、青藏高原等生态脆弱区、沿海地区、国家重要工程水源区、平原农区等重点区域防护林为主要对象,研究生态系统退化过程及其发生机制、恢复机理及稳定性维护机制等基础理论,攻克不同功能防护林结构配置与调控关键技术,集成示范具有区域特色的防护林技术体系。

5. 退耕还林建设和功能提升

围绕巩固退耕还林工程成效,支撑新一轮工程建设,实现改善生态与改善民生互利共赢,攻克林分调控、资源培育与利用、效益评价等退耕还林工程功能提升关键技术,开展集成示范。

6. 荒漠化综合治理

针对植被严重退化、土地荒漠化及石漠化加剧的现状,以典型荒漠(石漠)生态系统为对象,研究荒漠化形成机制及生态修复机理等基础理论,攻克植被恢复与建设等关键技术,在不同生态功能区开展技术集成与示范。

7. 城市林业与美丽乡村建设

围绕人口密集区城乡一体化人居环境建设的技术需求,以城市森林及美丽乡村为对象,开展城市森林树木对城市环境污染的适应性与调控机理等基础研究,攻克城市森林生态廊道、城郊生态景观林、乡村与社区森林等不同功能森林的结构配置及近自然培育关键技术,开展集成示范。

8. 林业灾害防控

针对我国林业灾害频发、外来生物入侵严重等问题,以主要有害生物和森林火灾为对象,研究林业重大灾害的成灾机理和调控机制,攻克灾害监测预警、生态调控、特殊火行为扑救等关键技术,开展重大生物灾害和森林火灾综合防控示范。

9. 林业应对气候变化

针对我国森林生态系统比较脆弱、森林质量和碳密度普遍较低等问题,以典型森林生态系统为主要研究对象,研究林业应对气候变化的适应与减缓机制及其协同效应等基础理论,攻克林业适应和减缓气候变化综合配套、国家林业碳计量系统构建等关键技术,开展适应气候变化技术示范区建设与林业碳汇项目技术示范。

10. 生态系统服务功能监测与评估

针对完善绿色国民经济核算体系和编制自然资源资产负债表等科技需

求，以监测评估生态系统质量和效益为目标，研究不同生态系统长期连续定位观测、重点林业生态工程效益评价、生态服务功能评估等关键技术，科学评估全国森林、湿地、荒漠生态系统服务功能。

（三）森林资源高效培育与质量精准提升科技工程

重点开展速生用材林、珍贵用材林、经济林、竹藤资源、林业特色资源高效培育以及国家储备林建设、森林质量精准提升等关键技术研究。

1. *速生用材林高效培育*

针对我国速生用材林生产力低、技术集成度弱等问题，以杉木、杨树、马尾松、落叶松、桉树等主要速生用材树种为对象，研究林木生长发育及其对环境条件适应性的生理生态和遗传学机理等基础理论，开展遗传控制、立地控制、结构调控等关键技术研究，建立高效培育技术模式，开展集成示范。

2. *珍贵用材林高效培育*

针对我国珍贵用材林生产力低、高效培育技术供给不足等问题，以柚木、楠木、栎树、楸树、椿树、红松和水曲柳等为对象，研究培育措施对心材形成影响的分子机理等基础理论，开展立地控制、结构调控等高效培育关键技术研究，集成示范珍贵树种高效培育技术。

3. *经济林高效培育*

针对我国经济林产业成本增加、单产水平低、比较效益不高等问题，以油茶、核桃、板栗、杜仲、柿子、花椒、仁用杏、油桐等主要经济林树种为对象，研究生长发育机理和主要目标收获物形成机制等基础理论，攻克高效培育与采收、栽培环境安全控制等核心关键技术，开展良种规模化繁育、高效栽培等产业技术集成示范。

4. *竹藤资源高效培育*

针对竹林生产力退化、藤资源匮乏等问题，重点研究竹藤资源生长发育调控机理等基础理论，开展竹藤优质增效集约经营、竹林林分及区域尺度动态变化监测等关键技术研究，集成示范竹藤资源高效培育技术。

5. *林业特色资源高效培育*

针对林下经济生物资源开发不足、花卉产业竞争力弱、沙产业比较效益不高等问题，以我国林下动植物、观赏植物（花卉）、沙生植物等为对象，研究林下经济生物资源高效培育、乡土景观植物与花卉规模化高效培育、特色工业原料林资源和特色昆虫资源培育、沙生植物资源挖掘与规模化培育等关键技术，开展规模化扩繁、高效栽培与利用等全产业链技术集成示范。

6. 国家储备林建设

针对我国木材资源战略储备不足的现状,以现有较高质量的松杉人工林以及松类、栎类、木荷、桦木等优良天然林为主要对象,开展国家储备林珍稀树种目标树经营、大径级用材定向培育和混交(复层)林高效经营等关键技术研究,在不同区域组织国家储备林建设技术集成及应用示范。

7. 森林质量精准提升

针对我国森林质量不高、生态功能不强等问题,重点研究森林生长及生态功能对经营措施的响应机制、不同森林类型质量提升的差异化机理,攻克多功能森林经营规划与决策、精准化林分作业法、立地质量评价、森林经营效果监测评价、森林资源动态监测等关键技术,开展技术集成示范。

(四)林业产业升级转型科技工程

重点开展木竹高效加工利用、林产化工绿色生产、林业生物质能源和材料开发、经济林和特色资源高值化利用、森林旅游与休闲康养产业发展等关键技术研究与示范。

1. 木竹高效加工利用

针对节能降耗、清洁生产和产品增值等绿色制造技术难题,重点开展木竹材质改良等基础理论研究,突破木竹产业绿色制造、高效加工、安全生产和质量保障等关键技术,在人造板、地板、木门、竹制品和家具等产业典型聚集区,开展全产业链提质增效技术集成示范。

2. 林产化工绿色生产

针对林产资源利用效率低、清洁生产程度低等瓶颈问题,开展活性成分代谢调控与富集基础研究,攻克林产化工清洁低耗生产关键技术,在资源分布集中区开展全产业链技术集成与示范。

3. 林业生物质能源和材料

围绕资源有效供给不足、加工转化成本高等瓶颈问题,开展林业生物质资源高效转化基础研究,突破林业生物质能源、生物基材料、生物基化学品制备关键技术,在资源集中与产业集聚区开展大宗生物质能源和材料规模化应用示范。

4. 经济林和特色资源高值化利用

针对经济林和特色资源开发利用程度低、高价值产品少、产业链短等问题,以主要木本粮油树种、工业原料林、特色昆虫资源、林下动植物等为对象，研究其特殊成分功能及加工过程中转化修饰基础理论，攻克高值化综合利用和产品质量安全控制等关键技术，开展技术集成示范。

5. 森林旅游与休闲康养

针对标准缺乏、功能不足和效益不高等林业休闲康养发展现状，依托森林、湿地、沙漠等自然资源，发展生态旅游产业、森林康养产业、生态文化创意产品与生态服务，重点研究森林（湿地、沙漠）游憩环境监测与评价、城乡森林景观建设、生态疗养、林药保健等关键技术，开展标准化技术集成示范，构建以国家公园、森林（湿地、沙漠）公园、国有林场等为主体，博物馆、观光园和康养园等相结合的休闲康养产业体系。

（五）林业装备与信息化科技工程

重点开展林业装备和林业信息化等关键技术研究，推进林业现代化建设。

1. 林业装备

针对林业生产机械化程度低、先进装备缺乏等问题，以"中国制造2025"新一轮装备制造革命为契机，重点攻克营造林抚育、林果采收、木竹材高效利用、林副产品加工、森林灾害防控等装备制造关键技术，开展人工林智能联合采育、木竹材高效利用、森林防火减灾装备技术集成示范。

2. 林业信息化

针对林业数据挖掘程度低、智能化决策水平不高、林业资源精准预测和监测急需强化等问题，重点突破智能化林业资源监测、森林三维遥感信息反演及海量林业资源空间信息智能管理等关键技术，开展智慧林业应用示范，建立"互联网＋林业"服务平台。

（六）林业科技成果推广转化工程

重点开展科技成果转化示范行动、精准扶贫富民行动、产业培育行动、科技服务行动和科学普及行动，加强科技成果推广转化体系建设。

1. 转化示范行动

以各类林草科技推广资金计划为依托，重点转化和示范推广优良林木新品种繁育与高效栽培、林业生态治理与修复、木本粮油树种高效经营、森林可持续经营、森林灾害防治、木竹材及林化产品加工、林特资源开发利用等领域先进、成熟、实用的科技成果 4000 项以上，集中优选建立林草科技成果推广示范基地 500 个。通过科技成果转化示范行动，加快新技术、新成果在林草生产和正在实施的重点工程建设中的转化和示范应用，推动科学技术与林草生产密切结合,实现"同步设计,同步施工,同步验收",提升林业生产建设科技水平。

2. 精准扶贫富民行动

支持并鼓励林业科技人员、科技特派员、林业乡土专家深入乡村农户,深入生产一线,开展多种形式的科技精准扶贫富民活动。以提高当地农民收入和经济发展水平为目标,选择先进实用、简便易学、成效明显的技术成果,在贫困地区开展"一对一"科技精准扶贫活动,重点推广木本粮油新品种和培育、名特优经济林果高效栽培、竹林定向培育及加工、林下种植养殖、林特资源培育及加工、林化产品加工等技术,帮扶指导和发展林业科技精准扶贫示范户 10 000 户,使示范户农民增收 20% 以上。在林业资源优势明显、产业发展基础较好的县(市),围绕县域经济特色和产业发展方向,整合现有科技资源,选择具有示范带动作用的科技项目,建设一批林业科技示范园区和生物产业基地,引导和支撑区域经济发展,带动和加快林农脱贫致富。

3. 产业培育行动

围绕传统产业升级转型和培育战略新兴产业发展需求,推动科研院所、高校和生产企业开展林业产业科技示范行动,实现科技成果与产业、企业需求有效对接。引导科技要素集聚生产企业,促进科技成果工程化和市场化开发,推动林业传统产业升级转型。依托现有林业工程技术研究中心等,在木材加工、林产化工、林业生物质资源利用、林业机械、林业新材料、生物制药等生产领域,孵化企业所需的关键科技成果。推广绿色环保、低碳节能、循环经济发展模式,创建一批林业高新技术产业示范区,打造具有区域特色的林业新兴产业集群和经济品牌,培育新的经济增长点。

4. 科技服务行动

创新科技资源的聚集、配置、交易和转化模式,打造"互联网+"科技服务新路径、新模式,融合形成"互联网+"科技服务链。构建和完善"国家林业科技推广成果库管理信息系统""国家林业科技推广项目库管理信息系统",建设面向全国、覆盖各领域的科技成果集成大数据平台。建立林业科技成果网上对接和交易市场,发布年度重点推广林业科技成果 100 项,研建了广西八桂小林通、浙江林技通、北林林科推广等科技服务 APP,建立测土配方施肥、病虫灾害防控、经济林果栽培、林下种养殖等"一点通"式公众信息服务平台,为公众提供快捷、专业的林业科技信息服务。

5. 科学普及行动

以提高公众的生态意识和林业从业人员的科学素质为目标，创新政府、科研院所、学校、社团、企业等共同参与的林业科普工作机制，完善激励政策措施，建立健全各级工作机构，强化队伍建设，完善资源开发与共享体系，推进基础设施和信息化建设，创新林草科学传播、林业科技周、科技下乡活动的形式和内容，繁荣林业科普作品创作，打造林业科普品牌，扩大国际科普交流与合作。

6. 推广体系建设

按照分级分批、重点地区优先、独立机构优先的原则，建立健全以国家林业科技推广机构为主导，林业科研院所、高校、企业、林业专业合作组织等单位广泛参与的新型林业科技推广体系。重点建设2000个地、县级林业科技推广标准站，进一步提高基层推广机构社会化服务水平。加强各级林业科技推广机构技术人员的引进和培养，县级专业技术人员比例不低于编制总量的80%。组织开展林业科技特派员科技创业行动，推行"风险共担、利益共享"机制，以技术入股、技术承包或租赁经营等多种形式，开展科技创业活动，打造一批科技特派员创业基地和创业培训基地。鼓励社会力量广泛参与林业科技推广事业，组织开展基层林业技术推广人员岗位培训、业务培训和学历教育，岗位受训技术人员5000人次以上，培训林业基层骨干技术人员和林农500万人次。

第二节 林业技术标准与知识产权保护

标准是国家核心竞争力的基本要素，是建设创新型国家的重要技术支撑，也是规范经济社会秩序的重要技术保障。改革开放以来，林业标准化工作为推进林业改革、保障生态工程建设、规范市场秩序、增加林农收入和提升产品质量提供了有力的支撑，做出了积极贡献。

随着林业自主创新能力的不断增强，林业植物新品种权和林业专利、林产品地理标志、版权数量稳步增长，质量明显提升，知识产权对现代林业发展的支撑作用日益凸显。截至2017年年底，林业植物新品种申请量2811件，授权量1358件；林业相关专利公开量351 705件，其中发明专利194 005件；林业科研院所专利公开量6820件，其中发明专利5043件；林业高等院校专利公开量23 903件，其中发明专利15 128件；林产品地理标志941件；林业软件著作权6098项。

一、现状与进展

(一)支撑林业改革发展,技术标准体系基本形成

截至 2019 年 11 月,现行有效的林业国家标准 514 项,林业行业标准 1739 项,基本涵盖了林业生态建设和产业发展的各个领域。各省(自治区、直辖市)根据地方林业发展需要,组织制定林业地方标准也多达 3000 余项。初步形成了以国家标准、行业标准、地方标准相互配套、协调发展的林业技术标准体系,支撑了林业改革和发展,提升了林业建设的质量和水平。

(二)围绕林业提质增效,示范带动成效显著

截至 2019 年,共建立国家级林业标准化示范区 533 个,省级林业标准化示范区 300 多个,形成了国家级和省级上下联动、覆盖面广、形式多样的标准化示范区,示范带动基层广大林农学标准、用标准,开展标准化生产栽培,增强了林产品的市场竞争力,促进了地方经济发展和林农增收,其中,有油茶、核桃标准化示范区近 200 个,有效地推动了国家木本粮油发展战略的贯彻落实。同时,联合国家标准化管理委员会认定了"国家林业标准化示范企业"261 家,促进了林业企业标准化生产管理。

(三)保障林产品质量安全,监督管理逐步加强

目前,已在全国 25 个省(自治区、直辖市)建立了 37 个局级林业质检机构。2013 年,联合国家质量监督检验检疫总局出台了《关于促进林木制品质量提升的意见》,启动了"林木制品质量提升行动"计划。2018 年,国家林业和草原局加入国务院食品安全委员会,下发了《关于加强食用林产品质量安全监督工作的通知》。2011 年以来,累计在 27 个省(自治区、直辖市)对木地板、红木制品等 15 类 6342 批次木质林产品进行了质量监测,在 24 个省(自治区、直辖市)对板栗、核桃、油茶等 8 类 7730 批次的食用林产品进行了监测,明显促进了林产品质量提升。各地也采取措施加强了林产品生产环节的质量监管,湖南、江西两省专门出台了《林产品质量安全条例》,浙江、湖北、新疆等省区出台了相关的政府规章。

(四)服务林业国际贸易,国际化步伐明显加快

积极实施"引进来、走出去"战略,加快国际标准的本土化进程,ISO 林业国际标准基本都已转化为我国林业标准。同时,积极参与林业国际标准化活动,先后承办了 4 次国际标准化组织(ISO)相关技术委员会年会,承担了 11 项国际林业标准的制定。2014 年,国际标准化组织批准发布了

《实木地板》《装饰单板饰面胶合板》两项国际标准，实现了我国主导制定林业国际标准零的突破。2015年，国际标准化组织批准在中国成立了ISO竹藤技术委员会，这是我国承建的林业行业的第一个国际标准化技术组织，将有益于加快我国林业标准的国际化进程。

（五）规范林业标准化管理，制度体系基本建立

根据《国家标准管理办法》等法律法规，国家林业局结合林业实际制定了《林业标准化管理办法》《国家林业局产品质量检验检测机构管理办法》《国家林业标准化示范企业管理办法》等一系列林业标准化管理的规章制度和规范性文件，对管理职责、制修订程序、实施监督、试点示范、林产品质量监管等做出了明确要求，形成了规范林业标准化工作的重要制度保障体系。北京、浙江、湖南等省市结合区域特点，也制定了相应的标准化管理制度，积极推进了地方林业标准化建设。

（六）推动林业标准化可持续发展，人才队伍不断充实

国家林业局成立了林产品质量和标准化研究中心，组建了27个林业领域全国性专业标准化技术委员会和分技术委员会，委员人数达1000多人。2019年新成立了国家林业和草原局国家公园和自然保护地、草原标准化技术委员会。定期组织开展林业领域技术标准研讨、培训等活动，锻炼和培养了一大批林业标准化工作人才队伍，为林业标准化发展及技术进步提供了智力支持。

二、正在实施的重点科技工程

（一）林业标准化提升工程

重点开展标准实施示范行动、林业标准国际化行动、林产品质量提升行动、森林认证拓展行动，推进林业标准体系建设。

1. 标准实施示范行动

组织实施生态保护修复标准化试点示范和林业企业综合标准化工程，围绕重点生态工程、森林经营、特色经济林、速生丰产林、珍贵树种培育等建立标准化示范区200个，围绕种苗花卉、经济林产品、竹木制品、林产化工、林业装备等领域，培育和认定国家林业标准化示范企业100家。强化标准实施监督，推动法律、法规、政策、规划制定实施与标准结合，建立标准实施情况检查、评估和信息反馈机制，开展标准贯彻与实施效果评估等服务。开展标准化宣传培训，引导林业从业者学标准、用标准，提升标准化意识和标准化能力。

2. 林业标准国际化行动

围绕中国林业"走出去"优先领域，制定中国林业标准"走出去"名录。依托国际标准化组织竹藤技术委员会，加快竹藤国际标准研制。实质性参与相关专业性国际、区域组织的标准化活动，在荒漠化治理、森林可持续经营、木制品加工等领域，依托我国技术标准优势，加强林业标准国际合作，推动国际标准制定。推进林业国家标准、行业标准外文版翻译及出版工作，带动中国标准海外推广和实施。组织开展"一带一路"沿线国家林业标准对比分析，推动与沿线国家签署林业标准化合作协议和标准互认，为"一带一路"建设提供林业标准化服务。

3. 林产品质量提升行动

贯彻落实《质量发展纲要（2011—2020 年）》，完善林产品质量监督工作机制，建立健全林产品质量监测制度和风险评估制度，探索建立林产品追溯体系，加强林产品质量安全监测，开展林产品行业监测、风险评估和预警。确定重点监测品种和区域，加强涉及人体健康和生命安全的林产品质量监管。引导林业企业诚信经营，主动发布企业质量信用报告。推动行业协会和社会组织完善行业自律机制，制定行业质量自律行为公约。

4. 标准体系建设

修订和完善重点领域标准体系，建立重大生态工程、主要树种标准综合体，开展林业行政审批、执法监督、社会公共服务等标准研制，整合构建林业强制性标准体系，优化林业推荐性标准体系，形成覆盖生态保护修复、资源综合利用、产业升级转型、生态公共服务等领域完善的标准化体系。建立林业标准复审常态机制，及时修订超龄标准。优化现有林业专业标准化技术委员会，建立新的技术委员会，形成基本覆盖林业各个领域的标准化专业队伍。

5. 森林认证拓展行动

以促进森林可持续经营和林业产业发展为目标，建立健全森林认证制度，完善认证标准与规范，全面加强森林认证能力建设；扩大森林认证制度试点，拓展认证领域，探索不同类型森林认证模式；建立认证林产品市场准入机制，推动森林认证产品纳入公共采购体系，培育和规范认证市场；应对绿色贸易壁垒，开展森林认证国际互认，增强林产品国际市场竞争力。

(二) 林业知识产权保护工程

重点开展林业植物新品种保护、林业生物遗传资源保护、林业专利技术保护和林产品地理标志保护,构建林业知识产权公共服务体系。

1. 林业植物新品种保护

修订《中华人民共和国植物新品种保护条例》及其林业实施细则。建立林业植物新品种电子申报系统,提高申报和审批效率,显著提升申请量和授权量。完善行政执法体系建设,建立授权植物品种的基因图谱数据库。健全林业植物新品种权利益分享机制,建立公益性授权植物新品种转化应用的政府补贴制度。优化林业植物新品种测试机构布局,编制植物新品种保护名录测试指南,积极参与国际规则的制定,争取承担更多《国际植物新品种保护公约》(UPOV 公约)测试指南编制任务,努力提高国际话语权。

2. 林业生物遗传资源保护

加强林业生物遗传资源管理,开展重点林木遗传资源调查编目工作,建立林业生物物种资源优先保护和分级制度,确定优先保护名录。构建珍稀林业生物遗传资源空间地理信息系统和林业生物遗传资源信息共享平台,建设中国特有林业生物遗传资源基因库。建立林业生物遗传资源获取和惠益分享制度,开展林业生物遗传资源及相关传统知识权属登记、遗传资源原产地信息披露工作,防止林业生物遗传资源的流失和无序利用,实现安全保存、可持续利用,公平、公正分享资源利用惠益。

3. 林业专利技术保护

促进林业核心技术专利申请,提高涉林专利数量和质量,形成林业核心技术专利群和重点领域专利池,提升专利转化水平。组织实施重大林业专利产业化项目,建立一批林业专利产业化示范基地。以林业骨干企业专利转化运用为突破口,带动中小企业积极参与,形成专利产业化集群。推动林业行业具有核心专利技术的林产品纳入政府优先采购计划,鼓励将专利转化为标准,推广专利标准化应用。

4. 林产品地理标志保护

建立林产品地理标志保护制度,完善林产品地理标志标准和技术检测体系,建立林产品地理标志产品示范基地。加强对林产品地理标志优惠规则和标准的研究与应用,培育品牌企业和品牌产品,推进林业知名品牌走向国际化。规范林产品市场流通秩序,建立林产品追溯体系,完善质量监测、留样备查、销售备案等监督管理制度,对地理标志产品从生产、加工到流通、销售实行全过程监管。

5. 林业知识产权公共服务体系

建立林业知识产权示范体系,组建联盟,整合资源,提升保护和运用水平。完善林业知识产权基础数据库，加强数据统计与分析，建设公共信息服务平台。建立林业重点领域知识产权预警机制，完成林业重点领域专利分析报告，引导林业企业公平参与国际竞争。探索建立林业知识产权评估机制和交易平台，完善中介服务体系，促进林业知识产权转化运用。

第三节 林业教育与人才队伍建设

我国的林业教育起源于20世纪初。1949年全国21所高校设立森林系，在校生541人；9所高、初级农业学校设有林科，在校生1300人。中华人民共和国成立之后，党和政府十分重视林业教育工作。1950年10月，中央人民政府林垦部（后改为林业部）、教育部决定在南京大学、金陵大学、武汉大学、中山大学、四川大学、北京农业大学、西北农学院7所院校设立森林专修科，学制暂定为2年，设造林、森林经营、林产利用3个组。与此同时，在其他有关农学院森林系设置了7个专修科和9个中等林业技术班，以加速培养高中等林业技术人才。1952年起，北京林学院、河北黄村林校等一批高中等林业院校先后成立，培养林业领域专业人才；与此同时，中央和地方林业部门开始创办林业干部培训机构，有组织地培训林业专业技术人才和管理人才。1968—1978年间，许多林业院校停办或被迫搬迁到偏远林区，干部职工培训陷于停顿，林业教育事业受到巨大损失。1978年以后，林业教育和林业培训得到恢复与发展。2000年前后，国家深化教育管理体制改革，林业部门管理的普通高等林业院校移交国家教育部门或地方政府管理，中等林业职业教育规模逐步萎缩，高等林业职业教育逐步发展，普通本科教育和研究生教育快速发展，干部培训力度加大。

"十二五"期间，各级林业主管部门认真贯彻实施科教兴林和人才强林战略，紧紧围绕林业中心工作，大力开展教育培训和人才队伍建设，有力提升了林业从业人员的素质能力。"十二五"期末，全国林业系统各类人才86.33万人，占林业系统职工总数的70.31%。全国林业系统有大专以上学历人才50.36万人，高级专业技术职称人才4.07万人，占专业技术人员总数的12.91%。

一、现状与进展

（一）林业高等教育不断加强

1. 学科建设稳步推进

根据国务院学位委员会、教育部颁布的《学位授予和人才培养学科目录（2011年）》，培养涉林学术型人才的学科主要包括林学、林业工程、风景园林学、农林经济管理、生态学、生物学、农业资源与环境，其中，林学、林业工程、风景园林学学科点设置所占比重较大。林学一级学科下设林木遗传育种、森林培育学、森林保护学、森林经理学、野生动植物保护与利用、园林植物学、水土保持与荒漠化防治、经济林学、自然保护区学等学科方向；林业工程一级学科下设森林工程、木材科学与技术、林产化学加工工程、家具设计与工程、生物质能源与材料、林业装备与信息化等学科方向；风景园林学一级学科下设风景园林历史与理论、园林与景观设计、地景规划与生态修复、风景园林遗产保护、风景园林植物应用、风景园林技术科学等学科方向。培养应用型涉林人才的专业学位种类主要有林业硕士、工程硕士（林业工程领域）、风景园林硕士。目前，全国有175个涉林一级学科博士学位点和硕士学位点。在全国第四轮学科评估中，涉林高校在林学、林业工程、风景园林学3个一级学科评估结果继续名列前茅。59个一级学科点被评为国家林业和草原局重点学科。

2. 高校共建大力加强

国家林业和草原局加大对林业高等教育的支持力度，与有关省、自治区、直辖市和教育部签署合作协议，目前，共建高校共计17所。

3. 教育改革深入开展

积极推进高等农林教育综合改革，实施卓越农林人才教育培养计划，41项林科改革项目入选国家计划。建成多个国家级教学示范中心和人才培养示范基地，开发了一批国家级精品课程、精品教材，产生了一批国家级教学团队、教学名师和教学成果。

4. 人才基础工作稳步推进

2015年出版的国家《职业分类大典》，涉及森林培育工程技术人员等43个林业行业特有职业，风景园林工程技术人员等34个交叉职业。国家林业主管部门与人力资源主管部门先后共同颁布了《森林防火员》（后更名为《森林消防员》）等19项国家职业标准，编写出版了《森林消防员》等职业技能培训教材，开展了林业相关职业的职业技能培训。全国建立了63个林业行业特有工种职业技能鉴定站。

5. 人才培养效能突出

"十二五"期间,新增2名两院院士、一批国家特聘专家和国家千人计划专家,培养林科研究生3.7万人、本科生20万余人,建成林业行业第一个国家重点实验室,承担大量国家级、省部级科研项目,取得一批重要科研成果。近48.4万人通过林业行业职业技能鉴定机构组织的职业技能鉴定(其中,"十二五"期间20.9万人)。

(二)林业职业教育快速发展

1. 专业建设不断加强

围绕林业发展需要打造了一批水平优良、特色鲜明的重点专业(群),遴选建设了19个局级高职重点专业、新建了2个全国性专业教学资源库,4个全国首批现代学徒制高职试点。

2. 教学改革不断深化

修订、开发27个高职专业目录,23个高职专业教学标准和6个中职专业教学标准,新编18门国家级规划高职教材,开展了一批教学科研项目,项目导向、任务驱动教学法得到广泛运用。

3. 资源整合成效初显

组建了南、北方两大现代林业职业教育集团,深化了多元主体合作办学,促进了优质资源的共建共享。"十二五"期间,共培养中职毕业生33万余人,高职毕业生16万余人。

(三)行业教育培训成绩显著

1. 大规模培训继续推进

紧紧围绕生态建设、产业发展和林业重大改革,多渠道、多层次、多形式地开展以干部为主的行业教育培训。"十二五"期间,共培训林业系统职工和林农1700多万人次,其中,培训林业党政干部、专业技术人员、企业经营管理人员120多万人次,专业技术人员80多万人次,林业工人340多万人次,林农1200多万人次。

2. 培训改革创新深入推进

班次设置更加科学,内容更新更加及时,研究式、案例式、体验式、模拟式教学方法得到广泛运用,取得了"林业关键岗位干部素质能力模型构建"等重要理论成果,开发了一批精品课程和干部学习培训教材。

3. 教育培训信息化步伐加快

建立了"林业干部学习档案"等信息化管理系统,分类开通了多个在线学习平台，开发制作了 300 多门网络课程。

4. 国际合作培训取得重要成果

利用国际优质教育培训资源，为我国林业发展培养了一大批人才。面向发展中国家林业官员和技术人员，积极开展援外培训，提升了我国林业的国际影响力。

二、正在实施的重点工程

（一）林草高等教育质量提升工程

1. 涉林涉草高校和科研院所学科实力提升计划

加强学科布局的顶层设计和战略谋划，健全国家林业和草原局重点学科动态管理机制，适时开展学科评估工作。集中力量抓好涉林涉草优势学科建设，推动 3~5 个一级学科达到或接近世界一流水平。

2. 高端林业师资团队培养计划

科学统筹优秀人才引进和现有师资培养的关系，瞄准学科前沿，主动延揽战略科学家、学科领军人物和青年拔尖人才，培养和使用好中青年教学科研骨干，提升师资团队的能力水平。

3. 教材和精品课程建设计划

开展国家林业和草原局普通高等教育"十三五"规划教材建设工作，促进涉林、涉草院校教学精品课程和教材等优质教育资源的共享，建设一批林草科教协同育人示范实践基地和大学生创新创业实践基地。

4. 林草学科大学生基层就业引导计划

探索林草基层场站大学生定向培养机制，健全林草毕业生服务基层的政策保障体系，引导和鼓励林草学科专业毕业生到基层林业单位工作。持续开展了全国林科十佳毕业生评选活动，以及"扎根基层工作，服务林草事业"优秀林草学科毕业生遴选工作，引导广大林草学科学子积极投身林草事业。

（二）林业职业教育发展建设工程

1. 林业职业院校与专业发展质量提升计划

加强对林业职业教育的统筹领导和政策扶持，建设行业示范院校，带动林业职业院校共同发展。加强行业引领作用突出、校企合作紧密、社会认可度高的林业类、生态类骨干专业（群）和特色专业建设，进一步优化、完善涉林专业（群）结构和布局。

2. 教育教学改革与培养模式创新计划

创新产教融合、林学结合的人才培养模式，积极开展订单培养、现代学徒制试点。完善专业、课程、顶岗实习、人才质量评价、涉林实习实训设备仪器等标准。深化林学结合、知行合一、行动导向的教学模式改革。加强创新创业教育，注重人文素质、职业精神和职业技能综合培养。建立健全林业人才培养质量和毕业生质量评价体系。

3. 集团化办学引领产学研合作计划

以中国（北方）、中国（南方）现代林业职业教育集团建设为引领，不断促进多元合作办学和优质资源共享，逐步健全集团运行管理机制和教学管理模式。以产教融合、校企合作为主线，深化林业职业教育教学改革和校企共建。进一步推进产学研一体化，加强科研项目研发和成果应用与转化。

4. 现代林业职业教育体系构建计划

促进高、中等林业职业教育紧密衔接、协调发展。研究探索本科层次林业职业教育实现形式、培养模式和学位制度。探索以学分转换和学历补充为核心的职、普互通机制，全面推进毕业证书与职业资格证书对接。健全林业职业教育连续培养制度，系统设计人才培养方案和教学内容。探索建立学分积累与转换制度，推进配套的课程开发和教学管理制度改革。积极推进分类考试招生，健全"文化素质＋职业技能"的考试招生办法，支持林业职业院校借助林业职业教育集团平台实施联合招生、联合培养，探索中高本贯通招生，搭建林业职业教育立交桥。促进林业职业教育区域协调发展，支持东中西部学校联合办学，通过集团化办学等形式对口支援西部地区林业职业教育发展。

5. 专兼职教师队伍建设计划

加强师资队伍建设，打造具有"双师"素质和"双师"结构的专业教学团队，培养、选拔一批林业职业教育名师、林业骨干专业带头人（骨干教师）和优秀教学团队。健全专任教师"学历教育＋企业实训"培养办法和定期参加企业实践的培训制度，重点提升他们的专业教学能力、实践动手能力和信息化能力。加强兼职教师管理，制定支持、鼓励企业技术人员到职业院校担任兼职教师的政策，将指导学生顶岗实习的企业技术人员纳入兼职教师管理范围，将企事业单位兼职教师任教情况作为个人业绩考核的重要内容。

6. 行业指导和服务能力建设计划

加强行业对林业职业院校的指导，林业职业教育教学指导委员会要着重在指导专业和课程改革、协调师资队伍建设、推进校企合作、开展教学评价等方面发挥作用。研究建立林业行业人力资源需求预测、就业形势分析、专业预警定期发布等制度。继续办好全国职业院校林业职业技能大赛，进一步扩展大赛范围和内容。

（三）管理干部培训工程

1. 党政领导干部培训计划

面向各级林业主管部门领导干部和地、县分管林业党政领导干部，切实抓好理论武装、知识更新和能力培训，着力增强他们的决策分析能力、科学管理能力和领导发展能力。国家林业和草原局每年组织培训地、县林业主管部门领导干部160名，林业党政领导干部50名。省级林业主管部门每年应安排本地区1/5的林业党政领导干部参加培训。

2. 机关公务员和直属单位干部培训计划

面向各级林业部门公务员和直属单位干部培训，开展理论进修、专题培训和自主选学，着力增强他们的依法行政能力和业务能力。国家林业和草原局每年调训或选派400名左右司处级干部参加培训或学习。各级林业主管部门负责本级机关内设机构人员及直属单位领导干部开展培训，各级林业事业单位负责本单位干部培训。

3. 林业关键岗位干部培训计划

面向国有林场场长、自然保护区管理局局长、林业工作站站长、种苗管理站站长等林业关键岗位干部，开展政治理论、法律法规、管理知识、业务知识等培训，着力增强他们的政治素质、管理能力和业务水平。国家林业和草原局每年举办县处级以上关键岗位干部培训，地方林业主管部门每年应安排本地区1/5的林业关键岗位干部参加培训。

4. 企业经营管理人员培训计划

面向林业企业经营管理人员，特别是企业领导班子成员和经营管理骨干，开展政治理论、职业道德、法律法规、经济理论、企业管理、科技知识等培训，着力增强他们的战略开拓能力和经营管理水平。国家林业和草原局及省级林业主管部门，要加大企业经营管理人员培训力度，对国家级和省级林业骨干企业的领导人员、经营管理骨干轮训一遍。同时，积极探索开展非公有制林业企业经营管理人员培训。

5. 援外培训计划

配合国家"一带一路"倡议、"走出去"战略等实施，面向发展中国家管理、技术骨干，开展生物多样性保护、应对全球气候变化、林业产业、社区林业等培训，着力增强他们推动生态建设和产业发展的能力，不断扩大我国林业影响力。

(四)专业技术人才培训工程

1. 森林经营培训计划

以科技领军人才、管理技术人才、高级技能人才为重点，加强森林经营规划设计、质量监管、施工作业等培训，着力提升他们的技术指导、管理和施工水平。面向森林经营规划编制及样板基地、示范林场、试点建设等领域人才，开展近自然林业、多目标经营、目标树经营及结构优化经营等培训，着力提升他们的技术应用水平。

2. 应对气候变化培训计划

面向森林生态系统适应气候变化试点工程、湿地保护与恢复试点工程建设等方面人才，开展森林抚育经营、低效林改造、森林火灾、林业有害生物防控体系建设等培训。面向林业应对气候变化领域人才，开展林业应对气候变化管理、林业生态正在实施的重点工程建设、森林综合治理、林业自然保护区建设和湿地保护等培训。面向碳排放交易方面人才，开展林业碳汇计量监测技术、碳汇造林技术培训。

3. 重点工程技术培训计划

面向天然林保护等国家林业重点生态工程建设方面人才，开展工程项目管理、规划与设计、工程核查技术、工程区转型发展等业务培训，以及退化天然林生态恢复技术、湿地生态监测与修复技术等关键技术培训。面向林业产业正在实施的重点工程建设方面人才，开展木本粮油、森林旅游、休闲康养、特色经济林、林下经济、花卉苗木、竹产业、林业生物等培训。面向野生动植物保护和生物多样性保护方面人才，开展林业自然保护区建设管理、野生动物植物资源调查、珍稀野生动植物资源动态监测技术、野生动植物栖息地生态恢复技术、野生动植物繁育利用技术、野生动物疫源疫病监测防控技术、生物多样性跨界保护等培训。面向履约事务部门人员和从事国际合作人员，开展国际涉林公约和协定履行业务培训。

4. 林业知识培训计划

面向非林专业背景的新录用毕业生和军转干部、新任用领导干部，开展林业基础知识、林业基本情况、林业建设任务、林业专业知识、林业基础工作内容以及业务管理等内容的培训，帮助他们尽快适应岗位工作。

(五)基层人才培训工程

1. 基层林业实用技术人才计划

面向基层林业从业人员和广大林农,应用固定课堂、田间课堂、移动课堂等多种形式,开展林业科学普及和实用技术培训,着力提升他们的技术推广能力和发展致富能力。

2. 农村党员教育计划

面向农村、林区、山区党员,结合农村党员现代远程教育工作,积极开展政治理论、法律法规、市场经济、实用技术等培训,着力增强他们的思想政治素质和带头致富能力。

3. 精准扶贫培训计划

以革命老区、少数民族地区及深度贫困地区为重点区域,以青壮年劳动力、新成长劳动力、农村致富带头人为重点对象,结合国家精准扶贫政策和林业扶贫需要,优先开展职业技能,促进转移就业和收入增长,实现精准扶贫与精准培训的有效对接。

4. 国有林场、国有林区人员培训计划

面向国有林场、国有林区主要领导干部,开展素质能力培训,服务林业改革最后 1 km,每年培训 1000 人左右。面向国有林场、国有林区经营管理人员,开展国有林场、国有林区转制发展等方面的培训,增强他们的生态红线意识、依法行政能力、森林资源和国有资产监管水平,每年培训 2000 人左右。面向林业产业管理和技术人员,开展绿色富民产业培训,每年培训 3000 人左右。面向转岗安置人员,开展森林管护抚育、森林防火、病虫害防治等职业技能培训,特色种植养殖、高效林下经济技术等产业技术培训,以及电子商务等知识和技术培训,每年培训 10 000 人左右。

5. 乡镇林业工作站培训测试计划

完善和优化培训手段,建立健全分级分类培训机制,不断提升林业站人员的综合管理服务能力。每年培训测试乡镇林业站长不少于 2000 名,同时鼓励林业站干部职工参加在职培训和学历教育。

6. 援疆、援青、援藏培训计划

加大援疆、援青、援藏林业培训力度,围绕林业援助项目重点,积极实践"走出去"和"请进来"的智力培训新模式。加强科技对口援建,组织林业专家进行技术培训、指导和服务,支持科技成果转化。加强受援地林业干部人才的短期挂职培训,促进当地经济社会发展。

第四节　草原科技和人才

草原是我国生态文明建设的重要载体,是构成山水林田湖草生命共同体的重要环节,草业是关乎食物安全和民族经济的战略性产业。近年来,草原和草业科技、教育和人才发展取得一定的成效,但是草原和草业发展的创新动力、科技成果和人才储备,还有待加强。

一、草原科技发展现状

(一) 草原生态系统多功能性及退化恢复

草地具有多功能性已经成为西方发达国家共识,用"健康"评价草地生态系统状况,是国际学术界的新趋势。澳大利亚学者提出以土壤为主要标准的草地健康状况评价体系。美国学者提出草地生态系统健康可用活力(vigor)、组织力(organisation)和恢复力(resilient)予以评定。我国学者以草地生态系统中的地境—牧草界面的关键生态过程为基础,建立了草地健康评价的 CVOR 综合指数的计算模型和方法,促进草地健康评价从概念描述向量化转变。

(二) 草原生态灾害的成灾机理与调控

国际上关于草原鼠虫病害研究已经从直接化学和物理防治转变为草地生态系统综合调控,研究理念已经从有害生物转变为生物保育。我国目前关于草原鼠害防控的研究主要集中于化学和物理防治的效应,虽然部分学者提出我国应该转变草原鼠虫病害防控理念,但生态防控的技术仍然十分缺乏。

(三) 草类重要性状改良的生物学基础

国际上对草原植物资源的挖掘与创新利用主要表现为:①加大收集、挖掘、利用特异基因资源的力度;②加大驯化选育野生优良牧草种;③更加重视种质资源在草业系统中的作用。美国、加拿大等国家近期育成的草类植物新品种中,其中通过引种、驯化育成的品种数占育成新品种总数的26%,单株选育占17%,杂交育种占52%,辐射育种占5%。我国有计划研究草种质资源研究始于20世纪80年代初,虽然在紫花苜蓿、山羊草、偃麦草、羊草、冰草等草种方面获得了一批研究成果,种质资源培育依然停留于高产和适应性为主的初期阶段,但对适应严酷环境的乡土草研究不足,具有重收集、轻评价与利用的倾向,育种速度慢,适应不同生态区域的品种少,我国平均每年育成新品种6.4个,而美国、加拿大平均每年39个。目前,国际上登记禾草品种高达5000多个,美国仅苜蓿育成品种就有900多个。我国已育成草品种还不到600个,且受制种与种子加工等限制,应用到生产实践的品种更是少之又少,苜蓿种子生产已基本成熟,种子生产国产化比率不到25%;而草坪草等生态类草种几乎全部依赖进口。

(四)草地—家畜—社会耦合与调控

目前研究主要集中在草畜生产经济系统全生命周期分析,草—畜—人—地等之间的相互作用与反馈机制,草地生态系统服务、生态足迹与人类福祉评估,人地关系的耦合与调控机理,以及草原产业—政策协同演变等领域,通过学科产业内涵与科学内涵相结合,探索草地农业生态系统生态健康、社会服务价值与产业可持续发展等多功能维持机制,为现代草牧业政策制定提供理论依据。

(五)草原病虫草害防治

草原病虫草害防治主要利用功能植物筛选与草原补播改良、放牧管理和利用、重灾区草地焚烧为重要手段和技术。随着"3S"技术的发展,在草地资源与环境监测研究方面已经由原来的生物量、覆盖度等简单绿度表观指标向草地植被类型识别、健康状况诊断(病虫害、鼠害、灾害等)等"质量"指标发展;开发了多种管理信息系统(MIS)、专家系统(ES)和决策支持系统(DSS),结合网络信息系统实现了草畜业管理远程决策支持。

(六)牧草高产栽培技术体系

牧草高产栽培技术体系主要围绕三叶草和苜蓿草地的建植与利用进行,重点在如何利用豆科牧草固氮功能建立环境友好型超高产技术,研制地下滴灌比其他灌溉方式节水32%~51%,干物质产量增加16%~43%;生态调控和生物防治是栽培草地病虫草害防控的主要技术途径,关键在于综合应用耕作栽培方式、抗性品种配置、不同牧草种类之间及其空间合理布局等。在牧草收获加工方面,主要研究拉伸膜裹包青贮、添加剂青贮和混合青贮,筛选和鉴定优势菌株、定量分析以及基因工程乳酸菌构建等,开发有机化学添加剂,研制发酵全价配合饲料(TMR)技术等。在牧草收获机械方面,主要包括割草压扁机械和青贮收获机械,注重农艺和机械的配合。

二、草原和草业学科及人才队伍建设

中国草业高等教育起源于草原学。1958年,我国设立了第一个草原学本科专业。在过去的60年中,我国草业高等教育取得了飞速的发展。

任继周先生于1982年提出发展草地农业，钱学森先生于1984年提出发展草产业，其意见推动了全社会对草业的认同。在任继周和其他老一辈科学家的努力下，形成了草地农业（草业）的理论体系和方法论。同时，形成了中国特色草业科学的学科群，现在的草业科学包括了畜牧学的草原学与饲料生产学、园艺学的草坪学、作物学的牧草学与绿肥学、植物保护学的草地保护学、应用经济与管理学的草业经济与管理，建立了有中国特色的草业科学格局。

与欧洲、美国、俄罗斯相比，我国的草业科学框架体系内容更丰富、更系统，有更强的产业特征。欧洲的重点是人工草地管理，美国关注的是天然草原管理，俄罗斯则是把整个草原作为饲料生产的一部分，而我国的草业科学既包括牧草与饲料生产又包括景观生产和草畜产品加工与流通。

1999年，在本科生教育体系中，草原学更名为草业科学，并升格为与作物学、畜牧学等并列的一级学科，但研究生教育仍然与家畜营养与饲料、家畜遗传与育种、特种经济动物等共同为畜牧学之下的二级学科。2011年，草业科学在研究生教育体系中成为一级学科，下设草原学、饲草学、草坪学、草地保护学、草业系统分析5个主干学科。

草学高等教育发展至今，形成了学科内容丰富、具有明显中国特色的草原学高等教育体系。全国设有草业科学学科的院校数量在增加。1984年，本科、硕士和博士教育设有草业科学学科的院校分别只有5所、5所和1所。2008年涉草院校的数量达到了高峰，截至2017年1月，从事草学的推广人员6614人，从事草学研究的人员1343人，共计7957人。2018年国家把学科调整权限下放到各个学校，本科、硕士和博士教育设有草业科学学科的院校分别为26所、29所和16所。在校本科生4000多人，硕士生1000多人，博士生400多人。

另外，自1953年以来，我国开始逐步建立草原站或牧草站、饲草站，建立了省、市（州、盟）、县及部分乡镇草原技术推广机构，承担草原管理与监测职能。据统计，全国县级以上草原技术推广机构1245个，人员11 772人。2006年以来，各级草原技术推广机构开始建设基层测报员队伍，截至2016年，全国已发展农牧民兼职信息员1.9万名，结合牧业生产常年观测草原生态与灾害发生等信息。

（林群、吴红军）

第十二章 国际交流与合作

第一节 国际合作历史沿革

一、国际合作历程

从1949年到现在,我国林业和草原国际合作大致经历了三个发展阶段,即从1949—1978年党的十一届三中全会为第一阶段,从十一届三中全会至2012年党的十八大为第二阶段,2013年至今为第三阶段。

受历史环境限制,第一阶段的林业和草原国际合作渠道窄、范围小、程度低,以技术交流和援助第三世界国家为主。例如,从苏联、民主德国和西方友好国家引进急需的技术、设备和经验;派员为越南、朝鲜等国提供森林经营管理技术指导,接收相关国家实习生来华培训等。

党的十一届三中全会以后,我国林业和草原国际合作进入了新的阶段。在对外开放的背景下,根据林草发展建设和外交战略的需要,我国积极广泛地开展林草国际交流与合作,逐渐形成了多层次、多渠道、全方位的交流合作格局。

党的十八大以后,习近平主席在国内提出了"要加快生态文明体制改革,建设美丽中国",在国际上提出了共建"一带一路",构建人类命运共同体的伟大倡议。在此背景下,林草国际合作积极作为,不断提升层次、拓展渠道,交流合作成果突出,林草国际合作进入了新时代。

二、林草国际合作形式

(一)政府间合作

改革开放以前,林业部仅仅对外签署了政府间和部门间林草合作协议(备忘录)各1个,截至2018年改革开放四十周年时,中国已经与63个国家签署121个林草合作协议,中美、中俄、中欧、中非等林草务实合作得到加强。

(二) 政府间国际组织及国际公约

1992年,联合国环境与发展大会在巴西举行,这是有关人类环境与发展意义非凡的大会。此后,中国相继加入了《联合国气候变化框架公约》(UNFCCC)、《生物多样性公约》(CBD)、《濒危野生动植物种国际贸易公约》(CITES)、《联合国关于在发生严重干旱或荒漠化的国家特别是在非洲防治荒漠化的公约》(UNCCD)、《关于特别是作为水禽栖息地的国际重要湿地公约》(RAMSAR)和联合国森林论坛(UNFF)等一系列政府间公约或组织,并认真履约,为修复和保护人类共同的生态环境做出来巨大的贡献。

1997年,由中国等9国共同发起成立了国际竹藤组织(INBAR),是第一个总部落户中国的国际组织,其宗旨是在竹藤资源可持续的前提下,促进竹藤生产者和使用者的福利。

(三)民间多边国际合作

中国林业和草原部门已与世界自然基金会(WWF)、世界自然保护联盟(IUCN)、大自然保护协会(TNC)、湿地国际(WI)、国际林草研究中心(CIFOR)、国际林联(IUFRO)等知名非政府国际组织或机构建立了联系,共同实施不同规模的林草合作项目。

为落实亚太经济合作组织(APEC)第十五次会议上领导人的共同承诺,2008年中国倡议成立了亚太森林恢复与可持续管理组织(APFNet),旨在通过示范项目、能力建设、信息共享、政策对话,促进亚太区域森林恢复,提高区域森林可持续管理水平。

三、林业和草原国际合作主要内容

(一) 争取国际援助

从20世纪80年代初期开始到2007年,国家林业和草原局已累计争取到国际无偿援助资金约8亿美元,项目近540个,援助主要来自德国、日本、加拿大、澳大利亚等国以及亚洲开放银行、联合国粮食计划署等国际组织。

(二)引进经验技术

引进先进林业管理经验,包括林业管理政策和理念,如造林贷款制度、森林生态补偿制度等。引进先进技术,解决我国林业生产和科研教学中的难题,涉及林木育种、造林绿化、森林病虫害防治等。引进人才,促进林业科技发展,通过学术交流、合作研究、实验室指导等途径,提升我国林业科研水平。

(三) 利用国际贷款

引进外资主要有两种途径：双边政府贷款和国际金融组织贷款。双边政府贷款方面，截至 2000 年，我国林草共利用外资 2.5 亿美元，主要德国政府和瑞典政府贷款等。国际金融组织贷款方面，自 1985 年首次引进世界银行贷款项目以来，我国实施林草国际金融组织项目共计 27 个，累计利用国际金融组织贷款 20.23 亿美元，带动国内配套 126.14 亿元，实现总投资 264 亿元。林草利用外资有力推动了我国林草发展建设。

(四) 利用林草外商直接投资

从 20 世纪 80 年代到 2010 年，我国林草利用外商直接投资累计达 11 亿美元，主要集中在木材加工、纸浆制造、营造林等领域；1988 年起，外商开始投资与我国速丰成产林项目。外商直接投资不仅能够丰富我国吸引外资的渠道，提高我国林草的国际竞争力，还将进一步促进中国企业优势项目的在投资。

(五) 对外投资

我国林草对外投资开始于 20 世纪 80 年代。从 90 年代起，对外投资更加积极主动。截至 2014 年年底，中资企业在俄罗斯、非洲、东南亚、美洲等 18 个国家和地区投资大中型合作项目 178 个，实际投资约 20 亿美元。

(六) 对外援助

在改革开放前，中国对部分第三世界国家进行了小规模的林草援助。改革开放尤其 1993 年林草援外人力资源工作开展之后，我国林草援外人力资源开发工作稳步推进，取得了积极成效。截至 2018 年年底，林业系统共承办商务部援外培训项目 214 期，培训发展中国家林业官员和技术人员 6400 余人次，对外培训国别达 123 个。

四、林业和草原国际交流合作的经验

在中华人民共和国成立以后，尤其是改革开放以后，林业和草原国际交流合作工作不断推进，有力推动了中国林草事业的快速发展。同时，国内林草事业的发展也进一步增强了我国林草国际合作的底气，提升了我国林草事业在国际上的话语权，二者相得益彰。在开展林草国际交流合作过程中，也积累了一些值得总结的经验和做法。

(一) 充分认识到林草国际交流合作的重要性

中国林业和草原发展的实践表明，大力开展林草国际合作，不仅有利于从国外引进资金、技术和管理经验，加快我国林草事业的发展，而且为维护我国的合法权益，推动我国林草事业与世界接轨，促进林草建设的健康发展做出了积极贡献。此外，通过国际交流合作，展示中国林草发展成就，让世界走进中国林草，提升了中国林草事业的国际影响力。应该始终坚持把开放合作作为林草发展的重要路径。

（二）紧紧围绕服务国家外交大局和林草中心工作

林草国际交流合作既是林草发展的重要途径，更是国家外交大局的一部分。中华人民共和国成立之初，林草国际交流合作便开始服务两项工作。一方面，围绕林草中心工作，引进管理经验和技术；另一方面，根据外交战略部署，援助第三世界国家。改革开放以后，尤其是20世纪90年代以后，林草积极参与应对气候变化、防沙治沙、野生动植物保护等国际生态治理议题，参与全球森林和草原治理体系顶层设计，发挥大熊猫、朱鹮等"外交使者"的独特作用，为"一带一路"建设提供绿色支撑。

（三）建立健全林草国际合作体系

林草国际合作从方向上看应该是双向的，即"引进来"和"走出去"相结合，并根据实际情况，平衡二者比例关系。从合作形式上看，林草国际合作应该是多样的，既要涵盖政府间双边或多边合作，也要涵盖非政府间合作或政府与非政府间的合作。从合作内容上看，林草国际合作应包含资金技术合作、经济贸易合作、人文合作、人员交流等。健全的林草国际合作体系是取得国际合作成果的前提和保障，它的建立不会一蹴而就，而是需要秉承开放的理念，在实践中探索形成。

第二节 "一带一路"林业和草原国际合作

一、"一带一路"倡议

"一带一路"是"丝绸之路经济带"和"21世纪海上丝绸之路"的简称。2013年秋，中国国家主席习近平西行哈萨克斯坦、南下印度尼西亚，先后提出建设"丝绸之路经济带"和"21世纪海上丝绸之路"重大倡议，核心内容是促进基础设施建设和互联互通，对接各国政策和发展战略，深化务实合作，促进协调联动发展，实现共同繁荣。

"一带一路"建设植根于历史，但面向未来；源自中国，但属于世界。"一带一路"充分依靠中国与有关国家既有的双多边机制，及既有的、行之有效的区域合作平台,旨在借用古代丝绸之路的历史符号,高举和平发展的旗帜,积极发展与沿线国家的经济合作伙伴关系,共同打造政治互信、经济融合、文化包容的利益共同体、命运共同体和责任共同体。

"一带一路"倡议提出后,得到国际社会的积极响应和广泛支持。五年多来,围绕"一带一路"建设各方面工作都取得了显著成效,有力促进了我国经济社会发展和对外开放,增强了我国国际影响力和感召力。例如,我国已与100多个国家和国际组织签署了共建"一带一路"合作文件,共建"一带一路"倡议及其核心理念被纳入联合国、二十国集团、亚洲太平洋经济合作组织、上海合作组织等重要国际机制成果文件。

中老铁路、中泰铁路、匈塞铁路建设稳步推进,雅万高铁全面开工建设。汉班托塔港二期工程竣工,科伦坡港口城项目施工进度过半,比雷埃夫斯港建成重要中转枢纽。中缅原油管道投用,实现了原油通过管道从印度洋进入我国。中俄原油管道复线正式投入使用,中俄东线天然气管道建设按计划推进。我国与沿线国家的贸易和投资合作不断扩大,形成了互利共赢的良好局面。2019年上半年,我国与沿线国家货物贸易进出口额达6050.2亿美元,增长18.8%;对沿线国家非金融类直接投资达74亿美元,增长12%。此外,实施了"丝绸之路"中国政府奖学金,发起成立"一带一路"绿色发展国际联盟倡议,正式开通"一带一路"官方网站,已实现联合国6种官方语言版本同步运行。多层次、多领域的人文交流合作为民众友好交往和商贸、文化、教育、旅游等活动带来了便利和机遇,不断推动文明互学互鉴和文化融合创新。通过加强金融合作,促进货币流通和资金融通,为"一带一路"建设创造稳定的融资环境,积极引导各类资本参与实体经济发展和价值链创造,推动世界经济健康发展。截至2018年6月,我国在7个沿线国家建立了人民币清算安排。已有11家中资银行在27个沿线国家设立了71家一级机构。

二、林业和草原管理在"一带一路"建设中的作用和地位

林业和草原生态保护对全球生态系统治理具有至关重要的作用。围绕推进"一带一路"铁路、交通、电力、水利、贸易、资源管道、重点城市等重点投资和建设项目,更应统筹经济建设与生态保护协调发展,将林草融入到"一带一路"建设的全过程和各方面。

(一)加强"一带一路"林草合作是应对全球气候变化的客观要求

在《中国应对气候变化的政策与行动2015年度报告》会上,中国气候

变化事务特别代表解振华提出,"一带一路"合作会越来越和应对气候变化的措施相结合。"一带一路"区域国土面积占全球约40%,人口占世界的70%,人口密度比世界平均水平高出一半以上,是人类活动强烈区,又是生态环境脆弱区。"一带一路"区域的森林覆盖率远低于世界平均水平。林草行业在应对气候变化中具有特殊地位,通过加强"一带一路"区域内造林与再造林、荒漠化治理、生物多样性跨国界保护等林业国际合作项目,提高区域的整体森林覆盖率,增加森林碳汇,减少土地沙化面积,保护生物多样性等有助于改善区域的生态环境,有利于共同应对全球气候变化的严峻形势。

(二)加强"一带一路"林草合作是绿色丝绸之路的题中之义

"21世纪海上丝绸之路"沿线(一路)沿线的东南亚地区近些年由于大面积种植油棕榈等,导制森林资源退化严重,并产生水土流失、生物多样性减少等一系列严重的影响;"丝绸之路经济带"(一带)沿线主要经过中国中西部地区和中亚、中东等地区,这些地区土地荒漠化问题十分严重,并且许多地区荒漠化在日益加剧。例如,新疆沙化率达到64.34%,宁夏55.8%,甘肃45.12%,内蒙古52.2%,青海26.7%。"一带一路"沿线森林资源退化和土地荒漠化的加剧,严重影响和威胁了"一带一路"区域内农民的生存、生活和发展,必将影响到"一带一路"建设的顺利推进。

(三)加强"一带一路"林草合作是资源特殊性的必然要求

林草资源有经济效益、社会效益和生态效益,三种效益也使森林资源具有相对其他资源的特殊性。林草的经济效益可以根据林地权属进行明确的划分,有地域性和国界性之别,但林草资源的社会效益和生态效益却无法根据地理位置进行明确的划分,而更需要区域性、全球性统筹的规划和保护。例如,林草病虫害、林草火灾,生物多样性保护不会因为国界划分而有选择地发生,因此对于林草病虫害防治、林草防火、生物多样性保护等均需要区域性、甚至是全球性统筹协调、防护和管理。

(四)加强"一带一路"林草合作是区域林业一体化的必然趋势

"一带一路"是实现中华民族伟大复兴的战略构想,更是沿线国家实现繁荣富强的有效路径,是中国带动区域实现联动发展的宏伟蓝图,更是实现区域各领域一体化,构建"人类命运共同体"的中国梦、区域梦和世界梦。开展林业国际务实合作,推动"一带一路"区域内林业产业化发展,有助于吸引区域内林业投融资,有助于提高区域内林业国际竞争力,助推区域林业一体化发展进程。

三、"一带一路"林业和草原管理国际合作思路

(一)加强"一带一路"林草国际合作的顶层设计

推动成立中国政府主导的,各国政府积极参与的"一带一路"区域林草合作与发展机制。此外,协调形成区域内林草政府主导、民间团体和国际组织积极参与的"一带一路"林草综合协和调发展机制。加强政府与区域内民间团体、国际组织的沟通与交流,使民间团体、国际组织等能够及时地了解区域内各国想法、各个国家的政策、法律法规、战略规划方向。同时,要充分发挥民间团体在监督方面的作用,发挥国际组织在培训等能力建设、专家资源、媒体宣传等方面的优势,利用好民间团体、国际组织的优质资源,积极地创造条件,形成政府主导、多方参与、共同促进区域林业发展的良好局面。

(二)加强"一带一路"援外培训,助推"走出去"投资项目

"一带一路"是我国与沿线国家共享我国改革开放成果的重大举措,中国愿意将改革开放的成果惠及各国。作为发展中的负责任大国,近些年来中国一直为发展中国家提供各种形式的援外项目,也包括林草援外项目。任何项目开发与建设须人力先行,开展"一带一路"区域内林草援外培训,不仅能够很好的了解受援国林草发展情况,还能够通过学员与区域内各国建立密切联系。同时,根据受援助国的林草发展的需求,我们可以通过派送林草专家指导,或者通过直接的对口援助林业投资项目等方式,助推"一带一路"林草国际合作与交流。

(三)建立"一带一路"生态建设协作伙伴关系

依托我国西部9省(自治区、直辖市)与中亚的连接纽带和我国南部东南沿海与东南亚的连接纽带,共建生态建设的协作伙伴关系,加强"一带一路"区域内林草协作。我国西部9省(自治区、直辖市)的陆地总面积占全国的44%,森林面积约7804万hm^2,森林覆盖率平均为18%,不到全国的平均水平,特别是新疆、内蒙古等地,森林资源状况、环境气候情况与中亚地区极其相似,森林资源增长还有很大的潜力和空间,有很强的林业发展和合作前景。我国东部南部的浙江、福建、广东、广西、云南等省(自治区)森林资源丰富,与东南亚地区相连,有相似的地理和气候条件,在森林草地资源经营和管理方面有很强的合作潜力。我们要充分利用中国森林草地资源不同地区的差异性,与周边地区的求同存异,加强协作,共同构建生态建设伙伴关系,构建从我国中西部延伸到中亚西亚及东欧、从

我国东南部延伸到东南亚、南亚、中非、欧洲的环形绿色长廊。

(四)成立"一带一路"林业投资贸易平台,推动"一带一路"林草投资与林草产品贸易

"一带一路"是中国与沿线国家分享优质产能,共商项目投资、共建基础设施、共享合作成果的合作平台。林草产业作为"一带一路"的潜力股,很有必要成立"一带一路"林草投资贸易平台,积极推动区域内的林草对外投资与林草产品国际贸易。林草投资贸易平台的成立,不仅能及时了解区域内林产品的资源情况,更能掌握林产品市场供需情况,为做好林业中长期的投资贸易规划和短期产品交易提供信息支撑,也为区域一体化进程和参与全球国际贸易和竞争提供必要的支持。从长远来看,林草产业作为一种可持续的、具有很大潜力的生态产业,在当前全球工业经济总体疲软的情况下,加强林草的投资贸易必将为拉升全球经济提供有效支持。

四、林业和草原管理非政府组织平台及相关职责

在我国林业国际合作大平台上,开展了多形式多种类的合作。我国与其他国家政府间开展林业国际合作的同时,与国际非政府组织间也展开了丰富的合作。

(一)非政府组织平台及职责

世界自然基金会(WWF)的主要工作精力集中于环保事业发展,在国际森林保护方面也做出了突出的贡献。该组织与中国的合作领域涉及大熊猫保护、濒危野生物种保护、可持续利用、淡水和海洋生态系统保护、森林保护与可持续经营等。该基金会近年开展了多次与国家林业和草原局的合作,在淡水和湿地保护方面,可持续森林等项目上多次合作,组织业务人员学习。

世界自然保护联盟(IUCN)致力于为充满环境压力和发展挑战的世界寻找务实的解决方案。通过在全世界范围支持科学研究、开展实地项目,IUCN将联合国机构、各国各级政府、NGO和企业邀请到一起,制定政策、法规,寻找符合各国国情的最佳解决方案。该组织在自然资源保护方面有着丰富的经验,积极开展拯救濒危野生动植物项目、建立国家公园和保护区项目、帮助世界各国保护并恢复生态系统多样性项目。在传统环境保护领域之外,该组织也建树颇多。其开展自然资源保护运动理念先进科学,崇尚自然资源的可持续利用以解决保护自然环境问题,这种理念和方法的优势在于其先进的人与自然和谐共存的发展理念,这种发展方式使自然资源

在满足我们人类利用和发展的同时也能很好的节约和保护自然资源。既满足了人类发展的基本需求，又很好地保护了自然资源修复恢复的能力，使之达到可持续发展的战略目的。目前该组织将森林、湿地、海洋及海洋资源保护等领域开展了多项实际操作项目，为人类保护自然资源提出了新的解决思路。

国际林业研究组织联盟（IUFRO）是世界林业科学研究机构作为会员的国际性林业科学研究组织。该组织主要研究林业相关技术合理化和测量系统标准化研究。目前国际林联中的重要部门研究基本涉及林业资源保护的众多重要领域。例如森林环境与育林部门，生理、遗传与森林保护，森林采运与技术，调查、生长、收获、数量化和经营科学，森林产品，社会、经济、信息和政策科学。以"森林城市、绿色共享"为主题举行了多次的学术研讨活动，对国际林业合作做出了巨大的贡献。

国际竹藤组织（INBAR）的工作重点是发展竹和藤这两种非木质林产品。竹子有着重要的绿色环保意义，对林业发展也有着重要的意义。目前中国南方竹子种植区广泛，属于重要资源，竹子加工产品成熟，工艺精湛，成活率高，成材期短，是非常好的林业资源，为研究和开发竹子的重要作用，该组织努力研究竹子深加工工艺，开拓市场需求，力图走出一条既能服务林业资源保护，又能让林业农民脱贫致富的特色之路。

湿地国际联盟组织（WIUN）是全球性非盈利组织，由世界区域性湿地和国际组织成员、负责任企业及自然科学研究的相关机构和个人发起成立。致力于联合国际公益基金组织开展湿地保育和可持续公益投融资发展与管理。包括长期推动国际组织和国际社会、政府之间，地方政府决策部门、民间环境保护机构、企业、和社区之间的合作与协作关系，实现湿地科学知识共享和全社会的共同参与。湿地国际联盟以科学为基础，以开展湿地保护公益投融资服务为过程，以共建湿地生态系统与人类福祉为目标，将在多个国家湿地领域开展湿地公益投融资、环境保育、湿地生态系统规划等核心公益项目。面向全球收集和提供湿地信息以及有关环境变化方面的数据，建立湿地资源数据库查询系统，其中包括湿地跟踪、监测、评估等静态和动态信息。应对气候变化及多方威胁，帮助发展中国家制定可持续的湿地生态环境管理计划，提供中长期战略性保护与规划。

大自然保护协会（TNC）是全球最大的国际自然保护组织之一，致力于在全球范围内保护具有重要生态价值的陆地和水域，以维护自然环境、提升人类福祉。协会关注全球性的重大环境问题，与世界银行、联合国以及生物多样性公约等机构进行合作,力争取得影响深远的保护成效。通过保护代表地球生物多样性的动物、植物和自然群落赖以生存的陆地和水域,来实现对这些动物、植物和自然群落的保护。保护重要的陆地和水域,使具有全球生物多样性代表意义的动物、植物和自然群落得以永续生存繁衍。

(二)与非政府组织间开展林草合作

一是开展生物多样性保护合作。中国与大自然保护协会(TNC)开展了全国性保护项目,包括中国生物多样性保护远景规划项目、保护区早期调研项目、森林多重效益项目、森林可持续经营项目、长江保护项目。开展滇西北保护对策,如国家公园项目、替代能源项目、湿地保护项目、滇金丝猴保护项目、绿色建筑项目、环境教育项目、高山生态系统保护项目等。

二是自然保护地的管理。2014年,国家林业局对外项目合作中心积极与世界自然保护联盟(IUCN)合作,引进IUCN自然保护地绿色名录理念,倡导对保护地开展最佳管理实践,宣传和推广有效管理自然保护地的成功经验。其中,中国的唐家河国家级自然保护区、东洞庭湖国家级自然保护区、长青国家级自然保护区、龙湾群国家森林公园、五大连池风景名胜区和黄山风景名胜区6个保护地通过评审,被首批列入《IUCN自然保护地绿色名录》。

三是开展湿地保护项目。湿地国际联盟组织(WIUN)对中国大量的自然湿地调查研究,这些湿地不仅为濒危或特有的动物提供了栖息地,同时也是包括许多全球受胁鸟类在内的候鸟的重要停留和繁殖地。但是由于人口数量庞大,食物供给压力很大,导致许多自然湿地不断面临退还的威胁,大量重要的潮泊和滨海湿地被围垦为农田或人工景观旅游。随着湿地的丧失,其经济价值及其效应,包括减轻洪灾以及减缓局地气候所带来的效益,尤其是生物多样性也随之丧失,人居环境被人为严重破坏。湿地国际联盟组织通过融资的形式,推动中国湿地生物多样性保护与可持续利用。

四是开展林草国际教育合作与交流。国际林业研究组织联盟(IUFRO)每3~5年召开一次大会,讨论科学、技术和组织等方面的问题。通过此类交流活动,促进科研人员之间的交流,建立和保持各团体会员之间的联系,鼓励制定共同的研究计划和合作,促进研究成果的传播、推广和应用等。

五是开展林草相关培训。与世界自然基金会(WWF)展开湿地主题培训班,主要内容为湿地管理与建设、湿地生态价值评估、湿地环境教育设施设计与建设等。通过开展此类培训,将非政府组织前沿林业血液输入我国林业政府部门,真正做到与国际接轨,加强林业人员专业水平,提升业务能力。

第三节 林业和草原管理国际合作的形势和任务

当今世界正处于大发展大变革大调整时期,和平与发展仍然是时代主题。世界多极化、经济全球化、社会信息化、文化多样化深入发展,全球治理体系和国际秩序变革加速推进,各国相互联系和依存日益加深,国际力量对比更趋平衡,和平发展大势不可逆转。同时,世界面临的不稳定性不确定性突出,世界经济增长动能不足,贫富分化日益严重,地区热点问题此起彼伏,恐怖主义、网络安全、重大传染性疾病、气候变化等非传统安全威胁持续蔓延,人类面临许多共同挑战。当前,围绕国际经济秩序和地缘政治主导权的竞争更加激烈,发展中国家政治发生深刻变化,国际社会对我国履行国际责任有着更高期待。

一、林业和草原管理业面临的国际国内新形势

当前国际形势正处于全球化时代,这个时代的主题是和平与发展。在全球化时代,各个国家都面临着挑战与机遇,都在努力谋取自身的发展。和平与发展主题下,由于世界不少国家都拥有了杀伤力巨大的核武器,核威慑促使各个国家

尽最大可能维护和平,即使国与国之间存在着矛盾,也要尽可能地通过非冲突、不对抗的途径来解决。当前的国际秩序虽然存在着诸多不公正、不合理的成分,但是总的来说是有利于国与国之间的合作,无论是"南北对话",还是"南南对话",都实现了双边合作、多边合作。

不断发展的世界多极化和经济全球化趋势,不断完善的中国全方位对外开放格局,以及日益加深的中国与世界的相互联系,对我们加强国际社会交往能力,包括妥善处理国际事务,妥善处理各种经贸摩擦,妥善处理市场、人才、资源等方面的竞争,维护我国的经济、政治、文化等方面安全的能力,提出了新的更高的要求,也提供了难得的机遇。

但是,全球发展问题依然严峻。国际金融危机影响尚未消退,气候变

化、粮食危机、能源资源安全、流行性疾病等全球性问题给发展中国家带来新的挑战，国际经济发展不平衡现象日趋严重，南北贫富差距持续拉大。非洲、南亚等部分国家贫困人口又有新的增加。最不发达国家面临巨大的发展资金缺口，全球实现千年发展目标任重道远，国际政治形势总体上虽有望稳定，但不确定性更加突出。国际安全和军事态势更加复杂。

（一）国际国内政治形势

国际政治的本质仍是一个不断追求权力和实力的过程，虽然随着全球化浪潮的发展，各国追逐权力和实力的方式发生了变化，从一战期间各国军备实力的竞争变成了综合竞争，但是竞争本质是不变的。当今国际政治格局瞬息万变，但也并没有改变求和平谋发展的两大主题，世界多极化愈演愈烈，科技革命加速前进，全球和区域合作方兴未艾。国与国的相互依存日益紧密，全球力量对比朝着有利于和平方向发展，但强权政治依然存在，局部冲突，局部战争依然存在。总的而言，当前的国际政治正逐步朝着相对均衡的方向发展，应该说当前的国际政治是进步了的。

我国目前处于和平的周边环境中，但处在一个极其复杂的环境中，时时刻刻都受到海域、领土问题的困扰，同时，在世界上的政治格局发生了相应变化。20世纪六七十年代，广大发展中国家特别是非洲国家，在民族解放运动中与我国结下了深厚友谊，很多领导人对我国怀着"同志"加"兄弟"的情谊。现在，老一代领导人逐渐退出政治舞台，一些新生代政治精英深受西方影响，对华感情淡薄，我维系双边关系存在"吃老本"现象。西方国家大力实施"青年领袖伙伴计划"，推进价值观外交，加大意识形态渗透，在发展中国家培植了不少"亲西方派""亲美派"，我国争取发展中国家民心民意的难度加大。一些发展中国家用西方眼光看待我国发展，对我国的发展中国家地位提出质疑，对华政策实用主义倾向增强，援助期望值不断攀升，不满足于"援助赠予"，要求扩大"发展合作"。

（二）国际国内经济形势

全球经济在2018年年初延续了上年的趋势，呈现出增长的良好势头，并且以数字经济为代表的新经济初露头角。国际金融危机以来，新一轮科技和产业革命正在孕育，成为推动全球经济走出危机的重要动力。数字经济未来对人类生产、生活的影响将会超出大多数人的想象，成为国际科技和产业竞争的主战场。但自2018年4月以后，在贸易摩擦、美联储收紧货币政策、全球美元流动性趋紧、原油市场波动等因素的影响下，全球经济增长速度开始下降，有的经济体增速接近顶部，全球增长的下行风险逐渐上升。

从国内来看，中国的侧结构性改革扎实推进，经济转型迈出了实质性步伐。经济增速平稳"换挡"；经济新旧动能转换可圈可点，中国实施创新驱动发展战略，推动产业向中高端迈进，技术、品牌、管理正在成为提高竞争力的核心要素，改变了过去主要依靠土地、资源和廉价劳动力的发展模式，在钢铁、煤炭、建材等重化工产业淘汰了一大批技术水平低、高耗能、高污染的落后产能；环境和生态保护成为红线。绿水青山就是金山银山的理念深入人心，各地普遍实行环保一票否决制，绿色消费、绿色出行逐渐成为社会自觉。能源消耗强度大幅下降，环境状况明显改善，区域发展更加均衡。

（三）外交形势

1. 大国对外战略竞争态势发生重大变化

伴随经济全球化的不断深入，国际发展矛盾更加突出，发展日益成为国际竞争的焦点。对大国来说，谁掌握了发展援助主动权，谁就掌握了对发展中国家关系的主动权，进而掌握了国际斗争的主动权。近年来，美国积极调整对外政策，将对外援助与外交、军事确定为国家安全战略的"三驾马车"。在非洲，采取攻心策略，大力培植"民主派"和"亲美派"；在亚洲，加紧推进"亚太再平衡"战略，以巨额援助为诱饵，牵制我周边战略支点。日本把对外援助视为维持经济大国地位、图谋争取联合国安理会席位的优先战略手段，在我周边国家投入了70%的援助资金。发达国家把对外援助和意识形态挂钩，不遗余力输出所谓"良政、人权、民主"等西方价值理念，谋求道义制高点。与此同时，印度、俄罗斯、巴西等新兴大国也加大了对外援助力度，大力拓展在发展中国家利益。表面上看，大国的援助行为与我国没有直接冲突，但不断侵蚀我国战略空间，对我国外交战略形成了潜在牵制。

2. 国际社会对我国期待发生重大变化

我国经济已经保持30多年快速增长态势，随着综合国力提升，国际社会更加看重我国立场和话语地位，更加注重对我国借重与合作，希望我国提供更多全球公共产品，在全球治理体系改革中发挥更大作用、承担更大的责任。在这种情况下，稳步增加对外援助支出，更好地履行与我国国际地位相匹配的国际义务，既是必要的，也是可能的。同时，我国又是一个人口众多的发展中国家，经济发展很不平衡，还有数以千万计的贫困人口，发展任务艰巨而繁重。如何从我国基本国情和所处国际环境出发，统筹兼顾、服务大局，把握好履行国内责任和国际义务的基本平衡，把有限的钱用足用好，谋求未来世界政治经济格局中的有利外交地位，是当前面临的重大而紧迫的课题。

二、林业和草原管理国际合作的定位

中央外事工作会议上，党中央就新形势下不断拓展和深化外交战略布局提出要求，无论是周边、大国、发展中国家还是多边和公共人文外交；无论是落实中非、中阿、中国—南太平洋岛国论坛，还是落实上合组织峰会、亚太领导人非正式会议还是东亚峰会我国领导人的对外援助承诺，以及在构建"丝绸之路经济带"和"21世纪海上丝绸之路"宏伟目标中，林草在发挥生态经济社会多功能效应和应对气候变化中的特殊作用中将大有可为。

林草国际合作将紧紧围绕服务国家外交大局和林草中心工作，积极参与林产品贸易、应对气候变化、防沙治沙、野生动植物保护等国际合作和生态治理，统筹国际国内两种资源、两个市场，形成林业和草原全方位对外开放新格局。积极履行涉林国际公约，参与全球森林和草原治理体系顶层设计，提高国际合作话语权。林草国际合作将认真落实国家应对气候变化承诺目标，发挥大熊猫、朱鹮等"外交使者"的独特作用，为"一带一路"建设提供软实力和绿色支撑。提升林业对外贸易和利用外资水平，创新林产品贸易方式，优化林产品对外贸易结构。深化境外森林资源开发合作，建立一批进口木材资源储备加工交易基地。大力支持国际竹藤组织和亚太森林组织发挥更大作用，积极参与全球生态治理体系构建。

（一）林草日益成为全球可持续发展和国际发展合作事业的重要组成部分

当前，不断深入的全球化正在悄然改变整个世界，孕育着新挑战、新变革和新机遇，全球可持续发展成为时代主旋律。森林作为"地球之肺"和重要的可再生资源，在应对气候变化、荒漠化和生物多样性丧失等全球性的生态问题、实现全球可持续发展方面发挥着不可替代的重要作用，联合国环境规划署在全球发布了第一本关于绿色经济的研究报告《迈向绿色经济——通向可持续发展和消除贫困之路》，将林业作为全球绿色经济发展10个至关重要的部门之一，因此，一些发达国家与国际组织纷纷将植树造林和生态建设列为发展援助的重要领域。同时，森林问题不仅是保护问题，更是发展问题，涉及生态和民生，事关人类社会的文明进程，具有高度复杂性。森林问题的重要性和复杂性迫切需要建立一个符合时代发展要求且行之有效的国际森林安排和全球森林治理体系。2015年5月，联合国森林论坛就未来国际森林安排做出了具有里程碑意义的决议，维持并对现有国际森林安排进行小修小补很难实现构建完善高效的全球森林治理体系的预期目标，未来国际森林安排需要我们全人类共同的智慧和创新性思维。而要实现这一梦想，我们首先就需要借力援外渠道，加强与广大发展中国家的协作，弥合分歧、凝聚共识、稳步推进携手构筑均衡、普惠、共赢的全球森林治理体系。

（二）林草工作面临不断增加的国际挑战和外部压力

当前，国际社会对生态问题的高度关注给我国带来了前所未有的压力，要求我国改造国际生态义务、承担国际生态责任、加强林草对外援助的期待越来越高。一些国家还借助二氧化碳排放、木材非法采伐以及象牙、犀牛角、老虎、雪豹、高鼻羚羊等一系列国际社会高度敏感的生态问题和物种保护问题，诋毁我国形象，挑唆我国与发展中国家的矛盾，必须引起我们的高度重视和正确回应。

（三）国际规则的制订需要更多中国声音

习近平主席在中央外事工作会议上指出，要丰富和发展对外工作理念，使我国对外工作有鲜明的中国特色、中国风格、中国气派。无论是联合国森林问题、荒漠化问题、湿地问题、还是生物多样性保护、应对气候变化问题的国际谈判，都存在发达国家与发展中国家的利益博弈，加强发展中国家的协作，适时合理输出中国特色的森林经营理念、模式正面影响和引导广大发展中国家助力谈判扩大中国影响力有利于提升我国软实力，促进对外开放的良性发展。

（四）需要发挥两个市场作用，配置全球资源

近年来，我国内木材消费量急剧增长，由2002年的1.83亿 m^3 猛增到2013年的4.95亿 m^3，木材对外依存度高达45%以上，到2020年我国经济总量将再翻一番，木材年需求量还将大幅度增加。因此，我国林产品供给不足、进口总量大、对外依存度高的基本态势将在一定时期内长期存在。赴境外进行森林资源开发，促进木材或木制品进口的便利化，不仅可满足国内需求，也有利于促进国内生态保护。与此同时，我国作为全球主要木制品生产加工大国，也需要拓展更多的销售市场。为此要继续提高我林业企业全球化配置资源和利用国际市场的能力。

（五）新时代将回应国际社会期待，履行大国责任

随着我国综合国力的增强，国际社会对我国的定位和期望正在发生转

变,将我国作为新兴经济大国看待,并有别于其他发展中国家,希望我国能够为其他发展中国家提供发展经验、技术甚至资金,以共同推动国际事务。发达国家要求我国承担更多的责任和义务,发展中国家在资金和技术援助方面对我也有期望。国际上要求我国以发展中大国的地位,在涉林国际公约的谈判等事务中履行职责,并承担责任。我国林草国际合作将面临一些新的敏感问题,面临的制约日益突出。

三、林业和草原管理对外援助工作

自1993年起,我国林业部门开始参与国家援外培训项目,截至2018年年底,林业系统共承办商务部援外培训项目214期,培训发展中国家林业官员和技术人员6400余人次,对外培训国别达123个。

经过20年的发展,我国林业援外培训已渐成规模,初现品牌效益,打造了一批精品培训课程。培训项目领域包括:森林施政与执法、林业管理、竹子种植与加工、荒漠化防治、野生动植物保护、生物多样性保护、湿地保护、有害生物防治、应对气候变化等。这些项目基本上涵盖了"三个系统一个多样性"的大林业范畴,一些项目由于呼应了发展中国家的需求和林业热点焦点问题,顺应了发展中国家改善生态改善民生的实际需要成为了品牌项目:如国家林业和草原局管理干部学院的"森林执法与施政项目""野生动植物保护类项目"和"一带一路"林业管理类项目,国家林业和草原局竹子中心的竹子种植与加工技术项目、竹藤中心的荒漠化防治项目都受到了广泛好评。

我国林业援外培训工作取得了突出的成效。一是服务国家外交大局,培养了大批知华友华亲华的发展中国家林业政府官员和技术骨干,为林业多双边国际合作的开展提供了广泛的海外人脉和渠道,如国家林业和草原局管理干部学院的朝鲜学员还促成了我局与朝鲜国土环境部双边合作备忘录的签署,肯尼亚学员也积极设法促进两国生态保护领域的合作;二是服务全球林业可持续发展,提高了受训学员的林业及相关领域的管理能力和知识水平,促进了受援国林业改革发展与生态建设事业的进步;三是服务中国林业走出去,推动了中国林业先进技术、设备与人才的输出,为发展中国家学员了解我国市场、产品、技术提供了难得的机会,通过援外培训与孟加拉、斯里兰卡学员开展了从中国向两国输出竹笋生产技术项目,与埃塞俄比亚和尼泊尔开展竹预制房项目,与马来西亚、印度尼西亚、菲律宾、加纳开展了短期科研访问学者项目;四是服务国家"软实力"建设,正面宣传我国林业及生态建设事业的成就,如人工林营造、森林资源管理、荒漠化防治、林权改革、林下经济发展、竹子栽植与加工等,提高我林业的国际影响力;五是服务林业国际合作,有力配合了涉林公约履约与谈判工作的开展,通过培训促进广大发展中国家理解我政府立场和实践,正面介绍了我国履行林业相关公约的国家立场和现实举措,如森林执法与施政班的举办,宣传了中国特色的"三证"森林资源管理政策和中国森林论证体系,表明了中国政府打击木材非法采伐的坚定立场,展示了具体行动,履行国际森林文书与森林可持续经营研修班的举办向国际社会展示了中国政府履行文书的现实行动和良好成效;六是服务南南合作,为发展中国家提供了林业南南对话的崭新平台,加强了发展中国家间的横向交流与合作,获得了国际社会的广泛赞誉。

今后,我国将从以下几个方面开展林业对外援助:一是传播绿色为国家援外大局服务,要结合国家外交战略布局和中央领导在多双边场合的承诺,结合发展中国家的实际需求,开发各类森林研修项目,广交朋友,广结绿缘,播绿色。二是释疑解惑,传播我国林草工作正能量。要通过林草援外项目、各类培训、中长期进修等形式正面宣传和传授国际公认的我国林草改革发展理念和行动,消除对我林草的误解和疑惑。三是分享经验,对外输出中国林草先进理念和成功模式。要总结和宣传我国林草工作的好作法好经验。四是凝聚共识,共同推动全球和区域林草进程。要通过各种长短班、各种人员交流往来加强专业磋商研讨,形成发展中国家间的区识,共同推动全球和区域有关进程。五是优势互补,加快中国林业走出去步伐。要借力援外项目,特别是林草援外培训班,通过学员人脉资源,助力我林业企业走出去。

(方怀龙、边明明、张翔、耿耿)

参考文献

边明明，陈幸良，2016. 谈"一带一路"战略下的林业国际合作[J]. 国家林业局管理干部学院学报(4)：47－51.

边明明，耿耿，王琦，等，2015. 关于做好林业援外国际培训项目的几点思考[J]. 国家林业局管理干部学院学报(2)：28－32.

蔡芫镔，2014. 城市化进程中闽江河口湿地生态系统动态演变特性及驱动机制研究[D]. 上海：复旦大学.

陈一平，管长岭，等，2011. 国有林场场长必读[M]. 北京：中国林业出版社.

程敏，张丽云，崔丽娟，等，2016. 滨海湿地生态系统服务及其价值评估研究进展[J]. 生态学报，36(23)：7509－7518.

崔丽娟，郭子良，康晓明，等，2017. 湿地生态系统服务评估规范[S]. LY/T 2899—2017.

崔丽娟，宋洪涛，赵欣胜，2011. 湿地生物链与湿地恢复研究[J]. 世界林业研究，24(3)：6－10.

崔丽娟，张岩，张曼胤，等，2011. 湿地水文过程效应及其调控技术[J]. 世界林业研究，24(2)：10－14.

崔丽娟，2004. 鄱阳湖湿地生态系统服务功能价值评估研究[J]. 生态学杂志，23(4)：47－51.

崔丽娟，2012. 湿地北京[M]. 北京：北京美术摄影出版社.

丁洪美，2008. 国际合作书写浓墨重彩新篇章——辉煌林业30年之国际合作篇[N/OL]. 中国绿色时报，2008－12－26[2017－4－30]. http：//www.forestry.gov.cn/main/195/centent－266099.html.

高雅，林慧龙，2015. 草业经济在国民经济中的地位、现状及其发展建议[J]. 草业学报，24(1)：141－157.

耿国彪，2019. 我国重点国有林区改革取得重要突破[J]. 绿色中国(1)：54－55.

顾亚丽，陆文明，余跃，等，2018. "一带一路"倡议下林业援外的机遇与挑战[J]. 林业资源管理(6)：2－6.

国家林草局：组建重点国有林区森林资源管理机构是改革核心[EB/OL]，2019. https：//mp.weixin.qq.com/s/l_YOv4um9Pz_6udUseXZNw.

国家林业和草原局，2019. 中国森林资源统计报告[M]. 北京：中国林业出版社.

国家林业和草原局林场种苗司，2019. 国有林场改革活力逐步放大[N]. 中国绿色时报, 2019-1-7(15).
国家林业和草原局造林绿化管理司乡村绿化调研组, 2018, 关于乡村绿化有关情况的调研报告[J]. 林业经济, 40(6): 48-53.
国家林业局, 2018. 2017年中国国土绿化状况公报[J]. 国土绿化(3): 12-15.
国家林业局森林病虫害防治总站, 2008. 中国林业有害生物概况[M]. 北京: 中国林业出版社.
国家林业局森林病虫害防治总站, 2009. 中国林业生物灾害防治战略[M]. 北京: 中国林业出版社.
国家林业局森林病虫害防治总站, 2013. 林业有害生物防治工作组织与管理[M]. 北京: 中国林业出版社.
国家林业局森林病虫害防治总站, 2013. 林业有害生物监测预报技术[M]. 北京: 中国林业出版社.
国家林业局森林病虫害防治总站, 2014. 林业有害生物防治技术[M]. 北京: 中国林业出版社.
国家林业局森林资源管理司, 2009. 森林资源专项分析——第七次全国森林资源清查[M]. 北京: 中国林业出版社.
国有林场改革监测项目组, 2018. 国有林场改革监测报告(2017)[M]. 北京: 中国林业出版社.
何思源, 苏杨, 闵庆文, 2019. 中国国家公园的边界、分区和土地利用管理——来自自然保护区和风景名胜区的启示[J]. 生态学报, 39(4): 1318-1329.
胡海青, 2005. 林火生态与管理[M]. 北京: 中国林业出版社.
姜明, 吕宪国, 杨青, 2006. 湿地土壤及其环境功能评价体系[J]. 湿地科学, 4(3): 168-173.
蒋高明, 2017. 草原生态系统[J]. 绿色中国(10): 54-59.
蒋明康, 王燕, 2016. 我国自然保护区保护成效评价与分析[J]. 世界环境(S1): 70-73.
蒋有绪, 2017. 蒋有绪文集(上下卷)[M]. 北京: 科学出版社.
柯水发, 2013. 林业政策学[M]. 北京: 中国林业出版社.
李洪远, 鞠美庭, 2005. 生态恢复的原理与实践[M]. 北京: 化学工业出版社.
李静, 荆涛, 2015. 我国企业境外林业投资现状分析与建议[J]. 林业资源管理(6): 60-70.
联合国粮食及农业组织, 2010. 2010年全球森林资源评估报告[R]. 罗马: 联合国粮食与农业组织.
联合国粮食及农业组织, 2015. 2015年全球森林资源评估报告[R]. 罗马: 联合国粮食与农业组织.
刘桂香, 2008. 中国草原火灾监测预警[M]. 北京: 中国农业科技出版社.

刘加文, 2008. 中国草原改革发展 30 年: 在中国草学会青年工作委员会"农区草业发展论坛"上的报告[J]. 草地学报(6): 547-551.

刘加文, 2018. 新时代草原保护的新任务新策略[J]. 中国畜牧业(18): 66-67.

刘立军, 2006. 林业国际合作面临战略调整[J]. 中国林业(8B): 15-16.

刘萍, 王培忠, 刘杰, 2004. 林业国际合作问题研究[J]. 绿色中国(10): 53-55.

刘世荣, 马姜明, 缪宁, 2015. 中国天然林保护、生态恢复与可持续经营的理论与技术[J]. 生态学报, 35(1): 212-218.

刘世荣, 杨予静, 王晖, 2018. 中国人工林经营发展战略与对策: 从追求木材产量的单一目标经营转向提升生态系统服务质量和效益的多目标经营[J]. 生态学报, 38(1): 1-10.

马克平, 2016. 当前我国自然保护区管理中存在的问题与对策思考[J]. 生物多样性, 24(3): 249-251.

宁攸凉, 赵荣, 马一博, 2018. 攻坚克难 加快推进国有林区改革[J]. 中国林业(7下): 22-23.

潘明麒, 于秀波, 2011. 洞庭湖湿地生态系统管理面临的威胁及应对策略初探[J]. 长江流域资源与环境, 20(6): 729-735.

彭琳, 赵智聪, 杨锐, 2017. 中国自然保护地体制问题分析与应对[J]. 中国园林, 33(4): 108-113.

彭顺喜, 2018. 国有林场重在保护——湖南省国有林场调研与思考[J]. 林业经济(8): 3-9.

沈国舫, 吴斌, 张守攻, 等, 2017. 新时期国家生态保护和建设研究[M]. 北京: 科学出版社.

沈月琴, 张耀启, 2011. 林业经济学[M]. 北京: 中国林业出版社.

盛炜彤, 2014. 中国人工林及其育林体系[M]. 北京: 中国林业出版社.

舒立福, 刘晓东, 2016. 森林防火学概论[M]. 北京: 中国林业出版社.

唐芳林, 王梦君, 孙鸿雁, 2018. 建立以国家公园为主体的自然保护地体系的探讨[J]. 林业建设(1): 1-5.

唐芳林, 王梦君, 孙鸿雁, 2019. 自然保护地管理体制的改革路径[J]. 林业建设(2): 1-5.

唐芳林, 闫颜, 刘文国, 2019. 我国国家公园体制建设进展[J]. 生物多样性, 27(2): 123-127.

唐芳林, 2017. 国家公园理论与实践[M]. 北京: 中国林业出版社.

唐芳林, 2017. 试论中国特色国家公园体系建设[J]. 林业建设(2): 1-7.

唐芳林, 2018. 国家公园体制下的自然公园保护管理[J]. 林业建设(4): 1-6.

唐守正, 刘世荣, 2000. 我国天然林保护与可持续经营[J]. 中国农业科技导报, 2(1): 42-46.

王慧, 2015. 东北国有林区改革对职工经济福利变化的影响研究[D]. 北京: 北京林业大学.

王堃, 2004. 草地植被恢复与重建[M]. 北京: 化学工业出版社.

王琪, 2019. 我国重点国有林区改革取得阶段性进展[J]. 国土绿化(1): 8.

王硕, 2019. 国家林业和草原局: 95%的国有林场改革任务基本完成[N]. 人民政协报, 2019-01-17(5).

王迎, 2013. 我国重点国有林区森林经营与森林资源管理体制改革研究[D]. 北京: 北京林业大学.

王月华, 谷振宾, 2018. 重点国有林区的改革路[J]. 中国林业(7下): 17-21.

魏华, 2017. 林业政策法规知识读本[M]. 北京: 中国林业出版社.

邢红, 2006. 中国国有林区管理制度研究[D]. 北京: 北京林业大学.

闫平, 2018. 中国国有林场改革的进展与挑战[J]. 林业资源管理(3): 15-18.

杨旭东, 杨春, 孟志兴, 2016. 我国草原生态保护现状、存在问题及建议[J]. 草业科学, 33(9): 1901-1909.

姚昌恬, 2018. 关于国有林场改革开展情况的调查报告[J]. 林业经济(2): 3-7.

尤莉, 2002. 内蒙古近50年气候变化及未来10~20年趋势展望[J]. 内蒙古气象(4): 14-18.

翟明普, 沈国舫, 2016. 森林培育学[M]. 3版. 北京: 中国林业出版社.

张建亮, 钱者东, 徐网谷, 等, 2017. 国家级自然保护区生态系统格局十年变化(2000—2010年)评估[J]. 生态学报, 37(23): 8067-8076.

张建龙, 2019. 全面夯实美丽中国的生态基础[N]. 学习时报, 2019-2-22(1版).

张蕾, 王宏祥, 2000. 中国林业法律实用手册[M]. 北京: 中国林业出版社.

张力, 贺建伟, 2012. 林业政策法规[M]. 2版. 北京: 高等教育出版社.

张希武, 唐芳林, 2014. 中国国家公园的探索与实践[M]. 北京: 中国林业出版社.

张兴国, 2018. 我国林业利用外资形成多元格局[N/OL]. 中国绿色时报, 2008-11-21[2018-12-20]. http://www.forestry.gov.cn/main/195/20181121/092547691926813.html.

朱彦鹏, 王伟, 罗建武, 等, 2016. 在建设国家公园体制下加强自然保护区综合管理[J]. 环境保护, 44(18): 53-55.

庄优波, 杨锐, 赵智聪, 2017. 国家公园体制试点区试点实施方案初步分析[J]. 中国园林(8): 5-11.

Chi Chen, Taejin Park, Xuhui Wang, et al. 2019. China and India lead in greening of the world throughland-use management[J]. Nature Sustainability, 2: 122-129.

Gell, Peter, Mills, et al. 2013. A legacy of climate and catchment change: the real challenge for wetland management[J]. Hydrobiologia, 708(1): 133-144.